21世纪经济管理新形态教材·营销学系列

市场营销学

（第七版）

吴健安　钟育赣 ◎ 主　编
　　　　　胡其辉 ◎ 副主编

清华大学出版社
北　京

内 容 简 介

本书依据教育部高教司 2000 年制定的"市场营销学教学基本要求"编写。全书分为 18 章，包括市场和营销观念，营销计划，营销环境，市场调研和需求分析，目标市场战略、定位与营销策略，国际营销，市场营销的新领域，新概念等内容。全书还配备"互联网＋"相关材料，包括微观世界、小案例分析、扩展阅读和即测即练等项目。第七版修订重点反映市场环境、营销实践和理论近年来的变化和发展。

本书适合用作高等院校工商管理类本科各专业教材，也可提供给经济、管理类研究生，尤其 MBA 等相关专业学生进行入门学习。

本书封面贴有清华大学出版社防伪标签，无标签者不得销售。
版权所有，侵权必究。举报：010-62782989，beiqinquan@tup.tsinghua.edu.cn。

图书在版编目（CIP）数据

市场营销学/吴健安，钟育赣主编. —7 版. —北京：清华大学出版社，2022.1（2025.1重印）
21 世纪经济管理新形态教材. 营销学系列
ISBN 978-7-302-59013-2

Ⅰ. ①市… Ⅱ. ①吴… ②钟… Ⅲ. ①市场营销学－高等学校－教材 Ⅳ. ①F713.50

中国版本图书馆 CIP 数据核字(2021)第 176427 号

责任编辑：刘志彬
封面设计：汉风唐韵
责任校对：王荣静
责任印制：曹婉颖

出版发行：清华大学出版社
网　　址：https://www.tup.com.cn，https://www.wqxuetang.com
地　　址：北京清华大学学研大厦 A 座　　邮　编：100084
社 总 机：010-83470000　　邮　购：010-62786544
投稿与读者服务：010-62776969，c-service@tup.tsinghua.edu.cn
质 量 反 馈：010-62772015，zhiliang@tup.tsinghua.edu.cn
课 件 下 载：https://www.tup.com.cn，010-83470332

印 装 者：北京同文印刷有限责任公司
经　　销：全国新华书店
开　　本：185mm×260mm　　印　张：26.5　　字　数：605 千字
版　　次：1994 年 8 月第 1 版　　2022 年 1 月第 7 版　　印　次：2025 年 1 月第 10 次印刷
定　　价：69.00 元

产品编号：094045-01

第七版前言

本书第一版于 1994 年 8 月问世，曾获"全国十佳经济读物提名奖"、主编及部分作者所在地"云南省 1994—1996 年社会科学优秀成果一等奖"，并多次被评为全国优秀畅销书。

本书第一版以中国高等院校市场学研究会推荐试用的《市场营销学教学大纲》为依据，第三版主要参照了教育部高教司 2000 年制定的"市场营销学教学基本要求"（见《全国普通高等学校工商管理类核心课程教学基本要求》，高等教育出版社 2000 年 9 月出版）进行补充和修改。第四版较多参考、借鉴了菲利普·科特勒的《营销管理》第十二版，增添栏目，全面更新案例，每章增加引例及链接资料。2013 年修订后的第五版，理论体系保持了以下几个部分：基础理论与营销哲学；市场机会分析；市场营销战略与营销管理；营销策略。除了以上修订，还按照清华大学出版社的要求，为更好地服务于市场营销学教学，积极开发补充性、更新性和延伸性教辅资源，为建设营销学网络课程教学资源作出了有益的尝试。第五版网络课程教学资源包括：①教学大纲（含课程教学实施计划、教学目标，教学方法与教学形式，教学基本要求和成绩考评设置等）；②教学指南（分章列出重点内容、教学难点和知识点）；③可修改、补充的教学 PPT；④题库（涵盖市场营销相关理论主要知识点的大量试题，每题要求有对应的答案、知识点、教材页码、学习目标和难度等）。这些丰富的教学资源不仅有利于实现教学计划、教学目标，还能为教师节省不少操作上的时间，集中精力引导学生掌握市场营销学的基本理论、方法和策略。第六版在第五版的基础上，继续保持原结构及十八章内容，只是将原第五章"战略的新的市场营销管理"改为第四章，原第四章"市场营销环境"改为第五章。重点是理论阐述的与时俱进，更新案例及链接资料，篇幅有所压缩，增加了互联网背景下市场营销理论和实践的新发展，有关章节网络营销与电子商务方面的内容。在体例上新增 4 种二维码栏目，以方便读者观看、阅读。

本次修订第七版保持了框架体系的延续性，逻辑结构与过去的版本基本一致。重点是关注、反映第六版修订以来，市场营销环境、市场营销实践与理论的变化、发展，并对本书内容进行补充、更新。

第七版各章执笔分别是吴健安（第一、二、五、十八章），吴玲（第三、十一章），钟育赣（第四、六、七、十章），郭国庆（第八、九、十二章），卜妙金（第十三、十四章），胡其辉（第十五、十七章），聂元昆（第十六章）。

在本书编写和修订过程中，得到了中国高等院校市场学研究会诸多专家、教授的关心和指导，并借鉴了近年来国内外市场营销学界的研究成果。在此，谨再次向学界师友和先行者致以衷心的感谢！

由于作者水平所限，难免存在不足之处，敬请批评指正。

吴健安　钟育赣
2021 年 2 月

初版序言（一）

中共十四大明确指出，我国经济体制改革的目标是建立社会主义市场经济体制。而市场经济则是以市场机制作为资源配置主要方式的一种经济组织形式。在市场经济条件下，一切经济活动都直接或间接地处于市场关系中，企业具有进行商品生产经营的全部权力。毫无疑问，市场经济体制的建立，将给企业市场营销管理带来更加有利的外部环境和条件，使企业根据市场需求的发展变化，及时捕捉有吸引力的市场机会，灵活配置市场营销资源，通过适当的产品策略、渠道策略、促销策略和定价策略，来满足市场需求，把人民需要变为有利可图的企业机会，促进企业目标的实现。

同时，市场经济体制的建立，也将给中国企业带来更加严峻的竞争挑战，企业将面对与计划经济体制下极不相同的市场营销环境。环境因素的复杂与多变，竞争对手的数目增多与实力增强，市场需求的多层次与多变幻，诸如此类的市场营销环境因素的变化，都迫使企业必须比以往任何时候都高度重视市场营销管理工作，否则，就难以在激烈的市场竞争中生存和发展。尤其是"复关"后，中国国内市场将变成国际市场的一部分，企业将面临国内外市场的夹击，竞争形势将更加严峻。

作为市场营销理论工作者，有责任研究市场经济给中国企业市场营销带来的新问题，指导企业加强营销管理，迎接新的挑战，从而推进社会主义市场经济体制的建立与完善。事实上，广大市场营销理论工作者早在20世纪80年代初就已开始了这项工作。国外市场营销理论的引进和传播，具有中国特色的市场营销理论的创立与发展，在某种程度上也提高了人们对市场经济的认识，增强了企业适应市场经济体制改革的主动性。在开始引进西方市场营销理论时，某些对中国企业不适用的原理、方法，现在变得越来越适用了。因为它们都是反映现代社会生产规律性的先进经营管理方法，而和社会的基本政治制度无关。现在看来，我们引进、介绍西方市场营销理论是必要的、正确的，而且也是富有成效的。因此，在将西方市场营销理论中国化的同时，仍须及时掌握、吸收和借鉴国外市场营销理论的最新研究成果，以推进我国市场经济建设和我国企业经营管理与国际惯例"接轨"的进程。

吴健安教授自20世纪80年代初就开始了市场营销理论的研究与教学，具有丰富的教学经验和丰硕的研究成果，是国内最先研究市场营销的学者之一，并一直担任中国高校市场学研究会的领导，对市场营销理论有许多真知灼见，多年来，为推动中国市场营销理论的发展做出了突出的贡献。他主编的这本《市场营销学》是以中国高校市场学研究会推荐试用的《市场营销学教学大纲》为基础编写的，集中体现了中国市场营销学界的探索成果。从内容上看，本书不仅充分吸收和借鉴了国内外市场营销领域的最新研究成果，而且还提出了许多独到的创新之处。

特别值得一提的是本书的编写由许多中青年学者参加，他们都是活跃在市场营销学界的新秀，如钟育赣、卜妙金、郭国庆、胡其辉、聂元昆等同志，所以，我要说，出版这本书的意义，不仅在于向世界展示了中国市场营销学的新水平，更在于展现了中国市场营销学界人才辈出、后继有人、兴旺发达的可喜局面。

我相信，这本书对促进中国市场营销学的研究与教学，提高中国企业市场营销管理水平，指导中国企业迎接"复关"的挑战，推动社会主义市场经济建设等，必将起到重要的作用。同时，我也期待着有更多更好的市场营销论著问世。

让我们振作起来，勤奋工作，以崭新的面貌和优秀的成果，迎接1995年第五届市场营销与发展国际会议的召开。

中国高等院校市场学研究会顾问
中国市场学会顾问
中国人民大学教授
邝 鸿
1994年3月于北京

初版序言（二）

一个世纪前，市场营销学在经济发达、科学先进的太平洋彼岸诞生了。从此，市场营销学正如同适销对路的商品一样，很快地向世界各地传播。我国第一次引进市场营销学是在1933年由上海复旦大学丁馨伯先生译编并出版的，后来因种种原因未能在中国传播。新中国成立后，国家实行高度集中的计划经济体制，市场几乎没有竞争，商品不能随市场运行规律流通，市场营销学也就缺少"市场"，缺少生长环境。

20世纪70年代末期，中国推行改革、开放政策，市场经济开始萌芽，一些有开拓眼光的教授、专家、学者，再次从国外引进了市场营销学。遇到良好生长环境，市场营销学以极快的速度在960万平方千米的神州大地传播开来，其传播速度之快、传播面之广、普及率之高，与其他学科相比是少见的。与此同时，有关市场营销学的教科书、参考书等如鱼得水，枯木逢春，大量出版。据粗略统计约有200多种版本。这些著作，对市场营销学原理、市场营销策略、战略在中国的传播，起到了推动、推广、普及、提高的作用。应该说，中国专家、教授、学者为市场营销学在中国的推广运用，对促进市场经济的发展，做出了非常可贵的贡献。

今天公开出版发行的全国通用教材《市场营销学》，具有与其他同类书籍不同的特点。

第一个特点是著作者队伍代表面广，由中国高等院校市场学研究会成员吴健安、钟育赣、罗丽萍、郭国庆、吴玲、卜妙金、胡其辉、聂元昆、刘文广等具有多年市场营销学教学经验的专家、学者组成，他们当中有大江南北7所高校的教授、副教授，有研究生，也有从国外学习回国人员，可谓老中青三结合、东西南北相携手的结晶。

第二个特点是这本《市场营销学》是在中国高等院校市场学研究会组织编写的大纲的基础上，吸收国内外最新研究成果而成，体系完整、内容充实、实践性强、适应面广，既可作为大学本、专科的专业教材，也可用作非专业选修读物，还可作为中等学校教师的参考资料。实际工作者、自学成才者，读了这本书后相信将获益匪浅。

第三个特点是《市场营销学》一书，在结构上、体例上有自己的特点，既不全像美国"市场营销学之父"菲利普·科特勒先生所编著的结构，又跳出了国内早期研究试用的市场学"国产化""商经化"的框架，可以说在中西市场营销学学说结合方面作了许多有益的探索。

《市场营销学》一书的出版，丰富了我国市场营销学的大书库，令人振奋和欢欣。希望广大读者给予关心、支持和爱护，让市场营销学原理进一步在我国社会主义市场经济的大潮中发挥一石激起千层浪的作用。

中国高等院校市场学研究会会长
广东商学院院长、教授
罗国民
1994年4月于广州

目 录

第一章 绪论 ... 1
- 第一节 市场营销学及其研究对象 ... 2
- 第二节 市场营销学的形成与发展 ... 5
- 第三节 市场营销学在中国的传播和应用 ... 10
- 第四节 研究市场营销学的意义和方法 ... 13
- 本章小结 ... 17
- 重要名词 ... 18
- 即测即练题 ... 18
- 复习思考题 ... 18

第二章 市场与市场营销观念 ... 20
- 第一节 市场的概念与功能 ... 22
- 第二节 市场营销与市场营销管理哲学 ... 24
- 第三节 顾客价值与顾客满意 ... 34
- 本章小结 ... 43
- 重要名词 ... 44
- 即测即练题 ... 44
- 复习思考题 ... 44

第三章 市场竞争与市场营销组合 ... 46
- 第一节 卖主之间的市场竞争 ... 47
- 第二节 竞争者分析 ... 52
- 第三节 市场竞争策略 ... 57
- 第四节 市场营销组合 ... 60
- 第五节 大市场营销 ... 65
- 本章小结 ... 67
- 重要名词 ... 68
- 即测即练题 ... 68
- 复习思考题 ... 68

第四章 企业战略导向的市场营销计划 ... 70
- 第一节 企业战略与市场营销管理 ... 72
- 第二节 总体战略决策 ... 75

第三节　经营战略与选择 ……………………………………………………… 82
　　第四节　制订市场营销计划 ……………………………………………………… 86
　　本章小结 …………………………………………………………………………… 90
　　重要名词 …………………………………………………………………………… 90
　　即测即练题 ………………………………………………………………………… 90
　　复习思考题 ………………………………………………………………………… 91

第五章　市场营销环境 …………………………………………………………… 94

　　第一节　市场营销环境及其特点 ………………………………………………… 96
　　第二节　微观营销环境 …………………………………………………………… 100
　　第三节　宏观营销环境 …………………………………………………………… 103
　　第四节　环境分析与营销对策 …………………………………………………… 111
　　本章小结 …………………………………………………………………………… 114
　　重要名词 …………………………………………………………………………… 114
　　即测即练题 ………………………………………………………………………… 115
　　复习思考题 ………………………………………………………………………… 115

第六章　消费者市场与购买行为 ………………………………………………… 116

　　第一节　消费者市场与购买行为模式 …………………………………………… 117
　　第二节　影响消费者行为的主要因素 …………………………………………… 120
　　第三节　消费者心理活动过程分析 ……………………………………………… 124
　　第四节　消费者购买的决策过程 ………………………………………………… 131
　　第五节　购买组织、购买类型对消费者行为的影响 …………………………… 137
　　本章小结 …………………………………………………………………………… 139
　　重要名词 …………………………………………………………………………… 140
　　即测即练题 ………………………………………………………………………… 140
　　复习思考题 ………………………………………………………………………… 140

第七章　组织机构市场与购买行为 ……………………………………………… 142

　　第一节　组织机构市场及其购买模式 …………………………………………… 143
　　第二节　生产者用户的购买行为 ………………………………………………… 147
　　第三节　中间商市场与购买行为 ………………………………………………… 154
　　第四节　非营利组织市场与购买行为 …………………………………………… 158
　　本章小结 …………………………………………………………………………… 161
　　重要名词 …………………………………………………………………………… 162
　　即测即练题 ………………………………………………………………………… 162
　　复习思考题 ………………………………………………………………………… 162

第八章　市场调研与市场营销信息系统 ······ 165

- 第一节　市场营销调研过程 ······ 166
- 第二节　市场营销数据分析 ······ 172
- 第三节　市场营销信息系统及其构成 ······ 174
- 本章小结 ······ 178
- 重要名词 ······ 179
- 即测即练题 ······ 179
- 复习思考题 ······ 179

第九章　市场需求测量与预测 ······ 182

- 第一节　市场需求测量 ······ 183
- 第二节　估计当前市场需求 ······ 185
- 第三节　市场需求预测方法 ······ 187
- 本章小结 ······ 192
- 重要名词 ······ 193
- 即测即练题 ······ 193
- 复习思考题 ······ 193

第十章　市场细分、目标市场决策和定位 ······ 196

- 第一节　市场细分的概念和依据 ······ 197
- 第二节　市场细分的方法、原则与作用 ······ 203
- 第三节　目标市场决策 ······ 205
- 第四节　定位 ······ 210
- 本章小结 ······ 216
- 重要名词 ······ 217
- 即测即练题 ······ 217
- 复习思考题 ······ 217

第十一章　产品组合与产品开发 ······ 220

- 第一节　产品与产品分类 ······ 221
- 第二节　产品组合 ······ 225
- 第三节　产品生命周期 ······ 230
- 第四节　新产品开发、采用与扩散 ······ 233
- 本章小结 ······ 241
- 重要名词 ······ 242
- 即测即练题 ······ 242

复习思考题 242

第十二章　品牌、商标与包装策略......244

　　第一节　品牌与商标的基本概念......245
　　第二节　品牌与商标策略......250
　　第三节　包装策略......259
　　本章小结......263
　　重要名词......263
　　即测即练题......263
　　复习思考题......264

第十三章　分销渠道管理......267

　　第一节　分销渠道及其结构......268
　　第二节　分销渠道决策......275
　　第三节　分销渠道的管理......278
　　第四节　物流决策与管理......282
　　本章小结......286
　　重要名词......286
　　即测即练题......286
　　复习思考题......286

第十四章　零售与批发......290

　　第一节　零售与零售类型......292
　　第二节　零售商营销决策......297
　　第三节　批发商类型及其营销特征......301
　　第四节　电子商务与移动商务的营销实践......307
　　本章小结......310
　　重要名词......311
　　即测即练题......311
　　复习思考题......311

第十五章　定价策略......314

　　第一节　研究定价策略的意义......315
　　第二节　制约定价的基本因素......317
　　第三节　定价目标与定价方法......321
　　第四节　企业定价策略......325
　　本章小结......331

- 重要名词 ··· 332
- 即测即练题 ··· 332
- 复习思考题 ··· 332

第十六章 促销策略 ··· 335

- 第一节 促销和促销组合 ··· 336
- 第二节 人员推销 ··· 340
- 第三节 公共关系 ··· 345
- 第四节 营业推广 ··· 347
- 第五节 广告 ·· 350
- 本章小结 ··· 354
- 复习思考题 ··· 354
- 重要名词 ··· 355
- 即测即练题 ··· 355

第十七章 国际市场营销 ······································ 357

- 第一节 国际市场营销概述 ·· 358
- 第二节 国际市场营销环境分析 ·· 360
- 第三节 国际目标市场选择 ·· 365
- 第四节 进入国际市场的方式 ··· 369
- 第五节 国际市场营销策略 ·· 373
- 本章小结 ··· 379
- 重要名词 ··· 380
- 即测即练题 ··· 380
- 复习思考题 ··· 380

第十八章 市场营销的新领域与新概念 ··················· 383

- 第一节 绿色营销 ··· 384
- 第二节 整合营销 ··· 388
- 第三节 关系营销 ··· 393
- 第四节 体验营销 ··· 396
- 第五节 社会责任营销 ··· 400
- 本章小结 ··· 406
- 重要名词 ··· 407
- 即测即练题 ··· 407
- 复习思考题 ··· 407

第一章 绪 论

本章提要

本章通过对市场营销学的总体介绍,帮助读者掌握市场营销学的学科性质、研究对象以及与相关学科的关系;通过对学科起源和发展的历史追溯,了解市场营销学在美国的产生与发展,在中国的传播和应用;并在掌握学科体系框架、了解研究市场营销学主要理论、方法的基础上,为学习本课程奠定基础。

微课世界 1-1
对话科特勒兄弟(http://www.cctv.com/program/dialogue/20060124/102069.shtml)

 引例

做消费者的"真爱粉丝"

亚洲乳业龙头伊利 2020 年三季报数据显示,实现营业总收入 737.70 亿元,同比增长 7.42%,净利润 60.44 亿元,同比增长 7%,保持着稳健增长态势。分析人士指出,伊利业绩逆势稳健增长,离不开企业积极应对挑战、全面激活企业活力的切实举措,更离不开其对"以消费者为中心"经营理念的长期坚持。

伊利集团董事长潘刚公开发言,再次强调消费者对于企业发展的关键作用。"企业的发展之本在于消费者。我们开展所有工作都应该围绕一个核心,那就是以消费者为中心"。在他看来,"以消费者为中心"不仅意味着理解消费者、重视消费者,更要转变角色,做消费者的"真爱粉丝",将每一位消费者都视为 VIP,并围绕消费者的反馈不断提升产品和服务的品质。

在这一战略思想指引下,伊利多年来坚持品质为基,创新为核,深层次洞察消费者需求,不断创新产品品类,满足消费者多样化的营养健康需求。在品质方面,伊利已经成为行业标杆。在质量管理中,伊利在国标线基础上,提升 50%的标准制定企标线;在企标线基础上,再提升 20%的标准制定内控线。开创了行业知名的质量管控"三条线",其严苛程度,让海内外供应商都为之惊叹。

2020 年新冠疫情突发,伊利第一时间筹集抗疫物资驰援上游牧场和奶农,同时开通绿色融资渠道,全力支持牧场渡难关,保障乳业产业链的稳定,全力守护消费者的"奶瓶子"。在疫情期间,产品供应往往会遇到"最后一公里"难题。伊利充分发挥自身渠道优势,开展"会员营销""O2O 到家"等新零售模式,通过送货上门、送货进小区等方式,成为"消费者身边的牛奶"。

为了满足消费者个性化消费需求,伊利凭借先进的大数据、互联网技术,搭建了覆盖 430 个数据源、有效数据量级达到全网 90%以上的大数据雷达平台，精准把握消费趋势。在大数据平台助力下，通过持续研发和创新，推出了一系列满足消费者多样化需求的产品。比如安慕希新品匀吃酸奶，每杯含 5g 蛋白营养，比风味酸奶国家标准高 1.7 倍，其热量却只有 100kcal/100g；伊然乳矿奶茶凭借着 0 蔗糖、低脂肪、0 植脂末、0 反式脂肪酸等特点，受到了众多消费者青睐；此外，2020 年前三季度，伊利还推出了"安慕希"芝士波波球常温酸奶、"金典"低温牛奶、"畅轻"鲜酪乳低温酸奶、"QQ 星"儿童成长配方奶粉、"伊然"乳矿气泡水、"植选"无糖豆乳、"妙芝"口袋芝士成人奶酪棒等营养健康新品。

对消费者的关爱，也让伊利成为消费者"心尖上"的品牌。在国际权威品牌价值评估机构 Brand Finance 发布的系列榜单中，伊利在"2020 年全球最具价值乳品品牌 10 强"强势登顶，成为世界上最有价值的乳制品品牌，并在"2020 年全球最具价值食品品牌 50 强"榜单中跃升至全球第二。如今，站在"全球乳业五强"新起点上，伊利又开启了迈向"全球乳业三强"中期目标和"全球乳业第一"长期战略目标的新征程。

资料来源：佚名. 做消费者的"真爱粉丝"伊利前三季度营收 737.7 亿元[EB/OL]. 中国财富网（https://mp.weixin.qq.com/s/_8NCuFsoDXttvIHT-Uc2Fg），2020-10-30.

市场营销学是一门建立在经济科学、行为科学、现代管理理论基础之上的综合性的应用科学，具有全程性、综合性和实践性的特点。20 世纪初，市场营销学发源于美国，后来传播到世界各地。100 多年来，市场营销学的原理不仅广泛应用于企事业单位和行政机构，而且逐渐发展到微观、中观与宏观等层次。在发达国家，市场营销学的学习、研究和应用，已扩展到社会生活的许多方面。

第一节　市场营销学及其研究对象

一、市场营销学的译名及其微观与宏观的区分

市场营销学译自英语"Marketing"一词。"Marketing"的中文译名过去很不统一，台湾、香港的市场营销学著作，曾采用市场学、市场管理、行销学、市场推销、营销学和市务管理等译法。

20 世纪 80 年代，我国大陆编著或翻译出版的市场营销学著作，所用书名除了市场营销学，以沿用 20 世纪 30 年代即已使用的市场学为多，还有许多版本名为销售学、营销管理学、销售管理学等。通过多年研讨，20 世纪 90 年代，市场营销学作为学科名称被广泛认同。

市场营销学有两个分支，微观市场营销学和宏观市场营销学。在社会化大生产和市场经济的条件下，一般都需要有某种社会市场营销系统，来组织整个社会所有的生产者、中间商的经济活动，组织整个社会的生产和流通，求得社会生产与需要之间的平衡，以满足全体社会成员多种多样的需求。因此在客观上，必然同时存在宏观市场营销和微观市场营销。

市场营销的微观与宏观的区别，不仅在于前者与小规模的个别企业、生产者和经营者有关，后者与一个国家、地区的总体有关，关键还在于营销活动的福利焦点不同。一般说来，微观市场营销活动面向的是企业福利，宏观市场营销活动面向的是社会福利。

宏观市场营销是一种社会经济活动过程，目的在于通过某种社会市场营销系统，引导商品（包括货物和劳务）从生产者流向消费者和用户，满足社会需要，实现社会目标。宏观市场营销活动包括的内容，涉及社会更加广泛的各个方面。宏观市场营销学与以企业为营销者的或微观的市场营销学相对应，面向的是宏观总体，在一个比企业更大的框架内分析市场营销。宏观市场营销学主要研究营销系统的社会功能与效用，以整个社会经济为出发点，从道德与法律的角度上分析、把握市场营销活动以及社会（政府、消费者组织等）对市场营销过程的控制，中心内容是消费者利益和有助于国民经济持续、快速、健康发展的流通政策及行政手段。

本书研究以满足市场需求为中心的企业营销活动过程及其规律性，属于微观市场营销学。

二、市场营销学的研究对象

作为一门建立在经济科学、行为科学和现代管理理论基础之上的应用科学，市场营销学的研究对象是以满足市场需求为中心的企业整体营销活动及其规律。即在特定的市场环境中，企业在营销研究的基础上，为满足消费者和用户现实或潜在的需要，所实施的以产品（product）、分销（place）、定价（price）、促销（promotion）等为主要内容的营销活动过程及其客观规律。其基本任务和目的，是为企业开展市场营销工作提供基本的理论、思路和方法，提高企业适应市场需求及环境变化的能力，增强企业营销活动的有效性和竞争力，促进企业的发展，取得良好的综合社会经济效益。

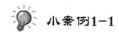

日本电视机打入中国市场

1979年，我国放宽对家用电器的进口。当时，日本电视机厂商首先分析了中国市场需求特点，从市场营销角度视市场为由人口、购买力及购买动机构成，认为中国人均收入虽较低，但总人口有10亿，而且有储蓄的习惯，已形成了一定的购买力，具有对电视机的消费需求。由此得出与欧美厂商忽视中国市场相反的结论，认为中国存在一个潜力很大的黑白电视机市场。日本电视机厂在分析中国电视机市场需求特点的基础上，制定了相应的市场营销策略以满足中国消费者的需求。

（1）产品策略。中国电压系统与日本不同，必须将110伏改为220伏；中国电力不足，电压不稳定，需配置稳压器；中国住房面积偏小，应以12~14英寸①电视机为主；要提供质量保证及修理服务。

（2）分销策略。当时中国内地国营商业尚未进口电视机，故经港澳国货公司和代理

---

① 一般用于电视机尺寸。

商推销；或通过港澳同胞和其他归国人员携带电视机进入内地。

（3）促销策略。主要采用了广告策略，在中国香港知名报刊大量刊登广告；在香港电视台发动宣传攻势，介绍有关日本电视机的知识。

（4）定价策略。考虑当时中国尚无外国电视机的竞争，因此，价格比中国同类电视机的要高。

日本电视机厂在有针对性地制定市场营销组合的基础上，将电视机源源不断地推向中国市场，并在此后数十年中占据了中国进口电视机市场的较大份额。

依照上面关于市场营销研究对象的表述，可以看出其学科特点：

（一）全程性

市场营销学的研究范围在实践中不断扩大，已突破传统的商品流通领域，上延至生产领域的产前活动，包括市场调研、产品设计等，下伸到消费领域的售后服务，包括售后维修、咨询服务和消费者教育等；既要研究、加强内部营销管理，又要分析、适应外部市场环境。因此，研究领域发展到社会再生产的全过程。如果把市场营销学的研究对象局限于流通领域，或是局限于广告、推销等方面，那就把市场营销学混同于商业经济学或推销学了。

（二）综合性

市场营销学在发展中兼容并蓄，日益成为综合性的边缘学科。它以经济学为理论基础，吸收、借鉴了哲学、行为科学、社会学、政治学、心理学、经济计量学、信息学和数学等学科的理论和研究方法，自成一体。菲利普·科特勒（Philip Kotler）指出："营销学的父亲是经济学，其母亲是行为科学；数学乃营销学的祖父，哲学乃营销学的祖母。"[①]市场营销学事实上也是管理学的重要内容，它要充分运用多种学科的研究成果，用来分析市场营销环境、消费者心理和消费者行为。例如，为了探讨消费者个人心理、倾向、冲动、愿望及需要等对购买行为的影响，市场营销学借重心理学知识，诸如动机、认识、学习等理论，以深入分析消费者行为；消费者在购买过程中可能受到社会环境的影响，于是参考群体、社会阶层、文化、家族等都可能影响购买决策，必须借重心理学、人类学等学科的理论，分析个人消费行为受群体其他成员影响的程度；市场营销学既要作定性分析，还要作定量分析，因此，统计学、会计学、运筹学、数学等都是不可缺少的工具。

（三）实践性

与经济学、统计学、计量经济学及其他社会科学相比，市场营销学具有更强的社会实践性。一方面，市场营销的基本原理、方法与策略来源于广大企业实践经验的总结；另一方面，市场营销的基本原理、方法与策略对企业营销活动又具有指导意义和实用价值。市场营销学是有效指导企业适应情况多变的目标市场的实践指南，它着重研究买方市场条件下企业（卖主）的市场营销管理问题，即着重研究企业（卖主）在激烈竞争和

---

① 菲利普·科特勒. 市场营销学的新领域. 在美国营销协会成立 50 周年纪念日暨世界营销学大会所作的报告（1987年，蒙特利尔）.

不断变化的市场营销环境中,如何识别、分析、评价、选择和利用市场机会,如何满足其目标顾客的需要,提高企业经营效益,求得长期生存和发展。探索企业营销活动过程的规律性,正是为了指导企业营销实践,使企业满足消费需求,实现企业目标。市场营销理论也只有应用于实践,才能显示其强大的生命力。

小案例分析1-1
互联网平台掘金手机回收"富矿"

第二节　市场营销学的形成与发展

一、市场营销学的产生

市场营销学于20世纪初创建于美国,在实践中得到不断的发展和完善。它的形成时期,大约在1900年到1930年间。

在资本主义向垄断阶段过渡时,伴随着资本主义商品经济的发展,资本主义的基本矛盾日益尖锐化。自从英国1825年爆发第一次经济危机,资本主义国家每隔若干年就要爆发一次经济危机。在危机期间,商品销售困难,企业不得不更加关心产品销路。如同"魔鬼"一般的市场,迫使人们千方百计地应对竞争,也鞭策人们去探索营销活动的规律。19世纪末20世纪初,继英国产业革命以后,一些主要的资本主义国家,先后完成了产业革命。同时,由于生产和资本的高度集中以及庞大的垄断组织的建立,大企业要求对流通领域具有更大影响,特别是近代科学技术诞生以来,相继发生了三次技术革命。科学技术的发展,使大企业内部变得更加有组织有计划,从而也有可能运用现代化的调研方法、包括信息系统预测市场变动,制订有效的生产计划和销售计划,控制和调节市场销售量。在这种客观需要与可能条件下,市场营销学作为一门独立的经营管理学科诞生了。

早在19世纪,美国学者已经发表和出版了一些分别论述推销、广告、定价、产品设计、品牌、包装业务、实体分配等的论著。但是直到20世纪初,一些学者才把上述问题综合起来,建立一门市场营销学科。在美国市场营销学界,对市场营销理论做出贡献最早的爱德华·琼斯、西蒙·李特曼、乔治·M.费斯克和詹姆斯·E.海杰蒂等,于1902—1905年间分别在密执安、加利福尼亚、伊里诺斯和俄亥俄州开设市场营销课程。1910年,拉尔夫·S.巴特勒在威斯康星大学任教,出版了《市场营销方法》一书,后更名为《市场营销》,首先在课文中使用了"Marketing"一词。1918年,弗里德·E.克拉克编写了《市场营销原理》讲义,1919年到西北大学任教,这份讲义也被密执安和明尼苏达大学用作教材,并于1922年出版;L. S. 邓肯于1920年出版《市场营销问题与方法》。这时市场营销学的内容,仍然主要限于流通领域的广告推销,现代市场营销的原理和概念尚未形成,营销理论还不成熟。比如拉尔夫·S.巴特勒认为,"市场营销应该定义为生产的一个组成部分","市场营销开始于制造过程结束之时"。然而,把商业活动从生产活动中分离出来并作专门研究,无疑是一个创举。

到了20世纪20年代,已有若干市场营销学教科书问世,初步建立了本学科的理论体系。由著名大学的教授编写教科书,对市场营销领域内的每一个专题都由学生进行调查,形成了许多新的市场营销原理。这时市场研究的发展,有一个重要特点是增加了有效的实际资料。这些资料经收集整理后,由美国商业部和农业部出版,因而能帮助商业人员及农民解决许多市场问题,并向学习市场营销学的学生有力地证明其研究的价值。此后,美国户口调查局连续地、系统地进行商业调查及市场调查,使市场研究建立在大量调查的基础上,有充分的数据资料。自1930年使用新的统计工具后,在许多市场营销刊物上刊载了大量市场调查资料。1929—1933年经济大危机,震撼了整个资本主义世界。生产严重过剩,产品销售困难,已直接威胁到许多企业的生存。从20世纪30年代开始,主要西方国家市场明显呈现出供过于求。这时,企业界广泛关心的首要问题已经不是扩大生产和降低成本,而是如何把产品销售出去。为了争夺市场,解决商品价值的实现问题,企业开始重视市场调查,提出了"创造需求"的口号,致力于扩大销路,并在实践中积累了丰富的资料和经验。同时,市场营销学科研究大规模展开。一些著名大学的教授将市场营销研究拓展到众多领域,调查和运用大量实际资料,形成了许多新的原理。如弗莱德·克拉克和韦尔法在其1932年出版的《农产品市场营销》,将农产品市场营销系统划分为集中(收购)、平衡(调节供求)和分散(化整为零销售)等三个相互关联的过程,详细研究了营销者在其中执行的7种市场营销职能:集中、储存、融资、承担风险、标准化、销售和运输。拉尔夫·亚历山大(Ralph S. Alexander)等学者在1940年出版的《市场营销》一书,强调市场营销的商品化职能包含适应顾客需要的过程,销售是"帮助或说服潜在顾客购买商品或服务的过程"。

作为市场营销学的发源地,美国在1915年正式成立了全美广告协会(NATM),1926年改组为全美市场营销学和广告学教师协会,1931年成立了专门讲授和研究市场营销学的美国市场营销学会(AMS),1937年前述两组织合并成立美国市场营销协会(AMA),并在全国设立几十个分会。这些组织的成立使市场营销学从学校到企业,从课堂到社会,理论与实践相结合,营销原理用于指导实践,营销实践经验的总结又丰富了营销理论,既显示了市场营销学的实践性、应用性等特点,又加速了市场营销学的发展。

二、市场营销学的发展

美国市场营销协会的成立,对市场营销学的发展起到了重要的作用。到第二次世界大战结束,市场营销学得到长足的发展,并在企业实践中广泛应用。

早期的营销理论在20世纪30年代以前,即已从美国传播到许多国家。美国市场营销协会不仅在国内设立分会,并在加拿大设有分会。第二次世界大战后,垄断资本的竞争和资本主义基本矛盾都进一步尖锐化。某些资本主义国家的经济"起飞",并不能使它们避免周期性经济危机的袭击。第一次世界大战前,经济危机平均每十年左右发生一次。在此情况下,旧的市场营销学中侧重于商品推销的销售观念,愈来愈不能适应新形势的要求。美国经济学家奥尔德逊(W. Alderson)和科克斯(R. Cox)曾批评说:"市场营销学著作向读者提供的只是很少的重要原则或原理……现有的理论不能满足研究者的需要。因为这些理论既未说明也未分析流通领域内的各种现象。"新的形势向市场营销学提出了新的课题，促使市场营销学发生了深刻的变化。现代企业必须善于分析判断消费者的需求和愿望，并据此提供适宜的产品和劳务，保证生产者与消费者之间"潜在的交换"得以顺利实现。否则，产品销售不出去，资金积压，投资没有收益，企业生产管理再好，产值增长再快，也是没有意义的。所谓潜在的交换，就是生产者的产品或劳务要符合潜在消费者的需求和欲望。即把过去对市场"是卖方与买方之间的产品或劳务的交换"的旧观念，发展成为"市场是卖方促使买方实现其现实的和潜在的需求的活动"。在市场营销学原理的新著作中，对市场赋予了一个新的概念，即市场是生产者与消费者进行潜在交换的场所，凡是为了保证实现这一潜在交换所进行的一切活动都属于营销活动，也都是市场营销学研究的对象。这一新原则日益为人们所接受，导致市场营销学基本指导思想的变化，并被公认是市场营销学中的一次"革命"。这一"革命"要求企业把市场在生产过程中的位置颠倒过来，过去市场是生产过程的终点，现在市场应该成为生产过程的起点，必须充分重视消费对生产的影响，使消费者实际上参与生产、投资、研究等计划的制订。这种新的理论不仅导致了销售职能的扩大和强化，而且促使企业的组织结构也出现了新的变化。因此，有人认为这是企业经营中的"哥白尼太阳中心说"。这时，市场营销学的任务是要为企业的全部活动提供指导思想。

1967年，菲利普·科特勒的《营销管理：分析、计划、执行和控制》一书，对营销原理作了精辟阐述和发展。20世纪60年代以来，《营销管理》被译成二十几种文字，多次再版，在欧美和日本大学中成为最普遍的教科书，并作为MBA等的教学用书，誉为全球50本最佳商业书籍之一，奉为市场营销学的圣经。菲利普·科特勒在20世纪80年代提出的"大市场营销（megamarketing）"观念，将营销组合由4P'S扩展为6P'S、10P'S、11P'S等，从战术营销转向战略营销，也被称之为市场营销学的第二次革命。

20世纪80年代兴起的比较管理学的研究表明，虽然世界各国因政治、经济、文化等因素的差异，管理风格和模式有所不同，但真正掌握和运用市场营销学的基本观念和原则，是各国优秀企业成功的共同经验。西方资本主义国家有越来越多的非营利性组织，例如学校、博物馆、文艺团体、政府机构，甚至教会、征兵运动、警察机构，等等，都面临着客户态度急剧转变、财源逐渐萎缩的局面，因而日益重视营销原理的应用。对市场营销学的学习、研究和应用，已被推广到社会经济生活的各个方面。

综合国内外学者的论述，20世纪50年代以来，市场营销学的新概念层出不穷，每隔几年都要出现一批新的概念（见表1-1）。

表1-1 20世纪市场营销学新概念一览表

年　代	新　概　念	提　出　者
20世纪50年代	市场营销组合	尼尔·鲍顿
	产品生命周期	齐尔·迪安
	品牌形象	西德尼·莱维
	市场细分	温德尔·史密斯
	市场营销观念	约翰·麦克金特立克
	营销审计	艾贝·肖克曼

续表

年　代	新　概　念	提　出　者
20世纪60年代	"4P"组合	杰罗姆·麦克锡
	营销近视	西奥多·莱维特
	价值观与生活方式①	威廉·莱泽
	买方行为理论	约翰·霍华德
		杰克逊·西斯
	扩大营销概念②	西德尼·莱维
		菲利普·科特勒
20世纪70年代	社会营销	杰拉尔德·泽尔曼
		菲利普·科特勒
	低营销	西德尼·莱维
		菲利普·科特勒
	定位	阿尔·赖斯、杰克·特劳特
	战略营销	波士顿咨询公司
	服务营销	拉斯摩、林恩·休斯塔克
	宏观营销	里德·梅耶、迈克尔·赫特
20世纪80年代	营销战	雷维·辛格
	大市场营销③	菲利普·科特勒
	内部营销	克里斯琴·格罗路斯
	全球营销	西奥多·莱维特
	关系营销	巴巴拉·本德·杰克
20世纪90年代	网络营销互联网营销	霍格
	"4C"理论	罗伯特·劳特朋
	差异化营销	葛斯·哈泊
	绿色营销	肯·皮迪
	4R营销	唐·E.舒尔茨
	非营利组织营销	菲利普·科特勒、列维
	整合营销传播	唐·E.舒尔茨
	体验营销	派恩&吉尔摩、B.H.施密特
	口碑营销	阿尔恩特
21世纪初	顾客关系营销	唐·佩特、马莎·罗杰斯
	社会责任营销	鲍恩、卡罗尔、菲利普·科特勒

　　20世纪80年代前内容，参阅：[1]张文贤. 新编市场学教程[M]. 上海：同济大学出版社，1991；[2]郑锐洪. 西方营销百年理论发展重心的转移及启示[N]. 当代经济管理，2012（01）.

---

① 价值观与生活方式：value and lifestyle.
② 扩大的营销概念：the broadened concept of marketing.
③ 大市场营销：6P（4P, politics, public relationship）.

在营销理论日趋成熟的过程中，经典的营销理论认为，营销的任务不仅要刺激消费者的需求，而且要影响需求的水平、时机和构成，营销管理实质即需求管理。营销活动既实施于流通领域，又不限于流通领域，真正的营销是以市场为起点，上延至生产领域，下伸到消费领域。市场营销的原理不仅广泛应用于企事业单位和行政机构，而且逐渐深入微观、中观与宏观三个层次。

扩展阅读 1-1
西方营销百年理论发展重心的转移及启示

回顾市场营销学产生和发展的历史可以看出，这是一个与市场问题日益尖锐化相伴随的过程。市场经济的发展促进了特定的营销环境的形成，也促进了竞争性的市场经济体制趋向成熟，这又为市场营销理论的研究和应用创造了条件。所以说，西方市场营销学正是在商品经济高度发展，市场迅速扩大，市场供求矛盾日益尖锐化的基础上，以及竞争日益加剧的条件下产生和发展的。

人物介绍

菲利普·科特勒①

菲利普·科特勒（Philip Kotler）是当代世界营销学权威之一，美国西北大学凯洛格管理研究生院庄臣公司资助杰出国际营销学教授。他曾获得芝加哥大学经济学硕士学位和麻省理工学院经济学博士学位，也曾在哈佛大学从事数学方面的博士后和在芝加哥大学从事行为科学方面的博士后工作。

科特勒见证了美国 60 多年经济的起伏坎坷、衰落跌宕和繁荣兴旺的历史，从而成就了完整的营销理论，培养了一代又一代美国大型公司的企业家。他多次获得美国国家级勋章和褒奖，包括"保尔·D. 康弗斯奖""斯图尔特·亨特森·布赖特奖""杰出的营销学教育工作者奖""营销卓越贡献奖""查尔斯·库利奇奖"。

科特勒出版了许多成功著作，主要有《营销学原理》《营销学导论》《营销管理》《非营利机构营销学》《新竞争》《营销专业服务》《医疗保健营销学》《教育机构的战略营销》《高视野》《社会营销学》《营销地点》《营销集合》《营销模型》《国家营销》《水平营销》等。此外，他还在一流刊物上发表了 100 多篇论文。作为营销领域的杰出领先者，他获得过许多重大奖项，并且是唯一得过三次"阿尔法·卡帕·普西奖"的学者，该奖是专门奖励发表在《营销学杂志》上最优秀年度论文作者的。

扩展阅读 1-2
市场营销学在中国的传播

科特勒现任美国市场营销协会理事，并为多家美国或国外的著名公司做营销管理战略方面的顾问和咨询工作。

---

① 根据百度百科（http://baike.baidu.com/view/175448.htm）相关资料整理改编。

第三节　市场营销学在中国的传播和应用

一、从重新引进到广为传播

1979—1983年，是市场营销学重新引进中国大陆的启蒙阶段。

现有资料表明，中国最早的市场营销学教材是丁馨伯先生1933年译编并由复旦大学出版的《市场学》[①]。中华人民共和国成立前，有不少的中国留学生攻读过市场营销方面的课程，有的留美学者还参加了AMA（美国市场营销协会）的研讨活动。国内有些大学的工商管理学院，也开设了市场学课程。但是在商品经济不发达的条件下，对市场营销学的研究和应用势必受到限制。中华人民共和国成立后高校课程设置一度照搬苏联经验，在忽视流通与市场的经济思想影响下，经济管理类院、系都停开市场学。20世纪50年代后，在西方经历了"革命"的市场营销原理在我国未能及时加以传播。对我国古代与现代企业经营中很多有益的营销经验，也未能系统地进行总结和应用。

党的十一届三中全会以后，经济学界努力为商品经济"正名"，通过对社会再生产理论的研讨，商品流通和市场问题的重要性日益为人们所重视。1979年和1980年，可以说是市场营销学重新引进中国大陆的时期。1979年、1980年，少数大专院校及对外经济贸易部聘请外籍教师来华讲授市场营销学。在北京的部分教学、科研人员组成了市场学研究小组，组织了一些报告会。暨南大学率先开设了市场营销学课程。1980年上半年，美国政府与我国国家经贸委合办大连培训中心，将美国专家的讲课内容译为中文，冠以《市场学》书名印作讲义。哈尔滨工业大学也在1980年开设市场学课程，并编写了《市场学》教材。经济体制改革的起步，使得某些历来依附于行政机关、靠统一分配组织经济活动的部门和企业碰到了困难，迫使它们开始重视营销理论。因部分产品取消统购包销而注目市场、动作较快的机械工业部，通过办培训班、翻印学习资料、组织编写市场学教材等，为市场营销学在中国的传播，做出积极的贡献。

1981年暑假期间，中国人民银行在原陕西财经学院举办市场学师资班，聘请香港中文大学闽建蜀教授主持讲座，为综合大学和财经院校培训了第一批师资，从而为更多院校开设市场营销学课程创造了重要的条件。

中国人民银行组织编写《中国社会主义市场学》教材，推动了大专院校之间研讨市场营销理论的联系和协作，促进了市场学会组织的建立，加速了市场营销学的传播。由陕西财经学院、湖南财经学院等牵头的6所财经类院校组成的编书组，在1981年商定编写提纲及分工后，编写组成员积极着手编写教材。1982年5月在长沙召开了有24所院校参加的教材讨论会。会上不仅对教材讨论稿提出了修改补充意见，而且交流了各校开设市场学课程及编写教材的情况。与会者还建议，为了更好地研讨营销理论，中国应尽早成立类似AMA的学术组织。1983年5月，在乐山召开的一次市场学教材讨论会上，与

---

① 本章执笔者1980年曾在中国人民大学图书馆借阅该书，书上有朝阳大学图书馆印章。后来在上海图书馆只找到世界书局-1934年印行丁馨伯编译的市场学原理。

会高等院校的教师又重提上述建议。1983年10月，由陕西财经学院发起，共有18所综合大学和财经院校的代表参加，在西安召开成立市场学教学研究会的筹备会议。1984年1月，湖南财经学院受筹备会委托，经过紧张的准备，取得中国人民银行及湖南省有关领导支持，在长沙召开了"全国高等财经院校、综合大学市场学教学研究会"成立大会。1987年，学会改名"中国高等院校市场学研究会"。

中国高等院校市场学研究会成立之后，为推进市场营销学的普及与发展，团结全国众多高等学校的市场营销学者，加强学术交流和教学研究，每年定期交流研讨，公开出版论文集，对市场营销学的传播、深化和创新运用做出了积极的贡献。此后几年，许多省、市（区）也逐步成立了市场营销学会，广泛吸纳学者和有影响的企业家参加研讨活动。各类学会举办多种形式的培训班，通过电视讲座和广播讲座，推广传播营销知识。广东营销学会还定期出版《营销管理》会刊。

从1985年起（除了1989年），中国高等院校市场学研究会逐年召开年会。每年均有50余所至100多所高等院校代表与会，向大会提交的论文每年均有70余篇以至百余篇，1995年至1997年和2003年还公开出版了会议论文选集。2014年后，学术年会与博士生论坛同时举行，提交会议的论文，每年有数百篇，不少优秀论文在正式刊物公开发表。

1991年3月，中国市场学会在北京召开成立大会。高等院校和科研机构、经济主管部门、企业代表138人参加会议，著名经济学家孙尚清当选首任会长。1994年12月和2001年12月，学会分别在杭州富阳和北京召开第二次、第三次会员代表大会，进行换届选举。中国市场学会成立后，密切了学术界和企业界的联系，促进了理论与实际的结合，同时积极开展学术和咨询活动，建立对外交流渠道，培训市场营销人才，为我国研究和应用市场营销理论，提高企业营销素质，作了大量有益的工作。

扩展阅读1-3
中国高校市场学研究会30年的那些事

扩展阅读1-4
市场营销在中国是如何被扭曲的

二、营销理论研究与应用深入拓展

1995年以后，是市场营销理论研究与应用在中国深入拓展的时期。邓小平南方谈话奠定了建立社会主义市场经济体制的改革基调。此后十多年改革全方位展开，广大国有企业加快改革步伐，民营企业茁壮成长，外资企业大举进入和角逐中国市场。中国内地迅速成为"世界工厂"的同时，买方市场特征逐步明显，市场竞争进一步加剧，强化市场营销和营销创新成为企业的重要课题。

1995年在北京召开的"第五届市场营销与社会发展国际会议"，标志着市场营销在中国的传播、研究与应用进入了一个新的阶段。1995年6月，由中国人民大学主办，中国高等院校市场学研究会、中国市场学会等单位协办，在北京召开"第五届市场营销与社会发展国际会议"，促进了市场营销理论的国际学术交流，也促进了我国市场营销理论研究的发展和企业营销管理水平的提高。中国营销学界一方面全方位加强国际学术交流，举办了一系列市场营销国际、国内学术会议；另一方面，抓住中国高层领导日益关注、重视市场营销的机遇，展开了以中国企业实现"两个转变"（从计划经济向市场经济转变，从粗放经营向集约化经营转变）为主题的营销创新研究。市场营销理论和方法在我国广为传播，尤其是市场营销原理在应用中取得的成效，使市场营销学受到各方面的重视和欢迎。1996年3月，全国人民代表大会通过的《中华人民共和国国民经济和社会发展"九五"计划和 2010 年远景目标纲要》明确指出，国有企业要按照市场需求组织生产，"搞好市场营销，提高经济效益"。国家经贸委于 1997 年初发出《关于加强国有企业市场营销工作的意见》，是国家经济管理部门日益重视市场营销工作的一个标志。如果说在刚开始向人们介绍市场营销学时，在某些场合还受到冷遇，那么到 1995 年以后，经过几度市场营销学"热"，几乎在所有的经济管理部门都已引起一定程度的重视，比如规定所属的院校开设这门课程，支持市场营销学术组织的活动，组织多层次的研讨班等。

1994 年起，中国高等院校市场学研究会每次年会都因应经济全球化、"入世"与知识经济时代的要求选定主题，由广大会员围绕主题撰写论文，参与研讨。在此以后这一阶段，理论与实践结合更为紧密，产生了一批颇有价值的研究成果。不少学者在市场营销学的中国化方面也做了有益的探讨。

到 21 世纪初，中国内地已形成庞大的营销教育与人才培养网络。全国有上千所普通高校、职业院校设立市场营销专业，每年培养从专科、本科到研究生层次的数以万计的营销专门人才。至 2020 年，中国内地累计出版市场营销有关教材上千种，各类学校的营销专业任课教师逾万人。值得一提的是，国家教育部在进入新千年之际，将市场营销学列为高校工商管理类各专业核心课程，组织编写了工商管理类核心课程教材《市场营销学》。

2020 年，我国经济管理类大专院校（系）和中专、干部学校，几乎都开设了市场营销学课程。全国开课院校数千所，师资队伍估计达 5 000 人，本科开设市场营销专业的院校有 213 所，招收博士生的院校也有 20 所左右。至 2010 年，开设市场营销专业的院校约有 800 所，有 200 余所院校招收了市场营销方向硕士研究生，招收市场营销方向博士生的院校有 30 所左右。

1979 年到 2020 年的 40 余年间，从市场营销学的教学、科研、应用等方面考察，开课院校多，出版教材多，培训面大，传播面广，特别是有一定数量的经济工作者学习了营销理论，也有一定数量的教学、科研人员重视调查和总结企业营销工作经验，理论与实践结合，在应用中初见成效。可以说，市场营销学的研究与应用，在中国大陆以 40 余年的时间走过了欧美 100 多年的发展历程。

三、市场营销学在中国迅速发展的依据

市场营销学在中国的广泛传播和迅速发展，具有不以人们意志为转移的客观必然性。党的十一届三中全会后，通过拨乱反正，全党工作的着重点转移到经济建设上来，形势发生了一系列深刻的变化。在理论上，从为商品生产恢复名誉，到逐步明确社会主义经济是公有制基础上的商品经济，从把计划与市场二者对立起来，到逐步明确计划和市场都是资源配置的手段。在体制上，随着市场取向改革的推进，从单一的公有制向以公有制为主体、多种所有制经济共同发展演变，从传统的高度集中统一的计划经济向尊重价值规律和重视市场调节作用的社会主义市场经济演变，从视企业为行政机关的附属物向使企业成为自主经营、自负盈亏、自我约束、自求发展的独立的法人实体演变。在机制

上，宏观调控正由单一的行政手段转向综合运用行政、法律、经济手段，由直接调控为主转向以间接调控为主，由计划经济运行机制逐步转向市场经济运行机制。在实践上，随着市场经济的发展和社会生产力水平的提高，市场供求格局发生了巨大的变化，商品意识、市场意识、竞争意识逐步深化，由排斥竞争转向提倡竞争、保护竞争，这一切，都使得市场营销理论、策略和方法的应用，有了更为广阔的天地，也使得认真学习和研究市场营销原理更为必要。改革开放40多年来，我国社会主义市场经济蓬勃发展，市场规模日益扩大。在国际金融危机冲击下，世界经济深度衰退，中国经济也受到了严重影响。但在加强和改善宏观调控，促进经济平衡较快发展方面，政府着力扩大居民消费，促进投资快速增长。2019年中国国内生产总值按当年价格计算为990 865亿元，约为14万亿美元，居世界第二位。随着经济总量大幅增加，我国人均国民总收入也逐年提高。继2002年突破1 000美元，2016年达到8 000美元，2019年达到1万美元。2019年，城镇居民人均可支配收入40 359元，农村居民人均可支配收入16 021元，国内市场需求有较大提高，全年社会消费品零售总额411 649亿元，比上年增长8%。扣除价格因素，实际增长9.6%。在全球贸易量增幅回落，贸易保护主义压力和贸易摩擦有增无减的背景下，由于我国出口企业的自身努力、政府的应对及时，2019年货物进出口总额315 505亿元，比上年增长3.4%。其中，出口172 342亿元，增长5.0%，进口143 162亿元，增长1.6%。①

在社会总需求增长的同时，随着社会有效供给的持续增加，社会总供求之间的矛盾日渐缓和。1997年下半年后，我国社会主义市场经济条件下的买方市场已初步形成，事实证明社会主义经济并非注定是"短缺经济"。供求形势的变化更引起竞争格局的变化，消费者选择余地日渐扩大，卖主之间的竞争空前剧烈，加之企业价格行为在改革过程中大大增强了灵活性和策略性，这些也都是市场营销策略和技巧日益受到重视的客观条件。

值得注意的是在市场总供求趋势发生根本变化，供求格局变化万千的情况下，政府各部门和地方政府都日益重视产业结构和产品结构的调整，企业也更加重视市场需求的调查预测，力求使产品适销对路。以市场消费需求为中心的营销观念，在人们的头脑中加速形成。可以说，理论的突破，改革的推进，经济的发展，社会主义市场经济体制的建立，为市场营销学的研究和应用创造了极为有利的条件。

扩展阅读1-5
全球诞生586家独角兽企业，北京依旧是全球独角兽之都

第四节　研究市场营销学的意义和方法

一、研究市场营销学的意义

社会主义市场经济条件下，物质资料的生产表现为商品生产，消费需求表现为市场需求，而商品从生产领域到消费领域的转移，都要通过一个流通过程，通过交换来实现，所以市场是社会再生产和扩大再生产的条件，是联结生产与消费的纽带和桥梁。因此，

---

① 资料来源：2019年国民经济和社会发展统计公报。

企业的生产经营活动都不能离开市场，研究企业市场营销策略及营销活动的规律性，是社会主义商品经济发展的需要。进入 21 世纪以来，经济形势异常严峻，企业要生存和发展，必须面对巨大的挑战，营销的重要性日益凸显，经济理论和实际工作者学习和研究营销原理与策略的要求也日益迫切。

市场营销学是一门实践性很强的应用科学，认真学习和研究市场营销学，对于借鉴他国经营现代企业的经验和方法，提高企业营销素质，增强企业活力和竞争力，在国内外激烈的市场竞争中取胜，加速我国经济建设的步伐，具有以下重要的现实意义。

（一）研究市场营销学，有利于更好地满足社会需要

在社会主义市场经济条件下，生产、经营的最终目的，是为了满足人民日益增长的物质和文化生活需要。市场营销观念强调以消费者的需求和利益为中心，按市场需求组织产品的生产和供应，将导致资源配置优化，生产效率提高，能更好地满足消费者的现实需要与潜在需要。

（二）研究市场营销学，有利于解决产品市场实现问题

在社会主义市场经济条件下，社会再生产过程是生产过程与流通过程的统一，连接生产过程两端的是交换，都离不开市场，都需要有效的营销活动。研究、应用营销理论、策略和方法，能加速产品由商品形态向货币形态转化，由可能产品向现实产品转化，从而促进解决市场实现问题。

（三）研究市场营销学，有利于增强企业市场竞争力

在社会主义市场经济条件下，企业不再是国家大工厂的生产车间，而是自主经营、自负盈亏的法人实体。富有竞争性的市场，迫使企业接受市场的检验。企业研究和运用市场营销原理，了解消费需求，分析市场环境，制定和实施有效的营销组合策略，必将极大提高企业营销素质，改善经营管理，增强应变与竞争能力。

（四）研究市场营销学，有利于进一步开拓国际市场

社会主义市场经济是开放性的经济，坚持对外开放，扩大国际贸易与国际经济技术合作，是加快社会主义建设，逐步缩小同发达国家的经济差距的一条重要的指导方针。国际市场情况复杂，需求多变，竞争激烈。研究市场营销学，掌握营销理论和技巧，认真开展市场调研，了解目标市场，制定相应的国际营销策略，才能更有成效地开拓国际市场，发展我国的对外贸易。

二、研究市场营销学的方法

有中国特色的市场营销学的研究，应以马列主义、毛泽东思想、邓小平理论、"三个代表"重要思想、科学发展观和习近平新时代中国特色社会主义思想为指导，以唯物辩证法的基本原理为根本方法，贯彻理论联系实际的原则，注重调查研究、案例分析，掌握规律性，指导市场营销活动，并在实践中不断总结和提高。

不同的市场环境，不同的地理区域，市场营销的活动具有不同的特点，用比较的方

法可以从中找出市场营销的规律性。不同国家的市场营销有不同的特点，采用比较的方法进行研究，可以探索国外市场营销学中适合于我国国情的内容。同时，市场营销学的研究要采用定性分析和定量分析相结合的方法，对纷繁庞杂的市场营销关系作出科学的判断，预见发展趋势，以便采取有效措施，开展市场营销，提高经济效益。

研究市场营销学的具体方法很多，主要分为以下五种：

（一）产品研究法（commodity approach）

产品研究法即较为详细、具体、深入地分析某种或某类产品的营销个性问题，如农产品市场营销学就是以农产品为主体，研究农产品市场需求发展变化趋势，产品的品种、品质要求，以及产品标准、包装、分销渠道、价格与促销手段等问题。适用于某些专业性市场营销学课程的教学研究工作，同时也是企业研究某项产品的具体市场营销问题的重要手段。

产品研究法能较具体深入地分析各个或各类产品的市场营销问题，但耗费力量较多，而且还会产生重复现象。

（二）组织研究法（organization approach）

如果说产品研究法是以物为中心来研究市场营销学，则组织研究法可谓是以人为中心来研究市场营销学，以商品流通的各个环节为主线，研究市场营销系统中的各种机构的特性、变革和功能，包括生产者、代理商、批发商、零售商以及各种辅助机构的作用及营销活动过程与策略。以往的不足之处，主要在于未完全摆脱以物为中心，忽视对消费者需求的研究。

（三）功能研究法（functional approach）

市场营销的基本功能一般可分为交换功能、供给功能和便利功能三大类，包括购、销、运、存、金融、信息等方面的内容。功能研究法主要是研究各种营销功能的特性及动态，着重研究不同的营销机构和不同的产品市场如何执行这些功能。

（四）管理研究法（managerial approach or decision approach）

20 世纪 30 年代以前，西方国家流行的市场营销研究方法主要是上述三种。特点是单纯以某种产品、某种营销机构或某种营销职能作为研究主体，视野比较狭窄，有"只见树木、不见森林"之感。第二次世界大战后，随着管理科学、决策理论、系统理论和信息科学等现代科学的发展，市场营销学在吸取这些现代科学研究成果的基础上，兴起了管理研究法，或称决策研究法。

管理研究法以企业为主体，从营销管理决策的角度，综合产品研究法、组织研究法和功能研究法的基本要求，基于对企业外部环境因素和企业内部条件的分析与把握，着眼于寻找企业的市场机会，选择适当的市场机会，确定目标市场，制定最佳的市场营销组合方案。希望借此能在适当的时间，适当的地点，以适当的价格，将适当的商品或劳务，用适当的方法提供给消费者，从而扩大市场销售，提高市场占有率，增加企业盈利，最终实现企业的任务和目标。这种方法强调营销战略、营销策略的制定，以及营销计划的执行、控制和调整，自 20 世纪 50 年代末美国的营销学家提出后，受到了教学研究和企业界的普遍重视。

（五）系统研究法（system approach）

乔治·道宁（George S. Downing）于1971年出版的《基础市场营销：系统研究法》一书，提出了系统研究法。系统研究法主要应用系统工程的原理和方法，从企业内部系统、外部系统，以及内部和外部系统如何协调来研究市场营销学。企业内部系统主要是研究企业内部各职能部门，诸如生产部门、财务部门、人事部门、销售部门等如何协调，以及企业内部系统同外部系统的关系如何协调。后者主要研究企业同目标顾客外部环境的关系。内部与外部系统又是通过商品流程、货币流程、信息流程联结起来的。只有市场营销系统的各组成部分相互协调，才能产生高的营销效益。

三、市场营销学的研究范围

市场营销学的研究对象是市场营销活动及其规律性。菲利普·科特勒认为，一门学科就应该有一个核心概念（core concept）。如经济学的核心概念是稀缺，政治学的核心概念是权力，人类学的核心概念是文化，社会学的核心概念是群体，而市场营销学的核心概念是交换。但交换作为社会再生产的一环，不能离开其他环节孤立地研究。因此市场营销学的研究范围是以市场为出发点，但必须上延到生产过程，下伸到消费过程。无论生产或消费，都与市场商品交换有直接关系。因为社会再生产过程的各个环节，是互相联系、互相制约的一个有机整体。交换本身不是生产，但与生产紧紧相连；交换本身不是消费，但与消费息息相关。

市场营销学的研究范围，经典的表述方法一般是围绕消费需求这个中心，分析市场环境，制定和实施营销策略组合。其中包括产品（product）、分销渠道（distribution channel of place）、促销与定价策略（promotion and pricing），简称4P'S，如图1-1所示。

图1-1 市场营销学的研究范围

现代市场营销学的研究范围，可概括为以下方面：市场，消费者，市场营销策略，制定与实施市场营销策略的方法。市场营销学围绕消费者需求这个中心，分析市场环境，研究所应实施的营销策略，在理论体系上包括营销原理、市场调研、需求分析与营销组合等几个部分。因此，本书结构如下（见图1-2）。

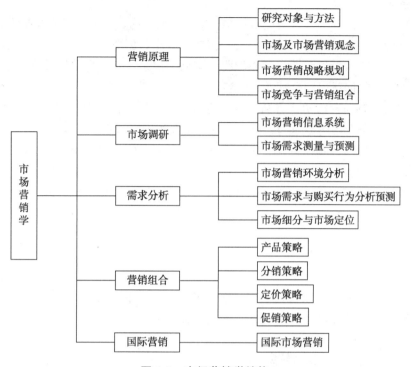

图 1-2　市场营销学结构

本章小结

市场营销学译自英语"marketing"一词，经多年的研讨，学科名称译作市场营销学，已被广泛认同。

市场营销学分为微观市场营销学和宏观市场营销学，分别侧重关注企业福利和社会福利。

市场营销学的研究对象是以满足市场消费需求为中心的企业整体营销活动及其规律性，即在特定的市场环境中，企业在市场营销调研的基础上，为满足消费者和用户现实和潜在的需要，所实施的以4P为主要内容的营销活动过程及其客观规律性，具有全程性、综合性、实践性的学科特点。

市场营销学是在资本主义向垄断阶段过渡时出现于美国的。经历了19世纪末的萌芽时期，到20世纪初期建立了这一新学科，20世纪20年代，初步建立了本学科的理论体系。随着美国市场营销协会（AMA）等组织的成立，市场营销学从学校到企业，从课堂走向社会，促进了理论与实践的发展与相互结合。

第二次世界大战后的新的形势，促使市场营销学发生了"革命"性变革，把市场的位置由生产过程的终点变为起点，完整的市场营销理论体系逐步形成。这对学科发展和企业实践，乃至整个社会经济的发展起了重大作用。而后，20世纪50年代以来，市场营销学的新概念层出不穷。

我国在20世纪30年代曾引进市场学，由于历史原因，教学与研究中断约30年。党的十一届三中全会后，经历了重新引进、传播、应用、创新与扩展，市场营销学的研究和应用在社会主义市场经济的发展中取得了丰硕的成果，正努力将国外理论本土化和以本国实践为基础的创新理论丰富学科内容。

学习和研究市场营销学，有利于更好地满足社会需要，有利于解决产品市场实现问题，有利于增强企业市场竞争力，有利于进一步开拓国际市场。

研究市场营销学的具体方法，主要有产品研究法、组织研究法、功能研究法、管理研究法和系统研究法。

市场营销学的研究范围，围绕消费者需求这个中心，分析市场环境，研究所应实施的营销策略，在理论体系上包括营销原理、市场调研、需求分析与营销组合等几个部分。

重要名词

市场营销学　宏观市场营销学　微观市场营销学　市场营销学的革命　产品研究法　组织研究法　功能研究法　管理研究法　系统研究法

即测即练题

**复习思考题**

1. "marketing"一词应该怎样翻译为好？
2. 市场营销学的研究对象应如何表达？
3. 市场营销学与经济学及其他相关学科的关系怎样？
4. 宏观市场营销学与微观市场营销学的区别何在？
5. 为什么说市场营销学的产生和发展，是与市场问题日益尖锐化相伴随的过程？
6. 在社会主义市场经济条件下，研究市场营销学的必要性何在？
7. 研究市场营销学的具体方法有哪些，我们应如何学习和研究市场营销学？
8. 市场营销学在中国传播的客观必然性何在，你对发展前景如何估计？

案例

可口可乐在中国的本土化营销策略

可口可乐（CoCa-CoLa）是一种碳酸型饮料，诞生于1886年。它的经营理念可以用

3A 和 3P 来表述。3A 即是让顾客"买得到（Availability），买得起（Affordability）和乐意买（Acceptability）"。从 1995 年起 3A 原则改成 3P 原则，即"无处不在（Pervasiveness）、物有所值（Priecetovalue）和首选品牌（Preference）"。3P 原则比 3A 原则更加积极主动，代表着可口可乐将以更积极、更主动的经营思想指导全球业务的开展。可口可乐总部设在美国佐治亚州亚特兰大，是全球最大的饮料公司，拥有全球 48%市场占有率以及全球前三大饮料的两项（可口可乐排名第一，百事可乐第二，低热量可口可乐第三），在 200 个国家拥有 160 种饮料品牌。据 Audits & Surreys 公司的调查，全世界每天消费的可口可乐超过 5 亿瓶，其中美国每天消费 1 亿瓶。1988 年，可口可乐盈利达到 10 亿美元。

早在 20 世纪初"可口可乐"已在亚洲面世，首先在菲律宾生产，并运来中国上海等城市销售。1927 年"可口可乐"在上海及天津设厂生产，稍后更在青岛及广州生产。1933 年，在上海的可口可乐生产厂是美国以外最大的"可口可乐"厂，在 1948 年，更是美国境外第一家年产量超过一百万箱的工厂。

1978 年，在中美宣布建交的当天，可口可乐就宣布自己为首家重返中国的国际消费品公司，1979 年可口可乐重返中国，并于 1981 年在北京建立了第一家瓶装厂。中国区销量持续增长，至 2007 年 7 月 18 日，投资 1 亿元的可口可乐江西新厂一期工程奠基，8 月，可口可乐公司新疆开建新厂，使得其在中国的装瓶厂达到 37 家。另外，该公司还于 2007 年 7 月在上海斥资 8 000 万美元兴建了可口可乐（中国）饮料有限公司总部。

可口可乐公司对广告宣传极为重视。从 1907 年赞助美国棒球比赛开始，它也是赞助奥运会历史上最长的赞助商，自 1928 年开始就从未间断过。在中国申办 2008 奥运会成功的消息传出不到半小时的时间内，北京可口可乐有限公司为此特别设计的 3 万箱奥运金罐就从生产线上下线，并连夜送往各大商场和零售摊点。

中国的消费者看到的可口可乐的广告总是那鲜红的颜色和充满活力的造型，以最典型化的美国风格和美国个性来打动中国消费者。十几年来广告宣传基本上采用配上中文解说的美国的电视广告版本。随着中国民族饮料品牌的蓬勃发展，可口可乐的市场营销策略在 1999 年发生了显著的变化，开始了它在中国市场走向本土化的进程。第一次选择在中国拍摄，第一次请中国广告公司设计，第一次邀请中国演员拍广告。为了获得更多的市场份额，可口可乐正在大踏步地实施中国本土化。众所周知，可口可乐一贯采用的是无差异市场涵盖策略，目标客户显得比较广泛。从去年开始，可口可乐把广告的受众集中到年轻的朋友身上，广告画面以活力充沛的健康的青年形象为主体。"活力永远是可口可乐"成为其最新的广告语。

资料来源：朱立. 可口可乐与百事可乐的百年恩怨.市场营销经典案例[M]. 2 版. 北京：高等教育出版社，2012.

案例讨论题

1. 可口可乐在中国的本土化营销策略可给我们以什么启示？
2. 对于消费者来讲，可口可乐是一种饮料还是一种文化？

第二章　市场与市场营销观念

本章提要

本章阐述市场、市场营销及其相关概念,市场营销管理哲学在实践中的发展和演变,以及新旧营销观念的区别、现代市场营销观念的基本特征等。着重介绍以顾客满意为焦点,全面贯彻现代市场营销观念,创造和提供顾客认知价值的原理,以深入认识和把握市场,科学分析市场,树立正确的市场营销观念。

 引例

这家智能清扫初创企业凭什么征服欧美市场

2020年6月30日,仙途智能宣布与瑞士波雄集团在瑞士成立合资公司WIBOT,并推出Urban-Sweeper S2.0自动驾驶智能清扫车,服务每年价值上千亿元的欧美环卫市场。发布现场吸引多位瑞士市长到场"带货"。产品有望改善欧美人口老龄化、劳动力短缺以及劳动力成本大幅上升等社会问题,获得价值上亿元的意向订单。

成立仅三年的仙途智能,如何做到在欧美攻城略地?

智能环卫龙头纷争　欧美市场将成创企新发力点

2020年上半年,已有三场大环卫市场化项目成交,其中包括成交金额接近80亿元的深圳市宝安区新安、福永和福海街道环卫一体化PPP项目。招标方来自深圳、宁波等资金实力雄厚的城市,成交金额70亿~80亿元不等;动辄数十亿元的标的证明了智能环卫在国内的巨大市场价值,也表明这早已是大体量龙头企业厮杀的战场。

初创企业体量较小,但是技术迭代灵活,需求响应迅速,需要在环卫市场中找到适合自己的切入口。欧美环卫市场正是这样一个机会。

欧美社会饱受人口老龄化,劳动力短缺以及劳动力成本大幅上升等病症困扰,人力成本高昂,清扫人员平均年成本高达六万美元。随着人口老龄化加剧,这一数值还将不断攀升。据Waste Business Journal统计,2016年美国市政废物管理市场规模高达600亿美元,其中前端收集及运输的规模为366亿美元,是市场中的大头。同时,欧美环卫服务市场化率较高。环卫政策改革在欧美由来已久,目前美国的市场化率也达到78%。只要质量、技术与价格占据优势,在诸多采购服务项目中,初创企业亦有较多的机会撬动市场份额。

在这一大背景下,一家中国自动驾驶清扫领域的初创公司——仙途智能,以智能技术攻取传统技术高地欧美市场,正式开启涵盖欧美市场的全球商业化之路。

仙途智能在欧美市场的布局,其实可以追溯到2019年初。当时,该公司与德国ALBA

环卫集团合作，在德国威廉港运营自动驾驶清扫项目。此款智能无人环卫车产品，目前已在瑞士机场以及美国凤凰城的一家大型连锁超市停车场投入运营。

技术优势：构建开箱即用的可靠解决方案

凭借全球领先的智能环卫自动驾驶解决方案，仙途智能运营着最大规模的自动驾驶清扫车队，拥有最丰富的实际运营数据和最领先的作业系统。同时能做到"开箱即用"，为跨国合作的人员交流变数提供可靠的效率保障。疫情期间，仙途智能的技术方案成功战胜人员流动阻隔的挑战，推进WIBOT的顺利落地。

定制化方案：针对具体使用场景和清扫要求，选定适用车型并设计清扫方案，可适用于结构化道路、封闭/半封闭园区等多样化场景。

产品：具有完全自主知识产权的无人驾驶清扫控制系统，包括感知、规划、控制等核心模块，全套无人驾驶传感器改装及车规级车辆线控改装；同时系统配备规范详尽的技术指导文档。该系统适配性广泛，不依赖特定厂商的清扫车。

服务：可以按里程或清扫面积提供无人清扫运营服务或在既有车辆上改装提供技术许可服务。

技术：（1）包含激光雷达、毫米波雷达、摄像头、超声波雷达等在内的多冗余多备份传感器组；（2）整车线控系统；（3）感知数据+高精SLAM定位+多目标优化的动态路径规划；（4）车队云端管理+运营大数据平台。

商业模式：国内市场"以租代售"，海外市场"技术授权"

国内环卫市场目前处在"人扫""机扫""人工智能清扫"三大清扫模式并存的转型时期。仙途智能"以租代售"模式的选择，正是基于对国内环卫市场化客观发展现状与规律的清醒判断。"以租代售"模式既可以最低成本让环卫企业体验到新技术的价值，又可以最大范围的让仙途智能的无人清扫产品落地运营。

在国内市场，仙途智能累计在上海、苏州、北京、广州等一二线城市获得超过50张上路许可，获得了包括厦门仙岳公园、北京朝阳公园、上海嘉定国际汽车城和上海浦东新区滨江大道等多个收费例行清扫服务订单。目前，仙途智能的商业模式是向客户提供清扫服务，收取服务费，后期可能会提供车辆售卖或系统售卖等方式。

海外市场知识产权与技术授权模式较为发达。仙途智能将以向合资公司WIBOT收取技术授权费的模式获得收益，作为欧美市场盈利模式的初步试水。这一方面的意向订单额目前已超过一亿。仙途智能与WIBOT还将积极探索在欧美市场的商业化落地的多种可能。

资料来源：佚名.这家智能清扫初创企业凭什么征服欧美市场[EB/OL].环境司南（https://mp.weixin.qq.com/s/kfM9_2IslsqTEq11ShFy8A），2020-07-07.

市场是商品经济的范畴，卖主和买主进行商品交换的场所，是一定的时间、地点条件下商品交换关系的总和。市场营销是通过市场交换以满足现实或潜在需求的综合性经营管理活动过程。

营销观念是生产者、经营者组织与管理营销活动的指导思想。随着商品交换日益向深度和广度发展，营销观念也渐次由生产导向、销售导向，向市场导向、顾客导向演变。

市场营销观念以买主为中心,重点是顾客导向、整体营销、顾客满意。现代市场营销是市场经济发展的产物,也是企业经营管理经验不断总结和积累的结果。

第一节 市场的概念与功能

一、市场的概念

市场是商品经济的范畴。哪里有商品生产,哪里就有市场。

商品是用来交换的劳动产品。在社会经济生活中,交换产生和存在的前提是生产的社会分工。由于社会分工,不同的生产者分别从事不同产品的生产,他们都为别人需要、为社会需要而生产,彼此互相联系、互相依存。"如果没有分工,不论这种分工是自然发生的或者本身已是历史的成果,也就没有交换。"[1]所以说市场是商品经济中社会分工的表现,"生产劳动的分工,使它们各自产品互相变成商品,互相成为等价物,使它们互相成为市场。"[2]

商品交换关系是不同所有者之间经济联系的体现。仅有社会分工,劳动产品并不会成为商品。正是在社会分工的同时,劳动产品又归不同的所有者占有,不同所有者拥有对自己产品的支配权,各个生产者对他人产品的需要,就必须通过商品交换来满足。人类社会最初的商品交换是简单商品交换,是偶然的、直接的物物交换。随着商品生产的发展,商品交换日益频繁,不但出现了以货币为媒介的商品交换,而且出现了由商人媒介形成的商品交换,也就是在简单商品生产的基础上形成了简单商品流通,进而产生了"商品交换的发达形式"[3],即由商人媒介形成的商品交换。在这种情况下,一种商品形态变化的循环,总是和别种商品形态变化的循环交织在一起,商品世界的流通过程,"就表现为在无数不同地点不断结束又不断重新开始的这种运动的无限错综的一团锁链。"[4]所以说,市场又是一定时间、地点条件下商品交换关系的总和。

综上所述,市场的概念有狭义的与广义的之分。按照狭义的概念,市场是指买卖商品的场所,即买方和卖方聚集在一起交换货物的场所。通常,市场是四通八达,交通方便、人烟稠密之地,是城市和集镇的主要组成部分。当交易双方进行买卖活动时,市场是一个有限的区域;而当交易双方采用电话、电报、传真、电视、互联网等现代化手段进行联系时,市场的范围可能遍及全球。按照广义的概念,市场是一定时间、地点条件下商品交换关系的总和,即把市场看作商品交换的总体。这是马克思主义政治经济学的观点,从一定的经济关系来说明市场的性质。市场上所有的买卖活动都涉及直接参与者和间接参与者的利益,在物与物的关系背后存在着人与人的关系。所以,市场是商品生产者、中间商和消费者交换关系的总和。

---

[1] 马克思恩格斯选集[M]. 第2卷. 北京:人民出版社,1972:101.
[2] 马克思恩格斯全集[M]. 第25卷. 北京:人民出版社,1972:718.
[3] 马克思恩格斯全集[M]. 第23卷. 北京:人民出版社,1972:182.
[4] 马克思恩格斯全集[M]. 第13卷. 北京:人民出版社,1972:84.

市场也可以解释为消费需求。一定时期消费者或用户对某种商品有支付能力的需求，决定了该种商品有无销路及销路大小，这也被称作有无市场或市场大小。菲利普·科特勒认为，"交换和关系的概念导出了市场的概念。市场（market）是产品现实和潜在购买者的集合。这些购买者共同的某个需要或欲望能通过交换关系得以满足。"[①] "营销者将卖家称为行业（industry），将顾客群称为市场（market）。"[②]

二、市场的一般特性和功能

（一）市场的一般特性

1. 形成市场的基本条件

存在买方与卖方，有可供交换的商品，有买卖双方都能接受的交易价格及其他条件。这三者都具备，才能实现商品的让渡，形成现实的而不是观念的市场。

2. 形成买卖行为的三要素

市场活动的中心内容是商品买卖，因而必须具备消费者、购买力和购买欲望三个要素。没有消费者就谈不上购买力和购买欲望，或是消费者没有购买力和购买欲望，也不能形成现实的市场。只有三个要素结合，才能促成买卖行为。

（二）市场的功能

市场产生的基础是存在社会分工，同时又存在不同的所有者导致的商品生产，市场活动的基本内容有其共同性。

市场主要功能是：

（1）实现功能。市场是商品交换的场所。通过市场交易，商品与货币易位，商品生产者售出产品，实现了商品的价值，进而可实现价值补偿和实物替换；消费者取得产品，产品进入消费领域，成为现实的产品。

（2）调节功能。市场是经济竞争的场所。通过供求与价格的相互作用，供求形势的变化和竞争的开展，对生产者、经营者和消费者的买卖行为起调节作用，使生产、经营规模和结构与消费需求适应，能促进社会资源合理配置。

（3）反馈功能。市场是信息汇集的场所。通过买卖双方的接触和影响供求诸因素信息的传递，不仅为企业的微观决策提供依据，有利于更好地组织生产经营活动，也为政府宏观决策提供依据，有利于经济计划管理和加强宏观调控。

市场的历史和商品经济同样久远。伴随着商品生产和商品交换的发展，特别是伴随着商业的发展，市场的作用也日益显著。商品经济的内在矛盾即使用价值与价值的矛盾，商品流通领域的主要矛盾即供给与需求的矛盾，都要通过市场反映出来，并借助于市场求得解决。市场是满足人们多种多样需要的手段，是社会再生产顺利进行的基本条件。社会再生产各个环节的活动都离不开市场。生产者要通过市场出售产品，生产目的才能

---

① 菲利普·科特勒. 市场营销原理[M]. 亚洲版·3版. 李季，等，译. 北京：机械工业出版社，2014：6.
② 菲利普·科特勒，等. 营销管理[M]. 15版. 何佳讯，等，译. 上海：格致出版社、上海人民出版社，2016：8.

得以实现；消费者要通过市场购买货物，需要才能得以满足；国民收入的分配和再分配，也要通过市场才能得以完成。市场是国民经济的一面镜子，它能反映经济发展的速度和比例，繁荣和衰退。市场能反映社会需要的变化，灵敏地提供信息，以便把生产和消费、供给和需求更好地结合起来。自觉利用市场机制的调节作用，通过市场供求和市场价格的变化，能引起或强迫人们调节生产和消费，并调节交换双方的经济效益，对企业的生产经营计划起着检验和校正作用，从而有助于促进国民经济持续、快速、健康地发展。

第二节 市场营销与市场营销管理哲学

一、市场营销

市场营销是市场营销学的研究对象。国外市场营销学关于市场营销的概念，狭义的解释是引导商品与劳务从生产者到达消费者或使用者所实施的一切企业活动，广义的解释是创造与传递生活标准给社会。前者将市场营销仅视作一种传递功能，反映了学科发展幼年期对市场营销认识上的局限性；后者虽给人以广阔的视域，但不够明确具体。在对市场营销定义的众说纷纭中，西方市场营销学者之间广泛流传着一种说法，"市场营销是一门科学、一种行为和一项艺术"（Marketing is a science, is a behavior, is an art.）。伴随市场营销理论与实践的不断创新，营销的概念在不同时期有不同的主流表述。如美国市场营销协会（AMA）在1960年的定义是："市场营销是引导货物和劳务从生产者流转到达消费者或用户所进行的一切企业活动"，而到了1985年，又定义为"市场营销是（个人和组织）对理念（或主意、计策）、货物和劳务的构想、定价、促销和分销的计划与执行过程，以创造达到个人和组织的目标的交换。"2004年8月，AMA在夏季营销教学者研讨会上，公布了市场营销的新定义：市场营销既是一种组织职能，也是为了组织自身及利益相关者的利益而创造、传播、传递客户价值，管理客户关系的一系列过程。2007年，AMA又一次公布新定义为"市场营销是创造、传播、传递和交换对顾客、客户、合作伙伴乃至整个社会有价值的产品的一系列活动、机制和过程。"[①]2004年和2007年的定义，均以关注顾客价值为核心，明确了顾客地位，承认了顾客价值，并强调了与顾客的互动。同时，肯定了市场营销是一个过程，是一项组织职能，不仅要以本组织的利益为目标，而且要兼顾相关组织的利益。

扩展阅读 2-1
变革时代的营销大师们如何看当代的营销

营销与一般的销售不同，区别在于销售重视的是卖方的需要，营销重视的则是买方的需要。诚如彼得·德鲁克（Peter Drucker）所言，"销售和市场营销的意义是互相对立的，而不是同义语，甚至也不是互相补充的。""有人可能会想，销售总是需要的。但是，

---

① "Marketing is the activity, set of institutions, and processes for creating, communicating, delivering, and exchanging offerings that have value for customers, clients, partners, and society at large." 原文摘自AMA官方网站（www.marketingpower.com），见：郭国庆. 市场营销学通论[M]. 4版. 北京：中国人民大学出版社，2009：13.

市场营销的目标正是要使这种销售变得不再必要。市场营销的目标，是对顾客有很充分的了解，产品和服务完全适合顾客的需要，从而很自然地销售出去。""最理想的状况，应该是市场营销创造出准备购买的顾客。那样的话，只要提供产品和服务就可以了。也就是说是一种后勤供应，而不是推销术；是一种统计分销，而不是宣传推销"。①

扩展阅读 2-2
结束销售与营销之间的战争

关于市场营销较为完整的定义是：市场营销是通过市场交换满足现实或潜在需要的综合性经营销售活动过程。依据这一定义，市场营销的目的是满足消费者的现实或潜在的需要，中心是达成交易，达成交易的手段是开展综合性的营销活动。市场营销这个概念是从企业的营销实践概括出来的，因此市场营销的涵义也不是固定不变的，它会随着企业营销实践的发展而深化。

 小链接2—1

创新和市场营销之间的关系②

2019年10月，科特勒咨询集团邀请现代营销学之父菲利普·科特勒分享创新和市场营销之间的关系。科特勒说：创新是可能性的转换大师，而市场营销是价值转换大师。做真正有价值的创新，需要市场营销来帮助创新转换出价值。德鲁克先生说过：企业有且只有两个基本职能，营销和创新，创新负责将可能性变成现实，营销负责将这种现实变成价值。

什么是营销？怎么理解市场营销？

如果你理解的市场营销是有技巧的推销，就会做出一个创新产品，雇一堆销售员，打电话或者是陌生拜访；如果你认为营销是有效率的打广告，你就会拿着自己的创新产品，去找个广告公司或者找个策略公司帮你做个定位，或者在楼宇铺天盖地打广告；如果你认为营销是炒话题、蹭热度，你可能会买热搜，但是实际这些都没有解决创新到价值的转换，都是不对的。

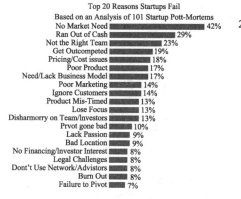

2008—2019年创业公司死亡原因分布

---

① 彼得·德鲁克. 管理：使命、责任、实务（使命篇）[M]. 王永贵, 译. 北京：机械工业出版社, 2006：66.
② 资料来源：吴俊杰. 创新、用户、数据……什么才是科技企业增长的良药[EB/OL]. 科特勒营销战略（https://mp.weixin.qq.com/s/l0lBp_XH_z5iqN1nhYJPGg），2020-09-09.

这张图左边可以看到 2014 年 CBI 对美国硅谷的 101 家创业公司进行的死亡原因调查，缺乏市场需求这一原因占比最大（42%）。右边是针对中国过去 10 年内对 700 家创业公司进行的死亡原因调研，结果显示只有市场伪需求这一原因排在了第三位 14%。排名靠前的两个原因其实也是相关的，由于行业竞争商业模式匮乏，这些创业公司的创新其实是造成了对社会资源的浪费。

2019 年 5 月，清华大学召开了一个人工智能会议。这个会议上出现了一个有意思的新概念——逆向创新，指的是在市场上寻找技术，而不是像过去正向的创新是拿着技术去寻找市场。因为，拿着技术找市场试错周期长、风险不可控、成功率低，而逆向创新从市场需求来找技术是符合市场规律的，见效快、成功率高。

具体地说，这个方法是先进入传统或者新兴产业，然后在这个产业内进行有目的的调研。开展 21 个课题后再开始组建团队，组完团队之后进行商业化形成项目，将课题应用于产业。由此循环往复，一个新的创新公司就成型了。

二、市场营销的相关概念

（一）需要、欲望和需求

人类的需要是市场营销的基石。所谓需要，是人体组织系统中的一种缺乏、不平衡的状态，人们与生俱来的基本要求，如对水、空气、食物、衣服、住所、娱乐和接受教育等的要求。市场营销者可用不同方式满足人们的需要，但不能凭空创造需要。

欲望是指人们解决需要问题的倾向或选择。如为满足"解渴"的需要，人们可能选择（追求）白开水、茶、汽水、果汁或矿泉水等。市场营销者是无法创造欲望的，但是可以影响人们的欲望。他们通过创造、开发和销售特定的产品与服务，引导和满足人们的欲望。

需求指人们有支付能力，并愿意购买某个具体产品的欲望。市场营销者应该了解和掌握有多少人需要某种产品，并且知道有多少人有能力购买这种产品。

优秀的企业常常通过各种方式，深入地了解顾客的需要、欲望和需求，认真研究其购买行为和偏好，并据以制定自己的营销策略。

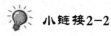
小链接2-2

需 求 管 理

市场营销管理的本质是需求管理。营销者要因应不同的需求状况，调整营销管理任务：

（1）负需求。消费者厌恶某种某个产品，甚至花钱也要去回避它（如防疫注射，高胆固醇食品等）。任务是改变市场的信念和态度，将负面需求转变为正面需求。

（2）无需求。消费者对某个产品不知晓或不感兴趣（如陌生产品，与传统、习惯相抵触的产品，废旧物资等）。任务是设法把产品的好处和人的自然需要与兴趣联系起来。

（3）潜在需求。消费者可能有某种强烈的需要和欲望，而现有产品并不能满足（如人们对无害香烟、节能汽车和癌症特效药品的需求）。任务是致力于市场营销研究和新产品开发，有效地满足这些需求。

（4）下降需求。消费者逐渐减少购买或不再购买某个产品，需求呈下降趋势。任务是分析原因，通过开辟新的目标市场、改变产品特色，或采用更有效的促销手段重新刺激需求。

（5）不规则需求。消费者的购买活动可能在不同季节、不同日期，甚至一天的不同时段呈现出很大波动。任务是通过灵活定价、大力促销及其他刺激手段来改变需求的时间模式，使供、需协调一致。

（6）充分需求。消费者充分地购买投放到市场中的所有产品。任务是密切注视消费者偏好的变化和竞争状况，不断提高产品质量，保持现有的需求水平。

（7）过度需求。过多的消费者想要购买某个产品，以致供不应求。任务是实施"低营销"，通过提高价格，合理分销产品，减少服务和促销等手段，暂时或永久地降低市场需求水平。

（8）有害需求。消费者被产生不良社会后果的产品吸引（如对某些有害物品——烟、酒、毒品、不良书刊等的需求）。任务是运用"反营销"，从道德和法律两方面加以约束或杜绝。

（二）产品和服务

在营销学中，产品包括能够满足人们需要和欲望的任何事物。人们购买轿车不是为了得到一种机械，而是需要它提供的交通服务。产品实际上是获得利益或服务的一种载体。这种载体可以是有形物品，也可以是不可触摸的、无形的"服务"，如人员、地点、活动、组织、知识、技术和观念等。如为了满足轻松、愉悦的需要，人们可以选择参加音乐会，听歌手演唱（人员）；到风景区旅游、观光（地点）；参加亲朋好友的聚会（活动）；参加航海俱乐部（组织）；或者一场研讨会，接受一些新的思想（观念），等等。市场营销者必须清醒认识到，其所创造的产品不论形态如何，不能满足人们的某种需要和欲望就必然会失败。

（三）效用、费用和满足

效用是买方或消费者对产品满足其需要的整体能力的评价。人们通常根据这种对产品价值的主观评价和支付的费用，作出是否值得购买的判断。如某人为解决每天上下班交通的需要，会对可能满足其需要的产品选择组合（如自行车、摩托车、汽车、地铁等），与他的需要组合（如速度、安全、方便、舒适、节约等）进行综合评价，以找出哪种产品能够为他提供最大的总满足。假如他主要对速度和舒适感兴趣，也许会考虑购买汽车。但是，汽车购买与使用的费用要比自行车高许多。倘若购买汽车，他就必须放弃用其有限收入可购置的一些其他产品（服务）。因此，他将全面衡量产品的费用和效用，选择能使每一元的花费带来最大效用的产品。

（四）交换、交易和关系

交换是指从他人处取得所需之物，并以自己的某种东西作为回报的行为。人们获得满足需要或欲望之物可有多种方式，如自产自用、强取豪夺、乞讨和交换等。其中，只有交换的方式才能产生市场营销。因此，交换是市场营销的核心概念，市场营销的全部内容都包含在交换的概念之中。

交易是交换的基本组成单位，是交换双方之间进行的价值交换。交换是一种过程，在这个过程中如果双方达成了一项协议，就可称之为发生了交易。交易通常有两种形式：一是货币交易，如甲支付500元给商店而得到一台微波炉；二是非货币交易，包括以物易物、以服务易服务的交易等。

建立在交易基础上的营销，可称之为交易营销。为使企业获得较之交易营销所得到的更多，就需要关系营销。关系营销是营销者与有价值的顾客、分销商、零售商、供应商以及广告代理、科研机构等建立、保持并加强长期的合作关系，通过互利交换及共同履行诺言，使各方实现各自目的的营销方式。与顾客建立长期合作关系，是关系营销的核心内容。同各方保持良好的关系，要靠长期承诺和提供优质产品、良好服务和公平价格，以及加强经济、技术和社会各方面联系来实现。关系营销可以节约交易的时间和成本，其市场营销宗旨从追求每一次交易利润的最大化，转向与顾客和其他关联方共同的长期利益最大化，实现"双赢"或"多赢"。企业建立起这种以战略结盟为特征的高效营销网络，也就使得竞争方式由原来的单个公司之间的竞争，转变为整个网络团队之间的竞争。

（五）市场营销者

在交换双方中，如果一方比另一方更主动、更积极地寻求交换，我们就将前者称之为市场营销者或营销者，后者称其为潜在顾客。换句话说，所谓市场营销者是指希望从别人那里取得资源，并愿意以某种有价值的东西作为交换的一方。市场营销者可以是卖方，也可以是买方。当买卖双方都表现积极时，我们就把双方都称为市场营销者，并将这种情况称为相互营销。

扩展阅读 2-3
市场营销与消费品是敌对的吗？

三、市场营销的功能与效用

（一）市场营销的功能

市场营销的基本功能可分为交换功能，供给功能和便利功能。

（1）交换功能，包括购买与销售。购买是在市场集中或控制商品与劳务，并实现所有权的转移。购买包括购买哪些类型的产品、向谁购买、进货数量和进货时间的决策。销售是协助或动员顾客购买商品与劳务，并实现所有权的转移，包括通过推销宣传战略唤起消费者的需求，并安排好售后服务工作。定价是市场购销中必不可少的因素，它包含在购买与销售之中。

（2）供给功能，包括运输与储存。运输是货物实体借助于运力在空间上的转移，使产品从制造场所转移到销售场所。储存是指商品离开生产领域但还没有进入消费领域，而在流通领域内的停滞。储存设施可将产品保留到需要时供应，运输和储存都属于供给功能，是实现交换功能的必要条件。

（3）便利功能，包括资金融通、风险负担、市场情报与商品标准化和分级等。借助资金融通可以控制或改变商品与劳务的流转方向，实行信用交易能给销售过程各环节的买卖双方带来方便。风险负担是交易中必然包含的一部分因素，如供求关系变动中，运输和储存过程中，企业均可能因商品损坏、腐烂、短少、浪费等，以及货物在一定时期内的滞销、积压等，要承担一定财务损失。市场情报的收集、分析与传送，是一种通信职能，对消费者、生产者和营销机构都是重要的。商品的标准化和分级，指决定制成品必须符合的条件，作为基本尺度或标准，使产品必须符合其要求，保证产品质量，便于比较和交易。

（二）市场营销的效用

市场营销可创造形式、地点、时间与持有等效用：

（1）形式效用。例如企业通过市场调研、分析需求，再通过加工、制造过程，使棉纱、棉布、布匹成为服装，即生产出能满足人们某种需要和欲望的使用价值的具体形式。市场营销通过发挥此种供给功能，创造形式效用。

（2）地点效用。是指产品由产地到达销地，在适当的地点供应给市场，满足特定地区的消费者或用户。例如采购商向农业生产者收购粮食、蔬菜、水果等农产品，加以挑选、整理并加工、包装，运往城市和口岸，以满足城市的消费者与国外的顾客。由于供应方和需求方通常处在不同地点，也就是空间位置不同，"物"从供应方到需求方之间存在一定的空间差。市场营销通过发挥物流功能，将它们从集中的生产场所流入分散的需求场所，从分散生产的场所流入集中需求的场所，以及从甲地的生产者流入乙地的消费者，使需求方可在适当的地点获得所需之"物"，创造地点效用或称场所效用、空间效用。

（3）时间效用。"物"从供应方到需求方，其间往往还存在一段时间差。通过市场营销职能可以改变，如将夏天制成的棉鞋保存到冬天，冬天生产的凉鞋保存到夏天。此种通过发挥储存功能创造的效用，可帮助需求方在适当的时间获得所需之"物"，即时间效用。

（4）持有效用。指通过买卖行为，将商品所有权或使用权从卖方转移到或授权给买方，从而实现购买者对所需之"物"的持有。常见的如批发商向制造商采购其所生产的商品，批销给零售商，再转卖给消费者，商品所有权由此也从制造商手中转移到消费者手中。又如，许多电脑软件和手机应用程序，用户购买通过互联网下载和支付，获得一定范围的使用授权。市场营销发挥的此种交换功能或商流功能，即创造持有效用。

四、市场营销管理哲学

市场营销管理哲学是指企业对其营销活动及管理的基本指导思想。它是一种观念，一种态度，或一种思维方式。确立正确的营销管理哲学，对企业经营成败具有决定性意义。

营销管理哲学是指导企业开展经营的态度、观点和思想方法，其核心是正确处理企业、顾客和社会三者之间的利益关系。随着生产和交换日益向纵深发展，社会、经济与市场环境的变迁，以及企业经营经验的积累，企业的营销管理哲学发生了深刻的变化。

这种变化的基本轨迹是由企业利益导向，转变为顾客利益导向，再发展到社会利益导向。图 2-1 显示了西方企业在处理三者利益关系上，营销管理观念的变化趋势。

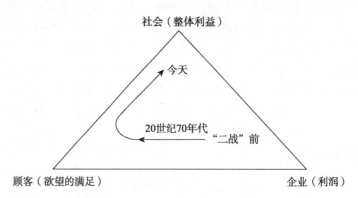

图 2-1　企业营销管理观念的变化趋势

企业市场营销管理哲学（观念）的演变，可划分为生产观念、产品观念、推销（销售）观念、市场营销观念和社会营销观念等五个阶段。前三个阶段的观念一般称之为旧观念，是以企业为中心的观念；后两个阶段的观念是新观念，可分别称之为顾客（市场）导向观念和社会营销导向观念。下面分别就以企业为中心的观念、以顾客为中心的观念和以社会整体利益为中心的观念，讨论一百多年来企业市场营销管理观念的演变及其背景。

（一）以企业为中心的观念

以企业为中心的市场营销管理观念，就是以企业利益为根本取向和最高目标来处理营销问题的观念。它包括：

1. 生产观念（production concept）

约在 19 世纪末到 20 世纪初，资本主义国家处于一种卖方市场状态。产品供不应求，市场选择甚少，只要价格合理消费者就会购买。市场营销的重心在于大量生产，企业的中心问题是如何利用新技术等扩大生产，提高生产效率并降低成本，即大量生产物美价廉的产品解决供不应求，消费者的需要和欲望并不受重视。具体表现为"我们能生产什么，就卖什么"。如美国生产面粉的皮尔斯堡公司，自 1869 年成立之后的 50 多年中，主要目标就是发展生产。该公司总经理查尔斯·A. 皮尔斯堡，心里只想着拥有更多的小麦和水动力。公司在这一时期的口号就是："本公司旨在制造面粉"。

2. 产品观念（product concept）

在生产观念阶段的末期，供不应求的市场现象在西方社会得到缓和，产品观念应运而生。产品观念认为，在市场产品有选择的情况下，消费者会欢迎质量最优、性能最好和特点最多的产品，因此企业应致力于制造优良产品，并经常不断地加以改进和提高。此时，企业容易导致"市场营销近视"（marketing myopia），即不适当地把注意力放在产品而不是市场需要上，在市场营销中缺乏远见，只看到自己产品好，看不到需求在变化。事实证明，物美价廉的不一定是畅销的产品。

3. 推销观念（selling concept）

推销观念产生于资本主义国家由"卖方市场"向"买方市场"过渡的阶段。大量生产使得供给趋于饱和，需求却增长缓慢，市场问题十分尖锐。推销观念在此背景下盛行开来，具体表现为"我们卖什么，就让人们买什么"。例如，皮尔斯堡公司的宣传口号在这时改为"本公司旨在出售面粉"，并在公司设立商情调研部门，派出大量推销人员以扩大销售。推销观念认定消费者不会因自身需要和欲望主动购买，必须经由推销刺激才能诱使其采取购买行动。产品是"卖出去的"，不是"被买走的"。在推销观念指导下，企业致力于产品推广与广告活动，以期获得充分的销售量和利润。

推销观念的可取之处是厂商重视发现潜在顾客，通过加强促销活动，使消费者对产品有所了解或者产生兴趣，进而实现交换。这里所谓的潜在顾客，是因不了解产品或其他原因尚未产生购买意愿的顾客。但从广义上说，推销观念也仍然是建立在"我们能生产什么，就卖什么"的基础上，同属于"以产定销"的范畴——着眼于现有产品的推销，对消费者只希望通过促销手段诱使其购买，至于顾客满意与否以及是否会重复购买，则较为忽视。

（二）以消费者为中心的观念

以消费者为中心的市场营销观念又称市场营销观念，就是企业一切计划与策略应以满足消费者需求为中心，准确把握目标市场的需要与欲望，比竞争者更有效地满足顾客的需求。市场营销观念确立了这样一种信念，即企业的一切计划与策略应以顾客为中心；满足消费者的需要和欲望是企业的责任；在满足顾客的基础上，实现长期的合理的利润。市场营销观念有四个主要支柱，即目标市场、整体营销、顾客满意和盈利率。

莱维特（Theodore Levitt）曾以推销观念与市场营销观念为代表，比较新旧观念之间的差别（见图 2-2）。他指出，推销观念从厂商出发，以现有产品为中心，通过大量推销和促销来获取利润；市场营销观念是从选定的目标市场出发，通过整体营销活动实现顾客需求的满足和满意，获取利润，提高盈利率。[①]

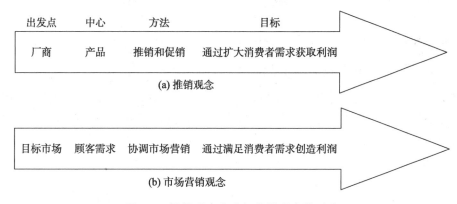

图 2-2 推销观念和市场营销观念的对比

[①] 参见：西奥多·莱维特. 市场营销的近视症[A]. 本·M. 恩尼斯, 等. 营销学经典：权威论文集[C]. 第 8 版. 郑琦, 许晖, 等, 译. 大连：东北财经大学出版社, 2000：14.

市场营销观念形成于20世纪50年代。第二次世界大战以后，随着第三次科学技术革命的兴起，西方各国企业更加重视研发，同时大量军工企业转向民用产品生产，新产品竞相上市，社会产品供应量迅速增加，竞争进一步激化。西方各国政府相继推行高福利、高工资、高消费政策，社会经济环境也出现快速变化。消费者有较多的可支配收入和闲暇时间，对生活质量的要求提高，需要变得更加多样化，购买选择更为精明，要求也更为苛刻。这种形势迫使企业改变以卖方为中心的思维，将重心转向认真研究需求，正确选择为之服务的目标市场，以满足顾客，即从以企业为中心转到以消费者（顾客）为中心。

执行市场营销观念的企业，称为市场营销导向企业，表现为"顾客需要什么，我们就生产什么"。许多大公司提出了"哪里有消费者需要，哪里就有我们的机会"等口号。企业的主要目标不再是单纯追求销售量的短期增长，而是从长期观点出发，力求占领市场，抓住顾客。例如，皮尔斯堡公司转向市场营销观念以后，不仅深入了解消费者需求和意愿的变化，而且主动采取措施应对这种变化的影响。第二次世界大战后，人们生活方式有了变化，家庭主妇采购食物，逐渐以半成品、制成品如饼干、点心、面包、蛋糕等，代替以往的购买面粉回家。皮尔斯堡公司的业务活动也立即转向，以适应这一变化。1950年设立市场营销部，作为公司职能部门的核心，要求生产、财务等活动都围绕这个核心统一部署。1968年又成立了皮尔斯堡销售公司。

市场营销观念相信，得到顾客关注和顾客价值才是企业获利之道，必须将旧观念下企业"由内向外"的思维逻辑转向"由外向内"。它要求企业贯彻"顾客至上"的原则，将营销管理重心放在首先发现和了解"外部"目标顾客的需要和欲望，然后协调企业活动并千方百计满足他们，通过顾客满意实现企业的目标。因此，企业决定生产、经营必须首先进行市场调研，根据需求及企业本身的条件选择目标市场，组织和开展业务活动。产品设计、制造、定价、分销和促销等，都要以消费者的需求为出发点。产品销售出去之后，还要了解消费者意见，据以改进自己的工作，最大限度提高顾客满意的程度。总之，市场营销观念根据"消费者主权论"，相信决定生产什么的主权不在于生产者也不在于政府，而在于消费者，因而将过去"一切从企业出发"的旧观念，转变为"一切从顾客出发"的新观念，即企业一切活动都围绕满足消费者需要进行。

（三）以社会长远利益为中心的观念

20世纪70年代，在西方国家出现能源短缺、通货膨胀、失业增加、环境污染严重和消费者保护运动盛行的新形势下，传统的市场营销观念却回避了消费者需要、消费者利益和长期社会福利之间隐含着冲突的现实。1971年，杰拉尔德·蔡尔曼和菲利普·科特勒提出"社会市场营销"概念，营销学界还提出了一系列新观念，如人类观念（human concept）、理智消费观念（intelligent consumption concept）和生态准则观念（ecological imperative concept）等。其共同点是认为，企业经营不仅要考虑消费者需要，而且要考虑消费者和整个社会的长远利益。这类观念一般统称为社会市场营销观念（societal marketing concept）。

社会市场营销观念认为，企业的任务是确定目标市场的需要和利益，并以保护或提高消费者和社会福利的方式，比竞争者更有效、更有利地向目标市场提供满足其需要和欲望的产品或服务。社会市场营销观念要求，提供产品和服务不仅要以顾客为中心，以满足顾客的需要和欲望为出发点，而且要兼顾顾客、社会和企业自身三方面的利益，在满足顾客、增加社会福利的进程中获得企业赢利。这就要求承担社会责任，协调企业与社会的关系，求得企业健康成长和可持续发展。

社会市场营销观念是对传统市场营销观念的补充。市场营销观念的中心是满足消费者需求与愿望，进而实现企业的利润目标。但也往往出现这样的情况，即在满足目标市场时与社会、公众利益产生矛盾，企业的营销努力可能不自觉地造成社会的损失。社会市场营销观念强调，要以实现消费者满意以及社会、公众的长期福利为企业的根本目的与责任。理想的市场营销决策，应同时考虑消费者的需求与愿望，消费者和社会的长远利益以及企业的经济效益。所以，社会市场营销观念和市场营销观念是有区别的。

对于市场营销观念的三个重点，即顾客导向、整体营销和顾客满意，社会市场营销观念也作了修正。一是以消费者为中心，采取积极的措施，如供给消费者更多、更快、更准确的信息，改进广告与包装，增进产品安全感和减少环境污染，加强消费者利益的保护。二是整体营销活动，即视企业为一整体，全部资源统一运用，更有效地满足消费者需要。三是求得顾客的真正满意，即视利润为顾客满意的一种报酬，视企业的满意利润为顾客满意的副产品，不是把利润摆在首位。上述修正同时要求企业改变决策程序。在市场营销观念下，决策程序一般是先决定利润目标，然后寻求可行的方法达到利润目标；社会市场营销观念要求，决策程序应先考虑消费者利益，寻求有效满足与增进消费者利益的方法，然后再考虑利润目标，看看预期的投资报酬率是否值得投资。这种决策程序的改变，并未否定利益目标及其价值，只是将消费者利益置于企业利润目标之上。

小案例2-1

英特尔的 Museum of Me①

为了向人们展示第二代酷睿处理器的强大功能，英特尔推出了炫视界（Visually Smart）营销计划。该产品能够帮助人们将生活的点滴变成一部纪录片。为了向人们展示该产品可以帮助"形象化"一个人的生活，英特尔公司与来自日本的 Projector 公司共同合作，用5个月时间建立了 Museum of Me 网站。只要登录网站，将它与你的 Facebook 账户授权连接，在几秒钟时间内，就可以将你账户内的照片和内容创建一部短片，展示用户生活的点滴。这个创新在短时间内犹如病毒一般迅速扩散，在没有进行任何付费媒体宣传的情况下，仅仅在5天时间内，用户量就超过了100万。英特尔全球整合营销经理 Pam Didner 表示："我们利用这项服务直接触动了人们的情感和他们关心的事情，并且让人们能够以一种个性化的方式讲述关于自己的故事。"

显然，贴近消费者对任何形式的市场开发都十分重要。*Social Media Marketing* 期刊

---

① 资料来源：Jennifer Wang. 2011 美国十大病毒营销案例[EB/OL]. 第一营销网（http://www.cmmo.cn/article-95234-2.html），2012-05-15.

的联合出版人赫夫曼（Kent Huffman）评论英特尔这项举措时表示："英特尔用一种很容易理解的方式，成功地向人们展示了有一定技术性和复杂性的产品所带来的好处，并达到了切实可衡量的商业目标。"

上述五种经营观的产生和存在，有其历史背景和必然性，是与一定的条件相联系、相适应的。企业为了生存和发展，必须树立现代意识的市场营销观念、社会市场营销观念。必须指出的是，由于诸多因素的制约，即使当今市场经济发达国家的企业，也并不是都树立了市场营销观念和社会市场营销观念的，还有许多企业仍然以产品观念及推销观念为导向。我国企业的经营观念，也仍然处于推销观念为主、多种观念并存的阶段。

20 世纪 80 年代以后，市场营销观念又有进一步发展，主要是对社会市场营销观念的一些补充和完善。例如关系营销、绿色营销、文化营销、整体营销、整合营销、合作营销、体验营销和网络营销等观念。菲利普·科特勒等人还提出了全方位营销（Holistic Marketing）的概念，认为"所有的事物都与营销相关"，因此需要有一种广泛的、整合的观念。①全方位营销将企业营销的各个方面，包括产品、技术、销售、服务和管理等，都当作营销整体的一个环节，共同构成为满足顾客需求的有机整体。全方位营销的四个组成部分是关系营销、整合营销、内部营销和绩效营销，其中绩效营销（performance merketing）被视为必要的组成部分。要求了解市营销活动和方案为企业和社会带来的财务回报和非财务回报，并从更广泛的角度考虑营销对法律、伦理、社会和环境等的影响。

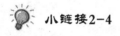

小链接2-4

内部营销[②]

内部营销（internal marketing）是指雇用、培养、激励那些想要为顾客提供好的服务而且有能力这样做的员工。一般而言，内部营销可以确保组织中的所有成员都坚持适当的营销准则，尤其是高层管理人员。

小案例分析 2-1
TCL 的营销管理哲学

第三节　顾客价值与顾客满意

一、顾客感知价值

（一）顾客感知价值的含义

顾客价值是"顾客所感知到的有形利益、无形利益与成本的综合反映，往往可以看

---

① 参见：菲利普·科特勒，等. 营销管理[M]. 13 版·中国版. 卢泰宏，等，译. 北京：中国人民大学出版社，2009：12-14.

② 菲利普·科特勒，等. 营销管理[M]. 14 版·全球版. 王永贵，等，译. 北京：中国人民大学出版社，2012：25.

作质量、服务和价格的某种组合,因此又称为顾客价值三角形","市场营销可以看作是识别、创造、传播、交付和监督顾客价值的一种过程,"①为顾客提供更大的顾客感知价值,是企业建立顾客关系的基石。所谓顾客感知价值(customer perceived value, CPV),是指企业传递给顾客,且能让顾客感受得到的实际价值。它一般表现为顾客购买总价值与顾客购买总成本之间的差额。这里的顾客购买总价值,是指顾客购买某一产品与服务所期望获得的一系列利益;顾客购买总成本,是指顾客为购买某一产品所耗费的时间、精神、体力以及所支付的货币、时间等成本之和(见图2-3)。

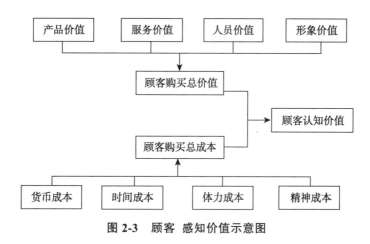

图2-3 顾客 感知价值示意图

顾客在购买时,总是希望有较高的顾客购买总价值和较低的顾客购买总成本,以期获得更多的顾客价值,使自己的需要得到最大限度的满足。因此,顾客在作出购买决策时,往往从价值与成本两个方面进行比较和分析,从中选择出那些期望价值最高、购买成本最低,即"顾客感知价值"最大的产品作为优先选购的对象。

企业为了在竞争中战胜对手,吸引更多的潜在顾客,就必须向顾客提供比竞争者具有更高的顾客感知价值的产品,获得更高的顾客满意度。为此,企业可从两个方面改进:一是通过改进产品和服务,树立良好企业形象,提高人员素质,提高产品的总价值;二是通过改善服务以及促销和分销系统,减少顾客购买产品的时间、精神与体力耗费,降低货币与非货币成本。

(二)顾客购买总价值

获得更大顾客感知价值的途径之一,是增加顾客购买总价值。顾客购买总价值由产品价值、服务价值、人员价值和形象价值等构成,其中每一项价值的变化均会对总价值产生影响。

1. 产品价值

产品价值是由产品的功能、特性、品质、品种与式样等所产生的价值,是顾客需要的中心内容和选购产品的首要因素。一般情况下,产品价值是决定顾客购买总价值大小

---

① 菲利普·科特勒,等. 营销管理[M]. 14版·全球版. 王永贵,等,译. 北京:中国人民大学出版社,2012:12.

的关键和主要因素。产品价值是由顾客需要来决定的，分析产品价值时应注意：

（1）在经济发展的不同时期，顾客对产品的需要有不同的要求。构成产品价值的要素以及各种要素的相对重要程度，会有所不同。

（2）在经济发展的同一时期，不同类型的顾客对产品价值也会有不同的要求。在购买行为上显示出极强的个性特点，以及明显的需求差异性。

因此企业必须认真分析不同发展时期顾客需求的共同特点，以及同一时期不同类型顾客需求的个性特征，并据此进行产品设计和开发，增强产品的适应性。

2. 服务价值

服务价值是指伴随产品实体的出售，企业向顾客提供的各种附加服务，包括产品介绍、送货、安装、调试、维修、技术培训、产品保证等所产生的价值。

服务价值是构成顾客购买总价值的重要因素。在营销实践中，随着消费者收入水平提高和消费观念的变化，消费者选购产品不仅注意产品本身价值高低，而且重视产品附加价值的大小。特别是在同类产品、质量 大体相同或类似的情况下，企业向顾客提供的附加服务越完备，产品的附加价值越大，顾客获得的实际利益就越大，从而购买的总价值越大，反之则越小。因此在提供优质产品的同时，向消费者提供完善的服务，已成为现代企业竞争的新焦点。

3. 人员价值

人员价值是指企业员工的思想观念、知识水平、业务能力、工作效率与质量、经营作风、应变能力等所产生的价值。员工直接决定着企业为顾客提供的产品与服务的质量，决定着顾客购买总价值的大小。一个综合素质较高又具有顾客导向指导思想的工作人员，会比知识水平低、业务能力差、经营思想不正的工作人员为顾客创造出更高的价值，从而创造更多满意的顾客，进而为企业创造市场。

人员价值对企业、顾客的影响作用是巨大的，并且这种作用也往往是潜移默化、不易度量的。因此，高度重视企业人员综合素质与能力的培养，加强对员工日常工作的激励、监督与管理，使其始终保持较高的工作质量与水平就显得至关重要。

4. 形象价值

形象价值是指企业及其产品在社会和公众中形成的总体形象所产生的价值。包括企业的产品、品牌、技术、质量、包装、工作场所等所构成的有形形象所产生的价值，公司及其员工的职业道德行为、经营行为、服务态度、作风等行为形象所产生的价值，以及企业的价值观念、管理哲学等理念形象所产生的价值等。形象价值与产品价值、服务价值、人员价值密切相关，在很大程度上是上述三个方面价值的综合反映。良好的形象价值会对企业的产品产生巨大的支持作用，带给顾客精神上和心理上的满足感、信任感，使顾客需要获得更高层次和更大限度的满足，从而增加顾客购买总价值。因此，企业应高度重视自身形象塑造，为顾客和企业带来更大的价值。

（三）顾客购买总成本

使顾客获得更大顾客感知价值的另一途径，是降低顾客购买的总成本。顾客购买总成本不仅包括货币成本，还包括时间成本、精神成本、体力成本等非货币成本。一般情况下,顾客购买时首先要考虑货币成本的大小,因此货币成本是构成顾客购买总成本大小的主要和基本因素。在货币成本相同的情况下,顾客购买还要考虑所花费时间、精神、体力等,这些支出也是构成顾客总成本的重要因素。

1. 时间成本

在顾客购买总价值与其他成本一定的情况下,时间成本越低,顾客购买的总成本越小,从而顾客的感知价值越大。以服务业为例,顾客为获得餐馆、旅馆、银行等提供的服务,常常需要等候一段时间,才能进入正式购买或消费阶段,在营业高峰期更是如此。在服务质量相同情况下,顾客等候购买服务的时间越长,所花费的时间成本越大,购买的总成本就会越大。同时,等候时间越长,越容易引起顾客不满,中途放弃购买的可能性亦会增大。因此,努力提高工作效率,在保证产品与服务质量的前提下,尽可能减少顾客的时间支出,也是创造更大的顾客感知价值、增强企业竞争力的重要途径。

2. 精力成本(精神与体力成本)

精力成本是指顾客购买时,在精神、体力方面的耗费与支出。在顾客购买总价值与其他成本一定的情况下,精神与体力耗费越小,顾客为购买所支出的总成本就越低,从而顾客的感知价值就越大。因为消费者购买是一个从产生需要、寻找信息、判断选择、决定和实施购买,以及购后感受的全过程,各个阶段均需付出一定精神与体力。消费者对某种产品产生了购买意愿,需要搜集该种产品有关信息。消费者为搜集信息付出的精神与体力的多少,会因购买情况的复杂程度有所不同。在复杂的购买行为中,消费者需要广泛搜集信息,付出较多的精神与体力。对于这类产品,如果企业能通过多种渠道,向潜在顾客提供全面详尽的信息和相关服务,可以减少顾客花费的精神与体力,从而降低顾客购买总成本。

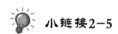

小链接2-5

运用顾客感知价值概念应注意的问题

(1) 顾客感知价值的大小,受顾客购买总价值和顾客购买总成本及其构成因素的影响。

$$顾客感知价值 = 顾客购买总价值 - 顾客购买总成本$$

$$CPV = TCV - TCC$$

式中,顾客购买总价值是产品价值(product value)、服务价值(services value)、人员价值(personal value)和形象价值(image value)等因素的函数,可表示为

$$TCV = f(Pd, S, Ps, I)$$

顾客购买总成本是货币成本(monetary cost)、时间成本(time cost)、精力成本(energy cost)等因素的函数,可表示为

$$TCC = f(M, T, E)$$

上述两式中,各个构成因素的变化对其总量的影响作用不是各自独立的。这些构成因素之间也是相互作用、相互影响的。其中某一项价值构成因素的变化,往往会影响其他相关价值因素量的增减,从而综合影响顾客购买总价值或总成本的增减,最终影响顾客感知价值。企业在制定各项市场营销决策时,应综合考虑构成顾客购买总价值与总成

本的各项因素之间的这种相互关系，突出重点，优化营销资源配置，尽可能用较低的生产与市场营销费用为顾客提供更多的顾客感知价值。

（2）不同的顾客群对产品价值的期望和购买成本的重视程度是不同的。企业应根据不同顾客的需求特点，有针对性地设计和增加顾客购买总价值，降低顾客购买总成本，以提高产品的实用价值。例如，对于工作繁忙的消费者而言，时间成本是最为重要的，企业应尽量缩短消费者寻求产品信息和购买的时间，提供方便使用和便捷的维修服务，最大限度地满足和适应其求速求便的心理要求。总之，企业应根据不同细分市场顾客的不同需要，努力提供对顾客实用价值最强的产品和服务，使之获得最大限度的满足。

（3）顾客感知价值的大小，应以能够实现企业的经营目标为主要原则。有的企业为了争取顾客，战胜竞争对手，巩固或提高企业产品的市场占有率，往往采取顾客感知价值最大化策略。但长期不适当追求顾客感知价值最大化的结果可能会使企业成本增加过多，导致利润减少甚至亏损。因此，在市场营销实践中，企业应掌握一个合理的度，以确保实行顾客感知价值最大化所带来的利益超过因此而增加的成本费用。

二、顾客满意

通过满足需求达到顾客满意，最终实现包括利润在内的企业目标，是现代市场营销的基本精神。这一观念的变革及其在管理中的运用，曾带来美国等西方国家20世纪50年代后期的商业繁荣和一批富可敌国的跨国公司的成长。

然而实践表明，现代市场营销管理哲学的真正贯彻和全面实施并不是轻而易举的。对许多企业来说，尽管以顾客为中心的基本思想是无可争辩的，但是"利润是对创造出满意的顾客的回报"这个观点，似乎只是建立在信念上而不是建立在营销实践中。因此20世纪90年代以来，许多学者和管理人员围绕营销观念的真正贯彻问题，将注意力逐渐集中到通过质量、服务和价格的优化组合实现顾客满意，以及通过市场导向的战略奠定竞争基础，吸引、保持顾客和培育客户关系。

所谓顾客满意，是指顾客将产品和服务满足其需要的绩效与期望进行比较所形成的感觉状态。顾客是否满意，取决于其购买后实际感受到的绩效与期望（顾客认为应当达到的绩效）的差异：若绩效小于期望，顾客会不满意；若绩效与期望相当，顾客会满意；若绩效大于期望，顾客会十分满意。

顾客期望的形成，取决于顾客以往的购买经验，朋友和同事的影响，以及营销者和竞争者的信息与承诺。一个企业使顾客的期望过高，容易引起购买者的失望，降低顾客满意程度。但是，如果把期望定得过低，虽然能使买方感到满意，却难以吸引大量的购买者。

满足顾客需要的绩效是企业通过营销努力，供给消费者的产品（服务）价值或实际利益。它既是企业的预期，也是顾客通过购买和使用产品的一种感受。顾客将这种感受（评价）同期望进行比较，就会形成自己对某种产品、品牌的满意、不满意或十分满意等感觉。

尽管顾客满意是顾客的一种主观感觉状态，但这种状态的形成是建立在"满足需要"基础上的，是从顾客角度对企业、产品和服务价值的综合评估。研究表明，顾客满意既是顾客再次购买的基础,也是影响其他顾客购买的要素。对企业来说,前者关系到能否保持老顾客,后者关系到能否吸引新顾客。因此,使顾客满意是企业赢得顾客,占有和扩大市场,提高效益的关键。

有关研究还进一步表明,吸引新顾客要比维系老顾客花费更高的成本。因此在激烈竞争的市场上,要保持老顾客,培养和提高顾客忠诚度具有重大意义。要有效保持老顾客,不仅要使其满意,而且要使其高度满意。高度满意能培养顾客对品牌的情感吸引力,而不仅仅是一种理性上的偏好。企业必须十分重视创建、保持和提升顾客满意程度,努力争取更多高度满意的顾客,建立起高度的顾客忠诚。

全面贯彻市场营销管理哲学,关键是要与顾客及其他利益方建立持久关系,亦即做好关系营销。为此企业必须创造卓越的顾客感知价值,建立持久的顾客关系,通过全面质量管理和价值链管理,形成系统的"顾客满意"良性机制,努力使自己成为真正面向市场的企业。

三、顾客忠诚

高度满意是获得顾客忠诚的重要条件。不过在不同行业和不同的竞争环境下,顾客满意和顾客忠诚之间的关系会有差异。图 2-4 显示了 5 个不同的市场中,顾客满意和顾客忠诚之间的关系。所有市场的共同点是,随着满意度提高,忠诚度也在提高。但是在高度竞争市场(如汽车和个人电脑市场),满意的顾客和完全满意的顾客之间,忠诚度有巨大差异;在非竞争性市场(如管制下的垄断市场——本地电话市场),无论顾客满意与否都保持高度忠诚。

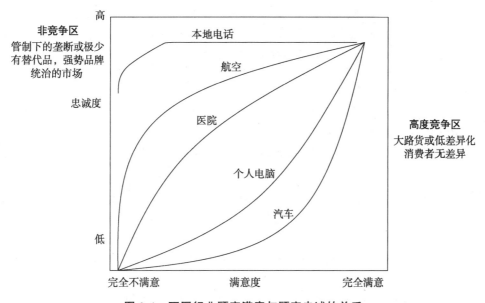

图 2-4 不同行业顾客满意与顾客忠诚的关系

尽管在某些场合,顾客不满意并不妨碍顾客忠诚,但企业最终必将要为顾客不满付出高昂代价。例如 20 世纪 60—70 年代，施乐公司因其复印机技术专利受到保护，业务蒸蒸日上。当时尽管顾客对施乐难看的机型和不断上涨的价格不满，但他们除了施乐别无选择。20 世纪 80 年代，来自日本的竞争者绕过专利，以更优越的性能和更低的价格，将顾客拉到自己手中。施乐在复印机市场的份额直线下降，五年间从 80%多下降到不足 35%。施乐公司后来发现，其完全满意的顾客比刚好满意的顾客，在 18 个月内再次购买施乐产品的可能性高出 6 倍。可见，如果没有赢得高水平的顾客满意，企业是难以留住顾客和得到顾客忠诚的。

除了简单地吸引和保留好顾客，许多公司还希望不断提高其顾客份额。他们的目标不再是赢得大量顾客的部分业务，而是争取现有顾客的全部业务。例如，通过成为顾客购买产品的独家供应商，或说服顾客购买更多本公司的产品，或向现有产品和服务的顾客交叉销售别的产品和服务，以获得所属产品类别中更大的顾客购买量。

 小案例2—2

顾客份额最大化

今天，疯狂追求市场份额已是过时之举，努力实现顾客份额最大化才是时尚。比如，美国航空公司推出一个名为"通行证"的方案，目的是争取 Perot 系统公司的所有雇员外出都乘坐其班机。按这个方案，Perot 公司员工只需在售票柜台或大门口出示卡片就可以订机票，无须等待；飞行里程会自动记录到他们在美国航空公司的常客账户上，并得到不断升级的服务；可以使用美航为商务和休闲旅行准备的"大使俱乐部"。对于所有这些，Perot 公司可根据其所作的特定里程承诺享受折扣费率。相应地，美国航空公司得到了 Perot 系统公司的大部分差旅业务，成功地将其竞争对手排除在外。

扩展阅读 2-4
风靡营销圈的 CDP、CRM、DSP、DMP，你真正搞懂了吗？

四、全面质量管理

营销管理者应将改进产品和服务质量视为头等大事。许多在全球成功的公司都是因其产品达到了预期的质量指标。大多数顾客已不再接受或容忍质量平平的产品。企业要在竞争中立于不败之地，除了开展全面质量管理（total quality management，TQM），别无选择。通用电气公司董事长约翰·韦尔奇说："质量是我们维护顾客忠诚最好的保证，是我们对付外国竞争最有力的武器，是我们保持增长和盈利的唯一途径。"

产品和服务质量与顾客关系和公司盈利密切相关。更高的质量带来更高的顾客满意，同时也能支撑较高的价格，并因销量增加形成更低的成本。所以，质量改进方案（QIP）通常会提高企业的盈利水平。

美国质量管理协会认为，质量是一个产品或服务的特色和品质的总和，这些品质特色将影响产品满足各种明显的或隐含的需要的能力。这是一个顾客导向的质量定义。顾客有一系列的需要、要求和期望，当所售产品和服务符合或超越了顾客的期望，销售人员就提供了质量。一个能在大多数场合满足大多数顾客需求的公司，就是优质公司。

区分适用性质量和适合性质量是很重要的。适用性质量是指产品达到某特定功能的质量，适合性质量是指达到没有缺陷且稳定一致的性能。例如奔驰轿车所提供的适用性质量要比本田雅阁高：它行驶更平稳，操控性更好、更经久耐用等。尽管奔驰价位更高，如果奔驰和雅阁分别满足了它们各自的目标市场，那么，可以说两种车提供了相同的适用性质量。一辆 100 万元的轿车满足了它的目标顾客的要求，是一辆优质车；一辆售价 15 万元的小汽车能满足其目标顾客的要求，也是一辆优质车。但是，如果奔驰车操控性能不好，或者如果雅阁节油性能差，那么这两款车就都没有传达适用的质量和顾客满意。因此，重要的是"市场驱动质量"，而不是"工程驱动质量"。

全面质量管理要求一个企业，对所有生产过程、产品和服务进行广泛的有组织的管理，以不断改进质量。全面质量管理是创造顾客价值、顾客满意和保留顾客的关键，要求企业全员全程参与，正如营销是每个人的工作一样。

五、价值链

建立高度的顾客满意，要求企业创造更多的顾客感知价值。为此企业必须系统协调其创造价值的各分工部门，即企业价值链和供销价值链的工作，达到顾客与企业利益最大化。

（一）企业价值链

所谓企业价值链是指企业创造价值的互不相同但又互相关联的经济活动的集合。其中的每一项经营管理活动，都是"价值链条"上的一个环节（见图 2-5）。①

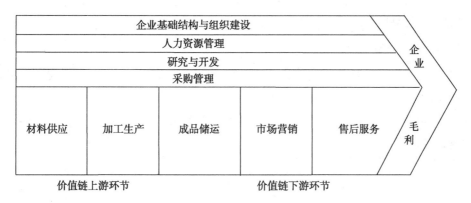

图 2-5　企业价值链构成

图中的价值链可分两大部分。下为企业基本增值活动即"生产经营环节"，包括材料供应、生产加工、成品储运、市场营销、售后服务等五个环节；上是企业辅助性增值活动，包括基础结构与组织建设、人力资源管理、研发和采购管理等四个方面。每一种辅

---

① 参阅：迈克尔·波特. 竞争优势[M]. 陈小悦, 译. 北京：华夏出版社，1997：36-44.

助活动，都会发生在所有基本活动的过程中。研发既包括生产技术也包括非生产性技术，如决策技术、信息技术、计划技术等；采购管理既包括原材料投入，也包括其他资源，如外聘的咨询、广告策划、市场调研、信息系统设计等；人力资源管理同样存在于所有部门；企业基础结构涵盖了管理、计划、财务、会计和法律等事务。价值链的各个环节相互关联、相互影响，一个环节经营管理好坏，会影响其他环节的成本和效益。但每个环节对其他环节的影响程度并不相同。一般地说，上游环节经济活动的中心是创造产品价值，与产品技术特性紧密相关；下游环节的中心是创造顾客价值，优劣主要取决于顾客服务。

企业必须依据顾客价值和竞争要求，检查每项价值创造活动的成本和经营状况，寻求改进措施，并做好不同部门之间的协调工作。在许多情况下，各部门都有强调本部门利益最大化倾向。如财务部门可能会设计复杂的程序，花很长时间审核潜在顾客的信用，以免发生坏账，结果是顾客等待，销售部门绩效受影响。各个部门高筑壁垒，是影响优质顾客服务和高度顾客满意的主要障碍。

解决这个问题的关键，是加强核心业务流程管理，使各有关职能尽力投入和合作。核心业务流程主要有：

（1）新产品实现流程。包括识别、研发和成功推出新产品等各种活动，要求这些活动必须快速、高质并达到成本预定控制目标。

（2）存货管理流程。包括开发和管理合理储存的所有活动，以使原材料、中间产品和制成品实现充分供给，避免因库存量过大而带来成本的增加。

（3）订单—付款流程。包括接受订单、核准销售、按时送货以及收取货款所涉及的全部活动。

（4）顾客服务流程。包括使顾客能顺利地找到公司相应当事人（部门），得到迅速而满意的服务、答复以及解决问题的所有活动。

（二）供销价值链

将企业价值链向外延伸，会形成一个由供应商、分销商和最终顾客组成的价值链，称之为供销价值链或让渡价值系统（见图2-6）。

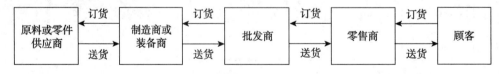

图2-6　供销价值链构成

提高顾客满意需要供销价值链各成员的共同努力。因此，许多企业致力于与其供销链上其他成员合作，以改善整个系统的绩效，提高竞争力。

例如，著名牛仔服制造商莱维·斯特劳斯公司，运用电子信息系统加强与其经销商和供应商的合作与业务协调。每天晚上莱维公司通过电子数据交换，详细了解其主要零售商西尔斯公司和其他主要零售点销售的牛仔裤尺寸和型号，然后向其布料供应商明确第二天订购的布料花色和数量。而布料供应商又向纤维供应商杜邦公司订购纤维……通过这种方式，供销链上所有参与者都能运用最新信息生产经营适质适量的产品，而不是根据"估计"生产。这样，莱维公司与其他牛仔服制造商的竞争，也就变成了不同的供销价值链系统之间的绩效竞争。

随着竞争加剧和实践经验积累，企业之间的合作正在不断加强。过去，企业总是将供应商、经销商视为导致成本上升的主要对象；现在它们开始仔细选择伙伴，制定互利战略，锻造更加高效供销价值链，以形成更强的团队竞争能力，赢得更多的市场份额和利润。

（三）价值链的战略环节

在一个企业价值链的诸多"价值活动"中，并不是每个环节都创造价值。企业所创造的价值，实际上往往集中于企业价值链上的某些特定的价值活动。这些真正创造价值的经营活动，就是企业价值链的战略环节。

经济学垄断优势原理说明，在充分竞争的市场，竞争者只能得到平均利润；如果超额利润能长期存在，则一定存在某种由垄断优势引起的"进入壁垒"，阻止其他企业进入。价值链理论认为，行业的垄断优势来自该行业某些特定环节的垄断优势。抓住这些关键环节即战略环节，也就抓住了整个价值链。战略环节可以是产品开发、工艺设计，也可以是市场营销、信息技术，或是人力资源优势等，视不同行业而异。一般地说，高档时装行业的战略环节是设计能力，餐饮业则可能是地点选择和产品特色的开发、生产。

保持企业的垄断优势，关键在于保持其价值链上战略环节的垄断优势，而无须将之普及到所有的价值活动。精明的企业总是将战略环节紧紧控制在内部，将一些非战略性活动通过合作外包出去。这样，企业既能将有限资源"聚焦"于战略环节，增强垄断优势，又利用市场降低了成本，提高了竞争力和顾客满意程度。

加强与供销价值链中其他成员的合作，相互"借力"，共同锻造高绩效的顾客让渡价值网络，也是对上述"聚焦"战略的精妙运用。例如，人们涌向全球 24 500 家麦当劳餐厅，并不一定是他们喜欢其汉堡，更多的是喜欢麦当劳系统。麦当劳的成功，在于它提供了称之为 QSCV（质量、服务、清洁、价值）的高标准，并出色地协调了整个系统。使它不仅有效地与其授权经销商、供应商成功合作，而且与它们共同让渡卓越的顾客价值。

本章小结

市场是商品经济的范畴，哪里有商品生产哪里就有市场。按照狭义的概念，市场是买卖商品的场所，即买方和卖方聚集在一起交换货物的地点；按照广义的概念，市场是一定时间、地点条件下商品交换关系的总和，即把市场看作商品交换的总体。市场还可解释为消费需求与产品销路。

市场的一般特性，表现为两个方面：一是形成市场必须具备三个基本条件，即存在买方与卖方，有可供交换的商品，有买卖双方都能接受的价格及其他交易条件；二是必须具备消费者、购买力和购买欲望等三个要素。市场的主要功能是实现功能，调节功能和反馈功能。

营销与一般的销售不同。关于市场营销的较为完整的定义是：市场营销是通过市场交换满足现实或潜在需要的综合性经营销售活动过程。依据这一定义，市场营销的目的是满足消费者现实或潜在的需要，中心是达成交易，达成交易的手段是开展综合性的营销活动。市场营销的基本功能，分为交换功能、供给功能和便利功能；通过市场营销，可创造形式、地点、时间与持有等效用。

市场营销管理哲学也称营销观念，其核心是正确处理企业、顾客和社会三者之间的利益关系。营销观念的演变经历了生产导向、销售导向和市场导向三个时期，先后出现了生产观念、产品观念、推销观念、市场营销观念和社会市场营销观念等。

市场营销观念包含三个重点，即顾客导向、整体营销与顾客满意。顾客满意是顾客对绩效的实际感受与期望的比较状态。提高顾客满意程度，有利于建立顾客忠诚，降低企业成本，提高盈利水平。为此，企业要努力使顾客获得更大的顾客感知价值。首先是提高顾客购买的总价值，主要包括产品价值、服务价值、人员价值和形象价值；其次是降低顾客购买的总成本，包括货币价格、时间成本、体力成本和精神成本。要致力于建立持久的顾客关系，根据不同情况，在财务层面、社交层面和结构层面实施关系营销；要实施全面质量管理，始终围绕顾客满意，将改进产品和服务质量视为头等大事，贯穿在公司每一项活动中。企业必须系统协调其创造价值的价值链工作，加强核心业务流程管理，以及由供应商、经销商和最终用户组成的供销价值链管理。

 重要名词

市场　市场营销管理哲学　生产观念　产品观念　销售观念　市场营销观念　社会市场营销观念　顾客感知价值　顾客满意　顾客购买总价值　顾客购买总成本　企业价值链　供销价值链

 即测即练题

 **复习思考题**

1. 什么是市场，市场具有哪些基本特性？
2. 市场有哪些主要功能？
3. 怎样理解市场营销的概念和内涵？
4. 市场营销管理哲学或市场营销观念的形成与发展，经历了哪几个阶段？
5. 现代市场营销观念的重点是什么，你如何理解其变化的原因？

6. 社会市场营销观念与其他营销观念有哪些具体的区别？
7. 什么是顾客感知价值，怎样提高顾客感知价值？

 案例

原有营销策略在互联网电商领域迭代中失灵了吗？

不少做实业的经营者感到不适应数字化转型。过去只要生意好，多开几家连锁店，顾客信任度自然会提升，生意会更好。自从有了互联网，线下店铺越来越难做，于是就琢磨着开淘宝店，找了专业设计、运营网店店铺的团队，近几年淘宝店生意好不容易有了起色，短视频、直播又开始兴起了，又得学习抖音和快手的玩法。

一位汽车经销商就面临相似的困扰。由于汽车是单价较高的消费品，消费者的购买决策时间长，复购的时间也长，成交量还比其他类型的商品少。以前没有电商，好歹有些熟客带着朋友光顾生意，买点汽车配件或者是换辆新车。可自从出现了汽车之家、抖音这样的平台，新客越来越少，只能无奈去抖音上买流量。可是买流量这件事就像吸毒一样，买了一次就有无数次。眼看着利润都被平台瓜分，他希望市场营销理论能帮他解困。

资料来源：科特勒增长实验室. 营销理论难以理解，互联网迭代迅速，现在学习营销还来的及吗[EB/OL]. 科特勒营销战略（https://mp.weixin.qq.com/s/4dsUnc28BuRyJKfGN1Zh9w），2020-08-04.

案例讨论题

1. 继续坚持以消费者为中心的观念和市场营销管理哲学还有现实意义吗？
2. 在这种营销玩法不断迭代的过程中，经营者应当如何快速适应？

第三章　市场竞争与市场营销组合

本章提要

竞争是市场经济的基本特征之一，也是企业营销活动所面临的基本环境压力和所要解决的基本决策问题。要在激烈的市场竞争中立于不败之地，制定适当的竞争策略是非常重要的。通过本章学习，要了解竞争者的识别与方法，市场主导者、市场挑战者、市场跟随者、市场利基者等对手的竞争战略，并掌握市场营销组合和"大市场营销"的内容及特征。

 引例

造车市场"狼来了"

苹果公司在造车这件事上由来已久，早在乔布斯时代就已初现端倪。2007 年 iPhone 面世的同一年，"汽车城"底特律遭遇了前所未有的危机，通用的季度销量首次被丰田超过，福特迎来 127 亿美元年度巨亏。当时的《纽约时报》有专栏作家大声疾呼："请乔布斯救救底特律吧！"

也许是听到了这声"求救"，乔布斯有意成立一家汽车公司。"我们有平台去设计好一辆车，在不久的将来我们要打造一款汽车。汽车有电池、电脑、发动机和机械结构，iPhone 上也有这些东西。"此后，他和时任大众集团 CEO 马丁·文德恩讨论的名为"iCar"的汽车产品被曝光；《卫报》报道，他曾特意飞往旧金山，与汽车设计师布莱恩·汤普森密谈。遗憾的是直到 2013 年乔布斯去世，苹果造车计划都没落地。好在接过衣钵的蒂姆·库克是乔布斯理念的坚定执行者，他曾表示："智能化的电动汽车同手机一样是电子产品，只不过体积更大——而能将不同电子产品连接到一起，本就是苹果最擅长做的事情。而电子产品需要的软硬件，苹果也都有。"

同年，苹果推出了一款车载智能操作系统 CarPlay，其首批合作伙伴包括法拉利、沃尔沃和奔驰，这是苹果历史上首次把自己的软件搭载在其他公司的硬件产品。次年苹果又推出"泰坦计划"，由苹果产品设计副总裁史蒂夫·扎德斯基亲自领导，研发自动驾驶汽车。库克特批"泰坦计划"可任意从其他项目挖人，后来该项目达到 1 000 人之多。当时苹果申请了很多振奋人心的发明专利，包括静音电动车门、无方向盘和油门的汽车内饰、AR 显示器、Lidar 传感器、球形轮子等。2015 年 12 月 10 日，苹果公司还分别注册了"apple.car""apple.cars"以及"apple.auto"等三个域名。

轰轰烈烈的造车计划，几乎每过一段时间都会收割一波市场的关注，问题也随之而来。从毫无造车经验的科技公司到自动驾驶的整车，中间的步子实在迈得太大。到底是完全自动驾驶汽车还是半自动驾驶汽车，内部高管间都无法达成一致，最终结果就是和曾走过自主研发无人车路线的谷歌X实验室一样，以失败告终。此后，苹果把重心集中在人工智能、自动驾驶方面的声量也越来越小。但随着电动市场火爆，尤其是特斯拉的出现，颠覆了原有造车模式。近几年来以"电车三傻"为代表的造车新势力，以恒大、宝能为代表的房地产巨头，以及索尼、戴森等跨界玩家，在打造智能电动车上蜂拥而至，这让苹果的造车之心"死灰复燃"。据 DigiTimes 报道，苹果正在与台积电联合研发自动驾驶芯片，同时这也是为 Apple Car 展开部署。该媒体还指出，苹果已计划在美国建造汽车组装厂。不同以往的是，苹果这次不是开创新赛道，而是作为跟随者入场，在市场上迎来了众多热议。

无论苹果造车这件事被不被看好，但它给整个行业带来的"鲶鱼效应"必然是深远且巨大的。

资料来源：萧田. 苹果造车正当时 [EB/OL]. 财经无忌（http://baijiahao.baidu.com/s?id=1686966645795941045），2020-12-24.

市场营销学形成和发展的历史表明，作为现代市场激烈竞争的产物，它是指导企业如何竞争的科学，为企业在激烈竞争中生存与发展提供策略和方法。市场竞争策略和手段，也是市场营销学研究的重要内容。随着社会主义市场经济体制的完善，市场竞争将在经济发展中发挥重要的作用。研究制定和应用市场营销组合策略，也将成为企业必须熟悉和掌握的重要条件。

扩展阅读 3-1
阿里再战"白牌"

第一节 卖主之间的市场竞争

一、卖主竞争的市场类型

市场竞争（market competition）是指市场经济中同类经济行为主体出于自身利益的考虑，以增强自己的经济实力，排斥同类经济行为主体的相同行为的表现。各个经济行为主体参与市场竞争的动因，在于争取和维护自身利益，以及为丧失自己的利益、被市场中同类经济行为主体所排挤的担心。它包括买方和卖方之间为争取各自利益进行的竞争，买方之间为占有商品、争取货源进行的竞争，卖方之间为争取尽快让渡商品、争夺销售市场的竞争。

市场营销学着重研究卖方之间的竞争。这类竞争的核心是争取顾客、争夺市场，使本企业产品的销售得以扩大、市场占有率得到提高。在现代市场经济条件下，卖主之间的竞争根据竞争程度的不同，会形成四种类型的市场结构（见表 3-1）。

（一）完全竞争市场

完全竞争市场（imperfectly competitive market）又称纯粹竞争市场，是指竞争充分而不受任何阻碍和干扰的一种市场。这类市场须具备以下条件：

（1）有众多的市场主体。为数众多的买者和卖者都无法通过买卖行为影响市场的供求关系，也无法影响市场价格，每个人都是市场价格的被动接受者。

（2）市场客体是同质的，即产品不存在差别，并且买者对于具体卖方是谁没有特别的偏好。这样，不同的卖者之间才能进行完全平等的竞争。

（3）每个卖主都可依照自己的意愿，自由地进入或退出市场。

（4）信息是充分的。即消费者充分了解产品的价格、性能特征和供给状况，生产者也充分了解投入品的价格、产成品的价格及生产技术等状况。

表 3-1 市场结构类型及特征

市场类型	厂商数量	产品差异程度	对价格的控制能力	进出该行业的难易程度	产品或行业
完全竞争	很多	无差异	无能力	很容易	农产品
垄断竞争	较多	差异化	有一些	比较容易	轻工产品
寡头垄断	几家	有或无	较大	比较困难	重工业、高技术产业
完全垄断	独此一家	无	很大	很难	公共事业

完全竞争是一种理想的市场类型。在这种市场上，价格可以充分发挥其调节作用。从整个社会来看，总供给与总需求相等，资源得到最优配置。但是完全竞争的市场也有其缺点，如：无差别的产品，使消费者失去选择的自由；各厂商的平均成本最低，不见得就是社会成本最低；生产规模都很小的生产者无力进行重大的技术突破。当然，完全竞争市场更多的是一种理论抽象，其意义在对竞争关系和过程进行典型分析，在现实中几乎不存在，只有少数农产品市场比较近似于它。一般说来，竞争最后必然导致垄断的形成。

（二）垄断竞争市场

垄断竞争市场（monopolistic competition market）也称为不完全竞争市场，是一种介于完全竞争和完全垄断之间的市场结构。在这种市场上，竞争与垄断因素并存，因此具备以下特征：

（1）市场上有众多卖主和买主。他们的买卖只占市场上商品总量的一小部分，交易双方能够得到较为充分的市场信息。

（2）产品之间存在差异。即不同品牌在性能、质量、花色、式样、包装、形象、品牌、商标、广告、价格、服务等方面，有某些实质性的不同或购买者主观上认为它们有所不同。由于存在这些差别，使得产品成为带有自身特点的"唯一"产品，也使消费者有了选择的必然。厂商对自己独特产品的销售和价格具有控制力，即有了一定的垄断能力。这是垄断竞争市场区别于完全竞争市场的根本特征。

（3）厂商进出这一市场或行业较为容易。

垄断竞争是一种常见的市场结构，尤以日用品行业和服务性行业为典型。

（三）寡头垄断市场

寡头垄断市场（oligopoly market）介于垄断竞争与完全垄断之间，是少数企业控制整个生产和销售的市场结构，它们被称为寡头企业。形成这种市场的主要原因，是资源的有限性、技术的先进性、资本的集聚以及规模经济等所形成的排他性。与垄断竞争不同的是，在寡头垄断市场上，几家大企业生产和销售了整个行业的极大部分产品。由于竞争主要在几家大企业之间进行，企业之间存在着相互依存、相互影响的关系。其中一家企业的经济效益好坏，不仅取决于自己怎么做，还受制于对手的反应。

寡头垄断市场有两种形式：

（1）无差别的寡头垄断，或称完全寡头垄断。各家企业的产品是同质的，比如铝、水泥、钢铁、糖、铜等原料市场。这些行业的产品大多有规定标准，买主只要关心型号、规格和价格，不必考虑是谁家生产。一家卖主降价，会迫使其他的几家跟着降低价格或增加服务，否则可能会滞销。各家都降价，至多吸引一些新顾客，但不能把对方顾客都拉过来。一家卖主涨价，对手并不随之涨价，这家就会失去顾客。所以这种市场的价格较为稳定。

（2）有差别的寡头垄断，也叫不完全的寡头垄断。在这种市场上，各家的产品至少在顾客看来是有差别的。买主不仅关心价格，还很注意品牌、生产厂家。所以每个卖主都希望成为有差别的寡头垄断企业，使顾客相信其产品与别家不同，增强不可替代性。这样就可以把价格定高一些，获取差别利益。

 小链接3-1

寡头垄断市场的三个特点

（1）控制市场的几家大企业是相互依存、相互制约的，其中任何一家企业营销策略的变化，都会对其他几家产生较大影响，并会引起关联的反应。因此每家企业制定或改变营销策略，都要考虑对竞争者的影响以及主要对手可能的反应。在各个寡头垄断企业之间，常常在某些方面存在一定的默契。

（2）企业之间竞争激烈，但主要表现为非价格竞争。尤其注重树立企业与产品的市场形象，千方百计使自己变成有差别的寡头垄断，以取得竞争优势。

（3）由于存在少数大企业的垄断，新竞争者进入这一行业十分困难。谁想进入，往往投资多、风险大，收回投资的周期也较长。

（四）完全垄断市场

完全垄断市场（monopoly market）也叫纯粹垄断市场。是指只有一个买主或卖主，因而这个唯一的买主或卖主能完全控制价格，可在法律允许的范围内随意给产品定价。所以这个垄断者又称为"价格制定者"。

完全垄断市场存在的条件：

（1）整个市场的物品、劳务或资源都货出一家、别无分店，而买家众多。

（2）由于各种条件限制，如技术专利、专卖权等，其他卖者无法进入这个市场，从而完全排除了竞争。

（3）没有任何在性能等方面相近的替代品。

事实上，完全垄断市场也主要是一种理论的假设。在市场经济条件下，一个行业完全由一家企业控制的状态很难存在，何况垄断行业也还有来自竞争品的挑战。例如铁路运输一般属于垄断行业，但有公路、水路和航空运输与其竞争；电力供应一般也属于垄断行业，也有煤气、石油和其他能源与之竞争。在纯粹垄断的情况下，为了保护消费者和用户利益，国家的法律限制和政府干预通常会多一些。这类市场在现实生活中是不多见的，典型的例子是公用事业，如城市供水、供电等。

扩展阅读 3-2
"再不搞 CDP 就被时代抛弃了！"从电商领域深度剖析 CDP 价值

二、竞争策略"金三角"

市场竞争策略是企业依据自己的市场地位，为实现竞争战略和适应竞争形势而采用的具体方式。企业选择竞争策略的过程，就是制定竞争战略、方法和决策的过程，受到多方面因素的制约和影响。只有对这些因素进行全面客观的分析，才能作出适当的决策。

根据现代市场经营决策原理，竞争策略涉及三个方面：企业自身、顾客和竞争者。这三个方面各有不同的利益和目标，但又相互联系。它们之间这种矛盾统一的关系，被称为"策略金三角"（见图 3-1）。对企业来说，其策略优劣取决于两个基本方面：首先是本企业策略是否比竞争者的策略更适合目标市场的需要，其次所用策略是否适合企业的资源条件，从而能最有效地发挥企业优势。

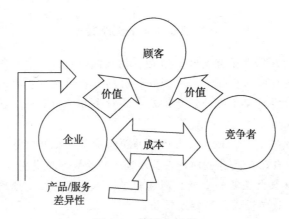

图 3-1 策略金三角

成功的市场竞争策略，就是企业采取有效的营销方针和营销手段，使自己在与竞争者有差异的同时，能更好地发挥企业的优势，满足顾客需要。因此企业选择竞争策略时，应综合考虑顾客、竞争者和企业自身资源条件等三个因素，正确判断本企业的经营实力和资源状况，了解顾客需要及其变化态势，了解市场竞争状况和本企业在同行业中的竞争地位，认识竞争对手的市场竞争策略及其走势，以此为基础，才能作出最佳的决策。

（一）顾客分析

这是企业选择竞争策略的前提。企业无论采取什么竞争策略，都必须与目标市场的需要相适应。在市场竞争中，企业的营销方针和营销手段与目标顾客的需要越是吻合，就越有竞争力。

要做到与顾客的需要相适应，企业必须深入细致地进行顾客分析，了解影响顾客、需求的市场环境因素及其变化；认识顾客需求的特点，根据顾客需求进行市场细分；依据自身的资源条件选定目标市场，针对目标市场的需求设计具体的营销方针和营销策略；提供适合顾客需要的产品和服务，使顾客的需要获得最大限度的满足。

（二）竞争者分析

这是选择市场策略的基础。从一定意义上说，企业竞争策略的优劣，是相对于竞争对手而言的。在市场竞争中，如果企业的方式和手段与竞争对手相同，顾客就可能难以分辨两者的优劣。因此，成功的竞争策略是使企业的营销方针和策略有别于竞争者，能比对手更符合顾客的需要。要做到这一点，就必须分析竞争者，了解对手的策略、优势和劣势，判断竞争者对本企业采取的策略可能做出的反应和作出对策，以己所长击彼所短，保持在竞争中的优势地位。

（三）企业资源分析

这是企业选择竞争策略的条件。竞争总是在各种因素的优劣较量中进行和发展的。市场竞争策略的实质是运用企业的资源优势，去实现相对于竞争者优异的成效。任何一个企业资源都是有限的，每个企业都有自己的优势和劣势。利用有限的资源，扬长避短，最大限度满足顾客需要，实现企业经营目标，是现代市场营销观念的基本要求。企业只有在对内部资源条件和外部竞争环境有全面、深刻的了解，并对其进行综合分析的基础上，才能作出正确决策。

企业资源分析主要包括对企业生产能力、技术条件、营销能力和财务状况等因素的分析。生产能力是指企业生产各种产品的综合能力；技术条件包括企业开发新产品的能力，技术装备和检测手段，产品质量保证体系，职工技术水平等；营销能力包括企业营销机构及其人员素质状况，营销费用与广告费用的承受能力，处理各方面关系的能力，市场占有率，分销渠道状况和销售服务水平等；财务状况包括企业资金，资金来源及其经济性，利润水平，产品的边际成本、边际利润和边际效益等。这些因素对企业竞争策略有着直接的影响和制约。

因此，顾客分析、竞争者分析和企业资源分析是决定竞争策略的基本条件。

三、选择市场竞争策略的原则

企业选择市场竞争策略应注意把握以下原则：

（一）发挥优势，突出重点

在现代社会，任何企业都不可能取得全面、绝对的优势，大企业"船大抗风浪"，小企业"船小好掉头"。由于企业内部资源、条件不同，所处环境各异，每个企业都有自己的优势和劣势。制定和运用竞争策略的过程，也是认识优势、发挥优势、巩固优势和发展优势的过程。成功的市场竞争策略，意味着能最有效地发挥优势。如果营销策略面面俱到，长短不分，没有重点，就会在竞争中败下阵来。最佳的竞争策略必须把握企业的特长，突出重点，扬长避短，使企业的优势得以充分发挥。

（二）协调配合，整体作战

军事上有"正合奇胜"的原则，战争中以"正"兵挡敌、"奇"兵取胜，制定竞争策略亦可借鉴这一原则。对企业来说，常规的竞争形式可以说是"正"，反映企业特点的特殊的竞争策略则是"奇"。没有"正"的协调配合，"奇"的威力就难以发挥。"突出重点"就是以"奇"取胜，但仅用单一策略效果较差，必须多种策略协调配合、整体作战。因此企业确定核心的竞争策略之后，还要有其他的支援策略配合，协同作战，组成整体策略。"正""奇"相辅，既有重点又全面攻防，在竞争中立于不败之地。

（三）争取时间，以快取胜

在市场竞争中，时间就是金钱，就是效益，就是财富。当断不断，延误决策时间，会丧失优势和机会。现代社会节奏快，各种经济活动日新月异，市场需求千差万别、瞬息万变，企业只有适应这种快节奏，对需求变化快速反应，才能在竞争的海洋中应付自如，击波冲浪。因此要对市场变化具有高度敏感，知己知彼，当机立断，及时作出竞争决策，快速应变。

（四）灵活机动，以变应变

在竞争中"变"是常态，"不变"则是偶然的，这也是现代市场需求复杂的特性决定的。竞争策略没有固定不变的模式，必须因时制宜、因地制宜和灵活机动，才能取得预期成效。在制定竞争策略时，企业应准确把握目标市场的变化，充分了解对手意图和策略，采取相应的对策。做到随市场需求的变化而变化，随竞争对手策略的变化而变化，能变善变，争取主动权。

第二节　竞争者分析

企业制定竞争策略，必须先分析和了解竞争者，把握竞争态势。在市场营销实践中，竞争策略往往是针对竞争对手做出的反应。因此必须了解竞争者是谁，其目标是什么，有什么优势、劣势，可能的竞争策略是什么。在此基础上才能采取相应的对策，做出适当反应。

一、竞争者分析的过程

为了对竞争者进行全面、深层次的分析，规划有效的竞争策略，企业必须尽可能寻找有关对手的信息，并及时进行信息的组织、加工与分析，经常与实力相当的对手在产品、价格、渠道和促销方面进行比较。这样企业才能对竞争者施以正确的攻击，并能准备有力的防卫措施。根据菲利普·科特勒等1996年提出的论点，竞争者分析一般包括以下六项内容和步骤（见图3-2）。

（一）识别企业的主要竞争对手

竞争对手的识别与确认，是竞争者分析的基础。随着行业竞争加剧及全球经济一体化的发展，正确识别并确认竞争对手非常关键。若竞争者的范围过大，会加大企业监测环境的信息成本；若对手范围太小，则可能使企业无法应付那些未能监测的对手的攻击。因此，需要全面了解行业内当前对手的分布，确定行业内的最主要的竞争对手，识别行业内的潜在竞争者。

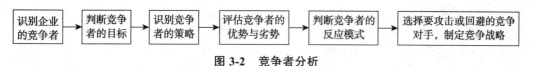

图 3-2　竞争者分析

1. 从市场方面站在购买者角度看

企业面对的有四种类型的竞争者：

（1）愿望竞争者。它们提供不同的产品，满足同一顾客的不同需求。竞争者之间争夺的，是同一顾客的购买力。

（2）属类竞争者。提供不同种类的产品和服务，满足顾客同种需要。这是决定需要类型之后的次一级竞争，也称平行竞争。例如，为满足人们假日消费的需要，在娱乐、图书馆、培训和旅游等产品、服务提供者之间的竞争。

（3）产品形式竞争者。它们以不同的形式提供同类的产品和服务，满足同一需求。如不同规格、型号和款式的电视机、电脑，具有不同的性能、质量和价格等。

（4）品牌竞争者。以不同的品牌提供相似产品和服务，满足同一需要的竞争者。如同一类型、规格的电视机、电脑，由不同品牌的企业生产、提供。

2. 从行业方面看

企业还要了解所在行业的竞争结构，以识别面临哪些的现实和潜在的竞争威胁，从而了解企业的竞争者是谁。

提供同类产品或可替代产品的企业，构成一种行业。迈克尔·波特（Micheal E. Porter）1980年提出的产业竞争五力模型（见图3-3），可用于分析产业竞争环境。该理论在产业组织经济学的基础上，推导出决定行业竞争强度和市场吸引力的五种力量。这五种力量的状况及综合强度，决定行业的竞争激烈程度，同时影响行业最终的获利能力。①

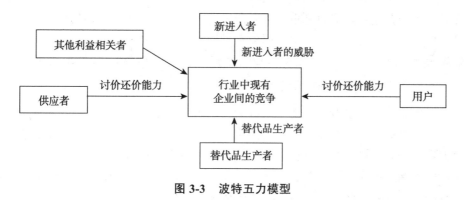

图 3-3　波特五力模型

---

① 参阅：迈克尔·波特. 竞争战略——分析行业和竞争者的技术[M]. 姚宗明，林国龙，译. 北京：生活·读书·新知三联书店，1988：11-38.

（1）行业内现有的企业。在同行业内部，现有企业之间是一种相互依存、相互竞争的关系，某个企业的竞争行为或强或弱地会影响到其他的竞争者。行业内现有企业之间竞争激烈的程度，主要取决于竞争者的数目、竞争者之间的实力对比、行业销售增长率、产品差异化程度、各企业的目标和进出障碍的高低等。各种因素的变化，必然导致竞争程度的加剧或减弱。

（2）新进入者，它们是潜在竞争者。新进入者的加入，会带来新的资源、新的生产力等，必然会对市场份额有所要求。通常在竞争中，现有的企业为了自身安全，会设法筑高进入障碍。一个行业进入障碍高，潜在竞争者加入的难度大，竞争的威胁就小。进入障碍主要来自规模经济、产品差异化、政府政策和分销渠道等方面。

（3）替代品生产者。替代品是满足同一市场需求的不同产品，例如塑料代替钢材、空调代替风扇等。一个行业中所有的企业，都将和生产替代品的其他厂商形成竞争关系，必须注意识别替代品的威胁及其程度。

（4）用户或买方及其讨价还价能力。顾客通过对产品质量、服务等提高要求，或压低价格等手段，影响企业盈利。在顾客的讨价还价能力背后，直接因素是竞争者或替代品能提供更高质量或更低价格的同类产品。

（5）供应商及其讨价还价能力。大部分供应商并不直接抢夺企业的顾客，而是凭借自身产品的质量和市场优势，通过提高企业投入的要素价或降低单位质量价值的能力，影响现有企业的盈利和竞争能力。

必须深入分析决定行业竞争结构的各个因素，企业才能真正了解现有的竞争对手是谁，潜在的竞争对手又是谁。

（二）识别并确认竞争对手的目标

企业要了解竞争者将向哪些领域扩张，在哪些领域撤退和维持，是否满足现有的竞争地位，以及对环境变化的反应等，就必须分析竞争者追求什么目标。通常的假设是，所有企业在市场上都追求利润最大化。但由于对长期利润和短期利润的侧重点不同，必然导致竞争者目标和行为的差异。

竞争者通常会有多个目标，如投资报酬率、市场占有率、技术领先、服务领先、低成本领先等。各个企业对这些目标也有不同侧重点，从而形成各自不同的目标组合。了解竞争者目标组合的侧重点非常关键，因为它可以预知竞争者的反应。例如，某竞争者以信誉领先为侧重点，那它就会对提高企业信誉有关的竞争方针和手段做出较强烈的反应。

（三）监测竞争对手的市场策略

竞争者的策略可通过竞争者的市场行为反映出来，这方面的信息从竞争者分析中是较易获取的。然后，可根据竞争者采用的策略，把竞争者分为不同的策略群体，采取相同或相似策略的属于同一策略群体。这样做，一是可以了解进入各个群体的难易程度，二是可以明确谁是主要的竞争对手。新进入者一般较适合进入投资和声誉都较低的群体。企业一旦决定进入某一群体，该群体成员就成为企业的主要对手。

竞争者之间采用的策略越相似，竞争越激烈。但在群体之间也存在竞争，因为不同的策略群体可能以同一市场为营销目标，或者原来在某个群体的企业可能改变策略进入另一群体，这些都将引起群体之间的竞争。

（四）评估竞争者的优势和劣势

对竞争者优势和劣势的评估，是竞争者分析的重要方面。主要包括两项内容：

1. 对竞争者资源的分析

竞争者资源条件的强弱，通常只有在与本企业的比较中确认。企业要将竞争者的每一项资源要素，与己方的一一对比。在产品、定价、分销、促销、企业信誉、成本、技术、组织与管理人员素质、财务实力等方面，确认竞争者的强项和弱项。

2. 对竞争者假设的分析

每个企业都有一套关于自己和市场的假设。例如，竞争者可能把自己看作是行业领导者，或者是本行业最低成本者，或者有最强的销售能力，或者顾客有较高的忠诚度，信誉最好，等等；它可能认为"顾客偏爱产品线齐全的企业"，"顾客欢迎价廉物美的产品"，"顾客认为服务比价格更重要"，等等。竞争者的这些假设可能是准确的，也可能是不准确的。当它们不准确的时候，就为企业提供了可乘之机。对竞争者假设的分析，就是识别其在环境认知中的偏见和盲点，以便捕捉市场机会。

（五）预测竞争对手的反应模式和反应型态

在了解竞争者的目标和优势、劣势的基础上，要进一步判断竞争者对企业策略可能的反应模式。竞争者的反应模式不仅受其目标和优势、劣势的制约，而且受到企业文化、价值观、营销观念等的影响。

常见的竞争者反应模式有以下几类：

（1）从容不迫型竞争者。它们对某一特定竞争者的行动没有迅速反应，或者反应不强烈。原因可能是认为自己的顾客忠诚度高，或者敏感度不高、没有发现对手的新举措，也可能是缺乏做出反应的条件如资金等。

（2）选择型竞争者。它们对某些类型的攻击做出反应，对其他一些类型的攻击可能无动于衷。例如，对降价行为针锋相对进行回击，但对竞争者增加广告费用不加理会。

（3）强烈型竞争者。它们对竞争者的任何进攻，都会做出迅速而强烈的反应。这类竞争者的信念是"最好别惹我，否则有你好看的"。

（4）随机型竞争者。它们对竞争攻击的反应具有随机性，有无反应和反应强弱等无法根据既往情况加以预测。

（六）判断竞争者的反应模式

对以上所获取的对手信息，要组织加工和分析、研究，对所要攻击或回避的竞争者进行选择。当外部环境和行业环境将要变化时，找出那些可能继续原有战略的沉默型或选择型对手，攻击其准备不足、热情不足或最感发怵的细分市场，使对手处于目标混淆或自相矛盾之中。由于受过去和现行战略的惯性影响，在当前情况下，对手即使想报复也无法展开。如果竞争者可能对发起进攻进行报复，则企业的战略要点应该是选择最佳战场与之抗衡。对那些可能报复强烈、市场反应敏感的强烈型对手，应适时回避。

通过上述六个步骤，企业能够确认自己应在什么地方加强防守，什么地方主动退让，什么地方集中优势进攻,以及进攻谁、回避谁,制定适合的竞争方针和策略。

二、按不同竞争地位划分的营销者类型

每个企业都必须根据自己的目标、机会、资源以及在行业中所处的地位,决定其最佳的策略。即使同一企业,不同产品线、不同产品都可能需要不同策略。

一般说来,营销者按其竞争地位差别可分为四种类型,即市场主导者、市场挑战者、市场跟随者和市场利基者(见图 3-4)。

市场主导者	市场挑战者	市场跟随者	市场利基者
40%	30%	20%	10%

图 3-4　假设的市场结构

(一)市场主导者

市场主导者(market leader),是指在相关产品市场上占有率最高的营销者。一般来说,大多数行业都有一家企业被认为是市场主导者,它在价格变动、新产品开发、分销渠道和促销战略等方面处于主宰地位。它们的地位是在竞争中自然形成的,但不是固定不变的。

(二)市场挑战者和跟随者

市场挑战者(market challenger)和市场跟随者(market follower),是那些在市场上处于次要地位(第二、第三甚至更低),它们也有能力对市场主导者和其他竞争者采取攻击行动。居于这样地位的企业,可以考虑两种战略:或是争取市场主导地位,向竞争者挑战,即市场挑战者;或是安于次要地位,在"共处"状态下获得尽可能多的收益,即市场跟随者。处于市场次要地位的企业,应根据自己的实力和环境等,决定自己的战略是"挑战"还是"跟随"。

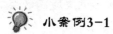
小案例3-1

中国车企不愿再做追随者[①]

"中国也许是世界工厂,但从来都不是汽车出口大国。现在中国希望利用电动汽车改变这种状况。"外媒称,"与内燃发动机时代不同的是,中国真的有机会成为电动汽车出口市场上的一个重量级选手。"

这篇文章诞生的背景是,中国汽车在欧洲的"攻城略地"。2020 年 10 月 19 日,特斯拉宣布,中国造特斯拉 model3 将开启出口欧洲的步伐,并将进入欧洲数十个国家。特斯拉之外,宝马在全球范围销售的 iX3 电动运动型多用途车将由宝马与中国合作伙伴的合资

---

① 资料来源:佚名. 中国车企不愿再做追随者[EB/OL]. 第一财经(https://mp.weixin.qq.com/s/nsCfYvBNoNOggA4se68OHw), 2020-10-30.

企业华晨宝马生产。外资品牌将中国产电动车出口全球，证明了"中国制造"的硬实力。

但，这只是硬币的一面。出口至欧洲等海外主流市场的电动汽车，并不是只有包括特斯拉、宝马在内的跨国车企在中国本土制造的产品，还包括中国本土品牌打造的全球化产品。在此之前，上汽集团旗下名爵品牌，领克汽车以及造车新势力小鹏、爱驰汽车等，都先后将自己的电动车出口至欧洲市场。其中，名爵旗下的电动汽车在英国等欧洲市场，曾创下细分市场第一的成绩。

在燃油车时代，中国汽车想要进入全球主流的消费市场，难如上青天。这背后并不仅仅是产品品质和标准的考验，更重要的是，欧美主流燃油车市场，竞争的白热化让中国车企在其中很难有差异化的竞争优势。

但电气化和智能化时代的到来，改变了全球车企的竞争格局。政府对于电动车的支持和企业的努力，让中国汽车在电气化方面具有先发优势。在智能化领域，电子商务、移动支付、共享经济等被消费者广泛接受，中国消费者对于智能化和信息化的要求远高于海外市场，这让汽车企业有了差异化的发力点。

（三）市场利基者

每个行业都会有小企业。它们专心于市场上被大企业忽略的某些细小部分，在这些小市场上，通过专业化经营获取最大限度收益，也就是在大企业的夹缝中生存和发展。这种有利的市场位置，在西方称为"niche"，海外通常译作"利基"。所谓市场利基者（market nichers），就是指处在这种位置的企业。

上述四种类型，既可针对一个企业，也可针对一个企业的某种产品，或产品线。同一企业的产品也有可能处于不同的竞争地位，需要不同的营销策略。

第三节　市场竞争策略

一、市场主导者策略

市场主导者是竞争的导向者，也是其他企业挑战、模仿或回避的竞争对象。如果不具有法定的垄断地位，它们往往会受到竞争者的"攻击"。因而，市场主导者必须时刻保持警惕并采取适当策略，以防其主导地位被竞争者取而代之。

身为市场主导者的企业要继续保持其地位，通常可从三个方面努力：

扩展阅读3-3
竞争的本质，是争夺满足顾客需求的权利

（一）扩大市场需求量

当一种产品的市场扩大时，获益最多的通常是处于主导地位的企业，因为它们在总销售量中所占份额一般最大。主导者应为自己的产品寻找新用户、新用途并扩大使用量，以争取更多的利益。

1. 发掘新的使用者

每一种产品都有吸引新的使用者、增加使用者数量的潜力。因为可能有的消费者对产品不了解，或产品性能存在缺陷，或定价不合理，等等。企业可采用如市场渗透策略，努力说服以前未使用过的用户试用；或新市场策略，即另辟蹊径，如劝说男士更多使用香水；以及地理扩展策略，如开发国外的市场。

2. 开辟产品新用途

企业应分析消费者的使用情况，探索、发现和推广产品的多种用途。一旦发现产品的一种新用途，就会给企业带来一个新的巨大市场。如杜邦公司将最初用来做降落伞的尼龙纤维，先后用于生产丝袜、衬衫以及轮胎、地毯等，使产品销路长盛不衰。

3. 增加使用量

可以说服现有的顾客增加使用，以适当的方式引导顾客多用。这样，销售量的增加也就意味着市场的扩大。如服装制造商不断推出流行款式，消费者不断购买新衣，流行款式变化越快，消费者购买频率越高。

（二）保持市场占有率

市场主导者必须通过有效的防御和进攻措施保卫自己的阵地，保持较高市场占有率。在扩大总市场规模的同时，留意自己的现行业务不被侵占。如可口可乐时时提防百事可乐，通用汽车时时提防福特，佳能相机时时尼康，等等。

想要不被竞争者攻击是不可能的。市场主导者如要始终保持优势地位，必须具有不可攻破的实力。任何时候都不可满足于现状，必须在产品创新、优质服务、分销效益和降低成本等方面，真正居于行业的领先位置。为保持已有的市场份额，可以抓住对手弱点主动出击，以攻为守；也可采取"堵漏洞"的策略，以防丢失细分市场造成的机会损失。还可以采取阵地防御、侧翼防御、先发防御、反攻防御、运动防御、收缩防御等多种方法，使竞争者无机可乘。

（三）扩大市场占有率

市场主导者通过努力提高市场占有率，也是增加收益的重要途径。

关于经营战略对利润影响的研究表明，利润率随着市场占有率线性上升。如市场占有率为10%时，其利润可为9.1%；当市场占有率为40%时，利润率可达30%。在许多市场，一个百分点的份额即达到几千万美元。提高市场占有率不仅具有极大的诱惑力，而且主导者凭借其优势和实力也是能够做到的。当然，也不是任何时候高市场份额都意味着高利润率，不适当的营销策略可能导致收益低于为提高市场占有率所付的代价。

市场主导者努力提高市场占有率时，要注意不引起反垄断的指控和制裁。只有产品单位成本随着市场占有率的提高而下降，或消费者愿意在溢价条件下接受高品质，高市场份额才会带来高利润。

二、市场挑战者策略

在市场上居于次要地位的企业，如果要向市场主导者发起挑战，首先必须确定战略目标和竞争对象，然后选择适当的进攻策略。

（一）明确战略目标和竞争对象

大多数挑战者的战略目标是提高市场占有率，从而提高利润率。挑战者的进攻对象可以有三种选择：

（1）本行业市场主导者。这样虽然风险较大，一旦成功收益也很可观。挑战者可以仔细研究主导者企业的弱点和失误，寻找未被满足的需求和消费者的不满，还可创造出更好的产品取代主导者的市场地位。

（2）与自己规模相似，但经营不善、资金不足的企业，占领他们的市场阵地。这种进攻一般容易奏效。

（3）区域性的、经营不善、资金不足的小企业。夺取它们的顾客，甚至这些小企业本身。

（二）选择进攻策略

挑战者的进攻策略可以有：

（1）正面进攻。即在产品、价格、广告等对手的主要强项上，直接与之正面交锋。

（2）侧翼进攻。或避开对手强项，集中优势力量进攻对手弱点，在对手力量薄弱的地区或细分市场上展开攻势。

（3）包围进攻。从所有的方面展开进攻，使对方难以应战。如提供多种多样的产品，满足各个细分市场的需要，渗透到对手所有市场中去。

扩展阅读 3-4
3 655 亿！顺丰的飞机买对了！

小案例 3-2

国产智能手机崛起[①]

说小米是中国智能手机的开拓者和领路人并不为过，即便后来崛起的华为、OPPO、vivo，在后期发展过程中多少带着它的影子，格外追求用户体验和硬件配置。

短短八年，在小米的带领下中国智能手机厂商在国内掀翻了"傲慢"的三星，在国际跟苹果分庭抗礼。

在 IDC 最新发布全球智能手机季度数据显示，今年上半年全球出货量排名前五的厂商分别为：华为（5 580 万部）、三星（5 420 万部）、苹果（3 760 万部）、小米（2 850 万部）和 OPPO（2 400 万部），小米、华为和 OPPO 三家中国厂商合计占据 40% 市场份额。

《市值观察》还注意到，华为、小米、OPPO、vivo 经过多年的努力，不仅能够挤压小众品牌的市场份额，而且还能够不断蚕食苹果和三星"地盘"，如三星的市场份额已经从 2019 年的 23% 下降至 19.5%。

---

① 醉漓，季雅欣. 小米的尴尬：沦为华为与苹果大战的看客，388 亿存货压力难解" [EB/OL]. 凤凰网财经（https://ishare.ifeng.com/c/s/v004u3YV6ptOlLZ0FJ2w--MZLlKoIUX_o1d5Itk4JZ1Qd-_D3UTht26skltVIXV8aKOjGb?spss=np&aman=fo414eb03x3aeCe52b475），2020-11-09.

三、市场追随者策略

在很多情况下，直接进攻市场主导者可能是不明智的。因为主导者随时在警惕来自竞争者的进攻，并可依仗雄厚实力做出强有力或较持久的反应，最终挫败挑战者，或造成两败俱伤。所以，有时候保持对市场主导者的追随，也不失为一种好的、更为实际的选择。

追随策略在钢铁、肥料、化工等产品高度同质化且资本密集的行业较为多见。在这些行业中，产品差异化和形象差异化机会不多，服务相似，价格却很敏感。同业之间多能自觉地不互相拉客，不以短期内提高市场占有率为目标，避免引起对手的报复。通常仿效市场主导者的做法，为市场提供类似的产品，所以市场占有率相对稳定。

但是，追随者并非无须作为。它们通常可以运用自己特有的能力，保持现有的市场份额，并尽可能地争取新顾客。追随者常常成为挑战者的攻击对象，因而要特别注意保持低成本或优质产品与服务。市场追随者也不是被动地跟随主导者，它们必须找到一条不至于遭到竞争报复的道路。其策略一般有三种：

（1）紧密追随。即在各细分市场和营销组合方面，尽量模仿主导者。

（2）有距离的追随。在目标市场、产品更新、价格水平和渠道等方面追随主导者，但同时保持一些差异。还可通过兼并更小的企业，使自己获得成长。

（3）有选择的追随。对主导者择优追随，在某些方面又发挥自己的独创性，避免直接竞争。在这类追随者中，可能产生一些挑战者。

四、市场利基者策略

各个行业的中小企业，可为市场某些细小部分提供专门服务，在市场、顾客、产品等方面实行专业化的策略。可供市场利基者选择的专业化方向如下：

（1）最终用户。专门为某类最终用户服务，如只生产儿童用自行车。

（2）垂直层次。专门生产与销售某些垂直层次的产品，如丝织厂生产丝绸、丝棉被。

（3）顾客规模。专门为特定小规模顾客服务，如为残疾人生产鞋。

（4）特殊顾客。即专门生产向一个或几个大客户销售产品。

（5）单独加工。专门按订单生产客户预订的产品。

（6）特种服务。专门提供一种或几种其他企业所没有的服务。

（7）地理区域。专门为国内外某一地区或地点服务。

采用利基者策略，可使市场占有率较低的企业也获得较好的投资收益。因为服务对象高度集中，产品线窄，能够提高产品质量、降低成本，更好地满足目标顾客。其主要的风险一是市场容量过小；二是容易遭受攻击，无力抗御。如能选择两个或更多一些有利的"利基"市场，可增加企业生存和发展的机会。

第四节　市场营销组合

市场营销组合（marketing mix）是市场营销学的重要概念，也是企业满足目标市场、实施竞争策略的基本手段。要真正掌握市场竞争策略和方法，必须进一步研究市场营销组合。

一、市场营销组合的内涵

市场营销组合是企业为了满足目标市场，综合考虑环境、能力和竞争状况等，对其可控的各种营销因素，如产品、价格、分销和促销等的优化整合与系统运用。通过相互协调与配合可扬长避短，发挥优势，获取更好的整体效应。

杰罗姆·麦卡锡曾在1960年代，将企业可控的营销变数归纳为产品（Product）、价格（Price）、地点（Place）和促销（Promotion）等，即著名的"4P"组合。此后学术界又提出了其他一些新的变数，但目前研究和应用较多的仍是"4P"为主的分类和归纳（见图3-5）。

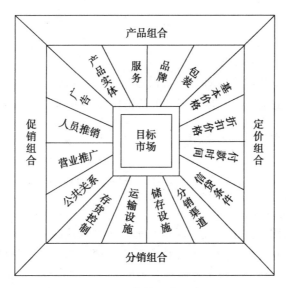

图 3-5　营销组合因素

（1）产品。企业提供给目标市场的商品、劳务的集合体，包括效用、质量、外观、式样、品牌、包装、规格、服务和保证等因素。

（2）价格。出售商品和劳务所追求的经济回报，包括价目表价格（list price）、折扣（discount）、折让（allowance）、支付方式、支付期限和信用条件等，通常又称为定价（pricing）。

（3）地点。企业为其产品进入和达到目标市场组织实施的各种活动，包括途径、环节、场所、仓储和运输等。又称为分销（distribution）或渠道（channel）。

（4）促销。即利用各种信息载体与目标市场进行沟通的传播活动，包括广告、人员推销、营业推广、公共关系与宣传报道等。

产品、分销、定价和促销，是市场营销中企业可以控制的因素，也是企业开展市场营销的基本手段。对它们的具体运用，形成了企业的市场营销战略。它们之间不是彼此分离的，而是相互依存、相互影响和相互制约的。开展市场营销活动不能只是孤立地考虑某一因素或手段，因为任何一个因素的特殊优越，并不能保证营销目标的实现。要对它们综合考虑、整体规划、合理编配和优化组合，使之密切配合，发挥系统功能，实现最佳的市场效果。

市场营销组合是系统观念在市场营销活动中的具体体现，它涉及企业对营销活动的手段和方法的基本认识。在竞争激烈的市场条件下，企业要满足顾客需要、完成经营目标和赢得竞争胜利，不能依靠某种单一的营销手段和策略。必须从目标市场和市场环境的特点出发，根据企业的资源条件和优势，综合运用各种营销手段，形成统一的、配套的市场营销策略，通过企业上下的协调努力和密切配合才能实现。

市场营销组合观念与市场营销观念同等重要。市场营销观念解决的是如何看待市场、看待消费者的问题，使企业认识到只有以顾客为中心，千方百计满足顾客需要，企业才能生存和发展；市场营销组合的观念解决的是满足顾客的手段问题，通过有效运用企业可控的营销因素，才能真正做到满足顾客需要，实现经营目标。因此，是否树立市场营销组合观念，综合运用企业的各种营销手段，满足顾客现实和潜在的需要，是现代市场营销观念的要求得以贯彻的关键。

因此，做好市场营销组合管理，不仅可以保证企业从整体上考虑如何满足消费者，还是对付竞争强有力的手段，也是合理分配营销预算的依据。

二、市场营销组合的特点

认识和理解市场营销组合，必须把握其以下四个特点：

（一）可控性

市场营销组合的四大因素及其亚因素，是企业可以控制的。企业能够根据目标市场的情况，决定生产经营什么产品，选择什么渠道分销，决定销售价格，选择广告宣传手段等。营销组合的可控性，决定了营销组合的可能性。倘若企业不能主动控制这些因素，就无营销组合可言。但是，市场营销组合也不是企业可任意决定的。不仅受到企业自身资源和营销目标的制约，还要受到各种微观和宏观市场环境因素的制约和影响。企业的营销组合只有与自己的实力和营销目标相符合，与各种不可控的环境因素的发展变化相适应，才能收到预期效果。因此，制定营销组合必须以深入细致的市场调研为基础，充分掌握环境变化态势及目标市场特点。根据环境变化和目标市场制定的营销组合，才是最优组合。

（二）动态性

市场营销组合不是固定不变的静态组合，而是变化无穷的动态组合。因为市场营销组合是多个互相影响的营销因素的组合，这些因素受到内部条件和外部环境影响，经常处于变化状态。例如，生产成本的升降会引起商品价格变动，而生产成本升降可能是外部环境的变化引起的，也可能是内部的变化引起的。在市场营销组合中，任一因素的变化都必然导致组合的变化，出现新的、效果不同的组合。在环境千变万化、需求瞬息万变的市场，为适应市场环境和消费需求变化，企业必须随时调整营销组合的具体构成因素，使营销组合与市场环境保持动态的适应。"动"是绝对的，"不动"是相对的，"动"中才能求生存、求发展。

（三）复合性

如前所述，市场营销组合的四大类因素，各自又包括了更多的次一级或更次一级的因素（可参见图3-5）。以促销为例，包括人员推销、广告、公共关系和营业推广等因素，这些因素中又各自包括了多个更次一级的因素。例如促销包括广告，广告仅以广告媒介划分就有报纸广告、期刊广告、广播广告、电视广告、路牌广告、互联网广告，等等；按其内容表达方式，又可分普通广告或"硬广告""软文"广告和植入式广告，等等；而且还可更进一步地细分。

因此，市场营销组合不仅是四大因素的组合，而且包括各层次的亚组合。首先是四大因素的整体组合。假设企业根据目标市场设计、生产一种质量上乘的产品，那么与此相适应，价格必须与品质相一致，渠道又必须与产品品质、价格相一致，促销活动也必须与产品品质、价格和渠道相一致，使四个因素密切配合，形成整体策略。然后，是各个因素的内部组合。以促销为例，企业根据整体组合的目标和要求对广告、人员促销或推销、公共关系和营业推广等具体因素选择编配，使它们相互协调，形成促销组合，实现整体组合的目标和要求。以此类推，还需对促销组合的各个因素，进行更深层次的组合，使企业各层次、各环节的营销因素都能协调配合，共同为实现企业的营销目标发挥作用。

（四）整体性

市场营销组合是企业根据营销目标制定的整体策略，要求企业与营销相关的各个因素相互协调、彼此配合并一致行动，以争取实现整体效应。如果每个因素各自发挥作用，缺乏整体协调，有些功能就可能相互抵消。在组合条件下，各个因素相互补充，协调配合，目标统一，整体功能必然大于局部功能之和。因此，制定市场营销组合要追求整体最优，而不能要求各个因素最优；亚层次的组合也必须服从整体组合的目标和要求，维护市场营销组合的整体性。

三、市场营销组合的作用

市场营销组合在营销活动中具有十分积极的重要作用。

（一）市场营销组合是企业开展市场营销的基本手段

在现代市场营销观念指导下，要更好地满足顾客，除了调查、了解他们的需要，并根据他们的特点进行市场细分，在考虑企业资源条件的基础上确定企业的营销对象，还要针对目标市场确定合适的市场营销组合。使企业开展营销的各个因素符合目标顾客的需要，互相配合，共同发挥作用，最大限度地满足顾客，从而有效地实现企业的营销目标。如果没有市场营销组合，没有市场营销组合观念指导下企业各部门以顾客为导向的协同努力，满足顾客将受到阻碍。

（二）市场营销组合是制定企业市场营销战略的基础

市场营销战略对企业的发展具有重要意义。它是企业为实现长期营销目标而设计的行动规划，主要由营销目标和营销组合诸因素组成。通常企业根据其发展战略制定营销目标，在营销目标的指导下确定市场营销组合。为实现营销目标，企业既要强调市场营销组合诸因素的协调配合，又要根据产品和市场特点，充分发挥企业的优势，重点运用某个或几个营销组合因素，形成企业的最佳营销组合。市场营销组合是营销战略的基础，是保证营销目标得以实现的条件。

（三）市场营销组合是赢得市场竞争的有力武器

市场营销组合是竞争策略的重要内容。成功的竞争策略，是在顾客、竞争者和企业资源分析的基础上确定的，并要依据竞争策略制定相应的市场营销组合，使企业的产品、服务比竞争者更适合消费者。任何企业资源都是有限的，竞争者之间无论实力大小，都各有优势劣势。必须根据资源条件和优势，市场环境的变化和竞争格局，产品和市场特点，巧妙灵活地运用市场营销组合各个因素，既突出重点又有整体配合，企业才能赢得市场竞争。

（四）市场营销组合是协调企业内部力量的纽带

市场营销组合是整体营销。它不仅要求市场营销组合诸因素协调配合，还要求企业各部门以顾客为中心协调行动，共同为满足顾客而努力。在以生产为中心的企业，内部各部门独立地履行自己的职能，直接与市场发生相应的联系，从自身业务出发考虑涉及或运用到的某种营销手段，以达到相应目标。例如，生产部门重视降低成本、提高劳动效率，采购部门看重降低原材料成本，销售部门追求最大销售量，财务部门尽量避免呆账坏账，等等，这些或多或少都会直接、间接影响到消费者及其需求，由于缺乏统一协调，可能没有哪个部门真正关心顾客是否得到满足。在以顾客为中心的企业，由于以市场营销组合观念为指导，营销部门担负协调企业内部各个部门活动的任务，企业与市场联系的形式发生了根本变化。在营销部门的协调下各部门分工协作，形成统一的整体，发挥不同部门在满足顾客中的相应作用（见图3-6）。

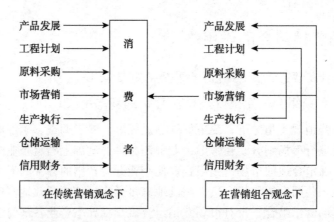

图 3-6　消费者与企业联系的途径

第五节　大市场营销

一、大市场营销的概念

大市场营销（megamarketing）是菲利普·科特勒1984年左右提出的概念。他指出，所谓大市场营销，就是为了成功进入特定市场并在那里开展业务，在策略上协调地使用经济的、心理的、政治的和公共关系的等手段，以争取外国或当地的若干参与者，如经销商、供应商、消费者、营销研究机构、有关政府人员、利益集团及舆论媒体等的合作与支持。

大市场营销是对传统市场营销组合战略的一种扩展。其提出的背景，是现代各国经济向区域化、全球化发展，企业之间的竞争超越了本土范围，形成了无国界竞争的态势，仅靠传统的4P'S已不足以打破封闭的市场。必须采取某些特殊的技巧即广义的市场营销战略，不仅包括产品、价格、分销和促销等手段，还包括权力和公共关系等方式。这种战略思想，被称为大市场营销。

根据科特勒的定义，大市场营销实际上是企业进入特定市场所实施的特殊的营销策略。所谓特定市场，是指那些进入障碍极高的封闭型或保护型市场。在一般市场，进入障碍主要来自顾客、资本、规模经济、专利、原料、场地、经销商和信誉等因素。而在贸易保护主义盛行的情况下，市场进入障碍还包括歧视性的法律规定、垄断协定，社会偏见和文化偏见，不友好的分销渠道，拒绝合作的态度等这些来自社会的较广泛的不利因素。在这种特定的市场，设置障碍的既得利益集团往往得到政府立法部门和管理部门、劳工组织、银行及其他机构的支持。它们极力把市场封闭起来，阻止其他竞争者进入。这种情况在国内市场也有发生，但国际市场更为常见。国际贸易保护主义回潮及政府干预加强就是明显的例证。

极高的进入障碍大大增加了进入市场的难度。因此如何冲破或减少障碍以打开市场大门，成为营销面临的首要的、最棘手的问题。解决这一问题，仅靠常规营销手段难以奏效，必须采用更广泛的营销手段。例如，日本八佰伴百货集团在20世纪60年代初有意进入新加坡。公司前往市场调研，得到结论是不宜进入。因为"二战"期间日军在新加坡的暴行，当地居民反日情绪很高，当时在新加坡的许多日本公司也在纷纷撤离。公司创始人和田一夫针对这一情况，制订了相应的营销计划。他前往新加坡，一下飞机就到新加坡抗日战争纪念碑敬献花圈，声称自己是来赎罪的，并以此为主题开展了一系列公共关系活动。在经营上，也采取与当地企业联营的形式，当地资本占55%，公司资本占45%。公司通过以上措施排除了公众敌对情绪，打开了市场。

二、大市场营销的特点

与一般的市场营销相比，大市场营销具有以下特点：

（一）大市场营销的目的是打开市场之门进入市场

在一般的市场营销活动中，对于某一产品来说市场已经存在，首要的问题是了解市场特点以及对产品的具体要求，以便有针对性地开展营销活动满足顾客，实现企业目标。在大市场营销条件下首要问题是如何进入市场，需要影响甚至改变社会公众、顾客、中间商等营销活动相关者的态度、习惯，使企业的市场营销活动能够在当地展开。

（二）大市场营销的涉及面比较广泛

在一般的市场营销活动中，企业主要与顾客、经销商、广告代理商、资源供应者和市场调研机构等发生联系。在大市场营销条件下，企业除了与上述方面发生联系，还涉及更广泛的社会集团和个人，如立法机构、政府部门、社会团体、工会、宗教机构等，企业必须争取范围更大的了解、支持与合作。

（三）大市场营销的手段更为复杂

在一般的市场营销活动中，企业的基本手段是"4P"组合。在大市场营销条件下，需要一个"6P"组合。除了通常运用的4P'S外，还要增加两个P，即权力（power）和公共关系（public relations）。利用权力是一种"推"的策略，运用公共关系则是一种"拉"的策略。

（1）权力。为了进入特定的市场，必须找到有权力打开市场之门的人，他们可能是有影响力的企业高层管理人员、立法部门或政府官员等。营销人员要掌握高超的游说本领和谈判技巧，以便使这些"守门人"采取合作的态度，达到预期的目的。

（2）公共关系。单纯依靠权力，有时也难以进入市场或难以巩固在市场的地位，还要通过各种公共关系方式，逐渐在社会、公众中树立良好形象，争取民心，往往能收到更广泛持久的效果。

（四）大市场营销既采用积极的也采用消极的诱导方式

在一般的市场营销活动中，各方遵循自愿互利原则，通常以积极的诱导方式为主。在大市场营销条件下，对方可能提出超出合理范围的要求，或者根本不接受积极的诱导方式。因此有时也要采取消极的诱导方式，"软硬兼施"促成交易。但消极的诱导方式常常有悖于职业道德，又可能引起反感，因此要慎用或不用。

（五）大市场营销投入的资本、人力和时间较多

在大市场营销条件下，由于要与多方面打交道，逐步消除或减少各种障碍，企业必须投入较多人力和时间，花费较大的资本。

三、大市场营销的意义

大市场营销的提出，开阔了营销人员的视野，丰富了营销的手段和方法。对于企业开展市场营销，具有较深远的意义。

（一）加强了企业对处理好各方面关系的认识

企业市场营销活动有多个参与者，他们是顾客、资源供应商、经销商、竞争者、传

播媒体，以及融资、政府、立法机构、民间社团等范围广泛的公众。企业营销效果的好坏，一方面取决于其市场营销组合是否适应市场，产品和服务是否为顾客所接受，另一方面也取决于与营销活动各参与者的协调状况。企业必须处理好各方面关系，取得各方面支持和协助，才能实现满足市场的目的。在大市场营销中，企业的阻力不是首先来自顾客，而是来自营销活动的其他相关者。企业必须首先协调与这些参与者、相关者的关系，才能顺利开展营销活动。这就大大加深了企业对处理好各方面关系的认识，充分意识到树立良好企业形象和产品形象，取得顾客和各方面的信任和支持，对实现营销目标具有重要的意义。

（二）打破了企业关于外部环境因素完全不可控制的传统观念

企业营销人员常常把影响市场营销的外部力量作为环境因素，认为它们是完全不可控制的，只能被动地适应它们。大市场营销的概念打破了这一传统认识。在大市场营销条件下，某些环境因素可以通过企业的活动加以影响和改变，如政治、法律方面的活动和游说、谈判、公共关系及广告宣传等。因此企业不能对环境因素仅作被动适应，而应采取积极态度在适应中影响环境、改变环境。

（三）加深了企业对市场营销的理解

传统观念认为需求引起供给，企业的职责就是满足市场，市场营销对需求是一种被动的适应关系。在大市场营销条件下，由于某些社会和文化的偏见，最初市场并不欢迎某种产品，但经过有效的大市场营销活动，市场也转变对这种产品的态度，接受了这种产品。这可给企业的启示是，市场营销与需求之间并不完全是一种被动的适应关系，市场营销"传递和创造生活标准给社会"，对需求有积极的引导作用。因此企业不能仅仅满足于适应市场，而且要影响需求，创造新的需求。对市场营销的这一新理解，可以激励企业的创新精神，使企业永不满足于现状，积极主动地适应市场需求的变化。

本章小结

市场竞争是指不同的利益主体为在市场上争夺有利地位而进行的竞争。卖主之间的竞争构成完全竞争市场、垄断竞争市场、寡头垄断市场和完全垄断市场四种市场结构。

企业竞争策略涉及的企业自身、顾客和竞争者之间的矛盾统一关系，被称为"策略金三角"。企业选择市场竞争策略应发挥优势，突出重点；协调配合，整体作战；争取时间，以快取胜；灵活机动，以变应变。企业制定竞争策略，必须分析和了解竞争者，把握竞争态势。竞争者分析包括识别主要竞争对手，识别并确认对手的目标，监测对手的市场策略，评估竞争者的优势劣势，预测对手的反应模式和反应型态，判断竞争者的反应模式等步骤。

营销者按其所处竞争地位的差别，可分为市场主导者、市场挑战者、市场跟随者和市场利基者。市场主导者通常可从三个方面努力，即扩大市场需求量，保持市场占有率，或扩大市场占有率。市场挑战者需要明确战略目标和竞争对象，选择进攻策略。市场追随者的策略有紧密追随、有距离追随和有选择追随。市场利基者的策略是在市场、顾客、产品等方面实行专业化，提供专门服务。

市场营销组合是企业为满足目标市场而加以整合的可控制的变数，一般归纳为产品（product）、价格（price）、地点（place）和促销（promotion），即著名的"4P"组合。市场营销组合具有可控性、动态性、复合性和整体性等特点。是企业市场营销的基本手段，制定市场营销战略的基础，赢得竞争的有力武器，协调企业内部力量的纽带。

大市场营销是企业进入特定市场所实施的特殊的营销策略。其目的在于打开市场大门；涉及面比较广泛；手段较为复杂，除了运用传统的4P'S外，还增加了权力和公共关系的运用；既采用积极的诱导方式，也会采用消极的诱导方式；需要投入的资本、人力和时间较多。大市场营销的提出，具有较深远的意义：加强了企业对处理好各方面关系的认识，打破了关于外部环境因素完全不可控的传统观念，加深了企业对市场营销与需求之间关系的理解。

  重要名词

市场竞争　完全竞争市场　垄断竞争市场　寡头垄断市场　完全垄断市场　波特五力模型　市场主导者　市场挑战者　市场跟随者　市场利基者　市场营销组合　大市场营销

 复习思考题

1. 市场经济条件下市场竞争的必然性何在？
2. 市场竞争策略主要有哪几种，选择竞争策略应考虑哪些因素？
3. 竞争者分析的意义、内容和步骤。
4. 什么是市场营销组合观念，其重要性何在？
5. 市场营销组合有哪些特点，有什么作用？
6. 什么是大市场营销，与一般市场营销比较具有哪些特点？

案例

10元、20元……方便面越卖越贵

不管是康师傅、统一等老牌玩家，还是拉面说、劲面堂等新起势力，高端及超高端速食赛道近年来挤满了入局者。近日白象食品推出"鲜面传"，让这个赛道更加拥挤了。

提起"鲜面传",很多人可能第一时间想到"拉面说",毕竟这两个名字听起来似乎"师出同门"。事实上,经常出现在李佳琦直播间里的拉面说算是方便面新兴势力的代表者。

拉面说成立于 2016 年,一出道就将自己定位成"中国市面上第一款量产的一站式半成品生鲜速烹日式拉面"。凭借强势营销,拉面说 2019 年销售额 2.5 亿元,共卖出 1 600 余万包拉面。在拉面说的官方旗舰店,一盒自选装的价格是 19.9 元,有招牌豚骨叉烧等多种口味供选,月销量达 10 万多盒;三盒装的价格在 43.9～57.9 元,不同口味价格稍有不同,月销量显示 8 万多盒。

同样是新兴品牌,劲面堂产品价格要更贵一些。两盒装川味牛肉刀削面,价格达 50.8 元,销量上也毫不含糊,月销量达 5 000 多盒。

高端及超高端速食赛道上,老牌方便面企业也不甘示弱,价格同样不低。2018 年底,康师傅推出高端产品 Express 速达面馆,4 盒装香浓大块牛肉方便面达到 69.9 元,6 盒装私房红烧川辣牛肉面达到 139.9 元。统一则推出汤达人升级版本"极味馆",6 杯整箱价格 59.9 元;"满汉大餐"系列价格则"更上一层楼",2 碗 39.8 元,"满汉宴"骨汤叉烧面 6 碗 179 元。

资料来源:谢艺观. 方便面刮起"高端风",一盒 20 元,你还吃吗?[EB/OL]. 中国新闻网(http://www.xinhuanet.com/fortune/2020-10/19/c_1126628056.htm),2020-10-19.

案例讨论题

1. 方便面为何越卖越贵?
2. 打败传统方便面的竞争对手是谁?

第四章　企业战略导向的市场营销计划

本章提要

通过本章的学习，掌握企业战略的相关概念和特征，战略管理的一般过程与营销管理的关系；了解总体战略、经营战略以及它们所要考虑的关键问题，决策重点和战略追求；并以此为基础，考虑如何形成、发展市场营销计划。

微课世界 4-1
马云谈企业使命、愿景和价值观

引例

超级文和友折叠广州

半年装修、20多天试营业，广州超级文和友2020年7月12日正式开业。试营业期间，单日取号高峰超过2 000个。由于背靠太古汇等一线商圈现代建筑，其复古又市井的设计给人强烈的视觉冲击。霓虹灯、手写招牌、四处张贴的小广告、老西关点心、肠粉以及街边牛杂……市井烟火氤氤氲氲，似曾相识的底层质感让人仿如"穿越"回到20世纪八九十年代。即使拿不上号亦可游走其中，追忆过往。亮相时引发不少争议，有人说破坏了广州CBD的繁荣景观，有人认为透出了魔幻现实主义色彩，颇有香港九龙城寨"赛博朋克"般的氛围。

"文和友"品牌诞生于2011年。路边摆摊9个月卖炸串后，创始人文宾在湖南长沙开出第一家门店，取名"文和友老长沙油炸社"。从2012年至2016年，相继开出文和友龙虾馆、文和友老长沙大香肠以及文和友老长沙臭豆腐等。2018年文和友长沙海信广场店开业，以龙虾品类切入，囊括多个长沙民间小吃，进驻了100多户商家。2019年国庆节前升级为"超级文和友"，面积扩大至2万平方米，单天最多可接待1.2万位顾客。

从严格意义上说，超级文和友不能算餐厅，而是餐饮综合体。与长沙超级文和友风格一致，广州超级文和友将太古汇裙楼汇坊打通上下3层，将近5 000平方米空间设计成美食主题游乐园。一楼类似于长沙项目的"永远街"，汇集了非物质文化遗产的广州街头小吃，包括八珍煎饺、阿婆牛杂、荔银肠粉、恩宁刘福记云吞面、盲公丸以及信行丰炖品皇等。还覆盖了美容美发、文具店、纹身店、酒吧等业态可体验。设计上讲求细节。上下楼转角处和墙壁上，"呢边埋单""行呢边落""超顶瘾"等大小张贴，满是各处收集回来的建筑旧物与日常物品。还有故意做旧的土味砖瓦房、毛坯墙壁、窗口铁栏杆晾晒着几件衣服等等，试图还原一个熟悉又已经离我们远去的生活场所。

选择广州为第二站，文和友也做了不少尝试。先开出文和友龙虾馆。2020年早些时候文和友龙虾馆广州北京路店透露，加盟+直营方式，2019年夏天反应火爆，高峰期单日拿号3 000个，单日翻台率大概十次。文和友联合创始人翁东华说，"我们后台的用户画像，有五分之一是广东人；每一次发帖，阅读用户广东省都排在第二，说明很多人知道我们，特别是年轻人；广东是美食大省，广州人饮食消费是北京人的四倍。综合考量，选择了广州作为我们离开本土的第一站。"

用一句话概括，超级文和友商业模式大概就是，依赖场景化体验和超大空间打造，用市井文化内容予以包装。其中选址颇为重要，用以制造现代和怀旧的强烈冲突。文宾透露，与爱马仕毗邻、和世界一流品牌比肩而立，是超级文和友的战略之一，具体门店还必须占据商场一楼铺位。

目前，广州超级文和友引进20多家商户，以老广特色的市井品牌、本地品牌为主。首批商户无须租金等进场费用，仅需交纳后期水电费、购买食材，但要和超级文和友营业额分成。食客每消费一笔，30%要入超级文和友。商户盲公九透露试营业期间，工作日每日营业额几千元，周末能上万。

对于这样的模式发展，文和友信心满满表示两年内回本。不过超级文和友在长沙火爆，除了熟悉当地的团队和经验为背书，也离不开餐饮经营核心长沙特色菜小龙虾、臭豆腐、炸串等。凭借这些，长沙超级文和友可以很大程度依赖旅客"打卡"生意的红利，作为一个旅游打卡目的地存在。在广州，原生广府文化本身就有一套相对完整方式，从生活方式到文化语言都得到了不错的保留，无论荔湾、越秀老城区的骑楼和美食，还是新城区里遗留的城中村，要体验老广生活并不难。知乎上有用户质疑，广州文和友设计元素与长沙门店有诸多相似，只是增添了广州本地标语和招牌，并没有相当突出广州本地文化元素，更像是标准化的套用。广州人对吃向来挑剔。眼下在大众点评和微博等社交媒体，已有不少关于广州超级文和友的讨论，"排队超过3小时，味道也就一般般""菜色普通的水平""放在广州餐馆里，味道是普通水准"，等等。超级文和友进驻的品牌，或许不能真正代表广州美食文化。譬如炒螺明、风筒辉烧烤等在内的老字号，虽然成名、受到美食评论推荐，但作为大排档或路边摊口味水平，能否在广州这一美食丛林里脱颖而出，很值得打个问号。

根据文和友的规划，以长沙海信店模式为基本雏形，5年之内在北京、上海、香港、洛杉矶等国内外一线城市开出10家，文宾口中的"美食迪士尼"雏形才算搭建完成。他们的终极目标是打造一个千亿级的品牌。

吴容. 在爱马仕旁边卖小龙虾，超级文和友折叠广州[EB/OL]. 界面新闻（2020-07-13）. https://m.jiemian.com/article/4664868.html.

企业要善于创造顾客并使其满足和满意，就必须积极、动态地适应不断变化的市场和环境。因此，实施战略管理不仅是很有必要的，也是行之有效的。战略管理回答的是"我们是谁""从哪里来"以及"到哪里去"等大局问题。一个企业的战略体系包括总体战略、经营战略和职能战略等，营销管理属于职能层次的战略之一。制订市场营销计划，必须考虑和体现总体战略、经营战略的要求。

第一节　企业战略与市场营销管理

一、企业战略及其特征

英语"战略"（strategy）源于希腊语 strategos，意为"将军的艺术"，原指军事上的重大部署，后来广泛应用于政治、经济等领域。"企业战略"一直是个复杂的、难以统一定义的概念。有学者认为它是一种决策模式，决定和揭示企业目的、宗旨和目标，提出实现目标的重大方针和计划，明确应该经营的业务类型和范围，并决定要为员工、顾客和社会等做出哪些经济的和非经济的贡献；作为一种模式或计划，战略把一个组织主要的目的、政策和活动等，按一定的顺序结合成一个紧密整体。①一般来说，可理解为为了实现预定目标，企业所作的全盘考虑和统筹安排。

（一）企业战略与相关术语

理解企业战略的含义，需要了解以下术语：

（1）目标。开展活动、进行某种努力所希望的成效或结果，即预期达到和实现的某种状态。在实践中，目标与目的经常被混用。但大多数的目标都有具体的时限，目的则往往带有终极性质。

（2）战术。目标指出努力的归宿，战略明确奋斗的方向，战术决定何人何时以何种方式，通过哪些步骤将战略意图予以实现，是达成目标的具体行动。如果说战略主要考虑的是如何赢得一场战争或战役，战术则属于如何去赢得一次次战斗的概念。②

（3）政策。为了实现战略目标和任务所规定的方针、准则等，用于解决具体目标、行动之间的矛盾。

（4）计划和规划。计划是一种事先的安排，用于指导、协调实现目标的各种行动；规划是一种过程，通过机会分析、评估和选择，系统开发可以达到既定目标的活动和项目。根据长期发展的需要，选择、制订恰当的战略，这项工作叫战略规划，其成果形成战略计划。

（5）战略计划。把企业视为一个整体，共同实现总体目标的统筹安排。战略计划的任务，是保持企业的资源、能力、目标和机会达成长期平衡。

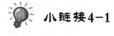
小链接4-1

战略计划与长期计划的区别③

（1）各自对未来的看法不同。在长期计划中，企业根据历史增长数据，运用外推法

---

① 参阅：解培才，徐二明．西方企业战略[M]．北京：中国人民大学出版社，1992：1-11．
② 在我国，人们也常用"策略"一词分别指代战略、战术，或作为这两个概念的统称。
③ 参阅：解培才，徐二明．西方企业战略[M]．北京：中国人民大学出版社，1992：159-160．

预测未来情况，其假定是未来应该而且一定比过去要好；在战略计划中，企业不认为未来一定就会比过去更好，需要认真分析再作判断。

所以，战略计划要进行前景分析，从中确定机会和威胁，预测趋势；运用竞争分析，辨别企业各业务领域的效益，优势和劣势；进行投资组合分析，确定企业现有的潜力，找出现实与目标之间的差距。由于环境变动及其他因素影响，有的还要作战略发展方向分析，确定可进入哪些新业务领域，保证经营的平衡性。

（2）各自过程或步骤不同。在长期计划中企业首先运用外推法预测未来，然后确定目标，并将目标分解为各种指标，交由各业务单位执行。在战略计划中企业首先进行战略分析，谋求前景与目标的动态平衡，形成战略；然后建立目标体系，制订计划和方案。后者分别由不同业务单位和控制系统规划和落实。

（二）企业战略的一般特征

企业战略具有以下特征：

（1）全局性。考虑的是企业的整体需要，规定的是总体层面的方向，追求的也是全局性效果。当中也包括一些局部的活动，但它们都是作为总体行动的组成部分而存在的。

（2）长远性。作为未来发展的统筹安排和重大部署，战略既要以外部环境和内部条件的现状为出发点，又要对当前业务活动发挥引领作用，以顺应长远的发展和需要。可以说凡是为了适应环境、条件的变化而确定的，长期基本不变的意图、实现的思路和安排等，都属于战略的范畴；针对当前的局势，灵活适应短期变化和解决局部问题的方案、做法等，属于战术的范畴。

（3）抗争性。战略是如何抗衡竞争的纲领，也是预防和应对各种冲击、压力和困难的谋划。那些单纯为了改善现状、增加效益和提高管理水平的方案，一般不属于战略。只有这些工作与强化竞争优势、提升企业竞争力产生了直接关联，具有了战略意义，才能成为企业战略及其计划的内容。

（4）纲领性。战略所规定的目标、方向和措施等，通常是原则性、概括性的。涉及时限越长，战略层次越高，这一特征越发明显。所以还需要依据管理的不同层级，结合具体时间等要素，逐次展开、分解和落实。

二、企业战略是市场营销管理的基础

（一）从企业战略的不同层次或具体类型来看

企业内部有一定的组织结构，并形成不同的管理层级。与此对应，企业战略体系也有若干层次，一般分为总体战略、经营战略和职能战略等（见图4-1）。

1. 总体战略

又称公司战略、整体战略，是企业最高层次的战略。它根据企业使命，选择参与竞争的领域和范围，合理配置所需资源，促进各业务之间的相互支持、相互协调。总体战略考虑企业应在哪些业务领域经营，选择经营范围和如何资源配置是其决策重点，故常由企业高层制定和实施。

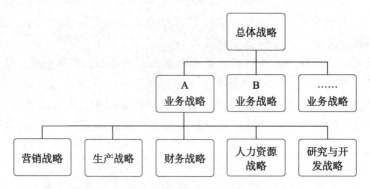

图 4-1 企业战略体系的三个层次

2. 经营战略

大企业特别是集团公司往往从组织形态上，把具有共同战略因素的二级单位，如事业部、子公司或其中某些部分，组成不同的战略业务单位（strategic business units，SBU）。由它们根据总体战略的规定，分别考虑业务层面的战略并进行管理。经营战略主要考虑在既定的业务范围，相关业务如何谋求并在该领域形成竞争优势，故又称竞争战略。

经营战略不同于总体战略，主要表现在：

（1）总体战略是全局性、整体性和长期性的考虑与安排，影响的是企业整体的未来。经营战略着眼于有关业务和战略业务单位，决定的是某一领域的产品和市场，在一定程度上影响总体战略的实现。

（2）制订和实施总体战略的，主要是企业高层。制订和实施经营战略的，主要是相关二级单位，如事业部、子公司等。

（3）一个时期，一个企业只能执行一个总体战略；但它有多少战略业务单位，就应制订多少经营战略。经营战略在总体战略指导、制约下，管理相关战略业务单位的方向和行动，服务于总体目标的实现。

但在一些组织形态简单、业务和目标单一的企业如中小企业，总体战略也可能就是该项单一业务的经营战略。

3. 职能战略

是企业各管理职能的战略，包括市场营销战略、生产（采购、制造或运营）战略、财务（包括融资等）战略、人力资源战略和研发（研究与开发）战略等，也称职能层战略。各个管理职能的任务不同，但都必须服从所在战略业务单位的经营战略，以及指导整个企业的总体战略。市场营销战略及其计划同样如此，必须在总体战略和经营战略的框架内进行。

相对于总体战略，职能战略有以下特点：

（1）职能战略确定、协调的活动，期限相对较短，如一年左右。这样职能部门就可根据总体战略要求，将注意力集中于本职能当前需要努力的方面，更好地认识本部门当前的条件，及时适应环境变化。

（2）职能战略比总体战略更为具体。总体战略指出大方向，职能战略为年度目标的制订提供具体指导。因为职能战略的具体性，在战略中增加了实际的内容，明确了相关部门必须完成的任务，也丰富和完善了战略。它向企业高层阐明该管理职能将如何实施总体战略，可增强高层实施总体战略的信心；还可说明各职能之间彼此依赖的关系及潜在矛盾，有利于促进相互之间的工作协调。

（3）在职权和参与方面，企业高层负责长期目标和总体战略；职能部门受总部和战略业务单位授权，发展和制定年度目标、相关的职能战略。

（二）从市场营销职能与战略计划部门的关系来看

市场营销部门与战略计划部门之间历来关系紧密。从工作流程来看，市场营销职能要向战略计划部门提供信息和建议，这也是战略计划部门分析、判断形势重要的信息来源；战略计划部门要和战略业务单位，商谈它们的任务和目标。战略业务单位依靠市场营销职能，制订营销战略和计划；市场营销活动的结果，要由战略计划部门检查和评估……形成了一个循环往复的工作流程（见图4-2）。

在实践中，大多数企业的战略计划部门和战略业务单位，都要依靠市场营销职能分析和研究机会，形成和执行营销计划，完成经营任务和实现企业的总体目标。事实上战略规划的这个环节，也是营销管理的一个步骤。它们之间关系非常密切，所以市场营销堪称企业管理的首要职能——引领一个企业或业务与市场、需求相适应，如识别市场机会、决定目标市场和目标，明确达成目标所需的资源。研发管理、生产管理、财务管理和人力资源管理等职能，通过保障充足的人财物力等资源，支持营销计划实施和目标的实现。

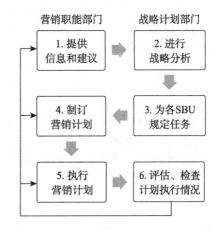

图 4-2 营销职能部门与战略计划部门的关系

扩展阅读 4-1
企业家的"原始精神"不能替代战略

第二节 总体战略决策

总体战略决定的是整个企业长远的方向和基本部署。因此，其决策顺序一般有四个主要阶段，即明确企业使命（mission），区分战略业务单位（SBU），分析现有业务组合并决定投资战略，根据需要选择新业务和成长领域。

一、明确企业使命

企业使命反映企业的目的、特征和性质，说明其存在的意义和价值。明确企业使命是对企业"是什么""干什么"以及"应该是怎样的"，进行系统思考并清晰说明的过程。

小案例4-1

华为公司的核心价值观[①]

华为公司的核心价值观，蕴涵着华为公司的愿景、使命和战略。

华为公司的愿景是丰富人们的沟通和生活。

华为公司的使命是聚焦客户关注的挑战和压力，提供有竞争力的通信解决方案和服务，持续为客户创造最大价值。

华为公司的战略：（1）为客户服务是华为存在的唯一理由，客户需求是华为发展的原动力。（2）质量好、服务好、运作成本低，优先满足客户需求，提升客户竞争力和盈利能力。（3）持续管理变革，实现高效的流程化运作，确保端到端的优质交付。（4）与友商共同发展。既是竞争对手也是合作伙伴，共同创造良好的生存空间，共享价值链的利益。

（一）思考和界定企业使命

企业使命不只是为了规定一种任务或经营领域，还可在发展方向、存在的价值以及机会等方面凝聚共识。明确的企业使命可以成为"无形的手"，引导其成员如战略业务单位、产品和员工等，以实现企业使命为导向各自开展工作。

一般可从以下方面思考和界定企业使命：

（1）历史和文化。每个企业都有自己的历史——由来与发展，过去的经历、政策、成就和品牌形象等，以及作为历史沉淀的组织文化。明确企业使命，必须充分考虑到历史和文化的延续性。

（2）企业所有者、管理者的意图和想法。董事会对企业发展的考虑，企业高层对未来的看法和追求，都会影响到对企业目的、性质和特征的认识。

（3）市场和环境的变化。可能给企业带来新的机会，或产生某些威胁。

（4）资源拥有状况。不同的企业条件不同，决定它能进入哪些业务领域，或无法开展哪些经营活动。

（5）核心竞争力和优势。一个企业最擅长，并且肯定优于对手的特别之处，才能成为其优势所在。善于扬长避短的企业，经营方可更为出色。

明确企业使命的关键，在于深入了解内外条件、环境及其构成，详尽分析它们的要求、期望和约束，以找出企业目前的和理想的特征。

（二）撰写企业使命宣言

明确企业使命的结果，要形成文字，即撰写企业使命宣言。企业使命宣言的具体形式多种多样，但都应该覆盖以下要素：

1. 活动领域

表明企业准备在哪些业务领域发挥作用，参与竞争。可从以下维度考虑：

[①] 资料来源：任正非. 华为公司的核心价值观[EB/OL]. 南方网（2005-05-24）[2020-09-30]. http://theory.southcn.com/fdbg/200505240301.htm.

（1）产业范围，说明拟在哪些产业开展活动。有的企业坚持在某一产业，实施专业化或专一化经营；有的跨行业、"跨界"，进行多角化或多元化经营。

（2）市场范围，即为哪些市场或顾客提供产品、服务。如有的企业以大众化为特色，有的专为高收入群体、小众顾客服务。

（3）纵向范围，指企业通过内部活动自给自足生产的程度。纵向范围的一个极端，是完全依靠内部的力量，自身从事所有相关生产经营活动；另一极端是完全依靠外部的力量，即社会分工和专业化开展业务，实施"外包"，形成较长的供应链。20世纪20年代，就有美国福特公司等开始将零部件供应外部化。这种外包形式的诞生，结束了企业自给自足的生产和经营方式。进入20世纪80年代，制造业外包形成显著的趋势，在欧、美、日等经济发达国家、地区被普遍采用。同时，各种形式的服务外包也获得了蓬勃发展。

（4）地理范围，即开展业务的区域边界。如有的企业以国内市场为主，有的专门面向国际市场或某些外国、地区市场。

2. 经营政策

强调在企业及其组成部分必须遵循的方针、准则和信条等，也是如何对待顾客、供应商、经销商、竞争者、公众和社会等的统一的指导思想。它使整个企业、各组成部分在重大问题上有共同标准可遵循，能够步调一致。因此，既要注意缩小个人发挥和解释的余地，又要避免做成空泛的官样文章。

3. 愿景

愿景（vision）是企业关于未来的期望和描述，说明企业将来想要的"样子"。它是企业奋斗的方向，可以帮助员工、顾客、合作伙伴和公众等，对企业的未来有清晰的了解和认识。

企业使命是全局性的，也是长远性的，揭示的是今后若干年，如十年二十年的发展蓝图。因此还要注意有预见性，不要成为每年或隔几年就因不适应形势而要翻新修订的文本，除非战略环境确实发生了巨大突变。

一份好的、有实效的企业使命宣言，内容要具体，特点要明晰，还融入企业必须担当的社会责任元素。在表达和陈述上，要有激励性、鼓舞人心，因为员工总是向往重要的、有意义的事业和工作。利润和经济效益，是社会对企业使命及其履行状况的评价和回报，在企业使命中不宜过分渲染盈利性或类似的目标。

小案例分析 4-1
维珍集团：为什么一定要搞清企业存在的意义？

二、区分战略业务单位

一个企业经营的业务，可能涉及多个领域。在实践中，规模较大的企业也多会同时经营多种不同的业务。要合理配置资源，就必须了解自己的经营范围涵盖了哪些业务和领域。

战略业务单位是企业应当为其专门制定经营战略的最基本的战略管理单位。区分战略业务单位可以将企业使命具体化，把总体战略分解为各项业务或某一组相关业务的经营任务。区分战略业务单位的主要依据，是各业务之间有无"共同的经营主线"。也就是目前的产品、市场与未来的产品、市场之间，是否存在着某种内在联系。

因此在实践中需要注意：

（1）坚持以需求为导向。依据产品特性或技术要素等区分，形成的战略业务单位难以持久，因为任何产品、技术都会有过时的一天。假如设立一个"胶卷"业务部门，在数码相机普及的今天，难免要被调整；如果是以需求为导向，界定一个"影像信息存储"业务单位，就可以水到渠成地发展存储卡业务，甚至进入电脑、数码相机其他周边产品相关领域。

（2）要便于明确经营任务。一个战略业务单位倘若涵括的业务太广，容易失去共同的经营主线，也难以清晰经营任务和制订经营战略。例如，"满足交通运输需要"就定义得太过宽泛。首先，是可供选择的经营范围太大，是市内交通、城市间交通还是空中、水上交通，等等；其次，顾客的范围太大，是个人、家庭还是企业、机关，等等；最后，产品范围也大，汽车、火车（包括高铁、地铁等）还是轮船、飞机，等等。这些变量可以形成无数多个组合，产生无数多条经营主线。企业有意向这些领域发展，就要有多个相应的战略业务单位才能匹配。

战略业务单位也可从行业范围、市场范围、纵向范围和地理范围等，引申其具体经营任务。但必须明确重点：准备满足哪些需求，主要面向哪些消费者或用户，提供什么开展经营或依靠什么完成业务，即需求、顾客以及产品或技术。比如，一个汽车制造单位可将其业务领域规定为，生产使用电能驱动的小型乘用车，满足城市居民对于低成本交通和新能源载具的需求。

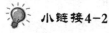
小链接4-2

理想的战略业务单位①

（1）用有限的相关技术，为一组同类市场提供服务。保证一个战略业务单位里的各产品/市场单位的差异最小化，使业务单位的管理者能更好地制订、实施具备内在连贯性和一致性的业务战略。

（2）有一组独一无二的产品/市场单位。企业内部没有其他战略业务单位生产类似产品以争取相同的顾客，因此能够避免重复努力，并使其战略业务单位的规模达到规模经济。

（3）控制那些对绩效必不可少的因素，如生产、研发和营销等。这并不是说，一个战略业务单位不能与另一个或多个业务单位分享诸如生产厂房、销售团队等资源。而是战略业务单位应该清楚，如何分享这些共同的资源从而有效实施其战略。

（4）对自己的利润负责。

三、规划投资组合战略

企业必须决定如何将其有限的人财物力等资源，合理地分配于现状、前景不一的各

---

① 小奥威尔·C.沃克，等.营销战略——以决策为导向的方法[M].李先国，等，译.北京：北京大学出版社，2007：61.

个战略业务单位。因此必须对各战略业务单位进行评估和分类,以确认它们各自的潜力,决定企业的投资结构。

波士顿咨询集团(Boston Consulting Group)提出的市场增长率/相对市场占有率矩阵,或称波士顿矩阵(BCG Matrix),是普遍用于解决业务组合平衡问题的一种方法(见图4-3)。

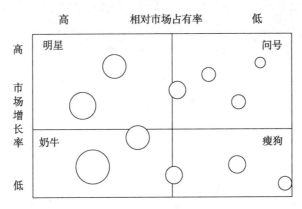

图4-3 市场增长率/相对市场占有率矩阵

在矩阵中,纵坐标代表市场增长率,可以年为单位;增长率高低的标准可考虑具体情况确定。假设以10%为界,高于10%为高增长率,低于10%为低增长率。横坐标为相对市场占有率,表示相关的战略业务单位与其最大竞争者之间,在市场占有率上的比率。某战略业务相对市场占有率0.4,说明它市场占有率只有最大竞争者的40%;相对为2.0,则说明要比最大竞争者的市场占有率多出一倍,最大竞争者只是市场的"老二"而已。可见,相对市场占有率要比市场占有率更利于对比竞争态势。假定也以1.0为界,分为高低两类。矩阵中的圆圈代表企业各项战略业务,圆圈的位置表示各单位的市场增长率及相对占有率的现状,圆圈面积表示各单位销售额的大小。

该矩阵分为四个象限。一个企业所有的战略业务单位因此分为:

(1)问号类,有较高的增长率但是市场占有率低。大多数战略业务单位最初起步都处于这种状况。它们需要更多关注和资源投入,以适应还在不断成长的市场,追赶竞争者,但往往又前途未卜。

(2)明星类,市场增长率和市场占有率都较高。仍然需要大量资源投入,以跟上市场增长并抗衡竞争者。短期内不会带来可观的回报,但却是未来的"财源"和希望。经营成功的问号类业务,会发展成明星类业务。

(3)奶牛类,市场增长率较低但市场占有率较高。市场增长率低,不再需要大量资源投入;相对市场占有率较高,说明竞争力较强,有较好的盈利。它们通常需要提供资源,以支持问号类、明星类和瘦狗类等业务发展。

(4)瘦狗类,市场增长率和相对市场占有率都低的业务。也许还能贡献一些收益,但盈利少或有亏损。企业必须考虑,是继续增加投入还是维持现状,或者减少投入;是否以及何时精简、淘汰这些业务。

一般来说，市场占有率越高，竞争力、盈利能力等越强，利润和收益与市场占有率同向增长；另一方面，市场增长率越高，战略业务单位需要的资源也越多，因为它们还要继续发展和巩固市场地位。同时，各业务单位情况也是动态的、变化的，最初的"问号"可能就是未来的"明星"，"瘦狗"经营得法也可能起死回生……应将目前的矩阵与未来预期的矩阵进行比较，以选择和决定战略方向；并依据资源有效分配原则，考虑各战略业务单位未来需要扮演的角色。也就是既要看现状，又要考虑未来，从全局和长远把握投入的比例和数量。

扩展阅读 4-2
"多因素投资组合"矩阵

四、考虑新业务与选择成长战略

投资组合战略决定了哪些业务需要发展、扩大，哪些业务需要收割、放弃。面对因此可能出现的利润缺口，企业要考虑发展新业务，以代替正在"边缘化"或即将淘汰的业务，选择成长战略。

（一）密集性成长（intensive growth）战略

若以产品、市场（顾客）为两大基本面向，企业可有四种战略选择。这一由安索夫（Ansoff）1975年提出的模式，也称产品/市场矩阵或安索夫矩阵（Ansoff Matrix）（见图4-4）。

图 4-4　产品/市场矩阵

密集性成长战略基于前三种选择，考虑在现有业务框架内谋求发展：

1. 市场渗透

即企业在现有的市场，面向原来的顾客，设法扩大现有产品的销售。例如促使顾客多买，包括增加购买次数、增加每次的购买数量；争取竞争者的顾客转向企业；吸引新顾客，推进更多从未使用、消费过的潜在顾客试用，等等。

2. 市场开发

吸引新顾客购买，重点是在不同的市场找到需要同样产品、服务的顾客。可在现有销售区域内发现新用户，即开发新的细分市场；也可在现有的销售区域外发展新顾客，即开发新的区域市场或地理市场。

3. 产品开发

通过向现有市场提供新产品或改进的产品，满足现有顾客更多的需求，目的是借助和充分开发现有顾客关系的潜力。可以扩大现有产品线、产品组合的深度和广度，推出新一代或相关产品给现有的顾客，包括改变产品外观和造型，赋予新的特色及内容，推出不同档次、价位产品，开发新规格、新式样，等等。

（二）一体化成长（integrative growth）战略

如果所在行业或其上游、下游的机会更好，企业又有资源、实力重新整合市场营销系统的供应链，亦可实施一体化成长战略。即通过经营与目前业务有关的新业务，谋求新发展（见图4-5）。

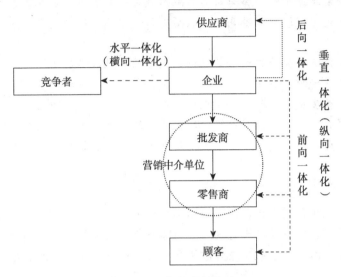

图4-5　一体化成长战略

1. 后向一体化

通过收购或兼并上游供应商，拥有或控制自身原材料、零部件供应系统，企业实现供产一体化。之所以这样选择，一般是由于供应商所在的领域盈利性或机会更好，还可避免供应短缺、成本受制于供应商等风险。

2. 前向一体化

企业谋求对其下游的行业，主要是分销系统或用户的控制权。例如制造商收购、兼并批发商、零售商，自办渠道公司、电子商务销售系统等，由制造业进入商业流通领域；或将业务范围、产品线等向前扩张，直接从事原来由用户经营的业务，如电脑零部件制造商生产电脑整机，房地产开发商从事经纪业务、销售代理以及经营物业管理，批发商开办零售商店等。

3. 水平一体化

争取获得其他同类企业的所有权或控制权，或实行各种形式的联合经营。这样可减少直接竞争的对手，还可扩大生产规模和经营实力，或取长补短以共同利用某些机会。

 小案例4-2

某纸品制造商的一体化战略选择[①]

珠江三角洲地区的一家纸品制造商，主要生产纸板、纸箱、纸盒等产业用品及生活日用纸品。最初只是为了降低采购成本，希望面对供应商能有更强的讨价还价能力，它

---

① 资料来源：钟育赣.制造业启动服务战略[J].企业管理，2007（5）.

加大了工业用纸采购的批量；为了减少库存压力和资金占用，它又把超量购入的工业用纸转手批给周围同行业者。几年的实践下来，公司感悟到其中蕴藏的一个绝好的机会，那就是代理、批发工业用纸。公司将其工业用纸采购业务独立出来，不再仅仅作为制造业务的附属，而是专门运作工业用纸代理贸易——它既要保障内部供应，又可对外批发盈利。

后来的事实证明，公司由此一举三得：充足的、低成本的工业用纸供应，为制造业务提供了强有力的保障；从事工业用纸贸易，开辟了新的利润源；尤其是对竞争者构成了战略威慑——掌握着它们最主要的供应来源，也就控制了它们的生产命脉。进入流通业的举措，使这家公司与上游供应商牢固地发展了战略伙伴关系，同行只能从它得到工业用纸供应。一旦发生恶性竞争，它能够釜底抽薪，确保自己在当地市场的领先地位。

（三）多角化成长（diversification growth）战略

多角化成长也叫多元化经营。其思路不是局限于一种产品或行业，而是跨产品、跨行业进行企业扩张。新业务与现有的业务可能不相关或关联甚少，但该领域肯定更具吸引力。如果在现有市场营销系统之外的机会更好，也有许多企业愿意承受多元化经营的风险。

1. 同心多角化

面对新市场、新顾客，企业以原有的技术、特长和经验为基础发展新业务，如海尔从"白色家电"进入"黑色家电"领域。由于是从同一圆心逐渐向外丰富经营内容，没有脱离原来的经营主线——家用电器产品，也有利于发挥原有的一些优势，是风险较小的一种多元化经营。

2. 水平多角化

企业在现有的市场、对现有的顾客，采用不同的技术增加新业务，而这些技术与现有的技术、能力等积累已经没有多大的关联。比如一家企业原来生产家电产品，现在也开发房地产，为家电消费者提供住宅楼盘等。实际上，这是在技术、生产方面进入了一个新领域，风险相对要大许多。

3. 综合多角化

通过经营与企业现有技术、市场和业务等没有关联的新业务，进入新的领域发展。比如，一个家电企业同时还从事金融、汽车制造、电子商务甚至旅游休闲等业务。显然，这种多元化经营的风险最大。

选择多角化成长或多角化经营，也不是说要利用一切的机会发展新业务。选择新业务必须慎重，尤其要尽可能结合企业的特长、积累和优势等进行权衡。

扩展阅读 4-3
你真懂得多元化经营吗？

第三节　经营战略与选择

企业相关业务或各个战略业务单位，要在总体战略的框架内分别发展，需要实施各自的经营战略。迈克尔·波特认为，有三种一般性竞争战略可供企业考虑和选择（见图 4-6）。[①]

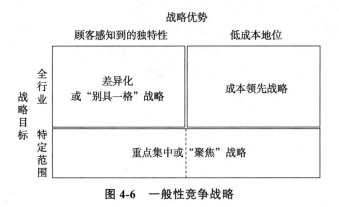

图 4-6　一般性竞争战略

一、成本领先战略

成本领先战略致力于强化内部的成本控制，以追求在全行业或总体市场的竞争优势。通过简化产品、产品线，改进设计，生产技术、工艺流程创新和自动化，节省材料和降低人工费用等，在研发、生产、销售、服务和广告等方面，使总成本达到行业的最低水平，从而获得高于行业平均水平的收益和利润。

（一）成本领先战略的优点

总成本更低的企业，在竞争中可在以下方面保持一定优势：

（1）即使所在行业和目标市场爆发"价格战"，也能在对手利润损失惨重或亏损时依然保持一定盈利。

（2）可凭借低成本的优势吸引潜在顾客，降低或缓解替代品的威胁。

（3）为新竞争者的进入设置较高障碍。使那些技术不够熟练、行业经验缺乏或难以实现规模经济的潜在竞争者，不敢轻言进入或不能进入。

（4）应对成本、费用增长有更大余地。可降低投入因素变化产生的影响，更灵活地应对供应商提价行为。

（5）面对购买者更有讨价还价能力，可对抗强有力的购买者。

面对以下情境，成本领先战略的效果更加明显：行业内部和目标市场的竞争激烈，价格是最重要的竞争手段；行业提供的主要是标准化、同质化的产品，相互之间难以差异化；市场同质化现象严重，大多数顾客对产品、服务的要求趋同；需求的价格弹性高，价格甚至是决定顾客选择、购买数量的重要因素；客户转换成本低，因而具有强大的降价谈判能力。

（二）实施成本领先战略的基础和条件

实施成本领先战略，要求企业融资渠道通畅、关系良好，能保障资金持续、不断进

[①] 参阅：迈克尔·波特. 竞争战略[M]. 姚宗民，等，译. 北京：生活·读书·新知三联书店，1988：44-58.

入;技术、工艺和生产流程更为简约,产品、服务等易于制造和提供;拥有低成本的市场营销系统、供应链和分销渠道;有适用、廉价的劳动力资源,内部分工和劳动管理制度严谨、务实、高效。

拥有更先进的工艺、装备,技术更熟练的员工队伍,更高的生产和市场营销效率,更严格的成本控制体系,更完善的责任管理制度,长期以成果数量为目标的激励机制和企业文化等,都是实现成本领先目标的重要保障。

(三)成本领先战略的风险

(1)对手开发出成本更低的生产工艺、技术方法和运营模式,或经由模仿、"山寨"等形成了相似的产品、服务尤其是成本。

(2)新进入市场的竞争者后来居上,建立了成本更低的行业地位。

(3)技术进步带来的变化,降低了企业资源的效用。尤其是过度追求低成本优势,降价过度造成利润损失太多。

(4)丧失了对市场动态、需求变化的预见性。一味追求成本低廉,产品、服务缺少了必须的更新。

(5)低成本伤害了产品的性能、质量等,影响了顾客的购买欲望。

二、差异化战略

差异化战略也称"别具一格"或"与众不同"战略。实施这一战略,企业通过产品及设计、核心技术、制造工艺、品牌特征、交付方式和客户服务等方面,或其中几个重要的关键点,形成与竞争者相比更显著,并更为市场所认同的独到之处,从而建立行业或总体市场的竞争优势。

(一)差异化战略的优点

企业如果通过产品、服务、人员或形象等差异,能够形成一定战略特色,也可建立强大的顾客忠诚。并据此对新竞争者形成难以克服的进入障碍,替代品也无法在性能上对企业构成重大威胁。不同企业及其产品、服务各有特色,可一定程度上缓解行业内部爆发"价格战"的风险。由于购买者无法直接对比不同卖主产品、服务的"优劣",可降低市场对价格的敏感性,提高客户转换成本。面对供应商的讨价还价,也可占据相对有利的竞争地位。

(二)实施差异化战略的基础和条件

(1)企业有很多途径可为产品、服务创造出不同特色,尤其是那些潜在顾客不仅需要,而且认同其"别具一格"的利益和价值;

(2)市场呈现高度"异质性"——潜在顾客的需求多种多样,没有统一的标准和要求;

(3)采用同样的做法或相似的途径进行差异化的对手很少,或者它们不具备优势因而不构成严重威胁;

(4)所在行业技术进步太快,竞争优势的关键主要在有无能力不断开发新产品、新服务,提供新特色、新属性。

实施差异化战略的企业，一般具有强大的研发能力，创造性的远见卓识以及营销为导向的创新精神。在产品质量、技术和工艺等方面，享有优异、领先的良好声誉；进入行业的历史久远，或掌握独特的技术诀窍、学习能力，善于汲取相关经验、技能并融会贯通；拥有强大的市场营销能力，能有效协调和控制研发、制造等管理职能；良好的用人环境和氛围，善于吸引专家、高技能员工等创造性人才，以及利于他们发挥才干的机制和企业文化；供应链与分销渠道各环节的支持和配合，等等。

（三）差异化战略的风险

差异化战略也有其风险。例如，竞争者价格很低，潜在顾客就可能放弃"差异化"选择"价廉"。市场原先看重的特色重要程度下降，或用户对产品、服务的特征、价值等可感知的差异不再显著，就可能忽略企业据以形成竞争优势的这些"差异化"。尤其是大量追随者的模仿式创新和直接"山寨"，会大大削减可被感知的差异及其效果。在产品生命周期的成熟阶段，有技术实力的竞争者也容易通过学习，降低彼此之间产品和服务等方面的差异。差异化过度也会导致成本上升，价格一旦超过潜在顾客的最大心理承受能力，足以抵消"差异化"所创造的吸引力。

三、集中战略

采用成本领先战略或差异化战略的企业，通常是以全行业和总体市场为其目标。实施集中战略的企业，则着眼于特定的领域，谋求在局部市场、细分行业形成相对的低成本或差异化优势，所以也称"聚焦"战略。

（一）集中战略的优点

集中战略的核心，是企业将其业务"聚焦"于特定顾客群体，或产品线的某一部分，或某个地理市场等。这么做的意义在于：

（1）可集中使用企业的资源、能力，更好地服务于特定的目标顾客；

（2）可更好地做到"知彼"——了解潜在的顾客，分析环境、技术的影响，掌握竞争者的变化等；

（3）战略实施、管理等相对简便；

（4）目标明确，效益相对易于评估。

（二）实施集中战略的基础和条件

集中战略能否有效，关键在于能否恰当选择"聚焦"对象，尽可能找出竞争薄弱、不易受替代品等冲击的领域。因此，企业需要反复地确认：

（1）某些"特殊"的用户确实存在；

（2）细分市场的规模、潜力、盈利和竞争强度等，相对更有吸引力；

（3）企业资源、能力有限，或不愿以较大的市场为目标。

（三）集中战略的风险

（1）以较大的市场为目标的竞争者一旦发生兴趣、执意进入，或对手从中发现了可予再度细分的市场和领域，企业就有可能失去已经建立的优势；

（2）由于技术进步、替代品出现、顾客观念更新和偏好变化等，"聚焦"的特定市场与总体市场之间的差异缩小，失去原来形成竞争优势的基础；

（3）在较大市场的竞争者，与"聚焦"局部的企业之间成本差异扩大，因而抵消了"聚焦"企业所获得的成本优势或差异化优势。

人物介绍

迈克尔·波特

迈克尔·波特（Michael E. Porter）生于1947年，哈佛商学院教授，被誉为"竞争战略之父"，管理学领域"最具影响力的思想家"。

波特早年毕业于普林斯顿大学，后获哈佛大学博士学位以及斯德哥尔摩经济学院等7所著名大学的荣誉博士学位。2000年12月获哈佛大学最高荣誉"大学教授"（University Professor）资格，成为哈佛大学商学院第四位得到这份"镇校之宝"殊荣的教授。在2002年5月埃森哲公司对当代最顶尖的50位管理学者的排名中，迈克尔·波特位居第一。

波特教授撰写过十多部著作、一百多篇文章。提出的竞争"五力模型""三种一般性竞争战略"在全球被广为接受和实践，其竞争战略思想是哈佛商学院的必修科目之一。波特教授书籍风靡全球，译成中文并在国内大量发行的，有《竞争优势》《竞争战略》《竞争论》《国家竞争优势》《日本还有竞争力吗》等。

波特教授不仅担任杜邦、宝洁、壳牌、Scotts公司、台湾积体电路制造股份有限公司（TSMC）等著名公司的顾问，也在政府和国际组织的政策制定中扮演着重要角色。1998年开始，波特还担任世界经济论坛《全球竞争力报告》项目（Global Competitiveness Report）的主席一职。

第四节　制订市场营销计划

市场营销计划是管理营销过程，指导、协调营销活动的依据。市场营销部门必须根据总体战略，尤其是经营战略的规定和意图，分析、预见可能的市场营销问题，精心构思和考虑每一个市场营销项目和行动，形成有效的市场营销计划。

一、分析市场营销任务与环境

首先根据经营战略的具体要求，明确相应的营销任务。然后重点说明可能影响市场营销活动的相关因素，厘清"我们现在何处，正面临什么"；并且预测相关因素的动态和趋势，分析"它们将如何变化，对市场营销的效果有什么影响"。

一般来说，可从以下方面分析相关因素及其影响：

（1）自身情况。包括总体战略、经营战略的任务和要求，内部资源、能力和核心竞争力所在，相关品牌和产品、服务的市场营销状况等。例如，过去几年的价格、利润以及差额，各渠道的销售情况、相对重要性和变化，主要的经销商及其经营能力评估，对它们的激励及所需的投入、费用和条件，促销战略和效果。

（2）行业环境与总体市场。包括所在行业的前景、发展态势和影响因素，企业的市场地位；总体市场规模和预期增长，例如过去几年的销售总量与金额，不同区域或细分市场的销售与预测，预期顾客的需求、观念及购买行为的特征、变化和趋势等。它们是一些影响市场营销现状和未来的微观环境因素。

（3）竞争者和主要对手。进一步明确具体的竞争威胁所在，包括竞争者的范围，它们的规模、目标、市场份额和产品质量等，尤其是竞争威胁的方向；主要对手是谁、有谁，它们的定位、市场营销战略和竞争风格，以及其他有助于了解它们意图的数据、资料。

（4）宏观环境特点和趋势。从人口环境、经济环境、物质或自然环境、技术环境、文化环境和政治环境等方面，重点分析可能影响未来市场营销战略的关键因素，它们的范围、性质及可能的变化。

要将上述的背景资料，区分为企业自身优势（strength）、劣势（weakness）和面临的机会（opportunity）、威胁（threats）等，进行综合评估，即"SWOT 分析"（见图 4-7）。

		优势-S 1.…… 2.…… 3.……	劣势-W 1.…… 2.…… 3.……
机会-O	1.…… 2.…… 3.……	SO：增长型战略 利用优势 开发机会	WO：扭转型战略 抓住机会 完善条件
威胁-T	1.…… 2.…… 3.……	ST：多种经营战略 利用优势 避免/减少威胁	WT：防御型战略 将劣势和威胁 最小化

图 4-7 **SWOT 分析与战略选择**

优势和劣势反映企业在资源、能力方面的特征。优势是内部条件中可用于开发机会、对付威胁的强项，劣势是现有的欠缺和不足，必须加以完善之处。机会和威胁说明来自外部的，能左右企业未来的有利或不利因素。对所有的机会和威胁要分出轻重缓急，使更重要、更紧迫的能受到更多的关注。

二、决定目标和选择市场营销战略

在了解机会与威胁、优势与劣势的基础上，要分析市场营销计划需要解决的关键问题，产生的原因与假设。目标反映要解决的问题，战略说明的是实现目标、解决问题的途径与构想，包括目标市场、定位和市场营销组合等内容。

（一）目标

大多数企业、战略业务单位或业务，都可能同时追求多个目标。若干目标项目组成了目标体系，多侧面地反映了战略及市场营销活动的追求。同时，一个较大的目标又可分解为若干较小的、次一级的目标。

设定市场营销目标需要注意以下问题：

（1）目标体系的层次化。分析各个目标之间的因果关系或主次关系，明确各个目标项目的相对重要性，可分成若干层次顺序排列。

（2）目标之间的一致性。多个目标之间有时会不尽协调，甚至存在相互消长的关系。比如"以最低成本获得最大销量""实现最大利润，达到最高销量"，在实践中往往是鱼与熊掌不可兼得。

（3）目标值设定的数量化。目标不能只是概念性的说明，应尽可能地以具体数量表示。比如提高投资收益率，加上数量、时间就非常明确，"年底以前提高到 10%"。目标转化为指标，利于规划和管理、控制。

具体目标值可依据外部环境和内部条件，并参照其他标准决定。通常可以结合社会平均值、同行业优秀企业的标准，合理参照先进企业的相关指标。目标值可高于社会平均值，并努力向优秀企业看齐、挑战。

（二）目标市场

目标市场或目标顾客是与实现市场营销目标相关的，企业或品牌、产品准备进入的细分市场，或为他们服务的潜在顾客。

不同的细分市场在顾客偏好、营销反应、盈利性、需求潜力，以及企业能够或愿意满足其的程度等方面，必然各有特点。企业要在目标市场分配资源和营销力量，就必须识别首要的目标市场、次要的目标市场乃至更为次要的目标市场。例如，以具备充分购买条件和欲望的顾客为首要目标市场，以已经具备购买能力但欲望不足的潜在顾客为次要目标市场，等等。

（三）定位

企业要向市场和社会表明，它的品牌、产品和服务等在利益和价值上，与竞争者有什么不同，借以向目标顾客显示自己更值得信任和购买。

定位的实质是差异化，也是吸引现有的或潜在顾客的基础。成功的定位必须突出自己的优势，与竞争者有显著的不同，能为目标市场正面接受——得到潜在顾客的喜欢和信任，并可持续较长时间。

（四）市场营销组合

定位要通过相应的市场营销组合创造和体现。企业要根据定位的要求，具体考虑如何在目标市场使用产品、价格、渠道和促销等手段，怎样将它们有效地整合为一体。市场营销组合一般会有多种方案，要辨明主次，从中选优。

经过上级主管同意和批准，市场营销战略将成为有关部门、环节安排和进行采购、制造、使用资金和人力资源及市场营销管理的依据。

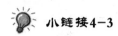
小链接4-3

制定营销战略需要注意什么？

市场营销部门制定市场营销战略，要和其他有关部门、人员讨论和协商，争取他们理解、支持与合作。比如和采购、研发（研究与开发）、制造、财务部门等沟通，确认他们执行战略有什么困难和问题，能否解决及如何解决；哪些方面可以做得更好。具体内容包括能否买到足够的原材料，设计、制造预期质量、数量和特色的产品，资金来源以及有无保证。

如果缺乏沟通，会使得部门之间、计划人员与执行者之间产生矛盾，导致战略与计划难以操作、不能落实，沦为一纸空文。

三、形成项目执行方案

市场营销战略必须具体化。要将其转换为一整套可操作的思路、步骤和要求，并结合日程安排等，系统思考每个行动、人员以及相关职责。可从何人或团队负责（who）、每个项目起始和完成时间（when）、实施地点或场合（where）、任务（what）和预期的效果（why）、工作内容与方式（how）以及资源配置和经费使用（how much）等方面，反复斟酌，推敲细节。一些内容可用图表等形式表达，使所有任务、环节可以一目了然，方便理解、执行和控制。

在项目执行方案中要说明完成计划所需的费用，包括数额、用途和理由。不仅要列出所有各项成本，还要预测销量和收益，进行盈亏平衡和赢利分析。

典型的市场营销计划书在格式上，还包括提要和控制等内容。提要是整个计划的精神所在，位于计划书的开端，简短说明主要的目标和战略建议。控制部分一般在计划书的最后，说明如何检查、落实计划和管理进度。一般还包括应急预案，列举可能遇到的突发事件或其他的不利情境，危机的类型、发生概率和危害大小，防范和应对、善后措施等，立足点是防患于未然。

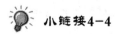
小链接4-4

高级经理应对企划案提出的问题[①]

（1）计划列出一些令人振奋的新机会，同时也考虑到主要的威胁了吗？
（2）计划清楚地定义了目标细分市场与它们的相对潜力吗？

---

① 菲利普·科特勒. 科特勒谈营销——如何创造、赢取并主宰市场[M]. 高登第，译. 杭州：浙江人民出版社，2002：250.

(3)目标市场的顾客认为我们的产品或服务比竞争者优秀吗?
(4)各战略彼此之间有连贯性吗?是否使用了适当的工具?
(5)这份计划达成目标的概率有多大?
(6)假如我们只同意80%的经费,管理人员会删除哪些项目?
(7)假如我们给予120%的经费,管理人员会增加哪些项目?

扩展阅读 4-4
做一份赚钱的商业计划书

本章小结

管理市场营销,必须执行总体战略的要求,依据经营战略的安排进行。总体战略决定企业要在哪些领域开展业务,需要根据企业使命选择竞争领域,合理配置资源,保持各项业务之间的协同与支持。经营战略是各个战略业务单位或事业部、子公司的战略,决定如何在既定的经营领域谋求竞争优势,并为市场营销、生产、财务、人力资源和研发管理等职能战略提供努力的方向。

总体战略决策一般分四个步骤:明确和认识企业使命,以指导企业总体的行动方向;对企业的各项业务,依其性质区分为不同战略业务单位;分析和规划业务组合,决定投资战略;考虑新业务和选择成长战略。

战略业务单位要根据总体战略的布置,考虑、选择各自的经营战略。有三种一般性竞争战略,即:成本领先——力求总成本达到全行业最低,作为赢得竞争的基础;差异化或"别具一格"——依靠产品及设计、工艺、品牌特征、款式和顾客服务等,或其中几个方面与竞争者有显著的不同;集中或"聚焦"——在某个特定的、相对狭窄的领域,争取成本更低或特色差异。

企业和营销人员要根据总体战略、经营战略制订市场营销计划。市场营销计划过程的关键,是通过营销分析,明确目标和选择实现目标的途径,包括预期的目标市场、定位和匹配的市场营销组合等,以及实施营销计划的具体方案。

重要名词

战略计划　总体战略　经营战略　战略业务单位　"市场增长率/相对市场占有率"矩阵　密集性成长　一体化成长　多角化成长　一般性竞争战略　市场营销计划

即测即练题

 **复习思考题**

1. 为什么说企业战略是市场营销管理的基础？
2. 如何区分"战略业务单位"？
3. 怎样运用"市场增长率/相对市场占有率"矩阵规划投资组合战略？
4. 密集性成长、一体化成长和多角化成长（多元化经营）等三种成长战略的特点，它们各自的适用性。
5. 成本领先、差异化（"别具一格"）和集中（"聚焦"）等三种一般性竞争战略的特点。
6. 如何以总体战略、经营战略为导向制订市场营销计划？

 案例

奇化：全球领先的日化产业互联网公司

奇化公司的发展

广东奇化化工交易中心股份有限公司（以下简称"奇化"）成立于2013年，从成立起就不断探索化工产业互联网的实现路径，2014年重点打造了化工现货电子交易平台奇化网并成功上线。2016年，奇化在企业原有模式上战略升级，在化工行业首创B2P（business to platform）商业模式。2018年，奇化深度垂直于日化行业，打造产业互联网生态圈，积极构建日化优生态，成为国内首家由B端链接至C端的资源赋能平台。

不同于其他B2B平台的信息提供、撮合交易等基础中介服务，奇化的B2P模式深度参与到产业链每一环节中，整合行业资源，实现线下线上、物理世界与数字世界信息流、交易流、资金流以及物流体系、仓储体系、生产企业的联通互动，为化工产业链中各类企业服务，实现共同利益最大化。该模式依托产业互联网的先进技术，通过打造专业的线上线下互联互通体系，将资本、研发、材料、生产、贸易、物流、媒体、品牌八个领域紧密连接在一起，深度参与到化工产业链的每个环节。同时，奇化凭借在化工领域的深厚沉淀、深刻理解和优秀的资源整合能力，介入知识产权转化、供应链金融服务、电商交易、营销和IT支持、消费场景应用等方面，整合化工上下游产业链资源，实现资源和信息的互融互通，提升产业链的整体运行效率，为行业内的各方参与者提供支持和服务。奇化B2P模式致力于解决化工产业整体产能过剩、信息不对称、交易方式落后等诸多问题，以"奇妙化学，一网共享"的全球全产业链资源整合为新的战略目标（见下图）。

产业互联网在中国

历经最近10年发展，中国的消费互联网形成了群雄割据的局面。产业互联网作为互联网的下一站则处于起步阶段，其高于G20国家信息化平均水平的优势，为中国产业互联网发展奠定了良好的基础。由于产业互联网所涉及节点、环节众多，同时行业高壁垒导致跨行业整合难度大，市场集中度将比消费互联网低，意味着在这个行业发展机会要更多，而且需要以更加开放的形式来分工协作，共同推动产业发展。

2018年，中国产业互联网规模高达42万亿元人民币，同比增速达16.7%；预计2020年，中国产业互联网规模可达人民币55万亿元左右。

产业互联网能够快速提升实体企业在产业链上下游的延伸能力。产业互联网平台与垂直产业中的各方建立连接，通过整合服务提供商的技术、资金和资源，将用户需求转化为订单，形成一体化解决方案，综合赋能产业链各环节的各类企业。产业互联网平台提供的数字化工具、服务资源配套，能够释放企业的技术、运营和管理成本，将资源用于核心能力的提升，平台的服务资源整合能力让实体企业聚焦核心业务。对于中小企业，产业互联网平台能给它们快速带来订单、资金、服务、品牌等多方面赋能，帮助它们实现从粗放式管理到精细化管理的转型升级，继而实现利润突破和品牌提升；对于大型企业，产业互联网平台能够提供一站式服务，打通原本各个独立信息化系统形成的信息孤岛，让企业在较短时间内实现降本增效。

打造奇化日化优生态

借助产业互联网，以传统制造、传统营销为特点的日化行业，正在经历"数字蝶变"。随着数字化资源不断渗透到产业链的每一个环节，新兴技术在日化产业互联网领域的应用，逐渐从消费端延伸生产端，从需求侧贯通至供给侧，催生日化整个产业链实现数据驱动、智能驱动。

从全产业链来看，行业因为信息孤岛等原因，导致日化行业在经历"数字蝶变"的过程中存在着痛点。如：中小生产企业找优质原材料难，原材料商拓展直接客户难，终端消费者需求传递难，生产企业实现供应链管理难，新锐跨界品牌弯道超车难，品牌商开拓多元电商渠道难，社交平台选品难……。如何解决以上痛点，需要一个整合赋能的全产业链服务平台。

奇化是一家专注于日化行业的产业互联网公司，在国内日化行业创造性地由B端链接至C端，覆盖原料端到产品端所有的触点。通过产业链全景数据分析，奇化以B2P模式整合资源，借助多元科技应用场景开发与应用，打造9大产品矩阵，形成全平台资源协同赋能的共赢生态。

在原料交易端，通过奇化原料交易服务和奇腾供应链管理系统服务原料生产商和贸易商。此外，针对生产配套企业、品牌商、代理渠道、零售渠道和消费者，奇化还推出日化最前线、全球化工百科、日化汇、美加喵选、美加喵、奇化融和科技创新服务。

其中，"日化最前线"汇集行业专家及资深人士，提供"资讯、知识、数据"等专业信息及内容，并与行业各种专业机构合作，致力于打造一个开放共赢的日化产业的企业级知识服务平台。"全球化工百科"收录超两百万种基础化学原料的基本物化性质数据，更全面、便捷、专业、准确地查询化合物的物理化学性质数据。日化汇作为资源整合服务平台，可根据会员需求，通过算法机制，自动为会员匹配需求并推荐商机。日化新零售服务美加喵选以及内容营销平台美加喵，可依托消费行为大数据，甄选好货——现货、预售、定制等，更提供一站式零售深度服务：种草、直播、短视频等全方位营销解决方案。

奇腾智慧供应链系统是由奇化自主研发，面向未来工业4.0需求，运用了物联网、区块链、AI算法等技术，在全球日化行业首次推出的融合技术+产业+管理的智慧供应链系统。奇腾系统的现场数据采集、管理及分析能力，能够充分使用现有信息云平台的技术优势，严格监管任何数字的变化与波动，通过信息系统的自动化部署，最高可每10分钟即可实现全国范围的数据管理同步，形成上下游数据的准实时可视。

奇化公司CEO蒋剑豪表示："我们提出了B2P的平台模式，就是希望能够赋能日化产业互联网全产业链，在每一个传统环节再造的过程中，从0到1的中间有一个试错的过程。提供一个资源调配的平台，让研发端、销售端、品牌端、物流端、贸易端等个体能各取所需。通过全平台资源协同，去支持企业发展。"

通过奇化构建的日化优生态，帮助日化产业的参与者降低从业门槛，从而推动日化全产业链降本增效、赋能产业：常规品牌跨界，通常1年以上，奇化可以将跨界品牌的新品上市全流程缩减到3个月；信息流转速度从传统以半工作日为单位下降到10分钟级，从而提升市场对接能力20倍以上；19个细分日化领域、超过1万份深度报告，助力企业精准实现新品研发成本节约50%以上……

在传统日化行业进行数字化转型升级、资源优化配置和价值链重构的滚滚潮流中，作为日化产业互联网的先行者，奇化致力于构建日化优生态，研发端、销售端、品牌端、物流端、贸易端等产业相关方都能在此共享新科技技术带来的创新工具和创新方法，使得产业中的大企业、小企业、相关方能够获取同样速度、同样效率，实现全产业赋能和加速孵化，最终需求得以匹配和提升、成本得以降低、效率得以提高、信用体系得以建立，共同推动日化整个产业链实现数据驱动、智能驱动。

（郭颖妍，李翠翠，蔡胤，邝百富）

资料来源：[1]张冰冰. 产业互联网让日化创业变得更简单[EB/OL]. 36氪报道（2019-10-14）. https://36kr.com/p/5255186?from=singlemessage；

[2]张十柒. 产业互联网如何赋能工业电商，奇化闪耀中国工业电商大会[EB/OL]. 36氪报道（2019-11-21）. https://36kr.com/p/5268266?from=singlemessage；

[3]冯朋云. 产业互联网现状剖析[EB/OL]. 亿欧报道（2019-08-20）. https://www.iyiou.com/p/109696.html.

案例讨论题

1. 如何认识奇化公司的企业使命、愿景及其对业务成长战略的选择？

2. 试以案例中提到的业务，例如"日化最前线"企业级知识服务平台，就如何选择经营战略（竞争战略）和考虑市场营销计划，提出你的建议。

第五章 市场营销环境

本章提要

市场营销活动必须在一定的外部条件下进行。因此，制定市场营销策略要与市场营销环境相适应。通过本章学习，不仅必须认识环境对企业开展市场营销活动的制约作用，还要掌握市场营销环境的构成因素，了解分析、评价机会和环境威胁的基本方法，并熟悉企业面对环境变化应该考虑和可以采取的对策。

 引例

"心酸"的航空公司们

2020年上半年，国内民航生产运输规模发生断崖式下降，全行业累计亏损740.6亿元，创历史最高纪录。具体来说，全行业完成运输总周转量319.1亿吨公里，旅客运输量1.5亿人次，分别同比下滑49.2%和54.2%。其中，中国国航、东方航空、南方航空等7家上市航空公司合计收入1156.49亿元，同比减少53.7%，净利润从上年同期盈利95.11亿元到亏损430.38亿元，同比减少552.51%。

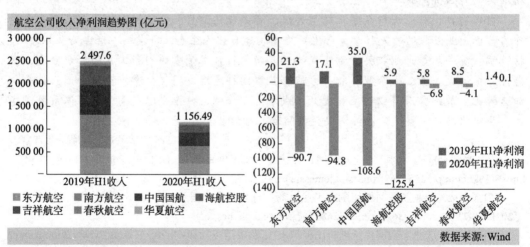

在这7家航空公司中，海航控股和华夏航空分别是受影响最大和最小的两家。前者亏损金额高达125.4亿元，在海航系资金链问题的大背景下并不意外；后者盈利0.08亿元，成为唯一一家在疫情下仍保持盈利的上市航空公司。

与此同时，7家航空公司的带息债务升至有史以来最高值，合计约4100亿元。资产负债率自2016年"去杠杆"后不断下降，但2020年6月末已经回升至69.97%。

疫情压力之下，大家不得不重新敲响银行的大门。

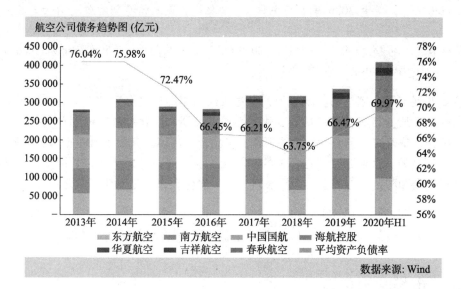

数据来源：Wind

"灾难性"的2020年上半年，虽然给所有航空公司都带来了沉重打击，但相应的业绩表现，也为看清航空业的本质和不同航空公司不同的抗风险能力，提供了一个难得的机会。

近五年数据显示，7家上市航空公司的平均净利率呈现下滑趋势，从2015年的9.76%降至2019年的5.57%。而2020年上半年，7家航空公司合计430亿元的亏损和对应平均–32.9%的净利率，意味着过去4年半的生意，都"白做"了。所以，从净利率角度来看，航空业其实是一个"赚小钱、亏大钱"的行业。

此外，虽然航空公司大多以客运收入为主，但疫情之下客运收入大幅减少。同时，医疗用品的相关运输需求出现大幅增长，导致货运收入不仅在绝对值上从101.09亿元增长至159.26亿元，在收入总额中的占比也从4.19%提高至14.29%。

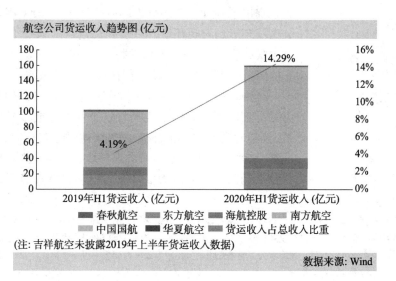

(注：吉祥航空未披露2019年上半年货运收入数据)

数据来源：Wind

7家航空公司中,南方航空货运收入的金额和同比增幅都是最大的,从2019年上半年的44.09亿元,增至2020年上半年的76.67亿元,是疫情期间对外运输物资的主力军之一。

资料来源:有趣有料. 当空姐月薪2000[EB/OL]. 销售与管理(https://mp.weixin.qq.com/s/kGt-V0YJbSrHi4HITNxhUg),2020-09-23.

企业开展市场营销活动,既要受到自身条件的制约,也会受到外部条件的影响。关注并研究企业所处市场营销环境的变化,把握其发展和变化趋势,识别环境变动形成的机会和威胁,是营销人员的一项主要工作。市场营销环境及其要素既是企业不可控制的,又是不可超越的。企业必须根据环境的实际状况与发展,考虑、制定并调整营销策略,自觉利用机会和防范可能的威胁,扬长避短,以确保在市场上立于不败之地。

第一节 市场营销环境及其特点

一、市场营销环境

按照现代系统论的观点,环境是指系统边界以外所有因素的集合。市场营销环境是存在于企业营销系统外的不可控制或难以控制的力量,它们是影响企业市场营销活动以及目标实现的外部条件。

任何企业都如同生物有机体一样,总是生存于一定的环境中,企业活动也不可能脱离周围环境而孤立地进行。企业营销活动要以环境为依据,主动地去适应环境,同时又要在了解、掌握环境状况及其趋势的基础上,努力影响外部环境,使环境有利于企业的生存和发展,有利于提高企业营销活动的有效性。因此,重视研究市场营销环境及其变化,是企业营销活动最基本的课题。

市场营销环境的内容比较广泛,可根据不同标准加以分类。基于不同观点,营销学者也提出了各具特色的分析环境的方法。一般采用较多的是区分微观环境和宏观环境,微观环境与宏观环境之间不是并列而是主从关系。微观营销环境受制于宏观营销环境,微观环境中所有的因素,都要受到宏观环境中各种力量的影响(见图5-1)。[①]

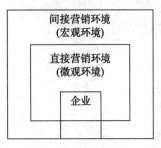

图 5-1 营销环境对企业的作用

微观环境是与企业紧密相连,直接影响和制约企业营销能力的外部因素。它们多半与特定企业具有或多或少的直接联系,所以也称直接营销环境、作业环境等,包括营销渠道企业、顾客、竞争者及社会公众。宏观环境指影响微观环境以及企业营销活动的一系列巨大的社会力量和自然环境因素,包括人

[①] 西方有些营销学教材,如罗莎琳德·马斯特森等的《营销学导论》,将企业环境分为外部环境与内部环境。认为外部环境发生的事情大部分是在企业控制之外,叫作不可控因素或不可控变量;内部环境发生的事情比较容易控制,叫作可控因素或可控变量。我们认为,既然是企业可控因素或可控变量,可不必称作企业营销环境,环境用于专指系统边界以外所有因素的集合。

口、经济、政治法律、科学技术、社会文化及自然生态等。宏观环境一般以微观环境为媒介而影响、制约企业营销活动，故也称作间接营销环境。但在特定的场合，它们也可直接影响企业的营销活动。宏观环境因素与微观环境因素，共同并综合构成了多因素、多层次、多变化的企业市场营销环境（见图5-2）。

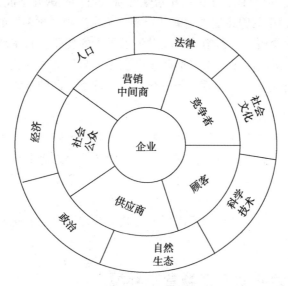

图 5-2　企业市场营销环境

依据市场营销环境对企业营销活动的影响，也可分为不利环境和有利环境，即产生威胁的环境和带来机会的环境。前者是对企业的营销不利的各项因素的总和，后者是指对企业营销有利的各项因素的总和。依据市场营销环境对营销活动的影响时间长短，还可分企业的长期环境与短期环境。前者持续时间较长或相当长，后者对企业营销的影响比较短暂。

二、市场营销环境的特征

（一）客观性

环境作为企业外在的、不以营销者的意志为转移的因素，对企业的影响具有强制性和不可控等特点。一般说来，企业无法摆脱和控制市场营销环境，特别是宏观环境，难以按企业自身的要求和意愿随意改变。如，企业不能够改变人口、政治法律和社会文化等因素。但可主动适应环境变化和要求，制定和调整营销策略。

（二）差异性

不同国家或地区之间，宏观环境存在着广泛的差异；不同企业之间，微观环境也是千差万别。正因为营销环境的差异，企业为适应环境及变化，必须采用各有特点和更有针对性的策略。环境的差异性也表现为，同一环境的变化对不同企业的影响会有不同。例如，中国加入世界贸易组织，意味着很多中国的企业要进入国际市场参与"国际性较量",但这一环境的变化对不同的行业、企业的影响不会完全相同。

（三）多变性

市场营销环境是一个动态的系统，构成营销环境的诸因素，随着社会经济的发展会不断地变化。20世纪60年代，中国处于短缺经济状态，短缺几乎成为社会经济的常态。改革开放40多年来，中国曾遭遇"过剩"经济。不论这种"过剩"的性质如何，仅就卖方市场向买方市场转变而言，营销环境就发生了重大的变化。营销环境的变化既给企业提供机会，也会带来威胁。虽然难以准确无误预见未来环境的变化，但企业可以通过设立预警系统（warning system）追踪环境变化，及时调整自己的营销策略。

（四）相关性

市场营销环境诸因素之间，是相互影响、相互制约的。某一因素的变化，会带动其他因素的连锁变化，形成新的市场营销环境，新的环境会给企业带来新的机会与威胁。例如，竞争者是重要的微观环境力量之一，宏观环境中政治法律因素或经济政策变动，可影响到一个行业竞争者加入的多少，从而形成不同的竞争格局。又如，需求不仅受到消费者收入、爱好及社会文化等因素的影响，政治法律因素的变化往往也会产生决定性影响。

三、市场营销活动与市场营销环境

市场营销环境通过其内容的不断扩大及自身各因素的不断变化，对企业的营销活动产生影响。营销环境的内容，随着市场经济的发展不断地变化。20世纪初，西方企业仅将销售市场视为营销环境；20世纪30年代后，逐渐将政府、工会、竞争者等与企业有利害关系者也看作环境因素；进入20世纪60年代，又把自然生态、科学技术、社会文化等作为重要的环境因素；20世纪90年代以来，随着政府对经济干预力度加强，愈加重视对政治、法律环境的研究。环境因素由内向外扩展，国外学者称之为"环境外界化"。

市场营销环境是企业开展市场营销的制约因素，营销活动依赖于这些环境因素和力量得以正常进行。表现在营销者虽可控制企业大部分营销活动，但必须注意环境对决策的影响，不得超越环境的限制；管理者能分析、认识环境提供的机会，但无法控制所有有利因素的变化，更无法有效地控制竞争对手；由于营销决策与环境之间的关系复杂多变，管理者也无法直接把握决策实施的最终结果。此外，企业营销活动所需的各种资源要在环境许可的条件下获得，企业生产与经营的各种产品也要获得消费者或用户认可与接纳。

虽然企业营销活动必须与其所处的外部环境相适应，但营销活动绝非只能被动接受环境的影响，营销者应采取积极、主动的态度，能动适应营销环境。就宏观环境而言，企业可通过不同方式增强适应环境的能力，避免来自环境的威胁，有效把握市场机会。在一定条件下，也可运用自身资源，积极影响和改变环境因素，创造更有利于企业营销的空间。良好的企业营销行为，会造就良好的营销环境，从而进一步形成良好的企业营销行为；反之亦然。市场营销环境与企业的循环互动作用，使环境与企业成为一个整体的系统。如前所述，菲利普·科特勒的"大市场营销"理论就认为，企业为成功地进入特定的市场，在策略上应协调地使用经济的、心理的、政治的和公共关系的手段，以取得外国的或地方的有关方面的合作与支持，消除壁垒很高的封闭型或保护型市场存在的障碍，为企业从事营销活动创造一个宽松的外部环境。[①]就微观环境而言，直接影响企业营销能力的各种参与者，事实上都是企业的利益共同体。按照市场营销的双赢原则，企业营销活动的成功应为顾客、供应商和中间商等带来利益，并造福于社会、公众。即使是竞争者之间，也存在互相学习、互相促进的因素，在竞争中也会采取联合行动等，甚至成为合作者。

四、市场营销部门与内部因素

企业的市场营销系统，是指作为营销者的企业整体。但从营销部门的角度来看，营销活动能否成功，首先受到内部各种因素的直接影响。因此营销部门在分析外部的营销环境之前，先要分析企业的内部因素或条件。

企业为了开展营销活动，必须设立某种形式的营销部门。营销部门一般由市场营销副总裁、销售经理、推销人员、广告经理、营销调研与计划以及定价专家等组成。营销部门制定和实施营销目标与计划不仅要考虑外部环境力量，而且要争取高层管理和其他职能部门的理解、支持，以调动内部各方资源，充分运用企业内部力量，使内部的优势、劣势与外部的机会、威胁相平衡。

营销部门不是孤立存在的。它们还要面对其他职能部门以及高层管理（见图5-3）。

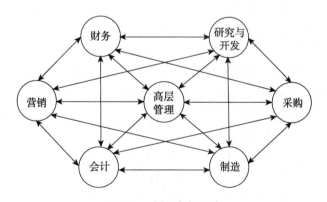

图 5-3　企业内部因素

营销部门与财务、采购、制造、研发等部门之间，既有多方面的合作，也存在争夺资源方面的矛盾。这些部门的业务状况如何，与营销部门的合作以及它们之间是否协调，对营销决策与实施的影响极大。例如，生产部门对各生产要素的配置、生产能力和所需要人力、物力的安排有重要的决策权，营销计划实施必须取得生产部门的支持；营销调研、预测和新产品开发，需要研发部门配合和参与。高层管理部门由董事会、总经理及

---

① 可见本书第三章第五节。

其办事机构组成，负责确定企业任务、目标、方针政策和战略。营销部门在高层管理部门规定的职责范围内作出决策，营销目标从属于企业总目标，是为总目标服务的次级目标。营销部门制定的计划，也必须在高层管理部门的批准和推动下实施。

第二节　微观营销环境

微观营销环境包括那些与企业有双向运作关系的个体、集团和组织。在一定程度上，企业可对其进行控制或施加影响。微观营销环境受制于宏观营销环境，又与企业营销形成协作、竞争、服务和监督的关系，直接影响、制约企业的营销能力（见图5-4）。

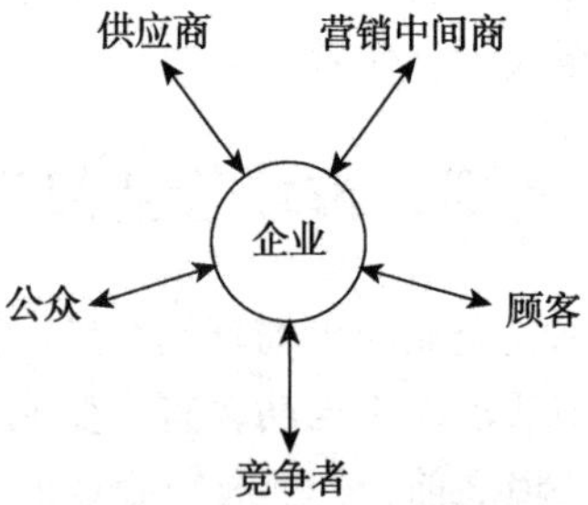

图 5-4　微观营销环境因素

一、营销渠道企业

（一）供应商

供应商是向企业及其竞争者提供生产经营所需资源的企业或个人，包括原材料、零配件、设备、能源、劳务、资金及其他用品等。供应商对企业营销业务有实质性的影响，其所供应的原材料数量和质量将直接影响产品数量和质量，所提供的资源价格会直接影响产品成本、价格和利润。供应商对企业供货的稳定性和及时性，是企业营销活动顺利进行的前提。在物资供应紧张时，供应商的供货情况更起着决定性的作用。如企业开发新产品，若无开发新产品所需的原材料或设备的及时供应，就不可能成功。有些比较特殊的原材料和生产设备，还需供应商为其单独研制和生产。

企业对供应商的影响力要有足够的认识，尽可能与其保持良好关系，并开拓更多的供货渠道，甚至可以考虑后向一体化战略，兼并或收购相关供应商。为保持与供应商的良好合作关系，企业必须和供货人保持密切的联系，及时了解供应商变化与动态，使货源供应在时间上、连续性上能得到切实保证。除了保证商品本身的内在质量，还要有各种售前和售后服务。对主要原材料和零部件的价格水平及变化趋势，要做到心中有数，应变自如。根据不同供应商所供货物在营销活动中的重要性，企业对为数较多的供货人，可按照资信状况、产品和服务的质量与价格等进行等级归类，以便合理协调、抓住重点、兼顾一般。为了减少供应商的影响和制约，尽可能联系多个供应商，避免过于依赖单一的供应商。

（二）营销中间商

营销中间商主要指协助企业促销、销售和经销其产品给最终购买者的机构，包括中间商、实体分配公司、营销服务机构和财务中介机构，等等。

1. 中间商

中间商包括商人中间商和代理中间商，是协助企业寻找顾客或直接与顾客交易的商业性企业。商人中间商购买商品，拥有商品所有权，又称经销中间商，主要有批发商和零售商；代理中间商包括代理商、经纪人和生产商代表，专门介绍客户或与客户洽商签订合同，但不拥有商品所有权。

2. 实体分配公司

实体分配公司主要指协助厂商储存，并把货物运送至目的地的仓储物流企业。实体分配包括包装、运输、仓储、装卸、搬运、库存控制和订单处理等方面，其基本功能是调节生产与消费之间的矛盾，弥合产销时空上的背离，提供商品的时间效用和空间效用，以便适时、适地和适量地把商品供给消费者。

3. 营销服务机构

营销服务机构泛指为厂商提供营销服务的各种机构，如营销调研公司、广告公司、传播公司等。上述业务可由企业自设的部门担当，也可委托外部的机构代理，并定期评估其绩效，促其提高创造力、质量和服务水平。

4. 财务中介机构

财务中介机构主要指协助厂商融资，或分担货物购销储运风险的机构，如银行、保险公司等。财务中介机构不直接从事商业活动，但对工商企业的经营发展至关重要。在市场经济中企业与金融机构关系密切，企业间财务往来要通过银行结算，企业财产和货物要通过保险取得风险保障，而贷款利率与保险费率的变动也会直接影响企业成本，信贷来源受到限制更会使企业处于困境。

二、顾客

顾客是企业的市场，企业服务的对象，也是营销活动的出发点和归宿。企业一切营销活动都应以满足顾客为中心，因此，顾客是企业最重要的基础。

作为营销学中的微观环境因素，按购买动机，可将顾客分为消费者市场、生产者市场、中间商市场、非营利组织市场与政府市场等；按营销活动是否超越国境，又可分为国内市场和国际市场（见图5-5）。

上述各类顾客或市场，均有其不同特点。本书将在第六、七章和十七章对他们的购买行为，分别作进一步的分析。他们不断变化的需求，要求企业以不同的方式提供相应产品和服务，从而影响企业的营销决策和服务能力的形成。

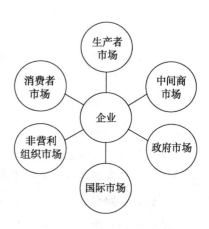

图 5-5　顾客的类型

三、竞争者

竞争者一般是指那些与本企业提供的产品或服务类似和相似价格，并且有相似目标顾客的企业。企业在市场上，通常会遇到各种各样的竞争者。除了来自行业的竞争，还有代用品生产者、潜在加入者、原材料供应商和产品、服务购买者的介入。企业要成功就必须在满足顾客需要和欲望方面，努力做到比对手更好。企业的市场营销系统总是被一群竞争者包围和影响着，必须加强对竞争者的研究，了解对本企业形成威胁的主要对手及其策略，知己知彼，扬长避短，才能在顾客心目中强有力地确定自己所提供产品的地位，以获取战略优势。

四、公众

公众包括对一个企业实现营销目标存在实际的或潜在的利害关系与影响力的机构、群体或个人。企业面对的公众及其态度，会协助或妨碍企业营销活动的正常开展。所有企业都必须采取积极措施，树立良好形象，力求保持和主要公众之间的良好关系。

企业所面对的公众，主要有以下几种（见图 5-6）。

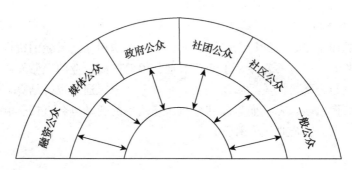

图 5-6　微观环境中的公众

（一）融资公众

融资公众是那些影响企业融资能力的金融机构，如银行、投资公司、证券经纪公司、保险公司等。企业可通过发布真实而乐观的年度财务报告，回答关于财务问题的询问，稳健运用资金，在融资公众中树立信誉。

（二）媒体公众

媒体公众或传媒公众包括报纸、杂志、电台、电视和网络等传播媒体。企业必须与媒体建立起友善的联系，争取更多有利于企业的新闻、特写及社论。

（三）政府公众

政府公众是指有关政府机构及其工作人员。企业的发展战略和营销计划等，要与政府的发展计划、产业政策、法律法规等保持一致，注意咨询有关产品安全卫生、广告真实性等法律问题，倡导同业者遵纪守法，向有关部门反映行业的实情，争取有利于产业发展的立法。

（四）社团公众

社团公众包括消费者权益组织、环保组织及其他相关的社会团体等。企业开展营销活动，可能关系或影响到社会各方切身利益，必须密切注意来自社团公众的批评、意见和建议。

（五）社区公众

社区公众是指企业所在地邻近的居民和社区组织。企业必须重视保持与当地公众的良好关系，积极支持社区的重大活动，为社区的发展贡献力量，争取社区公众理解和支持企业的营销活动。

（六）一般公众

一般公众是上述各种公众之外的社会公众。一般公众虽未有组织地对企业采取行动，但企业形象会影响他们的惠顾。

小案例5-1

疫情之下麦当劳、星巴克换 logo[①]

2020年3月19日，麦当劳在 Facebook 上发布了新 logo 图片，原本的"M"被拆分成了两个单独的"n"，并保持着一定的距离感，呼吁大家在疫情期间注意隔离；星巴克双尾美人鱼也戴上了口罩，呼吁大家保护自己，也是保护他人。

不少网友直呼麦当劳、星巴克人性，这些小小的变动却引发了不小的营销传播效应，为品牌增添了不少好感度。

第三节　宏观营销环境

宏观营销环境是指会对企业的营销活动造成市场机会或环境威胁的社会力量和自然环境因素，包括人口、经济、自然、技术、政治、法律、文化等因素。企业及其微观环境的参与者，无不处于宏观环境之中（见图5-7）。

一、人口环境

人口是构成市场的第一位的因素。市场由具有购买欲望又有支付能力的人构成，人口的多少直接影响市场的潜在容量。从影响消费需求的角度，对人口因素可作如下分析。

[①] 资料来源：林川. 元气森林换 LOGO，谈谈"品牌标识"背后的营销逻辑[EB/OL]. 营销报（https://mp.weixin.qq.com/s/AFZLT5Pu-92alLcjUfhJMA），2020-11-03.

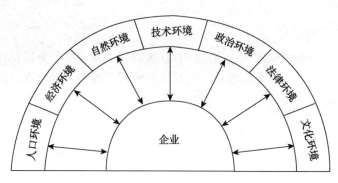

图 5-7 宏观环境力量

（一）人口总量

一个国家或地区的总人口，是衡量市场潜在容量的重要因素。目前世界人口正发生明显变化，主要趋势是全球人口的持续增长。在发达国家，生育率虽然持续下降，但全球人口仍以每 12 年增加 10 亿人的速度增加。人口增长首先意味着人们生活必需品需求增加，2020 年末中国总人口 141 178 万人①，超过欧洲和北美洲人口总和。随着社会经济持续发展，人民收入不断提高，中国已经是世界最大的潜在市场。

扩展阅读 5-1
亚洲老龄化问题将比西方严重

（二）年龄结构

随着社会经济发展、科学技术进步和生活条件、医疗条件改善，人口平均寿命延长，许多国家人口老龄化趋势加速。2020 年，中国 60 周岁及以上人口 26 402 万人，占总人口的 18.7%；65 周岁及以上人口 9 064 万人，占总人口的 13.5%。随着老年人口绝对数和相对数的增加，银色市场迅速扩大，在健康护理服务、娱乐、旅游等方面，需求潜力非常可观。出生率下降也会引起市场需求变化，给儿童食品、童装、玩具等生产经营者带来威胁，但同时也使年轻夫妇有更多的闲暇时间用于旅游、娱乐和在外用餐。

图 5-8 显示了中国 60 岁以上人口变化趋势②。

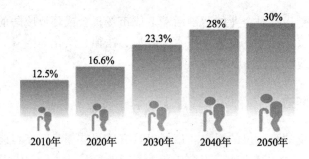

图 5-8 中国 60 岁以上人口变化趋势

---

① 资料来源：国家统计局 2021 年 5 月 11 日发布的第七次全国人口普查数据。
② 资料来源：根据中国产业信息网相关资料整理。

（三）地理分布

人口的区域分布，关系到市场需求的异同。居住不同地区的人群，由于地理环境、气候条件、自然资源、风俗习惯等的不同，需求的内容和数量也会存在或发生差异。随着经济的发展，城镇化率的逐年提高，中国大陆 2019 年城镇常住 84 843 万人，城镇化率 60.60%。人口的城市化和区域性转移，意味着社会消费结构发生变化。①

（四）家庭组成

家庭组成是指一个以家长为代表的家庭生活的全过程，也称家庭生命周期。按年龄、婚姻和子女状况等，一般分为七个阶段：

（1）未婚期，年轻的单身者；
（2）新婚期，年轻夫妻，没有孩子；
（3）满巢期一，年轻夫妻，有六岁以下幼童；
（4）满巢期二，年轻夫妻，有六岁和六岁以上儿童；
（5）满巢期三，年纪较大的夫妻，有已自立的子女；
（6）空巢期，身边没有孩子的老年夫妻；
（7）孤独期，单身老人独居。

与家庭组成相关的是家庭人数和家庭户数。家庭是社会的细胞，也是商品采购和消费的基本单位。一个市场拥有的家庭单位数和家庭平均成员数以及家庭组成状况等，对消费需求的潜量和需求结构都有重要影响。随着计划生育、晚婚、晚育的倡导和实施，职业妇女增多，单亲家庭和独身者的涌现，家庭消费需求的变化甚大。

（五）人口性别

性别差异给消费和需求带来差异，导致购买习惯、购买行为出现不同。例如在一个较小的地区，如矿区、林区或较大的工地等，往往男性占有较大比重；在某些行业，则女性较多。在一般家庭，女性多要操持家务，大多数日用品也由女性采购。因此需要注意和充分考虑到这些方面对市场的一般影响。

二、经济环境

经济环境通常是指影响企业市场营销方式与规模的经济因素，如消费者的收入和支出状况、经济发展状况及人均 GDP 的长远预期等。

（一）收入与支出状况

1. 收入

市场消费需求指人们有支付能力的需求。仅仅有消费的欲望，并不能创造市场；既有消费欲望又有购买能力，才具有现实的意义。因为只有想买又买得起，才能产生购买行为。

---

① 资料来源：2019 年国民经济和社会发展统计公报。

研究收入对需求的影响,常常使用以下指标:

(1)人均国内生产总值,一般是指价值形态的人均 GDP。它是一个国家或地区所有常住单位在一定时期内(如一年),按人口平均所生产的全部货物和服务的价值,超过同期投入的全部非固定资产货物和服务价值的差额,即所有常住单位的增加值之和。一个国家的 GDP 总额,反映全国市场的总容量、总规模。人均 GDP 则从总体上影响和决定了消费结构与消费水平。2019 年我国 GDP 的总量达到了 99.1 万亿元,接近 100 万亿元人民币,按平均汇率折算,达到了 10 276 美元,人均 GDP 突破了一万美元大关。

(2)个人收入与可支配收入。个人收入指城乡居民从各种来源所得的收入;从个人收入中减除缴纳税收和其他经常性转移支出后余下的实际收入,即能够用以作为个人消费或储蓄的数额,为个人可支配收入。各地区居民收入总额,可用以衡量当地消费市场的容量;人均收入的多少,反映了购买力水平的高低。我国统计部门每年采用抽样调查方法,取得城乡居民家庭人均可支配收入和人均纯收入等数据。

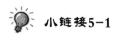小链接5-1

我国居民收入持续增长[①]

我国居民收入持续增长,2016 年至 2019 年居民人均可支配收入年均实际增长 6.5%;城乡差距逐步缩小,2019 年城镇居民与农村居民人均可支配收入之比为 2.64,比 2015 年缩小了 0.09;中等收入群体规模扩大,由 2010 年的 1 亿多人增加到 2019 年的 4 亿多人。同时,居民消费规模持续扩大。2019 年社会消费品零售总额达到 41.2 万亿元,比 2015 年增长了 36.9%;消费结构也不断优化,恩格尔系数(居民食品支出占总支出的比重)从 2015 年的 30.6%降为 2019 年的 28.2%,这反映了消费结构的升级;消费新业态新模式蓬勃发展,2019 年网上零售额达到 10.6 万亿元,比 2015 年增长了 1.74 倍。

(3)可任意支配收入。在个人可支配收入中,有相当一部分要用来维持个人或家庭的生活,以及支付其他必不可少的费用。在可支配收入中,减去这部分维持生活的必需支出,就是个人可任意支配收入。这是影响消费需求变化的最活跃的因素。

2. 支出

主要是指消费者支出模式和消费结构。收入水平在很大程度上,影响着消费者支出模式与消费结构。随着消费者收入的变化,支出模式与消费结构也会发生相应变化。

消费结构一般指以货币表示的,人们所消费的各种不同类型的消费资料(包括服务)在消费总体中所占比例。1853 年至 1880 年间,统计学家恩斯特·恩格尔(Ernst Engel)曾对比利时不同收入水平的家庭进行调查,并于 1895 年发表《比利时工人家庭的日常支出:过去和现在》一文,分析了收入增加对消费支出构成状况的影响。他指出,在将支出项目按食物、衣服、房租、燃料、教育、卫生、娱乐等费用分类之后,收入增加时各

[①] 资料来源:佚名.“十三五”期间 居民收入和消费情况咋样[EB/OL]. 央视网(https://news.cctv.com/2020/10/30/ARTIDZkmT7h8PeHo75hP4XdO201030.shtml),2020-10-30.

项支出比率的变化情况为：食物支出所占比例趋向减少，教育、卫生与休闲支出比例迅速上升。换言之，一个家庭收入越少，其支出中用于购买食物的比例越大，这便是著名的恩格尔定律。食物支出占个人总支出的比例，称为恩格尔系数。一般认为，恩格尔系数越大，生活水平越低；反之，恩格尔系数越小，生活水平越高。

消费者支出模式与消费结构不仅与消费者的收入有关，而且还受以下因素的影响：①家庭生命周期所处的阶段；②家庭所在地址与消费品生产、供应状况；③城市化水平；④商品化水平；⑤劳务社会化水平；⑥食物价格指数与消费品价格指数变动是否一致，等等。中国近几年推进住房、医疗和教育等改革，个人在这些方面的支出增加以及食物价格上涨，无疑会从不同方面影响恩格尔系数的变化。统计数据表明，2020年全国居民恩格尔系数为28.2%，比2019年下降0.2个百分点，其中城镇为27.6%，农村为30.0%。

3. 消费者储蓄与信贷

（1）储蓄。其本质是城乡居民将可任意支配收入的一部分储存待用，储蓄的形式可以是银行存款，可以是购买债券，也可以是手持现金。较高的储蓄率，会推迟现实的消费支出，加大潜在的购买力。我国人均收入水平虽不高，但储蓄所占比例很高。从银行储蓄存款余额增长的趋势看，国内市场潜量规模甚大（见图5-9）。

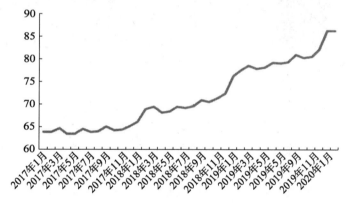

图5-9　2017年1月—2020年1月居民储蓄存款走势①

（2）信贷。指金融或商业机构向有一定支付能力者融通资金的行为，主要形式有短期赊销、分期付款和消费贷款等。消费信贷使消费者可用贷款先取得商品使用权，再按约定期限归还贷款。消费信贷的规模与期限，在一定程度上影响着某一时间内现实购买力的大小，也影响着提供信贷的商品的销售量。如购买住宅、汽车及其他昂贵消费品，消费信贷可提前实现这些商品的销售。

（二）经济发展状况

1. 宏观经济形势

所有国家和地区的总体经济状态都是波动的。经济波动的传统模式，包括繁荣、衰

---

① 资料来源：腾讯网，2020-04-13. https://new.qq.com/rain/a/20200413A0F2K0.

退、萧条和复苏等四个阶段，即商业周期。不同国家和地区在同一时期可能处于商业周期的不同阶段。2020年，在新冠疫情的影响下，全球经济恶化的严重程度空前，在世界货币基金组织（IMF）预测世界经济中有几个特点：第一，它的严重程度显著高于2008年到2009年的全球金融危机，这是对此次危机的定调，即比2008年的国际金融危机要严重得多。第二，世界上90%的经济体将陷入衰退，既包括发达经济体，也包括新兴经济体和发展中国家，将同时进入衰退。发达国家这个数字是-6.1%，新兴经济体是-1%，在IMF预测的国家里面，只有少数几个国家正增长，包括中国和另外几个国家，中国今年增速是1.2%。所以，我们可以看到，国际经济形势非常严峻，发达经济体、新兴经济体同步进入经济衰退。第三，这次的经济危机或者经济大衰退，将给世界带来极大的损失。IMF预测，今明两年将造成全球9万亿美元的损失，去年全球的GDP总量超过80万亿美元，所以，2020年、2021年两年的损失占全球GDP超过1/10。第四，全球贸易和投资都会遭受重创。WTO预测全球经济增长为-2.5%到-8.8%。但是全球出口下降幅度将达到-17.1%到-40.9%；进口下降幅度为-14.5%到-33.8%。所以，全球贸易下降幅度，远远高于经济的下降幅度。我国经济已深度融入世界经济环流，不可能独善其身。中国政府已经并将继续出台一系列措施，以维护经济、金融和资本市场的稳定，促进经济平稳较快发展。这是中国应对这场危机最重要、最有效的手段，也是对世界经济最大的贡献。问题在于国际或国内经济形势都是复杂多变的，机遇与挑战并存。企业必须认真研究，力求正确认识与判断，制订相应的营销战略和计划。

扩展阅读 5-2
来自麦肯锡的警告：中国正在上演哪些"快进"？

2. 通货膨胀与通货紧缩

通货膨胀是指流通中货币量超过实际需要量所引起的货币贬值、物价上涨的经济现象，或是流通中用于交换的货物（服务）随着时间的变化，在转移过程中不断升值的过程。通货紧缩则是社会价格总水平即商品和服务价格水平持续下降，货币持续升值的过程。二者都是宏观经济不平衡和不协调，前者表现为"需求过大、供给不足"，物价上涨使价格信号失真，导致生产的盲目发展，造成国民经济的非正常运行，使产业结构和经济结构发生畸形化，引发国民经济的比例失调。后者表现为"供给过剩、需求不足"，其持续发展会导致消费者消极消费，企业投资收益下降，社会经济可能陷入价格下降与经济衰退相互影响、恶性循环的严峻局面。因此，通货膨胀与通货紧缩既是经济政策制定者头痛的问题，也是与所有企业和个人息息相关的问题。

三、自然环境

主要指营销者需要或受营销活动影响的自然资源与环境状况。营销活动要受自然环境的影响，也要对自然环境的变化负起责任。管理者应当注意自然环境面临的难题和趋势，如资源短缺、环境污染严重、能源成本上升等。因此从长期来看，自然环境应包括资源状况、生态环境和环境保护等方面，许多国家政府对自然资源管理的干预也日益加强。人类只有一个地球，自然环境的破坏往往是不可弥补的，企业营销战略中实行生态营销、绿色营销等，都是维护全社会的长期福利的必然要求。

四、技术环境

科学技术是第一生产力，技术进步是经济增长的源泉之一。科技发展对经济发展有巨大的影响，不仅直接影响企业内部的生产和经营，还同时与其他环境因素互相依赖、互相作用，给企业活动带来有利与不利的影响。例如，一种新技术的应用，可以为企业创造一个明星产品，产生巨大的经济效益；也可以迫使企业曾获得巨大成功的某种传统产品退出市场。新技术的应用，会引起企业市场营销策略发生变化，也会引起企业经营管理发生变化，还会改变零售业态结构和消费者购物习惯。

当前世界新科技革命兴起，未来 20 年，数据（Data）、人工智能（AI）、自主技术（Autonomy）、太空（Space）、高超声速（Hypersonic）、量子（Quantum）、生物技术（Biotechnology）以及材料（Materials）这八大技术领域，将对世界产生颠覆性的影响。10 年内，一些关键技术将改变世界！生产增长越来越多地依赖科技进步。产品从进入市场到市场成熟的时间不断缩短，高新技术不断改造传统产业，从而加速了新兴产业的建立和发展。值得注意的是，高新技术的发展促进了产业结构趋向尖端化、软性化、服务化，管理者必须更多地考虑应用尖端技术，重视软件开发，加强对用户的服务，适应知识经济时代的要求。

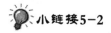 小链接5-2

10 年内，这 19 个关键技术将改变世界！①

根据世界经济论坛全球议程理事会关于《未来软件与社会》的一份报告，到2025 年前，很多新兴技术将会达到其临界点。

2021 年前，全球首个机器人药剂师将会出现；

2022 年前，大约有 1 万亿个传感器会被连接到互联网，全球 10%的人口所穿的衣服，将会与互联网相连接，3D 技术打印的汽车将会实现量产；

2023 年前，大约 10%的阅读眼镜将会与互联网相连，全球约 80%的人口都将会在网上拥有一个数字式存在，有政府将会首个使用大数据技术取代传统的统计方法，政府将会首次通过区块链技术征收税款；

2024 年前，首个 3D 打印肝脏的植入手术将会发生，5%的消费产品将会来自 3D 打印制造；

2025 年前,30%的企业审计工作将会通过人工智能技术来完成，全球第一个植入式手机将会进入商业化应用；

2026 年前，无人驾驶汽车将会占汽车总量的 10%，首个人工智能机器将会成为企业董事会的一员，人口超过

扩展阅读 5-3
2018 全球人工智能发展报告

---

① 资料来源：佚名. 10 年内，这 19 个关键技术将改变世界[EB/OL]. 腾讯网（https://new.qq.com/omn/20191213/20191213A0T63W00.html），2019-12-13.

5万人的城市中，将会出现首个没有红绿灯的城市。

五、政治法律环境

（一）政治环境

指企业市场营销的外部政治形势，包括政治制度与体制、政局的稳定性和政府所持的市场道德标准等。在国内，安定团结的政治局面不仅有利于经济发展和人民收入的增加，而且能够影响公众的心理预期，导致市场需求变化。党和政府的方针政策，对国民经济发展方向和速度的要求，也直接关系到社会购买力的提高和市场需求的增长变化。对国际政治环境的分析，应了解"政治权力"与"政治冲突"对企业营销活动的影响。政治权力对市场营销的影响，往往表现为由政府机构通过某种措施约束外来企业或其产品，例如进口限制、外汇控制、劳工限制、绿色壁垒等。政治冲突指国际上的重大事件与突发性事件，这类事件在以和平与发展为主流的时代从未绝迹，对企业开展市场营销的影响或大或小，有时带来机会，有时形成威胁。

（二）法律环境

法律环境是指国家或地方政府制定的法律法规，与其他组织签订过的贸易协定等，对市场需求的形成和实现有一定的调节作用。研究并熟悉法律环境，可保证自身严格依法管理和经营，运用法律手段保障自身的权益。

扩展阅读 5-4
中国竟是英国"脱欧"
之后最大的赢家

各个国家社会制度不同，经济发展阶段和国情不同，体现统治阶级意志的法制也不同。从事国际营销的企业，必须对相关国家的法律制度和有关国际法规、国际惯例与准则等进行学习研究，并在实践中遵循。

六、社会文化环境

社会文化主要指一个国家或地区的民族特征、价值观念、生活方式、风俗习惯、宗教信仰、伦理道德、教育水平、语言文字等内容的总和。主体文化是占支配地位的，具有凝聚整个国家和民族的作用，历经千百年历史沉积形成的文化，包括价值观、人生观等。次级文化是在主体文化支配下形成的文化分支，包括种族、地域、宗教等。文化对营销参与者的影响是多层次、全方位、渗透性的，不仅影响企业的市场营销组合，而且影响到消费心理、消费习惯等。这些影响多半通过间接的、潜移默化的方式进行。

（一）教育水平

人们的受教育程度不仅影响收入水平，而且影响着对商品的鉴赏力，影响消费心理、购买的理性程度和消费结构，从而影响企业营销策略的制定和实施。

（二）宗教信仰

人类的生存活动，充满对幸福、安全的向往和追求。在生产力低下、人们对自然现象和社会现象迷惑不解的时期，这种追求往往会带着盲目崇拜的宗教色彩。不同的宗教信仰有不同的文化倾向和戒律，从而影响人们认识事物的方式、价值观念和行为准则，进而影响其消费行为。

（三）价值观念

价值观念指人们对社会生活中各种事物的态度和看法。不同的文化背景下，价值观念的差异很大，影响人们的消费需求和购买行为。对于不同的价值观念，营销者应研究并采取不同的策略。

扩展阅读 5-5
后电商时代，"大转折"改变了什么

（四）消费习俗

消费习俗指历代传承、积淀下来的消费方式，风俗习惯中的重要内容。消费习俗在饮食、服饰、居住、婚丧、节日和人情往来等方面，表现出独特的心理特征和行为方式。

（五）消费流行

由于社会文化多方面的影响，使消费者产生共同的审美观念、生活方式和情趣爱好，从而导致社会需求的一致性，这就是消费流行。消费流行在服饰、家电以及某些保健品方面，表现最为突出。消费流行在时间上有一定的稳定性，但有长有短，有的可能几年，有的可能是几个月；在空间上还有一定的地域性，同一时间内，不同地区流行的商品品种、款式、型号、颜色可能不尽相同。

第四节 环境分析与营销对策

一、环境威胁与市场机会

市场营销环境通过构成威胁或提供机会，影响一个企业的营销活动。

环境威胁是指环境中不利于企业开展市场营销的因素及其发展的趋势，它们对一个企业形成挑战，对其市场地位构成威胁。这种挑战可能来自国际经济形势的变化，如2020年 新冠肺炎疫情在全球迅速蔓延，对世界的经济稳定产生了巨大的威胁。全球经济形势急转直下，超出所有人的预期。股市熔断、油价暴跌、货币泛滥、债台高筑，所以，由它导致的经济危机集聚的要素越来越多。在疫情蔓延时，曾经有 200 多个国家出现确诊病例，70 多个国家封国，切断本国和其他国家的一切联系。可以说，新冠肺炎疫情是二战以来最严重的全球危机，甚至可能是压垮经济全球化的最后一根稻草。中国在以习近平同志为核心的党中央的正确领导下，统一领导、统一部署、统一指挥，打了一场非常漂亮的人民战争、总体战和阻击战，在较短的时间内战胜了疫情，取得举世瞩目的成功。但在经济全球化的条件下，谁也不可能一枝独秀。全球疫情对中国经济无疑有诸多负面影响，给众多企业带来很大的困难。挑战还可能来自社会文化环境的变化，如随着国内外对环境保护要求的提高，某些国家实施"绿色壁垒"，对某些不符合新的环保要求的产品及其生产者，无疑也是严峻的挑战。

市场机会是指环境变化形成的，对企业的营销活动富有吸引力和利益空间的领域。

在这些领域，企业拥有一定的竞争优势。市场机会对不同的企业也有不同的影响。企业在某一特定的机会中成功的概率，取决于其业务实力是否与该行业所需要的成功条件相符合。如是否具备实现目标必需的资源，以及企业是否能在同一市场机会中，比竞争者获得更大的“差别利益”。

二、威胁与机会的评估

企业面对威胁程度和机会吸引力不同的市场营销环境，需要通过环境分析评估市场机会与环境威胁。具体可用“威胁分析矩阵图”和“机会分析矩阵图”分析、评价营销环境。

（一）威胁分析

对环境威胁的分析，一般着眼于两个方面：一是威胁的潜在严重性，即可能的影响程度；二是威胁出现的可能性，即发生的现概率（见图 5-10）。

影响程度 \ 出现概率	高	低
大	3　5	1　6
小	2　4　8	7

图 5-10　威胁分析矩阵图

以图 5-10 为例，处于 3、5 位置的威胁，发生的概率和影响的程度都大，必须特别重视，并制定相应的对策；处于 7 的位置，威胁出现的概率和影响程度均小，不必过于担心，但应注意其发展变化；处于 1、6 位置的威胁出现的概率虽小，但影响程度较大，必须密切监视其的出现与发展；处于 2、4、8 等位置的威胁，影响程度较小但出现概率大，必须充分重视。

（二）机会分析

1. 机会的潜在的吸引力与成功可能性分析

机会分析首先要考虑其潜在的吸引力，即盈利性；以及成功的可能性，即企业优势或成功的概率大小（见图 5-11）。

潜在的吸引力 \ 成功的可能性	大	小
大	3　7	4　2
小	6	1　5　8

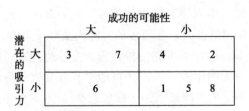

图 5-11　机会分析矩阵图

以图 5-11 为例，处于 3、7 位置的机会，潜在吸引力和成功的可能性都大，有极大的可能为企业带来高利益，一般应把握战机全力发展；处于 1、5、8 等位置的机会，不仅潜在的利益小，成功概率也小，企业应改善自身现有的条件，关注环境的发展变化，审时度势地考虑营销决策；处于 6 的位置，机会的潜在吸引力较低，但成功的可能性较大，企业应密切关注市场趋势变化，及时采取有效措施；处于 4、2 位置的机会潜在吸引力较大，但企业获得成功的可能性小，应该尽快找出原因，改善条件，化解不利因素。

通过分析、评价市场营销环境及其变化所带来的威胁和机会，可使企业准确发现自身面临的有利与不利因素，发现最有利的市场机会。

2. 机会的性质分析

分析市场机会还必须深入分析机会的性质，以便寻找对自身发展最有利的市场机会。

（1）环境市场机会与企业市场机会。市场机会的实质，是"未满足的需要和欲望"。伴随需求的变化和产品生命周期的演变，市场会不断出现新的机会。但对不同的企业而言，环境变化产生的市场机会，并非都是其的最佳机会；只有理想业务和成熟业务，才是最适宜的机会。一些成功的企业运用 SWOT 分析法，对内部因素的优势（strengths）和劣势（weaknesses）按一定的标准评价，并与环境中的机会（opportunities）和威胁（threats）结合起来权衡、抉择，力求内部条件和外部环境的协调平衡，扬长避短，趋利避害，牢牢把握最有利的市场机会。

（2）行业市场机会与边缘市场机会。企业通常有其特定的经营领域，出现在其经营领域内的市场机会，即行业市场机会；出现于不同行业之间，如交叉与结合部分的市场机会，称之为边缘市场机会。一般来说，经营边缘机会的业务，其进入难度要大于行业机会；但行业与行业之间的边缘地带，有时会存在一定的市场空隙，企业可在其中通过发挥自身优势获得发展。

（3）目前的市场机会与未来的市场机会。从环境变化的动态性分析，企业既要注意发现目前环境变化中的市场机会，也要面对未来，预测可能出现的大量需求或大多数人的消费倾向，发现和把握未来的市场机会。

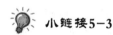

营销机会三个来源[①]

（1）现有产品供不应求

（2）用一种新的或优良的方式去提供现有产品或服务

（3）开发一个全新的产品或服务

三、企业对策

通过上述矩阵分析、评价市场营销环境，可能出现 4 种不同的结果（见图 5-12）。

---

① 资料来源：科特勒，等. 营销管理[M]. 15 版. 何佳讯，等，译. 上海：格致出版社、上海人民出版社，2016：44.

企业应在环境分析和评价的基础上,对威胁和机会水平不等的各种业务,分别采取不同对策。

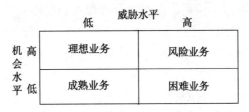

图 5-12 环境分析综合评价

（1）理想业务。应看到机会难得,甚至可能转瞬即逝。要善于把握机会,迅速行动。否则,丧失良机,后悔莫及。

（2）风险业务。面对高利润与高风险的机会,不宜盲目冒进,也不应迟疑不决。应全面分析自身优势劣势,扬长避短,创造条件争取突破性发展。

（3）成熟业务。由于机会与威胁均处于较低程度,可作为企业的常规业务用以维持正常运转,并为开展理想业务和风险业务准备必要的条件。

（4）困难业务。要么努力改变环境,走出困境或减轻威胁;要么立即转移,摆脱无法扭转的困境。

小案例分析 5-1
大涨 600%！小家电出口"爆单"了！

本章小结

市场营销环境是存在于企业之外的哪些不可控制或难以控制的力量和因素,是影响企业营销活动及其目标实现的外部条件。市场营销环境的基本特征是客观性、差异性、多变性和相关性,是企业营销活动的制约因素,管理者应当采取积极、主动的态度,能动地去适应相关的市场营销环境。

微观营销环境与企业紧密相连,是直接影响、制约企业营销能力的外界力量和因素,包括营销渠道企业、顾客、竞争者和公众等方面。宏观营销环境是影响企业营销活动及微观环境的一系列社会力量和自然环境因素,包括人口、经济、自然、政治、法律、科学技术、社会文化环境、自然生态等。

市场营销环境对企业营销活动的影响,可分为环境威胁与环境机会。前者指对企业营销活动不利的各项因素的总和;后者指对企业营销活动有利的各项因素的总和。企业要通过环境分析评估威胁与机会,争取在同一市场机会中比竞争者获得更大的成效。

重要名词

市场营销环境　微观营销环境　宏观营销环境　家庭生命周期　个人可支配收入　消费流行　环境威胁　市场机会

即测即练题

1. 市场营销环境有哪些特点，分析营销环境的意义何在？
2. 微观营销环境由哪些方面构成？
3. 竞争者、消费者对企业营销活动有何影响？
4. 宏观营销环境包括哪些因素，各有什么特点？
5. 消费者支出结构变化对企业营销活动有何影响？
6. 结合我国的实际说明法律环境对营销活动的具体影响。
7. 试剖析一个实例，指出企业威胁与机会所在，以及可考虑采用的对策。

 案例

混动车为啥逆袭？

过去，大家一说到新能源汽车，想到的更多是纯电动车。混动车虽然也比较节能，但在有些地方并不受"待见"，无法在上牌照等方面享受到与纯电动车同等待遇。在2020年10月27日中国汽车工程学会年会发布的《节能与新能源汽车技术路线图2.0》，将插电式混合动力车（PHEV）和纯电动车（BEV）划分为新能源汽车，燃料电池车（FCEV）、增程式混合动力车（REEV）和普通混合动力车（HEV）则属于节能汽车范畴。为啥混动车突然就逆袭了呢？

过去几年，在新能源政策红利催生下，纯电动汽车成为各大传统车企以及造车新势力争相追逐的"宠儿"。可如今，国家补贴逐渐退出，加上纯电动汽车还存在各种短期内难以解决的棘手问题，比如充电不便等，市场接受起来还有个过程。因此，新能源汽车技术路线被重新审视。

2.0版路线图指出，2025年，混动新车要占传统能源乘用车50%以上；2035年要达到100%。新版路线图对过去的目标作出了修订，不再试图从传统燃油车市场一步跨入纯电动车市场，而是采取了更为折中的办法，让油电混动车和纯电动车齐头并进。

资料来源：佚名. 禁售燃油车？以后只能选电动？这里有说法[N]. 经济日报，2020-10-29.

案例讨论题

1. 为什么我国没有"禁油时间表"？
2. 对我国汽车企业寻找市场机会谋求发展，2.0版路线图有何指导意义？

第六章 消费者市场与购买行为

本章提要

在现代社会中生活，人人都需要和消费者市场发生一定的联系，以获取所需和满足所求。通过本章学习，我们了解消费者市场的特点及购买行为模式，掌握影响消费者行为的主要因素和心理活动过程，他们的购买决策过程与一般规律；认识家庭是重要的消费者购买决策单位，人们在其中可能扮演的不同角色，还要注意消费者购买类型会因介入程度的深浅、品牌差别的大小而异。

 引例

混出"潮"，玩出"色"

苏打水市场增长迅猛，2018 年比 2017 年增长 26%，预计 2020 年可以达到 200 亿元的市场规模。在欧洲国家，苏打水产量占了水饮市场的 54.1%；我国苏打水产量这一比例仅 7.2%，可见需求潜力巨大，市场扩张会越来越快。

当前的市场群雄割据，竞争异常激烈，老牌苏打水不断威胁着屈臣氏苏打水的地位，新生品牌异军突起。仅仅 2018 年，就有超过 20 个新生苏打水品牌加入市场角逐。如何在保持销售增长的同时，深化市场对屈臣氏苏打汽水的品牌认知，增加顾客黏性，增加持续购买，使其在众多对手中脱颖而出，显然不是一件轻松的任务。

广州西红柿广告公司承担了这一项目。深入调研和分析之后，认为可将屈臣氏苏打汽水目标顾客锁定为"潮人"，主要是"90 后"～"95 后"以及部分"00 后"。他们崇尚个性，爱玩又喜欢与众不同，愿意为自己的喜欢埋单。当前的趋势中，潮牌市场日渐壮大，标志着"潮人"群体迅猛扩展以及潮人消费的加速提升。过去人们对苏打水的认知，还停留在痛风、保健、酸碱平衡上，这一代人年纪较大。借势快速扩张的潮流市场，将品牌打进年轻群体，可更有效地提升品牌认知及其价值。

根据市场洞察，"潮人"对潮流最直观的认识表现在"颜色"。无论 PANTONE 发布的年度主题色，还是借势韩剧兴起的"姨妈红"，乃至火遍世界的"tifinny 蓝"，都是基于对颜色的认知。每种颜色能代表一种独特个性，恰巧屈臣氏苏打汽水系列的三款罐身，又对应了三种不同的潮流色——黑、未来银和草木绿。

"好色"是广州西红柿广告公司对目标顾客的洞察。用颜色吸引消费，借此传递屈臣氏苏打汽水的品牌理念。潮流也不是自吹自擂，而是用潮的品牌，做出一件"潮"的事。于是在营销举措上，首先以"色"为核心，借势潮牌，增加屈臣氏苏打汽水的潮流属性。例如，在原有三个潮流色罐身基础上，将流动的色彩与 G-STAR RAW 的品牌元素融合，推出限量"出色"潮罐。还推出了潮色态度外套、混色牛仔环保袋、出色"潮人"钥匙扣、出色冷感毛巾、出色大礼盒等联乘赠品，吸引了网络综艺明星种草。

营销传播也很重要。广州西红柿广告公司在线上拍摄出色视频，从艺术角度切入色彩微观世界，发现潮系混色，引出与国际潮牌 G-STAR RAW 的联乘，创造传播；将出色视频制作成"病毒 H5"，实现快速扩散、深度互动效果；远赴亚洲潮流圣地东京拍摄出色态度海报，引发拍照热潮和消费者感情认同；社交媒体围绕着"色"，从不同角度阐述屈臣氏苏打汽水的"色"与潮流的联系，深入解读屈臣氏苏打汽水的潮流基因，将二者形象进行捆绑。

在线下，通过屈臣氏全国 3 000 家门店和 G-STAR RAW 全国 90 家门店，联合展示联乘物料，全国范围曝光；在广州、深圳和北京三地的 G-SATR RAW 门店，通过赠送水拓画以及出色特饮等，吸引顾客进场消费；在 G-STAR RAW 门店举行"有 YAN，撩出色"互动直播，线上线下引流；屈臣氏苏打汽水与 G-STAR RAW 的电商店铺相互关联，互相派发优惠券，客户资源共享。更有买两箱屈臣氏苏打汽水+9.9 元换购出色冷干毛巾等措施，助力电商销售增长。

屈臣氏苏打汽水一直受到同类产品冲击，只有少数人认可其潮流属性。通过借势联乘品牌，多媒体、多渠道、多角度传送屈臣氏苏打汽水 X G-STAR RAW 的"色"，刺激了屈臣氏苏打汽水品牌的增长。其后数据显示，同比销售增长 33%，稳居同品类产品之最。

（叶成樟，陆于飞）

现代市场营销思想的出发点和目的，都是如何更好地满足顾客需要和欲望。因此如同引例所示，企业和市场营销人员必须熟悉自己的市场，了解消费者购买的基本行为模式和影响因素，洞察他们的心理活动以及购买决策的规律，由此才能提高市场营销决策、措施的有效性，在满足顾客的同时实现自身盈利目标。

第一节　消费者市场与购买行为模式

消费者市场亦称个人市场、最终产品市场或最终消费市场。在这个市场，人们的购买是为了直接用于满足个人、家庭的消费与生活需要。

一、消费者市场的特点

（1）人多面广。几乎覆盖了社会生活中的每一个人，不论其在一项具体的购买中扮演什么角色，是直接决策还是仅仅参与了消费。

（2）需求复杂。不同的年龄、性别和习惯等，人们会有各自的喜好和要求，而且还会经常改变。人多面广，想法各异，因此需求的差异性很大。

（3）个别和经常性购买。由于购买目的和家庭条件、消费习惯等的影响，耐用品购买每次的数量不会多，易消耗的非耐用品或快速消费品购买频率很高。

（4）产品专用性不强，需求弹性较大。消费者市场的产品繁多，花色品种复杂，相互之间又有较强的替代性，购买受价格的影响明显。价格上涨，超过了人们的心理承受能力，购买可能大大减少；反之，产品降价，销售一般会有上升。

（5）购买"不在行"，容易冲动购买和消费。需求的复杂性，导致了产品、服务的多样化。人们显得缺乏专业的，甚至必需的商品知识、价格知识和市场知识。购买行为容易受到促销活动、口碑等的影响。

（6）购买力指向流动性大。由于收入相对于欲望总是有限的，人们对需要的满足以及满足欲望的产品、服务，往往也会不断地比较。因此，也就导致了消费者的购买选择，经常会在不同品牌或企业、产品之间转移，顾客忠诚度相对要低。

二、消费者购买的行为模式

消费者购买行为表现为一个投入产出的过程。一方面接受各种外部刺激，另一方面他们做出相应反应。外部刺激和消费者的反应，可能看得见、摸得着；但他们是如何"消化"这些外部刺激，进而形成某种反应，则常常难以揣摩。似乎是一种"'黑箱'作业"的结果（见图6-1）：

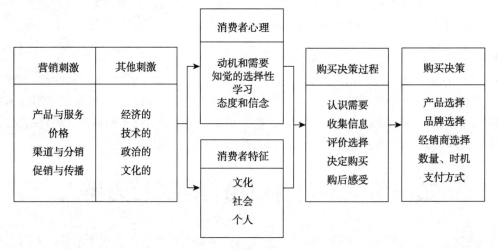

图6-1　消费者行为模式[①]

（一）刺激

消费者购买行为中的投入因素，首先是相关的营销刺激。它们由企业可控因素即各种市场营销手段为基础，并受制于宏观环境因素。这些可控因素的变化和不同组合形式，成为影响消费者行为的"黑箱"中具体、直接的"小环境"。各种不可控因素形成的宏观环境刺激，构成笼罩整个市场的"大气候"，制约着消费发展动向和需求变化趋势，并对消费者"黑箱"产生显著影响。

---

① 参见：菲利普·科特勒，凯文·莱恩·凯勒. 营销原理[M]. 15版. 何佳讯, 于洪彦, 牛永革, 等, 译. 上海: 格致出版社, 上海人民出版社, 2016：150.

（二）"黑箱"

消费者购买行为中的"黑箱"，虽然难以一窥完整内幕，但可重点考察两大方面：

（1）消费者心理。从接受外部的市场营销刺激，到最终购买决策之间，在人们意识中究竟发生了什么。可以确认的是，动机、知觉（感知）、学习和态度等，是其中几个关键性的心理过程，从根本上影响着消费者反应。

（2）消费者特征。购买决策不仅受到反映消费者特征的心理过程的制约，也被"大气候""小环境"等外部刺激所影响。文化的、社会的和个人因素等外部刺激，会影响人们购买过程中对不同事物的认识和情绪、意志等心理活动，制约他们的反应倾向。

（三）反应

诸多因素的共同作用，促使消费者最终做出一定反应——认识或否定需要，收集信息、评价选择以决定购买与否，直到购后使用、消费完毕方告一段落。这个过程也是循环往复的，并且不断发生新的变化。其间，消费者要作出一系列的判断和选择，以决定是否以及如何满足需要和欲望：

（1）购买什么，即购买对象。受制于具体需求，是人们满足欲望的实质性内容。通常分为便利品、选择品和特殊品，耐用品与非耐用品（快速消费品），物品（有形产品）和服务（无形产品）等，以便企业考虑不同的营销方式和措施。

（2）为何购买，也即购买的目的。与购买动机有关，受制于具体需要及人们怎么认识需要。

（3）由谁购买，构成"购买组织"。消费者市场人多面广，人人都是"消费者"，但未必都是购买的决定者、执行者。在一项具体购买决策中，家庭成员和有关人员可能扮演不同角色，发挥不同的作用。无论是家庭购买还是以个人为基本消费单位，这些角色及其影响力不仅客观存在，而且经常发生变化。

（4）何时购买，即对于购买时机的选择。因此，也导致了一些产品购买、服务消费的时节差异，出现淡旺季等。

（5）何地购买，关于购买的地点与场合。过去消费者购买多以实体店铺为基本场所，日常必需的一般生活用品就近购买；选择性较强的或贵重物品，喜欢在商业街、购物中心等进行比较、购买；某些特殊商品的购买，习惯于找到专业商店；一些地方特色或专用产品，更愿意在产地或厂家购买。随着互联网的普及和电子商务、物流快递行业的发展，网上商品日渐繁多，在线购物的便利性大大提高。人们可随时上网寻找所需和下单购买，对网络购物的依赖性越来越强。实体店铺当今只是"何地购买"的一种选择，有的只是以提供顾客体验为主。对许多网络使用者来说，在线购物甚至成了一种生活方式。

（6）如何购买，即购买方式，包括具体购买类型、付款方式等。如在线支付方式，通过第三方提供的与银行之间的支付接口进行，直接把款项从用户银行卡转账到网站账户，款项即刻到账。也可使用数字人民币支付。

企业和营销人员要善于利用"大气候"，构建起有利于推动市场营销的"小环境"，还要擅长分析消费者"消化"外部刺激和产生购买反应的规律，尤其是互联网带来的变化和影响，采取行之有效的市场营销战略和方式、措施。

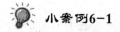

麦当劳怎样找到自己的死忠粉[1]

很多年前，麦当劳发起过一场活动，旨在增加店内奶昔的销量。

和很多大公司一样，麦当劳有一套自己的方法。他们找到奶昔的消费者，请他们填写典型的消费者调查表，提出像"怎样改进奶昔，你才会买更多呢"、"想要这款奶昔再便宜些吗"和"需要再多点巧克力味吗"……这类的问题。根据调查反馈，公司着手对奶昔进行了很多的改进工作。

奇怪的是，奶昔越做越好，销量和利润却没有增长。

麦当劳请来哈佛商学院 Clayton Christensen 教授，也是《创新者的窘境》的作者。Clayton 团队通过一系列的观察、记录和访谈，发现了一个有趣的真相：几乎一半的奶昔是在早上卖掉的，买奶昔的几乎是同一批人，他们几乎是只买奶昔，并且几乎都是开车打包带走的……进一步的访谈发现，原来所有买奶昔的顾客每天一早都有同样的事情要做：要开很久的车去上班，路上很无聊，开车时就需要做些事情，好让路程变得有意思一点；当时还没真的饿，但他们知道大约 2 个小时后，也就是上午和中午的中间时段，肚子就会咕咕叫了。

他们一般怎样解决问题呢？有人会吃香蕉，但发现香蕉消化太快，很快又饿了。也有人试过面包圈，但面包圈太脆，边吃边开车时会弄得满手黏糊糊的。还有人吃过士力架巧克力，但早餐吃巧克力总觉得不很健康……

奶昔无疑是它们当中最好的。用细细的吸管吸厚厚的奶昔要花很长时间，基本上能抵挡一上午阵阵来袭的饥饿。有个人脱口而出："这些奶昔真稠！我要花去 20 分钟才能把奶昔从那细细的吸管里吸干净。谁会在乎里面的成分呢，我就不在乎。我就知道整个上午都饱了，而且刚好能与我的茶杯座配套。"

了解了上面的信息，如何改进奶昔就变得显而易见了。应当怎样帮助顾客更好地打发无聊的通勤时间？让奶昔再稠一些，让顾客吸得时间更长一些。加上一点点果肉，并不是让消费者觉得更健康，而是给顾客一些无聊旅程的小惊喜。把奶昔的机器搬到柜台前，让消费者不用排队，刷卡自助取用，等等。这些举措大大提高了奶昔的销量。

第二节　影响消费者行为的主要因素

消费者的购买决定不是在真空中形成的，他们的购买行为受到文化、社会、个人因素以及心理活动等的影响（见图 6-2）。

---

[1] 资料来源：刘十九. 麦当劳、星巴克，这些品牌是如何找到自己的死忠粉的[EB/OL]. 虎嗅网（https://www.huxiu.com/article/168112.html）. 2016-10-24.

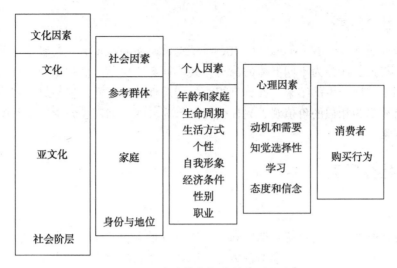

图 6-2 影响消费者行为的主要因素①

一、文化因素

（一）文化及亚文化

文化是决定人的欲望和行为的最基本的因素。低等动物的行为主要受本能的支配，人类行为绝大多数是"学习"所得，即由经验而来。一个人的成长过程，受到家庭、社会潜移默化的影响，习得基本价值观、风俗习惯和审美情趣等，形成一定的偏好和行为模式。其中，价值观是人们认定事物、辨明是非的一种观念取向，表现为对社会、生活的态度和看法，不同文化背景下的价值观可能差异很大；风俗习惯是人们根据自己的生活内容、生活方式和所处的自然环境，在一定的社会物质生产条件下长期形成的，继而世代传承的某种约束或行为规范；审美情趣通常表现为人对事物好坏、美丑、善恶等的评价与喜恶。

每种文化之间都是有差异的。在一种文化内部，也会由于各种影响，人们在价值观、风俗习惯和审美情趣等方面表现出不同的特征，构成不同的亚文化。其中需要注意的有：

（1）民族亚文化。不同的民族由于信仰、节日、崇尚爱好、图腾禁忌和生活习惯等的差异，会对人的消费习惯等产生深刻影响。

（2）宗教亚文化。不同宗教的文化倾向和戒律等，影响到人们认识事物的方式，包括对客观生活的态度、行为准则和观念等，从而影响消费和购买行为。

（3）地理亚文化。不同区域有不同的风土人情、历史传统和习俗、爱好等，也使得消费者行为带有明显的地方色彩。

扩展阅读 6-1
文化的影响

---

① 参见：菲利普·科特勒，加里·阿姆斯特朗. 市场营销：原理与实践[M]. 16 版. 楼尊，译. 北京：中国人民大学出版社，2015：140.

（二）社会阶层

社会阶层或社会分层（social stratification 或 class division），是一种依照共通的社会经济状况，将人们区分为不同群体的分类方式。社会阶层是人们的职业、收入、教育和价值观等因素共同产生的结果，并具有相对的同质性和持久性，依等级排列。同一阶层的成员，有着更为相似的价值观、兴趣爱好和行为方式，因而也常常成为影响消费和购买的重要因素。

二、社会因素

（一）参考群体

参考群体是对个人的评价、期望和行为等具有重大相关性的一群人，能够影响到一个人的态度、意见和价值观。参考群体分为所属群体和相关群体，所属群体又可分为主要群体和次要群体。主要群体由直接来往、关系密切的一群人组成，比如家庭、至亲好友、同事同学等，对一个人影响最大；次要群体是有直接联系，但接触不那么频繁的一群人，如一些业余组织、社会团体等。相关群体与一个人可能没有直接联系，但其态度、行为等深受影响。例如某些领域、行业的佼佼者，他们身后总是簇拥着大批崇拜者、追随者。他们之间大多数可能并没有直接、正式的交往，但其中的核心人物作为一种"偶像"，举手投足总是能够牵动"粉丝"（fans）的喜怒哀乐。

参考群体为其成员展示各种可供"参考"的生活方式和消费选择。它引发成员的仿效心理，甚至直接影响他们的态度，尤其是形成一种内部压力，迫使成员之间的行为逐渐一致。一个参考群体凝聚力越强，内部信息流动就越通畅，对成员影响也越大。所属参考群体及其核心人物越受敬重，成员接受影响也越大。

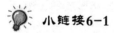

互联网与参考群体

互联网的发展和普及，"网民"也几乎无处不在。他们在网上也形成了虚拟的社交圈子，相互影响着彼此。

（1）亲朋好友与同事。"网民"在网上浏览到亲朋好友或同事的消费动态，会受到影响并仿效。比如看到朋友在拍卖网站购买照相机，价格较低，自己也可能考虑去拍卖网站买上一部。

（2）网友消费行为的影响。虽然网友之间存在地理位置等的差异，但是相同的话题、兴趣可使他们在相同主题的网站、论坛、聊天室或微博、微信上成为朋友，共同讨论关心的话题。比如得知同是读书爱好者的网友最近买了一本感觉不错的新书，自己也想买上一本。

必须注意消费者群体中的意见领袖和他们对消费潮流的"领导"作用。意见领袖既可能是群体中观念领先的人，也可能是群体外引领一个年龄段或一个群体的人。在

扩展阅读 6-2
网络意见领袖的分类、形成与反思

互联网环境中，意见领袖及其消费行为对群体成员的影响力不仅被放大，而且扩散得更快。

（二）家庭

家庭是一个人最重要的，影响也最大的参考群体。包括自身所出家庭，如父母、兄弟姐妹等"原生家庭"；也包括自身所在家庭，如配偶及子女等"新生家庭"。一个人在成长中从双亲等长辈习得许多倾向性，如对社会、政治、经济、宗教、个人抱负、自身价值和爱的看法，这些倾向性几乎终身都在影响一个人的潜意识。在那些习惯于父母子女共同生活的大家庭里，这种影响对消费者行为尤其有着重要意义。己身所在家庭的影响，还表现在它会成为消费者的"购买组织"。

（三）身份与地位

人的一生中要与社会，如各种群体、社会组织等互动和联系。他们在交往中所处的位置，可用"身份"和"地位"来确定。身份是周围的人相关的要求和期待，也是一个人在相应场合所应扮演的"社会角色"和发挥的作用。比如面对父母是儿女，面对子女是父母，面对配偶是丈夫或妻子，在供职公司是工程师……每种身份又都附着一种社会地位，反映社会的评价和尊重程度。

消费者往往结合对自己身份、地位的认知而考虑和选择消费，因此，许多品牌、产品也由此成为某种身份、地位的象征甚至"标配"。但人们究竟以何种品牌、产品来表现其身份和地位，会因社会阶层、地理区域等有所不同。

三、个人因素

（一）年龄和家庭生命周期

人的欲望和能力，随着年龄的增长而变化。三个月、六个月和一岁的婴儿，对玩具的要求会不一样；年青时和步入中老年以后，一个人对食物的选择、服装偏好等也很不相同。家庭生命周期是指一个以家长为代表的家庭生命的全过程，从一个人成年、独立开始，到年老并入子女家庭或死亡为止。一个家庭生命周期可按家长年龄、婚姻和子女状况等分为若干阶段，不同阶段的购买力、兴趣和偏好等都会有较大的差异。

（二）生活方式、个性和自我形象

广义的生活方式包括衣食住行、劳动工作、休息娱乐、社会交往和待人接物等物质生活，也包括精神生活的价值观、道德观和审美观以及与这些方式相关的方面，是在一定历史时期和社会条件下，不同的个人、群体或全体社会成员的生活模式。狭义的概念主要指日常生活领域的活动形式和行为特征，个人情趣、爱好和价值取向所决定的生活行为的独特表现形式。生活方式不同，消费偏好和追求也会不同。生活方式可有许多不同的分类，也是市场细分的依据之一。

个性是一个人的思想、性格、品质、意志、情感、态度等不同于他人的特质，并通过自信、支配、自主、顺从、开放、保守和适应等性格特征表现出来，驱使消费者对事物做出相对一致并持续的反应。依据个性因素细分市场，可为品牌赋予不同的个性奠定基础，并使其与相应消费者的个性相适应。

自我形象是一个人头脑中如何认知自己的方式，是其内心世界关于自己是怎样的人、应该成为一个怎样的人的指向。在现实生活里，每个人观念中都有一幅关于自己形象的"图画"，并驱使其在购买行为和消费中，有意无意地寻找可与之匹配的品牌和产品。

（三）经济条件、性别及职业

大多数人都是依据现有的收入、负担和预期收入等，"量入为出"地消费。有些购买和消费不仅男女有别，也会受到职业差异的影响。职业与收入、受教育程度等有密切关系。相同的职业由于具有共同的工作性质、工作环境等，也会导致人们产生相似的需要和欲望、购买动机、消费心理和需求习惯等。

第三节 消费者心理活动过程分析

心理活动过程是不同心理的现象对客观现实的动态反映。人们在市场上和购买中的各种心理现象，不论简单的还是复杂的，都是客观现实在头脑中的反映。

一、消费者心理的变化过程

消费者心理的变化，一般概括为三个有一定区别，但又相互依赖、相互促进的心理过程。

（一）认识过程

认识过程是人们对客观事物的品质、属性及其联系的反映过程，也是消费者行为的重要基础。认识过程从感觉开始。产品、品牌以及企业的其他市场营销刺激作为一种客观存在，通过与人们的接触，直接作用于其外部感觉器官。比如刺激消费者的视听嗅味和触觉，使其形成对产品个别属性的反映。这种对事物个别属性的反映就是感觉。

随着感觉的深入，人们对事物的各种属性加以综合，形成整体反映，也就是知觉或感知。知觉是一种被理解了的感觉。比如一台平板电脑摆在跟前，消费者通过观看、触摸和操作使用等产生了感觉，在此基础上根据已有的相关知识、过去接触同类物品的经验等，对感觉到的信息加以分析、整理，从"我感到了"进入到知觉的阶段。

随着感性认识深化，人们进入思维过程，即理性认识的阶段。思维是一个心理过程，它通过对感性材料分析、综合、比较、抽象、概括、判断、推理以及想象等复杂的心理活动，使消费者对客观事物获得更全面、更本质的反映。如上述平板电脑，消费者通过感知了解了它的外观（如颜色、形状、体积等）、重量和功能等。他一般还会把累积的关于同类产品，如笔记本电脑、大屏幕智能手机及其他品牌平板电脑等的感性认识相互比较，从而对这个品牌形成更全面、更具体的认识。甚至因此产生联想并作出评价，这时已接近于决定购买与否了。

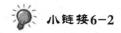小链接6-2

感官营销的力量[①]

感官营销被定义为"紧密结合消费者的感官并且影响他们的感知、判断以及行为的市场营销"。感官是消费者潜意识的"触发器",可能会成为紧密结合消费者的一个更有效的方法。

触觉。人们对感官的需要是不同的。高度触摸需要的消费者,不仅要看到产品,还要触摸才能形成产品认知;低度触摸需要的消费者,只要看说明书就可以形成产品认知,并无触摸要求,只在认知某些产品属性才会用到触觉,如手机重量、产品硬度等。

嗅觉。气味编码的信息比其他感官编码的信息,在记忆中保持的时间更久,可以唤起人们久远的淡忘的回忆。香味可提高对产品和店铺的评价。人们在购物中接触不同的香味,可以有效促进购买行为。

听觉。声音也可构成一个有意义的词。店铺里播放音乐,能够影响人们的心情,停留时间长短,对时间的感知和购买花费等。

味觉。消费者的味觉感受,也受到其他感官影响。比如品牌名称、产品信息(成分、营养信息等)、颜色、形态和包装等,都会影响对味觉的评价。那些听上去不愉快的成分,会影响消费者的味觉感受。

视觉。在日常消费行为中,存在许多视觉感知偏见或幻想。如人们认为瘦的容器能够比矮胖的容器盛装更多的水。可以利用视觉差异,增强消费者对产品质量、性能、数量和时尚性等因素的感知。

(二)情绪过程

人们的认识过程不是冷漠无情、无动于衷的,而是带有鲜明的感情色彩。情绪过程是伴随认识过程出现的心理现象,是一种具有独特个性特点的主观体验。

按发生强度和持续时间长短,情绪可分为情感、激情、心境、热情、情操等基本形态。情绪一般没有具体形象,通过消费者的神态、表情、语气和行为等表现出来。喜怒哀惧爱恶欲等七情,可以说是人类情绪的基本表现形式。

消费者的情绪表现,分为积极的、消极的和双重的等三大类型。积极的情绪如愉快、欢喜和热爱等,能增强消费者的购买欲望,推动购买行为;消极的情绪如愤怒、厌恶和恐惧等,会抑制消费者的购买欲望,阻碍购买行为;双重的情绪如既满意又不满意、既欢喜又忧虑等,会使消费者处于两难境地。同时存在两种对立情绪的现象,在生活中并不罕见,比如有的人对产品式样满意,质地不满意;有的对产品满意,但对售中或售后服务不满意,等等。由于消费者情绪受到各种主观及客观因素的影响和制约,这两种相互对立的情绪,通过有效的营销措施也是可以转化和融合的。

[①] 参见:菲利普·科特勒、凯文·莱恩·凯勒. 营销原理[M]. 15版. 何佳讯,于洪彦,牛永革,等,译. 上海:格致出版社、上海人民出版社,2016:151-152.

购买过程中消费者情绪的产生和变化，受到以下因素影响：

1. 产品或品牌

情绪作为人们认识客观事物时产生的态度体验，总是伴随着一定的认识过程而发生，并伴随着认识的深度和广度的不同而变化。因此消费者对一个品牌或产品的认识过程，也必然伴随着情绪的发生和变化。当认识或联想到的品牌、产品符合自己的意愿和经验，消费者会产生积极的情绪，或向积极的情绪发展；反之，消费者会产生消极情绪，或向消极的情绪变化。

消费者情绪的性质和程度，往往随着对品牌或产品的逐步了解，产生"满意-不满意""愉快-失望"等对立的情绪变化，以及"喜欢-欣喜-狂喜""疑虑-不满-失望"等情绪程度的发展。比如，消费者发现某产品的外观甚好，会引发愉快的情绪；深入了解发现其内在质量较差，于是产生了不满；再联想到该品牌命名的寓意不合自己心意，最终情绪会由不满发展到失望或厌恶。

2. 个人情绪

一般来说，情绪都是指向一定对象的。但在某些购买中人们的情绪并不总是这样，更多的是带有某种的情绪倾向。这在心理过程与行为上，表现为消费者保持着某种积极的或消极的情绪色彩，如愉快、开朗、振奋或忧愁、愠怒、悲观等不同形式的情绪。人们这种持久的情绪蔓延状态即心境，以人的生理状态或生活背景为基础，如生理特点、性格倾向、生活遭遇、事业成败、需求顺逆、道德观念、社会地位、理想信念乃至自然环境、身体状况、社会关系等。

由于心理状态和生活背景的差异，人们构成了各自的情绪状态，它成为消费者购买或消费中染上同一情绪色彩的根源。比如有的人心情不好，就可能在购买中表现出某种消极的倾向；有的因为其他喜事临门而心情舒畅，在购买中也会表现出某种积极的情绪。

3. 社会性情感

指人们由于社会性需要引起的情感。作为一种有特定社会内容的情感，它往往以某种鲜明的、突出的情绪形式表现出来。消费者情绪的产生和变化，在很多情况下，受到他们对社会现象的反应所具备的高级情感的程度的制约。包括：

（1）道德感，人们根据社会道德行为准则评价事物所产生的一种情感。比如营销人员热情周到、文明礼貌和产品货真价实等，符合社会道德准则，会使消费者产生诸如赞赏、友谊、满足等属于道德层面的肯定情感，并以愉快、欣喜、兴奋等情绪形式表现出来。不同的时代和文化背景，会形成内容不同、程度不同的道德感。它能够制约人们对社会道德行为的愿望和要求，以及在感情上反映的程度。

（2）理智感，人们由于求知欲是否满足所产生的一种情感。对某些构造新奇、性能独特的事物，人们会产生疑惑、求知、好奇、自信或犹豫等理智感，它们都可能促使消费者做出某种情绪的反应。比如对某些新品牌、新产品难以正确评价，不能下定购买决心，就会产生犹豫感，并表现出疑虑的情绪色彩。消费者的理智感会因其求知欲强弱、探求真理的毅力及兴趣倾向的不同，分为不同的形式和程度，并随着认识与实践的深入而发展。

（3）美感，一种人们根据自己对美的需要，对客观事物或社会现象及其在艺术上的反映进行评价产生的体验。这些体验一方面因人们出身、地位、爱好、文化修养、实践经验等的差异,或文化、心理背景和美感能力的不同,得出不同的美感;另一方面,也会由于人所共有的生理机能、感觉器官及思维、意欲等生存和生活的条件,在评价时得出共同的或相似的美感。比如穿衣打扮各有所好,这反映个人审美情趣的不同;但人们的美感也有接近之处,时尚的流行就是例证。美感是一种高级的社会性情感,也是一种肯定的态度。它以满意、愉快、欣赏等情绪色彩体现出来,其程度高低直接影响消费者情绪的强弱变化。

(三)意志过程

消费者心理的产生、变化和心理效应,以及由购买动机转变为购买行为的过程,除了以生理机制为基础,还要以心理机能为保证。这种心理使消费者自觉地为实现购买目的采取一系列行动,并在购买过程中努力排除各种外来的及内在的干扰,以保证购买目的的实现。人们这种具有目的性,同时自觉支配、调节自己的行为,并努力克服困难从而实现既定目的的心理活动,就是意志过程。

(1)意志过程是有明确目的并排除干扰和克服困难的过程。意志行动与人的目的性紧密联系,一般在消费者购买之前,其活动结果已经成为他们意志行动的目的,并观念性地存在于消费者脑中。观念要变为现实,必须依据预定的目的去指导行动,并以此为约束,寻找和采用实现目的的途径。意志行动是以一定的动作为基础的,是一种人们的心理活动向外部动作的转化。在意志行动过程中,消费者要排除各种的干扰,克服多种的困难。比如同时产生的几个不协调的动机之间的冲突,需要与个人条件的矛盾,产品质量、服务和销售方式等造成的障碍。消费者要同时克服这些主观上的思想干扰和客观条件引起的外部障碍,去实现既定的购买目的。由于干扰与困难的程度的不同以及消费者意志品质的差异,这种意志过程有的比较简单,有的很是复杂。

(2)意志过程是人们做出和实现决定的过程。消费者作出购买决定,是意志行动的初始阶段,表现在动机确立、目的确定、方法选择和计划制订等方面,实际上也是购买前的准备阶段。实现购买的阶段,是意识作用的外化和主观见之于客观的阶段。人们在这个阶段的表现主要是根据既定目的采取行动,需要把主体意识转化为实现目的的实际行动。从作出决定到实现决定,不会都是一帆风顺的,往往要克服主观上、客观上的各种困难。因此,实现购买决定是真正表现出意志的中心环节。

意志过程与认识过程、情绪过程是紧密结合、密不可分的。同一过程往往既是认识的又是情绪的,还是意志的。将其区分为三个过程来认识,是为了更好地了解消费者的心理活动过程。

扩展阅读 6-3
"大花洒"还是"小气鬼"?
大脑说了算

二、消费者行为关键的心理过程

(一)动机和需要

动机是推动人们活动的驱策力,也是行为的直接动因。它促使消费者采取某种行动,并规定其行为方向。动机由需要而生，消费者行为实际上就是解决需要问题的行为。

1. 马斯洛需要层次理论

不同的人有不同的需要，人们生理上、精神上的需要具有广泛性和多样性。由于每个人具体情况的差异，解决需要问题的轻重缓急也有不同，客观上也就存在一个"需要层次"。马斯洛依据需要的重要性及发生的一般顺序，将其分为五个层次（见图6-3）。

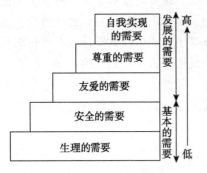

图6-3 马斯洛的"需要层次"理论

（1）生理的需要。人们对必不可少的基本生存条件的需要，如食以充饥、衣以御寒。必须具备最低限度保障，人作为生物体才能存活。

（2）安全的需要。在生理的需要之后，人们会产生并追求生理上和心理上免受伤害，获得保护、照顾等的需要，即人身、心理安全等的要求。例如身体的健康，财物的安全，生活的安定，职业的保障，等等。

（3）友爱的需要，也称社会交往的需要。在安全的需要之后，人们追求情感和归属方面的需要，即希望能被社会、群体接受和重视。这种需要一旦强烈，一个人会积极与他人联络感情，努力建立各种社会关系。

（4）尊重的需要。获得友爱的需要之后，人们会希望其个人能力、成就等得到社会的承认，获得相应的荣誉、地位等。马斯洛认为，满足尊重的需要能使一个人对自己更有信心，对社会充满热情，体验到活着的意义和价值。

（5）自我实现的需要，也是最高层次的需要。达到这一境界的人接受自己也接受他人，解决问题能力增强，自觉性高。追求实现理想和抱负，充分发挥潜能，成就一番事业。

依据马斯洛的观点，人们会同时存在多种多样的需要，包括物质的和精神的，但这些需要的重要性在特定的时期不会一样。人总是首先满足他认为最重要的需要，也是其需要结构中的主导性需要，这个需要成为行为的动机。得到满足以后，这个需要会失去原有的激励作用，下一个最重要的需要开始占据主导的位置。一般来说，人们需要的满足是由较低层次向较高层次，从基本的需要向发展的需要逐渐变化的。

人物介绍

马 斯 洛

亚伯拉罕·哈罗德·马斯洛（Abraham Harold Maslow 1908—1970），美国社会心理学家、比较心理学家，人本主义心理学（Humanistic Psychology）主要创建者之一，心理学第三势力的领导者。提出了融合精神分析心理学和行为主义心理学的人本主义心理学美学，著有《动机与人格》《存在心理学探索》和《人性能达的境界》等。

马斯洛出生于纽约布鲁克林的一个犹太家庭，1930年获威斯康星大学心理学学士学位，次年获得心理学硕士学位，1934年获心理学哲学博士学位。1935年，在哥伦比亚大

学担任研究工作助理。1937年,到纽约市布鲁克林学院任心理学副教授。1954年,提出人本主义心理学的概念。1961年创办《人本主义心理学期刊》,第二年成立美国人本主义心理学会(后成为美国心理学会第32分会),并于1967年当选为美国心理学会主席。1969年退休后赴加州。

马斯洛人本主义心理学为其美学理论提供了心理学基础。其心理学理论核心是人通过"自我实现",满足多层次需要,系统达到"高峰体验",重新找回被技术排斥的人的价值,实现完美人格。他认为人作为一个有机整体,具有多种动机和需要,包括生理需要、安全需要、友爱的需要、尊重的需要和自我实现的需要等。自我实现的需要是超越性的,追求真善美将最终导向完美人格的塑造。

2. 奥尔德佛"ERG"理论

心理学家奥尔德佛认为,人们同时存在三种需要,即"存在(existence)"、"关系(relationship)"和"成长(growth)"的需要。并且提出三个概念:

(1)"需要满足"。同一层次的需要中某个只得到少量满足,那么这种需要会更加强烈,并希望得到更多满足。由此推论,此时消费者行为不会指向更高层次的需要,而是停留在原层次,从量和质的方面进一步满足。

(2)"需要加强"。较低层次的需要满足得越充分,对较高层次的需要越发强烈。可以推论,此时消费者欲望将指向高一层次的需要。

(3)"需要受挫"。较高层次的需要满足越少,越会引发较低层次需要的膨胀和凸显。换言之,消费者会以更多的付出,投入到较低层次的需要。

马斯洛的理论在一定程度上指出了需要变化的一般规律,以及各种需要在人的需要结构中的关系,可分析消费者行为的发展趋势。奥尔德佛的理论探讨了"需要"从一个范畴到另一范畴的规律,指出需要的变化不仅基于"满足-前进",也可能"受挫-倒退"。

(二)知觉及其选择性

如前所述,认识过程是人们对客观事物的品质、属性及其联系的反映过程,也是消费者购买行为的重要基础。由于人们感觉到的事物并不都会形成知觉,所以现实中知觉是有选择性的。表现在以下方面:

1. 选择性注意

注意是人的心理对一定事物的指向和集中。人们通常感觉到的事物,只有少数引起注意并形成知觉,多数会被有选择地忽略,这种心理现象便是选择性注意。例如一个专心致志思考的人,可能对周围发生的情况视而不见,听而不闻;一个正准备购买手机的消费者,特别容易注意到手机内容的相关信息,对平板电脑、数码相机等的广告却没有太多的印象。

企业必须善于突破选择性注意的屏障,有效地对消费者行为进行影响。一般来说,那些与最近的需要相关的事物,或者人们正在等待的信息,以及变动大于正常、出乎意料的情况,容易引起注意并形成知觉。

2. 选择性曲解

人们对注意到的事物,往往习惯按自己意愿、逻辑进行解释。如何"曲解",取决于个人的经历、偏好以及当时的情绪和情境等。

3. 选择性记忆

记忆是心理活动中又一重要现象,是人们感知过程中形成的对客观事物的反映在其神经组织中留下的某种痕迹。人们容易忘掉大多数信息,但却能记住与自己的态度、信念相一致的内容,这就是选择性记忆的结果。

掌握选择性注意的规律,可使信息更有效地避免被选择性忽略,为促进消费者认识过程奠定基础。选择性曲解和选择性记忆提醒企业,必须注意在知觉形成的过程中,"过滤网"对人们的认知产生的影响。

(三)学习

学习也称"习得",是人们经由阅读、听讲、研究、观察、理解、探索、实验、实践等,获得知识或技能的过程。人类除了本能驱策力如饥、渴、性等支配的行为,其他都是学习而来。例如,司机见了红灯知道停车,观众对精彩表演报以掌声等。

学习会引起行为的改变。在消费者心理和行为方面,以下概念值得注意:

(1)加强。消费者在购买以后非常满意,会对所购品牌、产品等加强信念,以至于重复购买。

(2)保留。消费者购买以前不知道的品牌或产品,不论结果是称心还是不满,都会念念不忘、铭记于心。

(3)概括。消费者对品牌、产品感到满意会由此及彼、爱屋及乌,对企业以及有关品牌的一切也产生好感;反之,"城门失火,殃及池鱼"。

(4)辨别。消费者对品牌、产品一旦形成偏好,需要时会百般寻求、不认其他,成为忠诚的顾客。

(四)态度和信念

态度是人们在道德观、价值观的基础上,对人和事物的一种持久性、概括性的评价。作为一种行为选择状态,态度往往表现出一些反应倾向,例如,趋向或回避、喜爱或厌恶、接受或排斥等等,决定了人们愿不愿意从事某些事情。态度也是学习的结果,一般认为其形成有一个逐渐的过程,形成之后则不易改变。消费者的态度一般产生于他们与品牌、产品或企业的直接接触,并受到他人影响,以及生活经历、家庭环境等的熏陶。

信念是意志行为的基础,是人们认定可以确信的看法。作为一种心理动能,信念影响到情感并制约行为倾向,从而导致某种态度,进而影响情绪。消费者对品牌、产品和企业的信念,可建立在不同的基础上。例如"吸烟有害健康",大抵是以"知识"为基础;"汽车越小越省油",通常是在"见解"上形成;对"名牌"的偏好,很可能是出于"信任"。值得企业和市场营销人员注意的是,人们更容易依据"见解"和"信任"行事。比如明知某个广告有夸大其辞之嫌,但出于对品牌的偏爱或某些一厢情愿的看法,还是会产生积极的情绪。

小案例分析 6-1
千禧一代在考虑什么值得买方面格外挑剔

第四节 消费者购买的决策过程

消费者的购买活动是一个解决需要问题的过程。这个过程中既有看不见的心理活动，又有表露于市场上的有形行为。一般来说，这一过程可分为五个阶段来认识（见图 6-4）。

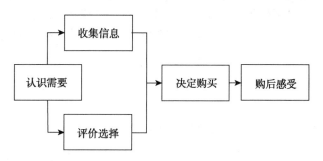

图 6-4 消费者购买决策过程的五阶段模型①

一、认识需要

行为源于动机，动机产生于需要。所谓认识需要，就是消费者发现其现实状况与所想之间存在一定的差距，因而出现了解决相应问题的意图（见图 6-5）。

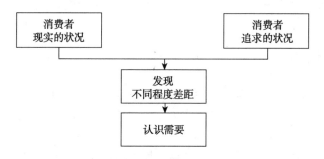

图 6-5 消费者如何认识到需要

人们对需要问题的认识，可能是由于身体内在机能的感受，如饥饿、寒冷、干渴等；也可能因为特定的外部刺激所诱发，如广告信息、朋友推介等而触动消费和购买的想法。开展市场营销尤其是营销传播活动，对于后者大有用武之地。

一般有以下几种情况，容易促使消费者认识到需要：

（1）现有生活的"缺口"。比如打开冰箱、食品柜，发现储备的食物快要用完，便要考虑购买问题。

（2）收入的变化。收入增加，会使消费者感觉到新的需要；收入减少，也要考虑节

---

① 参阅：菲利普·科特勒，凯文·莱恩·凯勒. 营销原理[M]. 15 版. 何佳讯，于洪彦，牛永革，等，译. 上海：格致出版社、上海人民出版社，2016：157.

省花销，因此产生新的需要，比如买"更便宜的"。

（3）消费风气影响。当今市场上，人们也有不少购买就是"大家都有，我也要有"的结果。

（4）促销活动的有效性。许多新产品就是在强力促销之下，得以进入人们的头脑。促销和其他市场营销手段配合，可对消费者欲望产生较大影响。

这一阶段可通过造就特定的外部环境和氛围，刺激消费者对需要的感受。企业必须认真调研，认定那些可促使消费者认识到需要的因素。特别要注意了解的是，消费者产生的是何种需要，为何产生了这种需要，这种需要是如何将他们引向特定品牌、产品的购买。

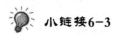小链接6-3

主动引导消费者认识需要

（1）积极发掘与企业、品牌和产品有关的驱策力。驱策力是迫使个体行动的强烈的内在刺激力量。心理学将驱策力分为两大类，一类是先天具有的生理驱策力，由人体内在机能引发；第二类是社会衍生的学习驱策力，比如友爱、名誉等，由外部环境所诱发。

（2）有效使用刺激手段，强化需要。驱策力本身是一般性的，只有与某些刺激相联系，才能使人形成强烈欲望。刺激手段包括刺激物和提示物。刺激物是能满足某种驱策力的具体对象，如饭菜、糕点能解除饥饿；提示物也叫诱因，是一种较微弱的刺激，如各种广告。企业不但需要适销对路的产品，还要善于运用刺激物，尤其是数量、形式众多而又运用方便的各种提示物，并根据目标市场的规律，引导和深化消费者对需要的认识。

二、收集信息

如果消费者的需要目标清晰、动机强烈，又有合乎要求的购买对象，购买能力允许，他可能立即采取购买行动。但在许多情境中，人们认识到了需要却不能马上满足，只能留存记忆当中。以后这一需要或者逐渐淡化，不再进一步关注；或者收集更多相关信息。信息充分可避免决策的失误，减少购买风险。比如以较低价格获得同样的产品，或同样价格享受更多、更好的服务。

人们收集信息的积极性，因需要的强度有所不同。需要十分迫切，消费者会主动地寻找信息；需要强度较低，不一定积极寻找，但会形成一种高度警觉和灵敏反应。比如一个准备购买住宅的消费者，就会对房地产广告或关于房价等的舆论、信息，表现出更多的关心和留意。随着需要强度继续增加，达到一定程度，他们也会像一开始就需要强烈的那些消费者，进入积极主动收集信息的状态。

人们一般通过以下途径获得购买所需信息：

（1）个人来源。如通过家庭、朋友和熟人等，即私人交往和"朋友圈"等获取、掌握信息。

（2）商业来源。由企业、卖方发布的信息，如广告、市场营销人员推介、包装、展览展示和企业网站、企业自媒体（如微博、微信公众号）等。典型的如各种的"硬性广告"和"软文广告"。是企业可控制的一种信息传播途径,也是它们的营销手段和主要促销方式。

(3)公共来源。人们通过新闻媒体、消费者权益组织和官方机构等,以及一些社会化媒体所获得的信息。其特征是公开,非商业性。

(4)经验来源。消费者经由亲自使用、消费或测试等所获得体验和看法,也是一种非常有限的信息来源。

企业需要注意潜在顾客的信息来源,尤其是不同来源或途径对他们购买决策的相对影响力。一般来说,商业来源的信息数量最多,其次为公共来源和个人来源,经验来源的信息较少。但消费者一般对经验来源、个人来源的信息更为相信,然后是公共来源,最后才是商业来源。在人们的购买决策中,商业来源的信息更多是在"传达"和"告知",个人来源、经验来源和公共来源的信息则是在"权衡"与"鉴定"。

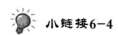

消费者如何确定所需收集信息的范围、数量

(1)购买类型。初次购买信息要多,范围也广;重复购买所需信息要少。

(2)风险感。作出购买决定,消费者一般要承受三重风险:经济风险,花钱是否值得;效用风险,所购是否适用;名誉风险,购买可能引发的品头论足。

人们对风险感的感受,一方面受产品因素的影响。价格越高,使用的时间越长,风险感越大,消费者会努力搜寻更多信息;另一方面也受个人因素的影响,同样的购买决定,谨小慎微的人风险感大,办事马虎的人风险感要小。

三、评价选择

消费者在收集信息过程中,或认为信息够用之后,会分析、处理所得的信息,逐渐对市场上能满足其需求的品牌、产品,形成不同的判断和看法。这是一个不断比较,并逐步缩小目标范围的过程(见图6-6)。

| 全部的品牌
A
B
C
D
E
F
G
H
⋮ | 知晓的品牌
A
B
C
D
E
⋮
不知晓的品牌
Z… | 考虑的品牌
A
B
⋮
J
不考虑的品牌
K… | 备选的品牌
ABC
不选的品牌
D… | 购买的品牌
? |

图6-6 消费者对品牌的评价过程

在这个过程中,企业一方面要努力补充消费者决策所需的信息,使自己的品牌、产品得以进入他们的视野——知晓范围和考虑范围,"晋级"备选范围,最终成为选定的购买对象；另一方面要分析在这个过程中，消费者选择依据的标准是什么，他们是如何建立这一评价标准的。

在相关理论和解释中，影响较大的一种是"认识导向"。即假定消费者是有意识的，在理性的基础上进行评价选择：

（1）建立产品属性的概念。一种产品在人们认识中，首先是一系列的基本属性，即产品或质量特征的集合。如酒店的地点，清洁卫生、环境和价格；汽车轮胎的安全性、耐用性、行驶质量和价格等。对各种属性的关心程度因人而异，但人们一般更注意那些与自己的需求关系密切的属性。尤其需要注意的是，显著的属性不一定就是重要的属性。例如购买食品，人们一般更关心美味与否、营养如何，这里的"美味""营养"等通常是显著的属性；一些不显著的属性如"安全"与否，也许消费者表现得不太在意，但一经提及就会感到重要。企业应当分析哪些是重要的属性，而不能只关心那些显著的属性。要找出消费者认识、区分属性重要性和显著性的规律。

（2）建立品牌形象的概念。消费者可能会就每一属性，对不同品牌产生不同的信念。比如哪个品牌哪一属性"更好"，哪一属性要弱，总体表现如何，等等。消费者信念会因其经验衍生的真实属性，以及选择性注意、选择性曲解和选择性记忆的差异等不尽相同。

（3）建立"理想产品"的概念。购买是为了满足需求，人们期望的满足会因品牌、产品每一属性的不同而变化。比如消费者购买汽车，其满足会随着性能优异性的增加上升，又会随着价格提高而下降。市场上已有的品牌、产品，不一定完全符合消费者心中的"理想"。人们一般会在"理想产品"概念的前提下，做某些修正，考虑是否接受那些更接近"理想"的品牌。

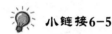 小链接6-5

弱势品牌如何"突出重围"

假如大多数消费者都对企业提供的品牌、产品缺乏足够的兴趣，那么应当怎样摆脱困境，重新吸引目标市场？一般可以考虑以下方面：

（1）重新设计、生产。使产品在相对重要的属性上更符合消费者要求，更靠近"理想产品"。例如，卡片式数码相机时尚、便携，但受制于光圈、镜头和感光元件的尺寸等，让人感觉不够"专业"；单反相机又嫌笨重。于是，博采两者之长，"卡片之薄，单反之用"的"单电""微单"相机应运而生，将"单反相机可交换镜头设计带来的专业性能"与"紧凑型卡片相机的轻巧便携"完美结合。

（2）改变人们的品牌信念。通常适用于消费者低估了品牌的场合，也叫心理重新定位。如针对人们对于"单电""微单"相机的疑虑，许多品牌强调其不仅微型、小巧和便携，可像单反相机一样更换镜头，更能提供和单反相机同样的画质。当然，如果人们之前的评价是正确的，这么做会被视为"忽悠"，容易引起反感。

（3）引导消费者注意被忽视的属性。例如瓶装水市场，几乎所有品牌都以"纯净水"示人，也有品牌以"天然水"为亮点。

（4）改变人们"理想产品"的评价标准。20世纪末曾有一段时间，影碟机品牌纷纷以各种"纠错"功能为其诉求重点。"纠错"能力高低,一时间几乎成了人们衡量产品质量、考虑购买的首要因素。此时也有影碟机品牌在告知公众,"纠错"能力强弱是以磁头使用寿命为代价的。

(5)改变属性重要性权重或排序。说服潜在顾客,使其更看重本品牌占优势的属性。如手提电脑强调轻薄、便携等,台式电脑则突出性能和价格的优势。

(6)改变人们对竞争者及其品牌的信念,也叫竞争性定位。如高铁可通过比较广告等,改变旅客对乘坐飞机方便、快捷的传统认识。在消费者认为竞争者品牌比其实际要好的场合,这么做尤为有效。

四、决定购买

通过选择评价,人们会对备选范围的品牌形成一定的偏好顺序。但是此时这些品牌在消费者脑子里,更多的还只是一种购买的意向。从购买意向到最终购买,其间还要注意两个因素的影响(见图 6-7):

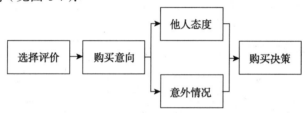

图 6-7 影响消费者购买意向转化为购买决定的因素①

(一)他人态度

消费者的购买意向,容易受到他人态度的影响。比如决定购买 A 品牌汽车的消费者由于家人反对,购买决心很可能大打折扣。

他人态度的影响力取决于:

(1)他人否定态度的强度——反对越强烈,影响越大。

(2)他人与消费者本人的关系——彼此交往越是密切,影响越大。

(3)他人的权威性——他人对此项购买越有权威性、越有话语权,影响越大。例如表示反对的是一位汽车行业专家,或 A 汽车公司资深员工,消费者对 A 品牌的购买意向甚至可能完全打消。

(二)意外情况或"非预期的情境因素"

人们的购买意向是以一定的前提,如预期收入、预期价格、预期购买所得的利益等为依据形成的。突然出现的意外情况,也很可能使其改变购买意向。例如消费者在其他方面必须的支出突然出现,不得不放弃原定购买;或者更符合"理想产品"的新品牌、新产品将要上市,等等。总之,偏好与购买意向并不完全决定最终购买的结果。

---

① 参阅:菲利普·科特勒,凯文·莱恩·凯勒. 营销原理[M]. 15 版. 何佳讯,于洪彦,牛永革,等,译. 上海:格致出版社、上海人民出版社,2016:161.

五、购后感受

在使用和消费中，人们会有意无意地检验购买决策，衡量购买是否正确，并将满意程度作为今后参考。通常有两种理论用于分析、解释消费者购后感受：

（一）"预期满意"理论

这种理论认为，消费者购后的满意与否，取决于购买期望与实际功效的比较。期望值与实际值之间的关系，可能是以下情况之一：

（1）实际值与期望值相符。人们一般没有满意，也没有不满意。

（2）实际值大于期望值，或期望值低于实际值。消费者满意，两者相差越大满意度越高。

（3）实际值低于期望值，或期望值大于实际值。消费者必然不满意；不满意感大小，也取决于两者之间差距大小。

人们期望值的建立，更多是依据商业来源的信息。所以企业要如实介绍和推荐，切忌夸大、吹嘘等，努力使消费者期望的利益和产品实际的功效一致。也有企业采用"保守"的风格宣传，以争取人们购后产生实际好于期望的体验。

（二）"认识差距"理论

这种理论认为不论企业如何努力，消费者购后都会程度不同地产生不满，而且对不满意的关心甚至超过对最大利益的关心。因为市场上不存在与人们"理想产品"完全相同的品牌，那些不一致，尤其是低于他们要求的属性，会被视为"缺点"而"耿耿于怀"。消费者购后往往更多看到"缺点"，甚至主观夸大其严重性，同时又不断"完善"未购品牌的"优点"。这时未购品牌越是吸引"眼球"，消费者不满意感越大。企业必须努力使消费者的不满意降到最低限度。

不满意的顾客会设法缓解情绪，以求心理上的暂时平衡。他们可能夸大产品功效，或强行自己降低评价标准，从而减少失落感；或收集更多信息，说服自己相信购买"没错"；也可能将产品"束之高阁"，"眼不见，心不烦"；还可能退货或转售；等等。尤其是采取"亡羊补牢"的消费者，以后不仅拒绝该产品，还可能通过各种方式抵制企业和品牌。实现购买，并不是一次购买过程的终结。更艰巨、复杂的，是了解消费者的购后感受，帮助他们肯定决策的结果，保持顾客忠诚。

消费者购买的实现，是几个阶段前后作用的沟通结果。要根据各阶段的特点，考虑合适的市场营销战略方式与措施，引导消费者行为。

小案例6-2

丽思卡尔顿酒店的顾客体验[①]

入住任何一家丽思卡尔顿酒店，都会让人惊诧于这家公司对顾客揣摩的细致，哪怕

[①] 资料来源：菲利普·科特勒，加里·阿姆斯特朗. 市场营销：原理与实践[M]. 16版. 楼尊，译. 北京：中国人民大学出版社，2015：16.

是最微小的细节。每一天，顾客的偏好都会被员工——从前台接待到维修和客房保洁员，细致观察并记录下来。每个清晨，酒店会查阅以前入住过任何一家丽思卡尔顿酒店的所有新到客人的档案，以便提前准备可能取悦于他们的额外服务。一位丽思卡尔顿的经理说，如果该连锁酒店得到一张顾客宠物的照片，会复制装框摆到这位客人入住的任何一家丽思卡尔顿酒店的房间。一位商务人士到丽思卡尔顿奥兰多店出席会议，在酒店点了一份他最喜欢的碳酸饮料。服务生告诉他酒店不提供这种饮料，但他可以想想办法。很快，服务生带着他需要的饮料回来了。接下来的日子里，他都会为客人准备好这种饮料。一年以后客人再次过来参加会议。坐下等候晚餐的第一个晚上，还是那位服务生，呈上了他最爱的饮料。

第五节 购买组织、购买类型对消费者行为的影响

一、购买组织对消费者行为的影响

在消费者市场，消费一般以家庭、个人为基本单位，但从事购买的往往只是一个或几个家庭成员。在一项具体的购买过程中，人们可能扮演一种或身兼不同的角色。这些"角色"在购买决策中的作用和影响，构成了消费者的"购买组织"：

（1）发起者，首先想到、提议购买的人。

（2）影响者，对购买决策有直接或间接影响的人。

（3）决定者，最终做出全部或部分购买决策的人。比如买或不买，买什么，买多少，怎么买，何时、何地购买等。

（4）购买者，实际执行购买的人。他们有权部分更改购买决策，比如买多少、何时与何处买，等等。

（5）使用者，使用或消费所购产品、服务的人。

有些产品的购买决定者容易识别。比如，男女主人分别购买各自的专业书刊，女主人一般更多操心婴幼儿用品。家庭生活的共同用品特别是耐用品及贵重物品，参与和影响购买的人往往会不只一个。比如购买汽车，男主人是"发起者"，家庭成员甚至邻居、同事也有发表看法，产生过或多或少的影响。最后男女主人共同拍板，邀请有经验的同事一道前往购买者。受益者是全家，但直接和经常使用汽车的是男女主人。

分析谁是购买决定者，有助于精准选择促销对象和制定传播战略。例如，可依据这样的思路，区分"男主人为主决定""女主人为主决定"和"家庭共同决定"购买等产品类别，涵盖的具体内容则因时因地而异。

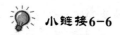

小链接6-6

谁是购买决定者?

(1)在同一购买过程中,人们可能扮演不同角色。例如购买住宅,"何地购买""何时购买""如何购买"等大原则,可能多由男女主人共同商定;但房型、面积及装修等方面,可能女主人有更多话语权,或许子女也参与其中。

(2)许多产品的购买决定者究竟是谁,有时难以区分。事实上,存在"名义决定者"与"实际决定者"。比如在独生子女家庭,不少购买其实就是不谙世事的孩子决定的。他们可能明确表示,也可能无意中暗示,父母长辈只是"名义决定者"。

(3)传统上一般认为购买决定者与家庭"权威中心点"是一致的,其实现实中更为复杂。在丈夫作主型家庭,不会没有女主人单独决定某些购买的时候;在共同作主型家庭,也会出现各自决定购买的情况。

二、购买类型对消费者行为的影响

消费者购买行为因情境而异,购买牙膏、肥皂和购买汽车、住宅肯定会不一样。依据购买需要介入的时间、精力及购买对象的品牌差异,可将消费者购买行为区分四种主要类型(见图6-8)。

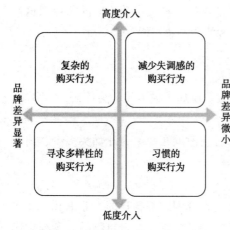

图6-8 消费者的主要购买类型

(一)复杂的购买行为

那些贵重、风险和意义重大又不经常的购买,人们一般需要高度介入。如果品牌很多而且差异明显,购买行为就会复杂。消费者可能对整个产品种类都缺乏了解,甚至依据什么选择都不清楚。他们可能需要经历"学习"过程——从熟悉产品性能、特点开始,到逐步建立对各品牌的看法,再审慎决定购买。

面对复杂的购买行为,重要的是掌握消费者如何"学习"及其规律,以选择合适的措施开展市场营销。例如,帮助潜在顾客了解相关知识,包括产品属性及其相对重要性,并使他们知晓、认可本企业、品牌的特征和优势,建立信心和信任。

(二)减少失调感的购买行为

有些购买需要高度介入,但品牌之间差异不大。因此消费者购买行为虽然谨慎,注意力却通常集中在价格、购买时间和交付的便利性等方面。通常会多逛几家商店或互联网搜索一番,稍作比较即行购买。

这种购买类型的发生迅速,从动机到购买的决定时间短。消费者购后容易感到"考虑不周",并产生不满。比如产品某个方面不够称心,或听到其他的品牌"更好"。随后在消费和使用中,消费者会努力了解更多的信息,寻找更多的理由来减轻心理压力。企业既要善于通过定价、分销等措施推动消费者购买,又要注意加强沟通,包括售后交流,以减轻他们心理上不必要的失调感。

（三）习惯的购买行为

一些价格低、经常买的产品,消费者可能已经对其属性很是熟悉;如果品牌之间差异微小,一般不会多花时间、精力比较和选择。比如大多数的便利品,像酱油、食盐和味精等,可能随手拿起就是。即使经常购买某个品牌,也多是"习惯"的影响,不一定具有强烈的品牌忠诚。

企业可用各种价格优惠或其他促销措施,鼓励人们试用和重购。由于不很在意品牌,消费者一般只是被动收集信息,因此要注意怎样给他们留下良好、深刻的印象。比如在广告中突出视觉符号和形象的冲击,在电视媒体上短时间高速重现以强化其特征;给品牌或产品添加某种特色,使其转化为人们购买时需要高度介入的品牌。常见的有某茶叶品牌宣称有某种保健效果,某牙膏品牌能防治某种牙病等。

（四）寻求多样化的购买行为

一些购买介入程度低但品牌之间差异大的产品,人们可能经常变换着购买。例如饼干和点心,消费者可能不多花时间比较品牌,只是在购买和消费时作一些简单的评价。下次购买之所以更换品牌,也不一定是上次不满,很可能只是需要新口味。

拥有市场优势或领先品牌的企业,往往设法在零售终端占据更多、更有利的货架位置,保证货源以避免脱销断档,同时通过广告等提醒和鼓励购买。如方便面、雪糕等,有实力的企业通常增加品种、口味等,在销售点显示出更强大的"阵容",也给人们提供更多的选择。其他企业和品牌则以低价、免费试用、折扣、赠券及相关内容的广告等吸引消费者。

本章小结

消费者市场是为满足个人或家庭生活需要而购买的市场。人多面广,需求复杂,个别和经常性购买,需求弹性大,容易冲动购买和购买力指向的流动性大等,是消费者市场的主要特点。

消费者购买行为是一个投入产出过程,一方面接受外部刺激,一方面做出各种反应。文化、社会和个人因素等外部刺激,影响人们的认识、情绪和意志等心理活动,并制约其反应倾向。动机、知觉（感知）、学习和态度等,是消费者行为的几个关键性心理过程。

消费者购买决策过程分为认识需要、收集信息、评价选择、决定购买和购后感受等五个阶段,人们在每个阶段都要作出决策。这些决策不仅受购买心理的制约,也会受到外部"大气候"和"小环境"的影响。既有看不见的心理活动,也有表露于市场的有形行为。通过选择评价,人们对备选范围的品牌形成一定的偏好顺序。由意向到购买,还受到他人态度和一些不可预知意外情况的影响。

消费者一般以家庭或个人为基本单位消费，但家庭成员和其他有关人员也在购买决策中发挥着一定作用。他们或是发起者、影响者，或是决定者、购买者及使用者，这些角色及其关系构成了消费者的"购买组织"。了解人们可能扮演的角色，识别、确认决定者，有助于企业明确传播对象和选择促销措施、方式。

如何购买还因情境而异。依据介入购买需要的时间、精力以及可供选择的品牌差异，购买行为分为复杂的购买行为、减少失调感的购买行为、习惯的购买行为和寻求多样化的购买行为等四种类型。企业需要了解，其品牌、产品在消费者行为中属于何种类型的购买，并采取相应的战略和措施。

 重要名词

消费者市场　亚文化　参考群体　消费者"购买组织"　复杂的购买行为　减少失调感的购买行为　习惯的购买行为　寻求多样化的购买行为

即测即练题

 **复习思考题**

1. 市场营销环境、市场营销手段与消费者行为之间的关系。
2. 文化因素、社会因素和个人因素等怎样影响消费者行为？
3. 消费者心理活动过程如何对其购买行为发生影响？
4. 在消费者购买决策过程中，企业可从哪些方面做好市场营销？
5. 分析消费者的购买组织对市场营销决策有什么作用？

 案例

消费者购车决策在加快

尼尔森与汽车之家调研发现，"77%的受访者从萌生购车想法到成交提车，只花了不足90天时间，其中30%一个月内就买定成交。"然而购买决策时间的"缩水"，并不意味着鲁莽和冲动——得益于丰富的互联网信息，如今购车族更加理性、精明。

在信息化时代，购买决策过程依旧如漏斗一般，充满层层筛选和诸多变数。消费者在买车过程中，会有意或无意地浏览不少其他品牌的车型。数据显示，仅在汽车之家资讯类一个版块，快要作出购买决定的消费者一个月的车型浏览数量平均达42款，并对其中16款车型有过深入了解。

在信息浏览中，消费者对于意向车型的态度也在不断变化。比较筛选阶段，高达61%的消费者改变了原有的车型偏好。即使在购买的最终阶段，这一比例也高达31%。对品牌最初的好感，并不能保证最终的购买决定。

目前中国是全世界竞争最激烈的汽车市场之一，有200多个中外品牌、1 500多款车型。尽管汽车企业广告投放一直保持涨势，但效果不容乐观。据尼尔森汽车电视广告效果实时追踪研究，仅有30%的中国受访者能回忆起电视广告的内容，在他们中只有29%表示能回忆起品牌，使最终的整体广告传播效果仅为9%。这一比例在美国是19%。

传统大众媒体在消费者信息来源序列中的地位，逐渐被互联网、新媒体所超越。汽车消费者更看重4S店（64%）、亲戚朋友介绍（62%）和专业汽车网站（42%）。据尼尔森与汽车之家调研，如今善于使用互联网的购车族，决策流程可以分为三个阶段：首先，消费者会设定一个购车预算，基于安全口碑、实用性口碑等因素筛选车型；之后，对这个数据库中的车型比较和评估，深入了解口碑、性能和外观设计等因素，筛选心仪的两至三款车型；最终环节是4S店体验，外观、舒适性和促销优惠是促使购买决定的最终因素。

同时，不同阶段品牌制胜的因素不尽相同。开始的品牌筛选阶段，最重要的是安全性比较好（42%），在预算之内（33%）及青睐的品牌（33%）等；比较阶段开始更多关注产品设计（49%），车辆性能（46%）及消费者口碑（37%）；在踏进4S店作最终决定时，更关注驾乘舒适性（40%）、口碑（23%）、促销（22%）和油耗（21%）。

在信息浏览阶段，消费者更多通过新闻、搜索和资料库获取信息；比较评估阶段的消费者更有针对性，对其他用户的评价反馈更重视；最终购买时，论坛和促销信息是消费者关注的重点。

资料来源：唐福勇，尼尔森. 消费者购车决策在加快[N]. 中国经济时报，2014-12-12.

案例讨论题

1. 依据购买决策需要的介入程度和可供选择的品牌差异，分析消费者购车属于什么购买类型，其特点以及可以考虑的市场营销措施。

2. 从购车决策过程来看，中国的消费者购买行为正在发生哪些重要变化？

第七章　组织机构市场与购买行为

本章提要

如果说就买主而言消费者市场是个人市场,那么,组织机构市场则属于法人市场。生产者市场是最基本、典型的一种组织机构市场。通过本章学习,需要了解生产者市场不同于消费者市场的特点及其顾客组成,还要掌握生产者、中间商以及非营利组织、包括政府机构作为顾客,它们的购买行为及其规律。

联想(北京)公司的绿色供应链与供应商管理

联想通过"绿色生产+供应商管理+绿色物流+绿色回收+绿色包装"等五个维度和一个"绿色信息披露(展示)平台",打造了公司绿色供应链体系。

2015年,联想制定、实施了《供应商行为操守准则》,覆盖可持续发展的各个方面。详细记载对供应商环境表现的期望,导入公司级采购流程,进行供应商绿色管理、评估和监督。还制定了与EICC在劳工、环保、健康安全、道德和管理方面要求一致的采购政策和流程,要求供应商建立EICC标准操作规范,协助供应商制定运作模式,定期总结、分享和推广经验和成果。同时要求,占联想采购支出超过95%的一级供应商,遵守EICC准则并通过正式合约和独立的第三方EICC审核,以直接核实供应商尽职调查结果。在采购订单的条款、条件以及其他正式协议方面,要求供应商遵守法律、法规及多项其他可持续发展的规定。

联想还积极地避免使用来自其供应链的冲突矿产,全力支持 EICC、无冲突措施(CFSI)、非政府组织及政府机构为解决这一问题开展的活动。其还是行业中少数几家要求供应商制定碳减排目标的厂商之一,并建立了碳报告体系,收集、分析和确定供应商碳足迹,将供应商应对气候变化的表现和策略作为选择的重要标准。还在行业中第一家推动供应商导入"全物质声明"措施,管控有害物质使用,助推整个产业链有害物质的替代与减排。

2008年以来,联想定期举办全球供应商环境标准与法规大会,宣传贯彻联想全球环境政策、方针、目标与指标,推动供应商全面合规、携手供应商提升自身环境表现。2017年,来自300家联想供应商的近500位代表,参加了在乌镇和上海举办的大会。

资料来源:佚名.联想(北京)有限公司绿色供应链管理[EB/OL].中华人民共和国工业和信息化部官方网站(http://www.miit.gov.cn/n1146285/n1146352/n3054355/n3057542/n3057545/c6472072/content.html),2018-11-07.

组织机构市场是企业、政府部门和其他事业单位、社会团体等，为合成产品（合成产品的零部件和原材料）、集团消费（办公、咨询、作业中使用的必需品）、生产过程使用（装置和设备）或再售给其他顾客而进行购买的市场。具体的组织机构市场，包括生产者市场、中间商市场、政府及其他非营利组织市场等。发生在这个市场的购买活动，人们习惯称其"采购"。在组织机构市场开展市场营销的企业，与在消费者市场相似，首先都必须了解和熟悉自己的市场与顾客。

第一节　组织机构市场及其购买模式

一、组织机构市场的特点

组织机构市场的最大特点，是组织购买、集团消费。因此，也就和以个人、家庭等购买为主的消费者市场，有了极大的区别。

（一）顾客数量少，购买规模大

组织机构市场的顾客是组织，即"企事业单位"，例如企业、非营利组织和政府机关等；不像消费者市场，顾客主要是家庭与个人。因而组织机构市场的顾客数量要少很多，但它们单次的购买规模、金额却大很多。有的行业，往往几家买主就"消化了"大部分的产品。在组织机构市场还有许多产业顾客，它们地域分布相对集中，以至于来自某些区域的采购，在整个市场占据了相当的比重。

顾客数量少和购买规模大，大客户对供应商来说就尤为重要。买卖双方也方便协调、管理，有利于降低生产、经营成本，也容易密切双方关系。一般来说，顾客总是希望供应商能按自己的要求，"个性化"地提供产品和服务；也更愿意与那些在技术、规格和交货方面"好"打交道的供应商成交，长期来往。

（二）需求具有衍生性特点

消费者市场的需求具有初始性质，相对而言，组织机构市场的需求更多是派生性质。例如，消费者市场对食物的需求，一般源于人们生理、心理的需要，受到食物的价格、替代品供应和价格以及文化环境、传统习惯等影响，是一种直接反应。但是食品加工商对大米、面粉和食品加工设备等的需要，则是发端于消费者对有关食物的欲望。消费者对食物的需求，会影响食品加工商扩大生产、增加采购的积极性；食品加工商的需求，也会刺激其上游厂商生产的积极性和购买行为……反之亦然。组织机构市场顾客的需求，总是随其下游或"前端"需求的变化而波动。这种需求的派生性往往是多层次的，又是一环扣一环的。所以，一个企业既使只是面向组织机构顾客如生产者市场，从事组织间营销，也同样需要关注其"前端"相关消费者市场的变化和动向。

（三）需求缺乏弹性

由于需求的派生性，组织机构市场的总需求受价格变动的影响一般不大，价格弹性相对较小。例如大米、面粉等价格大幅下跌，食品加工商不一定增加购买量，除非他们认为消费者市场有关食物的需求也会大幅增加，即人们会更多购买食物；反之，大米、面粉等价格上涨，食品加工商也未必大大减少采购，除非他们找到了节省原料消耗的更好的办法，或者预测消费者会大大减少对食物的需要与购买。在短期内，组织机构市场的需求刚性更为明显。

（四）技术要求较高，购买程序复杂

组织机构顾客与一般消费者不同。消费者对所购的产品，不一定具备专业知识；组织机构顾客则是由"懂行"，即掌握较多商品知识、价格和市场信息的专业人员组成。他们了解所购产品的性能、质量和规格等技术细节，采购方法、谈判技巧也更专业、娴熟。所以，供应商必须提供相关技术资料和一些特殊服务。比如某些机械设备，在成交前要为客户提供试用或演示。

受购买目的制约，组织机构顾客会更多地考虑成本、利润等因素，购买行为更加理性。所购物品或服务的时效性、专用性强，可替代性差。不仅要求按时按质按量地保证供应，设计、性能和售后服务等也有严格要求。因此，买方参与决策人员较多，不仅有专职采购人员、具体使用者和其他相关人员，甚至还有技术专家、高层管理者等。购买决策程序更为复杂，通常是集体讨论、共同商定。

（五）流行直接采购、互惠购买和租赁等做法

组织机构顾客经常直接从供应商进货，尽可能避免、减少中间环节，尤其是那些价格昂贵或技术复杂、对其生产经营意义重大的采购项目。他们可能拥有更强势的讨价还价能力，经常逼迫卖方在价格等方面作出让步，有时甚至要求供应商也购买自己的或推荐的产品、服务。这种"我买你的，你也买我的"，还可能发展为三边或多边的贸易关系。例如买方可能提出，"我买你的"，但是"你买他的"，因为"他买我的"。

许多年来，厂房、写字楼、机器设备和车辆等一些高价值项目，越来越多的组织机构顾客转向了租赁，而不再是"传统"的购置。这样，承租方可获得更多可用资本，获得出租方最新的产品、上乘的服务及一些税收的利益。出租方最终也可得到较多净收益，并有机会将产品售给那些无力一次付清货款的顾客。

二、组织顾客的性质和类型

组织机构市场的顾客是"组织"，即通常所说的社会组织。[①]它们可从不同的角度分类，例如依据营利性和非营利性、竞争性和独占性等，可以分为：

（1）竞争性营利组织。它们是营利性组织，但又同时面对众多同行和竞争者。例如生产制造业、商业流通业和服务业的大多数企业。

[①] 完整意义上"组织"或通常说的社会组织，其概念有广义和狭义之分。广义的泛指人类从事共同活动的所有群体形式，如氏族、家庭、政府、军队和学校等；狭义的专指人们为了实现特定目标，有意识地组合起来的社会群体，如企业、政府机关、学校、医院、社会团体等。它们都是人类组织形式的一部分，是人们为了特定的目标组建的稳定的合作形式。

（2）竞争性非营利组织。属于非营利组织，但有较多的同行和竞争者。包括各类公办学校，公立医院，行业协会和专业学会，社会团体以及宗教团体等。

（3）独占性营利组织。它们属于营利性组织，但独占市场，几乎没有来自行业内部的竞争威胁。如一些大企业，产品或服务具有垄断性，没有其他企业与其直接竞争。

（4）独占性非营利组织。它们是非营利组织，却又"只此一家""独一无二"。典型的如政府、军队和警察等。

对于营利性组织来说，谋求利润是其生存、发展的基础和条件。非营利组织不从事营利性活动，其存在通常不是为了创造利润。竞争性营利组织的运行，要力求通过市场、竞争赢得顾客；竞争性非营利组织没有营利性动机，但要在竞争中争取目标的实现；独占性非营利组织和独占性营利组织，它们都居于行业垄断、市场独占的地位，缺少直接竞争的压力……这些不同的性质，都会影响它们作为顾客的购买行为及其特点。

扩展阅读 7-1
我国产业用户的一般分类

三、组织机构购买者的行为模式

组织机构购买者的行为模式，也是一个投入产出过程。与消费者行为模式的主要差异在于，它们的具体内容和构成有所不同（见图 7-1）。

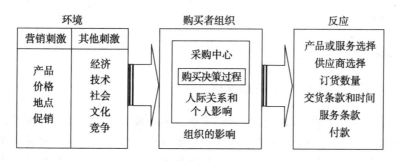

图 7-1　组织机构购买者行为模式[①]

构成组织机构购买者的环境刺激因素，同样分为两大类。一类是市场营销刺激，来自于特定的供应商。作为营销者，它们创造、交付和传播的顾客价值及吸引力、竞争力等，通常表现为购买者对具体产品或服务、价格水平、购买地点或获取路径以及促销等的感受和评价。这些属于供应商企业的可控因素，构成它们的市场营销组合和不同营销方式，也成为影响购买者一方决策的最具体、最直接的"小环境"。另一类是宏观环境、竞争因素等的影响，属于企业不可控因素，成为构成笼罩整个市场的"大气候"。它们制约需求和消费变化的总体趋势，对购买者决策发生显著的影响。供应商企业通过各种市场营销手段产生的环境刺激，也要受制于宏观环境。

[①] 菲利普·科特勒，加里·阿姆斯特朗. 市场营销：原理与实践[M]. 16 版. 楼尊，译. 北京：中国人民大学出版社，2015：170.

在组织机构顾客内部，购买行为主要由两部分构成。一是采购中心，范围包括购买决策涉及的所有人员；二是购买决策过程，每个组织都有一套需要遵循的程序，可能是成文的规章，也可能是"默认"的规矩。

采购中心和购买决策过程，既要受到内部组织、人际关系和个人等的影响，也会受到外部环境刺激的影响。在诸多因素共同作用下，购买者组织最终做出一定的反应，决定如何满足自身的需要和欲望。

对于供应商企业来说，尤其需要关注和重视以下问题：

（1）清楚买方企业"买的是什么"和"当什么来买"。比如，他们需要的是完全进入产品的产业用品、部分进入产品的产业用品，还是不进入产品的产业用品。

（2）企业用户一般需要作出哪些购买决策，怎样做出这些决策。

（3）买方内部一般都有谁参与相关购买过程和决策。他们的介入程度，可能产生的具体影响。

（4）影响用户购买决策的主要因素。例如，环境刺激和内部因素会如何交织、互动，有什么规律。

（5）买方企业如何购买，不同阶段的难点和供应商市场营销的重点。

随着互联网的发展和普及，原有的许多采购模式受到冲击，发生了很大变化。有的买方企业自建或联合设置采购网站，一些行业协会统一开通采购网站，还有大量的中介网站代理采购业务。互联网模式不仅降低采购成本，而且提高采购效率，也必然会对组织机构购买行为的传统模式产生重要影响。

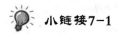 小链接7-1

互联网模式下的采购[①]

互联网模式下的采购，狭义的如电子商务、电子贸易和电子采购合同等，广义的是利用互联网进行几乎全部的采购管理活动。即企业从采购计划制订，到寻找供应商、谈判、在线收付款、开具发票、物流配送、库存控制、商品管理以及价格管控等环节，都通过互联网完成。这也意味着企业将采购环节的资金流、商品流和信息流，全部通过网上实现。

互联网采购模式有以下优点：

（1）扩大比价范围，提高采购效率，降低采购成本。互联网面对的是全球市场，可以突破传统采购模式的局限，货比多家，比质比价找到满意的供应商，大幅度降低采购成本。通过互联网可集中优势资源，集中采购，减少中间环节和直接费用支出；可大大增加信息量，减少信息不对称产生的机会成本。

（2）实现采购过程公开化。由计算机根据设定的流程，自动进行价格、交货期、服务等信息的确定，并完成供应商选择。整个采购活动公开于网络，方便监督，避免暗箱操作。

---

① 资料来源：陈普青. 互联网时代下的采购管理模式分析[J]. 物流工程与管理，2016（01）.

（3）采购业务操作程序化、标准化。基于电子商务的采购模式，业务操作必须按照规定流程进行。可规范采购行为、采购环节，大大减少随意性。

（4）促使采购管理定量化、科学化。可利用大数据、云计算等方法，为采购者提供更多更准确、高度量化的决策信息，改变了传统采购决策中信息量缺乏、信息传递缓慢、各环节数据无法量化等问题。大大改善买卖双方的关系，信息沟通更快捷，信息共享范围不断扩大。买方可实现准时化采购、个性化采购，卖方可实现即时生产、柔性化制造，从而增强双方的市场竞争力。

（5）实现采购管理向供应链管理的转变。上游企业可给采购方及时反馈原材料、半成品价格、供应等信息，下游企业可给采购方反馈消费者偏好及需求情况。采购方可根据这些信息，实施准时化采购和生产，降低供应链上企业的总成本。

扩展阅读 7-2
"互联网"招标采购行动方案（2017—2019 年）.pdf

第二节　生产者用户的购买行为

一、生产者用户购买行为的主要类型

依据组织市场和企业顾客的特性，生产者用户的购买行为有三种类型：

（一）直接重购

企业按部就班"复制"以往的购买决策，"照常"继续采购。这是最简单的一类购买，通常由买方的采购部门组织、落实，依据过去的要求继续向原供应商进货。也可能会有一些数量、时间的调整，但一般不会有其他太大的变动。

直接重购的购买决策面对的，是那些需要不断补充、购买频繁的产品或服务，如主要的原材料、零部件等。用户内部有关人员一旦发现库存低于安全水平，就会考虑通知进货。通常由同一供应商继续供应，除非这个供应商出了问题和意外，或者用户企业发现了有价值的新供应商，例如它们的供货条件、质量和价格等更有吸引力。

已经入选的供应商企业，重要的是必须继续努力，以保证供应的质量、数量和服务水平，并设法降低成本，以稳定顾客购买，形成良好的顾客关系，增强"客户黏性"；未被选上的供应商企业，稳妥的方式是设法先争取少量订货，使用户通过"试用"和不同的体验，比较并重新考虑货源。

（二）调整性重购

即买方企业希望调整所购产品、服务的规格、价格或其他交易条件，甚至提出更换供应商的意图。这种购买决策更复杂，所以用户内部介入决策的人员数量会更多，范围也更大。

由于买方提出了新的要求，可能与原供应商需要重新开展谈判、进行协商，甚至可能引发供应商的变更。因此，用户一旦进行修正性重购，会给原来的供应商企业带来威

胁，也可能给那些未曾入选的供应商企业提供机会。

（三）新购

企业用户的初次购买，也叫"新任务采购"。通常买方会有一整套标准和程序，并会考虑一批有可能的卖方即供应商企业，从中进行筛选。新购项目的价值越大，对买方正常运营的意义越大，购买者感受的风险也会越大，介入和参与购买过程与决策的人员、所需的信息一般也更多。由于买方企业还没有现成的供应商，所以新购类型的购买决策比较复杂，购买者需要考虑的问题、经历的手续更多，购买过程时间也长。但这对所有可能的供应商企业，都意味着机会。

扩展阅读 7-3
供应链管理与采购行为

一般来说，修正性重购是生产者用户比较普遍、常见的购买决策。直接重购决策作为一种常规决策，购买行为比较简单，供应商企业要掌握其规律也相对容易。新购决策复杂，多是面对从未购买、不常购买的重要项目。

二、生产者用户购买过程的参与者

生产者用户的采购作为一种组织行为，特点之一是集体决策。只有极少数的情况下，是由组织内部的个别人士做出了购买过程的所有决策；在大多数的情况下，是由来自不同领域、不同身份的相关人员，在购买过程不同阶段，直接或间接地参与了各项决策。就是说决策的是一个群体，我们称其"采购中心"或采购决策单位（见图 7-2）。

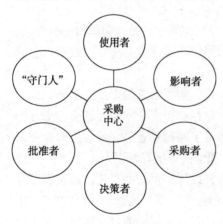

图 7-2 企业用户的"采购中心"及其参与者

"采购中心"及其参与者在采购过程和相关决策中，发挥着以下一种或几种作用，并分担共同的风险：

（1）使用者。具体使用、操作所购产品、服务的相关人员，往往也是最初提议购买的人士。他们对所购品种、规格等决策，具有直接影响。如果所购产品不合乎预期，使用者承受的损失最大。因此他们在"采购中心"的影响较大，所提意见和建议也更为其他同事看重。倘若他们拒绝某个供应商，"采购中心"的其他参与者很可能要认真考虑、做出妥协。

（2）影响者。在用户内部或组织外部，可直接或间接影响到购买决策的相关人员。他们以自己的知识、经验和权威等影响购买决策，比如强调保持生产进度、维持设计要求等；或运用价格、行情和交易等方面的专业信息，对决策者施加影响，协助决定所购品种、规格。常见的影响者，诸如采购经理、总经理、一线员工、办公室人员、研发工程师和技术人员。

（3）采购者。具有开展采购业务正式职权的相关人员，主要负责挑选供应商和参与谈判。在复杂的采购中，采购者还包括用户的高层管理人员。

（4）决策者。具有正式或非正式的权力、地位，可决定是否购买的角色。如果是一般例行采购，采购者常常也是决策者；若是复杂项目采购，决策者就往往会是高层管理人员。他们对"采购中心"的其他参与者，拥有最后的否定权。因此，掌握谁是决策者并了解其决策风格、办事特点等，对于促成交易很是重要。在用户内部，工程师、生产一线主管、办公室主任、销售经理、研发人员和采购经理等，许多时候也在扮演决策者的角色。

（5）批准者。有正式职权批准决策者或采购者所提购买方案的人士。

（6）信息控制者。也叫"守门人"，他们可以控制信息"入口"及其流向。比如用户的采购代理、技术人员，有能力拒绝某些供应商，或拦截他们到达"采购中心"某些参与者的信息。有的时候甚至秘书、接待员和门卫等，也能阻止供应商及其营销人员与使用者、决策者的联系和接触。

实际上，"采购中心"的范围大小和组成，会因拟购项目的性质、价值和数量等而异。购买成套设备的决策参与者，肯定要比购买单件产品的多。供应商必须清楚在目标顾客那里，哪些是主要的购买决策参与者，他们可能影响哪些方面的决策，具体影响力相对如何，尤其是使用什么标准进行评估。

三、影响生产者用户购买决策的主要因素

生产者用户的购买决定，受到许多因素的影响。供应商需要了解这些因素的具体构成和变化动态，采取相应措施，引导买方企业的购买行为（见图7-3）。

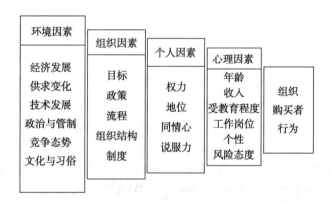

图7-3　影响组织机构购买者行为的主要因素[1]

（一）环境因素

泛指来自企业用户外部的，宏观环境和微观环境的各种影响。包括经济发展的前景，市场供求的变化，技术进步和发展，政治与管制的情况，竞争态势及文化、习俗等等。例如，某种市场和需求被普遍看好，或政府支持、鼓励某一产业的发展，相关企业就可

---

[1] 菲利普·科特勒，加里·阿姆斯特朗. 市场营销：原理与实践[M]. 16版. 楼尊，译. 北京：中国人民大学出版社，2015：173.

能增加投资、采购和库存,以备扩大生产之需;经济不景气,或局势动荡,企业用户也会减少甚至停止一些相关的采购。

 小案例7-1

疫情重挫航空制造需求①

2020年4月27日,是空客最大一款机型A380首飞15年纪念日。不出意外的话,这个巨无霸机型将于今年停产,生产线或将转产空客的其他机型。不过这个计划也可能会有变数,毕竟其他机型的生产线都在减产,产能富余。

空客集团首席执行官尧姆·傅里在给员工的内部信中表示,空客"正以前所未有的速度消耗现金",4月中旬做的减产1/3或还不足以止损。据悉,尧姆·傅里对此次新冠肺炎疫情危机的影响作了悲观评估,告诉13.5万名员工要为潜在的更深层次的裁员做好准备,如果不立即行动公司生存将岌岌可危。

麦肯锡发布的一份最新报告指出,全球旅行需求在今年短短4个月遭受的冲击,比2001年"9·11事件"和2008年金融危机的总和还要更大。2020年全球旅游航空业受影响的产值超过9 000亿美元,是"9·11事件"损失的7倍。2020年4月全球航空客运量比2019年同期下降70%~80%。全球60%的客运飞机因此停飞。

国际航空运输协会数据显示,受疫情影响,2020年全球航空公司客运收入可能减少3 140亿美元,同比下降55%。数以万计的飞机无法动弹,停在机场徒增成本,使得航空公司购买飞机的欲望急剧下降。

作为飞机制造商,空客和波音的心情无比焦虑。美国波音公司总裁兼首席执行官戴夫·卡尔霍恩坦承,疫情打击十分残酷,空中交通量恢复到先前的水平可能需要很长的时间,"这将在未来几年改变我们的业务"。

空客正与欧洲各国积极讨论,以制订旨在帮助陷入困境的行业的计划,包括国家担保贷款。还有可能进一步削减产量,本月初已将窄体机的产量削减三分之一,A320系列减至每月40架,其他宽体机型产量也差不多削减1/3,A330每月2架,A350每月6架。按照尧姆·傅里的说法,"之前的需求水平要到5年或10年后才会恢复。"

波音的处境更加危险。毕竟空客第一季度拿到了356架飞机订单,取消的订单仅66架。而波音仅在3月就被客户取消了150架737Max飞机订单,波音一季度净取消已达307架。4月18日通用电气旗下的飞机租赁公司GECAS宣布,取消向波音订购69架737Max飞机。4月20日国银租赁宣布,取消采购29架未交付的737Max客机。科威特飞机租赁公司Alafco近日也索赔3.36亿美元,因为波音拒绝退还40架737Max的预付款。据悉此前波音未能按时交付9架飞机,这家租赁公司已于3月6日取消波音的飞机订单。

众多订单取消,加剧了波音的财务危机。4月25日,波音宣布取消与巴西航空工业公司价值42亿美元的合作协议。愤怒的巴航已向波音索赔,波音回应"认为终止协议在

---

① 资料来源:高江虹. 疫情重挫航空制造需求 空客波音看淡前景着手自救[EB/OL]. 21财经(https://m.21jingji.com/article/20200427/herald/c8a1a9d99eca6ebb34b975723acaf059.html?layer=2). 2020-04-27.

其权利范围之内"。有消息称，波音还可能采取裁员举措渡过难关。一旦计划实施，预计会有数千名员工自愿离职或者退休。

（二）组织因素

主要指与买方企业自身相关的一些因素。包括企业使命、愿景和目标，战略和政策，组织结构与制度体系等，都会影响到购买决策。例如，一个追求市场领先地位的企业，可能对效率更高、更先进的机器设备、技术、工艺和管理方式等，抱有浓厚的兴趣；一个以"勤俭"为方针的企业，可能喜欢采购适用的二手机器与设备。供应商必须掌握买方市场的这些情况及变化，作为选择市场营销措施、考虑促销和推广方式的依据。

（三）个人因素

如前所述，在组织顾客的内部，一般会有一个事实上存在的"采购中心"。这些与采购业务、采购项目相关的人员，他们的职级、实际地位、授权、相互关系以及态度、说服力等各异，在购买决策中的作用也不尽相同。所以供应商必须了解，买方企业会有多少人介入该项采购，他们是谁，能影响到哪些决策；他们选择、评价供应商的标准；单位内部对他们有什么样的要求和限制。

在这里，尤其需要注意分析有关人员扮演的具体角色，他们在购买决策中的作用。例如，供应商需要清楚谁是购买决策者。在大公司，可能是负责该项采购业务的部门经理；在小企业，或许就是最高领导者本人。在有的用户那里，可能金额、数量小的项目个人说了算，但大宗的采购业务则要集体讨论。某人在单位里的职位很高，比如是董事长或总经理，但在采购方面或者说某些项目的定夺，不一定就是权力最大。即使是购买决策者，还可能因时因事因地而异。此外，买方企业的购买决策者固然重要，但有时却要从使用者、影响者入手寻找营销机会；即使是对信息控制者，也往往不可掉以轻心。

（四）心理因素

参与购买决策的相关人员，年龄、受教育程度、个性等以及对风险的态度也会各有不同。这些差异影响他们对拟购货物、品牌及供应商的感觉和看法，并对购买决策和购买行为发生影响。

四、生产者用户的购买过程与决策

生产者用户的购买过程，在理论上可区分为八个阶段，在每个阶段都会有相应的一些考虑和选择。供应商企业需要了解相关情况，以采取相应的市场营销政策和措施。在实践中，也并非买方的每次购买都要经历如此复杂的过程。一般来说，修正性重购和直接重购就可能跳过其中某些阶段（见表7-1）。

（一）认识需要

生产者用户的购买过程，也是始于对自身需要的认识。这种认识有的来自组织内部刺激，如决定开发新产品，需要采购有关设备、原材料等；发现之前的供应质量不好或不适用，需要更换供应商；有些设备设施发生故障或磨损，需要重新购置。有时候对需

表 7-1　企业用户购买过程的主要阶段

	新购	修正性重购	直接重购
认识需要	是	可能	否
明确需要	是	可能	否
说明需要	是	是	否
物色供应商	是	可能	否
征求供应意见书	是	可能	否
选择供应商	是	可能	否
签订合约	是	可能	否
效果评估	是	是	是

要的认识也产生于外部环境刺激，如买方有关人员看到媒体报道、广告或参观展会，发现了新的、更适用的产品或服务。

在这个阶段，买方考虑的重点是"是否需要"。供应商企业要多通过各种营销信息推送或走访可能的买主等，促使潜在顾客感觉并发现"需要购买"。

（二）明确需要

买方企业在认识需要之后，还要明确所需购买的品种、特征和数量。如果采购的是标准化产品，也许很快就能确定需要；如果是比较复杂的项目系统或非标准化产品，买方采购人员还要和使用者、技术人员一起，共同讨论和明确需要。

在这个阶段，买方考虑的重点是"需要什么"。供应商需要努力帮助潜在顾客，更好地明确它们所需要的产品特征和数量，即明确"需要这个"。

（三）说明需要

在明确需要以后，买方企业或组织专人或指派专家小组，对拟购项目作进一步分析，以分析购买"是否值得"。"价值分析（Value Analysis，VA）"是这个阶段常用的方法之一。所谓"价值"，是指拟购项目的"功能（Function）"与其耗费资源的关系，即与成本费用的比例关系；"功能"则包括所购项目的用途、效用和作用等。为了提高效益，买方相关人员会调查拟购项目是否具备所需和必要的功能，并讨论在保障功能的前提下，如何降低采购费用，甚至去除一些不必要的冗余功能。担负此职责的专人或小组，最后要写出技术说明书，作为"采购中心"或相关人员决策、取舍的依据和标准。

扩展阅读 7-4
价值分析

因此，供应商也必须学习和应用价值分析的方法，向潜在顾客说明自己的产品、服务及功能为何更好，或为何能使顾客成本更低，"更值得购买"，以争取成交。

（四）物色供应商

接下来，买方会考虑"谁能供应"的问题。它们尽可能地寻找合乎要求的供应商作为备选。如果是初次采购，或所购的项目复杂、价值很高，那么潜在顾客花费的时间会长一些。通常，买方企业采购人员通过企业名录、行业协会组织，或向其他顾客了解等各种途径，搜寻合格的供应商企业信息。

显然，供应商企业不仅要使自己的名号、品牌等进入企业名录，更要设法掌握潜在顾客的具体情况，加强联系和主动沟通。尤其是要努力使自己的企业及品牌，在市场上保持良好的形象和声誉。

（五）征求供应建议

买方企业会从合格的供应商企业中挑选出合适者，并向它们征求有关的供应建议。若是复杂、高值和意义重大的采购项目，买方可能会要求潜在卖主提供详细的书面材料。这样做的目的，是为了能更好地从合格者中找出合适者，避免漏选或误删。

供应商企业的有关人员，必须擅长调研和提出建议。若是书面提交，要注意从市场营销的角度分析该项采购的意义，如对提升用户品牌价值、产品竞争力或市场份额等有何价值，不要只是一份说明技术参数的文件。如果是口头陈述，要注意能够激励对方信心。只有善于使自己企业的能力、资源条件等因素在潜在顾客心目中占据相对优势，才能在竞争中胜出。

（六）选择供应商

在这一阶段，用户内部"采购中心"开始讨论、比较各家供应商的建议，以决定最终与谁成交。他们一般根据不同供应商的产量、质量、价格、信誉、技术服务和及时交货能力等作出评价，即进行卖主分析，并认定各家供应商的吸引力大小。在最后作出决定之前，"采购中心"还可能邀请更为中意的供应商面谈，试图争取更便宜的价格或更好的供应条件。最后，确定一个或几个供应商为企业合作伙伴。

一般来说，买方多倾向于保留数条供应渠道。比如同时向三家购买，可使供应商之间保持竞争，促使它们更加努力做好供应。

（七）签约

最终决定供应商之后，买方有关部门根据所购项目的技术说明、需求数量、预期交货时间、退货条件和售后保证等，与其签订最后的协议。一般来说，多数生产者用户愿意采用长期合同形式，而不是定期的订单。因为采购次数少，每次批量就大，虽然可获得价格优惠，但也增加库存积压风险；反之，采购次数多，每次批量就小，可减少库存积压，但也失去价格优惠等。长期合同的形式可保证买方在一定时期购买总量达到一定规模，也可获得价格等方面的优惠；同时，由供应商按买方要求的时间等分批次交付，也可减少买方库存压力，甚至实现无库存采购。

买方企业将库存转移到供应商企业，一方面，必然增加供应商的库存压力；但另一方面，供应商也可借此与买方形成更紧密的合作关系，使客户更多依靠自己而不是多条供应渠道。具有战略意义的是，可能使新的竞争者涉足其间更为困难，除非买方对供应商的价格或服务等产生了严重不满。

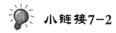

互联网模式的采购过程与步骤[①]

互联网模式下的采购，改变了传统采购业务处理方式，是对传统采购的一种升级跨

---

① 参阅：陈普青. 互联网时代下的采购管理模式分析[J]. 物流工程与管理，2016（01）.

越。实施过程一般包括：

（1）网上询价。即企业用户在网上编制询价方案，向供应商发布询价书或招标公告；供应商在网上对询价书报价、投标。

（2）网上比价。企业用户在网上对各供应商报价或标书比较，结合网上采购过程积累的关于各供应商的质量、服务水平、交货期、资信等情况，选择和确定供应商。

（3）网上信用担保及支付。这是实现供应商与采购方资金流动的具体表现，目前，更多的互联网采购通过电子支付完成。一般电子支付分网上支付、电话支付、移动支付等方式。

（4）网上在线集成用户企业与供应商之间的供求信息与资源。通过实现需求动态、可供产品信息、新产品情况等重要信息和库存资源的共享，为减少储备资金占用、降低采购成本提供条件，也为各级采购人员提供大量决策信息。

（5）网上供应商动态考评。即买方企业在网上对供应商企业的交付质量、价格、交货期、售后服务等进行考核，依据每一份合同作出评价，为下一次采购决策提供依据。

（八）效果评估

在采购项目交付之后，买方有关人员会对各供应商的表现进行评估。比如收集使用者意见，要求他们给不同的供应商及其供应打分。效果评估的结果可能是继续订货，也可能作出调整性重购，甚至采取停购措施。

小案例分析 7-1
新供应商的评估——
三洋科龙的经验

供应商必须一如既往地密切关心生产者用户的"购后体验"。尤其要分析在买方内部，采购者和使用者是否使用相同的标准进行评估，提供的价值是否已使他们获得了预期的满足。

第三节　中间商市场与购买行为

中间商市场也叫转卖者市场，由那些购买为了直接转卖以获取盈利的买主组成。中间商市场的顾客，包括各种类型的商业中间商（买卖中间商）和代理中间商，它们位于生产者和消费者、组织机构顾客的"中间"，专门媒介商品流通。中间商市场的需求，也主要是由消费者市场或其他相关终端市场的需求引申或派生而来，且带有组织购买的性质，所以和生产者市场有许多相似之处。

一、中间商的购买决策

一般来说，中间商开展采购业务需要就以下方面作出决策：

（一）决定购买时间和采购数量

由于中间商"转手买卖"的特点，它们对购买时间的要求严格。采购人员常常把下达订单的时间一拖再拖，甚至推延到最后一刻，以便更准确把握消费者和终端买主的需要，使所购产品适销对路，并避免库存积压。一旦下单又总是催促尽快到货，以便迅速转手卖出，防止占用资金。

由于中间商利润相对单薄，因此总是以"勤进快销"谋取更多的收益。它们采购的数量或购买批量，通常依据现有的存货水平和预期的需求水平具体考虑。例如偶然性的大量订购，这样可降低采购成本，或从供应商获得更大折扣；经常性的小批量订购，这样可减少库存……中间商据此比较其成本/效益，然后作出更有利的选择。供应商要努力了解中间商的意图，采取相应方法和措施吸引它们。

（二）选择供应商

中间商购买以盈利为目的，购买量也要比消费者的购买更大更多。消费者经常即兴购买、冲动购买，对供应商的选择相对随意。中间商不然，它们与生产者用户相似，更多的是理性购买，对供应商、品牌以及产品选择更为慎重。面对众多供应商，中间商客户一般会根据交易条件的优惠、合作的诚意及当时的市场营销环境、产品销路、经营能力和本身的经营风格等加以甄选。

小案例7-2

沃尔玛的供应商标准[①]

在沃尔玛看来，供应商标准是对其供应商在社会和环境的影响方面的基本期望。所有为沃尔玛及其附属机构生产的工厂，都必须将此标准以英文或员工所操之语言张示在公共区域。所有供应商及其工厂，包括转包商和包装厂均应遵守。

供应商标准中的期望和义务，主要包括：（1）完全遵守所有适用国家及/或地方法律法规；（2）苦工、童工、未成年工、强迫劳工、抵债劳工或契约劳工都不被允许；（3）供应商必须保证工作时间符合法律规定且不得超出限制；（4）必须根据个人能力和工作意愿进行雇用、支付薪酬、培训、提供晋升机会、终止劳动合同及准予退休；（5）向所有工人支付符合或超过法律标准或集体协定的工资、加班补贴及福利；（6）尊重工人根据自己的选择合法、和平地组建或加入工会并进行集体谈判的权利；（7）为工人提供安全、健康的工作环境，防止工作场所危害；（8）食宿设施必须安全、健康、卫生；（9）确保每个工厂遵守环境法律，包括与废物处理、气体排放、水体排放、有毒物质和有害废物处理相关的所有法律，根据国际公约及协议证实所有输入原料及部件均来自合法产地；（10）供应商不得向Walmart员工提供赠礼或招待；（11）不得与Walmart员工达成造成利益冲突的交易；（12）供应商不得容忍、允许或参与贿赂、贪污或不道德行为；（13）供应商应根据标准会计实践，保存所有与Walmart交易相关事宜之准确记录。

若有违反沃尔玛标准的行为，可使用当地语言秘密报告。

对于沃尔玛来说，它首先考察的是企业，然后才是看产品，对供应商的选择高于对商品的选择。选择了合适的供应商，才可能采购到合格的商品；没有好的供应商，一切都将无从谈起。

---

① 资料来源：佚名. Walmart 供应商标准[EB/OL]. Walmart 中国官方网站（http://wal-martchina.com/supplier/downloads/vendor%20standard.pdf）. 2012-01-01.

(三) 决定采购的货色

所谓"货色"是指中间商经营的产品、服务及其搭配，也就是提供给潜在顾客的产品组合，一般取决于它们的目标市场战略和定位。从既能体现自身经营特色，又可最大限度吸引买主出发，中间商往往从以下类型中考虑和选择：

（1）独家货色——只是经营一家供应商的产品。多属于特殊品，或具有某种特殊性的产品，如专利、技术诀窍和创新新产品，厂商联营、合作企业的产品，或奢侈品等。

（2）专深货色——同时经营多家供应商的同类产品，包括不同型号、规格等。

（3）广泛货色——经营多家供应商的多种产品。经营范围较广，但还没有跨行业、"跨界"。

（4）杂乱货色——经营的是相互之间没有什么关联的产品。

(四) 选择购买条件

购买条件直接影响到中间商效益，因此，它们总是力争能从供应商得到更多优惠。比如向制造商要求折扣、推迟付款或广告津贴；要求及时、迅速交货；要求供应商承担产品破损、缺陷的责任，甚至不受欢迎或销路不畅的损失；要求面对顾客投诉或其他产品质量问题与事故，生产者、供应商必须首先承担责任等。

其中价格是一个重要条件。中间商的需求与生产者用户的需求一样，都是派生需求，都受到消费者市场需求的影响，而中间商对价格更加敏感。由于它们与消费者的联系更直接，并能迅速察觉消费者市场对价格的要求，所以中间商往往认为它们在价格、付款条件等方面，有充分理由向供应商索要更多优惠。

二、中间商的购买类型

中间商的购买决策和购买行为，同样会因具体采购业务类型而有不同。中间商的购买类型一般分为：

(一) 新产品采购类型

对于以前未曾经营过的新产品，中间商通常要决定是否进货以及向谁购买。其实它们所面对的关键问题，追根究底还在于目标市场、潜在顾客能否接受新产品。因此，中间商的新产品采购类型与生产者用户的"新购"类型相似，都要经历认识需要、确定需要、说明需要、物色供应商、征求供应建议、选择供应商、签订合约和绩效评估等阶段，购买行为较为复杂。

(二) 最佳卖主选择类型

中间商已经确定需要进货的产品，但要寻找、考虑更合适的供应商。这种购买行为的发生，主要与以下情况有关：

（1）市场货源充裕，中间商库容（场地）、资金等有限。所以只能购买其中的部分，必须好中选优。

（2）中间商拥有或打算自创品牌，需要愿意合作的制造商。例如好市多（Costco，或开市客)、沃尔玛等零售商，就有许多自有品牌，它们在采购中必然会考虑这一因素。

(三)谋求更好交易条件的类型

中间商希望现有的供应商在交易条件上能再给予优惠，因此与其反复洽商。目的不是更换供应商，而是希望得到更多的利益。

上述三种购买类型，会因为采购人员的素质提高、信息来源的丰富和分析方法的增多，变得更加复杂。如今电脑、互联网和信息技术日新月异，大大改进了中间商的采购业务过程。电脑和相关管理软件在库存控制、计算经济订货量、管理供应商报价和填写订单等方面广泛应用，采购过程变得更简捷、方便和科学。批发商和零售商可通过互联网，将所需品种、数量等信息直接发到供应商，供应商只要照单发货。批发商和零售商希望"无库存采购"，需要供应商储存适量的产品，并依据签约中间商的通知及时配送。网上采购和网上销售的广阔前景，必将给众多供应商提出更大的挑战。

小链接7-3

中间商购买行为的七种形态[①]

中间商购买行为是指中间商在寻找、购买、转卖或租赁商品过程中所表现的行为。狄克森(Roger A. Dickinson)将其分为七种型态：

(1)忠实的采购者——对某个或某些供应商年复一年的长期惠顾。它们之所以如此，除了希望获得更好的交易条件，还有其他如感情方面的因素。

(2)随机的购买者——喜欢从选定的几个能满足自己长期需要和利益的供应商当中，随机选择更合适的供应商，而不是固定于其中某一个。

(3)最佳条件购买者——在一定的时间和场合，寻求并选择能够给予更多优惠条件的供应商进行交易，而不是限定在事先已有的"圈子"里。

(4)创造性的购买者——通常不接受供应商提出的任何销售条件，而是以自己的条件与供应商进行交易。实际上，也是要供应商适应自己。

(5)追求广告支持的购买者——想方设法要求供应商提供广告补贴。而且这种广告补贴被当作每一交易协议的首要目标，以及交易中的一个部分。

(6)小气的购买者——在谈判过程中，总是要求供应商在价格上特别让步。它们只接受能在价格上提供最大折扣的供应商。

(7)琐碎的购买者——在供应商提供的可接受的商品中，它们首先注意的是产品的多样化，然后挑选构造最佳的产品，并且特别看重零星杂物而并非购买数量。

三、影响中间商购买行为的主要因素

中间商的购买行为和生产者用户一样，也要受到环境、组织、个人及心理因素等的影响。此外，还有以下因素会影响中间商购买的具体行为，需要供应商、市场营销人员

[①] 参阅：邝鸿，主编. 现代市场营销大全[M]. 北京：经济管理出版社，1990：286。

了解和把握：

（1）产品是否适销对路。中间商购买的目的是为了转手盈利，市场前景看好的产品、消费者和客户喜欢的品牌等，都是它们愿意和积极购买的对象。

（2）预期收益和利润率。

（3）能否得到供应商的促销支持。供应商的积极促销可为销售铺平道路，创造良好的销售氛围。对中间商来说，有助于减少积压、滞销风险，加速销售和资金周转，从而也增强自己的竞争力。

小案例分析 7-2
如何成为沃尔玛的供应商

（4）与自身的定位一致或接近的产品、品牌。如有的零售商，为了树立其高端形象，只经营著名品牌而拒绝"大路货""低端产品"。

（5）供应商的声誉、形象是否良好。

第四节　非营利组织市场与购买行为

非营利组织（non-profit organization，NPO）泛指所有不以营利为目的的社会组织和机构团体。一般来说，非营利组织的运作不是为了创造利润，不以营利为目的，这通常也被视为它们的主要特性。①在我国，非营利组织通常也有"机关团体事业单位"的称谓。

一、非营利组织市场的顾客

非营利组织不从事营利性业务和活动。其存在的价值，或是推动某项社会事业发展，或是宣传普及某些知识、观念，或是唤起公众对某种社会现象的关心，或是共同商讨解决某个共同的社会问题……不同的非营利组织，有不同的目标和工作任务。一般来说，依据它们的社会职能及特征，可分为三种主要类型：

（1）公益性非营利组织。通常是履行国家职能的非营利组织，它们以国家或社会总体的利益为目标，服务于全社会。这种非营利组织包括各级政府机构，担负保卫国家重任的军队，负责社会公共安全的警察，处置应急事务的管理部门如消防力量等。

（2）互益性非营利组织，或称为促进群体交流的非营利组织。包括各种职业团体、业余团体、宗教团体以及大多数专业学会、行业协会、同业公会等，都可列入这个范围。它们重视的是内部成员的利益和共同目的，看重组织对成员的吸引力。

（3）服务性非营利组织。侧重于满足某些公众的特定需要，或以此为基本任务和使命，提供相应的非营利性服务。常见的如公立学校、医院及卫生保健组织、新闻机构、

---

① 也有专家认为，非营利组织和营利组织最主要的差异在于非营利组织受到法律或道德约束，不能将盈余分配给拥有者或股东。非营利组织还是需要产生收益，以提供其活动的资金，但其收入和支出受到限制。非营利组织往往由公、私部门的捐赠获得经费，而且经常是免税的。私人对非营利组织的捐款有时还可以扣税。慈善团体就是一种非营利组织，非政府组织（NGO）也可能同时是非营利组织。狭义的非营利组织有时亦称为第三部门（the third sector），与政府（第一部门）和企业（第二部门）等形成三种影响社会的主要力量。

公共图书馆、博物馆以及福利、慈善机构等。

各种各样的非营利组织，是庞大、复杂的社会组织体系的重要组成部分，也是组织机构市场的重要顾客。其中，政府通过税收、财政预算等，掌握相当部分国民收入，形成了一个潜力很大的政府市场，更是非营利组织市场的主要顾客。

二、政府市场与购买行为

政府采购是指各级政府部门，为了从事日常政务活动或满足公共服务需要，利用财政资金和政府借款等，购买货物、工程和服务的行为。它不仅是指具体的采购过程，而且也是采购政策、采购程序、采购过程和采购管理的总称，是一种管理公共采购事务的制度。

（一）政府采购的主要特点

政府市场由各级政府部门、机构组成。与其他的组织比较，政府采购由于资金来源的公共性、政府组织的非营利性，具有以下不同的特点：

（1）采购对象的广泛性、复杂性。政府购买的目的，主要是为了维护社会安全及其自身的正常运转，因而采购的对象范围广泛、复杂。从办公用品到生活用品，从快速消费品到不动产，有可能"什么都会购买"。

（2）较强的政策性。政府采购与政府的宏观调控政策相协调，可以调节经济运行；其经费来源主要依靠财政，一般不能突破；注重社会效益，以维护公共利益为出发点。

（3）公开透明，并以竞争方式作为实现采购目的的主要手段。政府采购把竞争机制引入公共支出的使用，符合纳税人对政府少花钱、多办事的期望。同时提高了采购活动的透明度，便于纳税人监督公共资金的分配、使用。这一制度在市场经济发达国家已有两百多年历史，被称为"阳光下"的交易。

（4）受到法律的严格限制。采购决策必须按法定程序审批才能实施开展，采购方式和程序有法律明文规定，采购机构的权力受到法律制约，采购对象受法律限制和采购标准控制。复杂的、涉及金额大的采购业务，往往可能要经过几个部门审批，有的还要反复论证。决策时间长，手续繁杂。

（5）强调价格。之所以如此，一是因为政府的采购经费有限；二是作为买方的政府采购部门是唯一的，作为卖方的供应商则有许多家。发生在供应商之间的竞争，使得价格无法太高。一般情况下，政府部门总是向那些既能提供合格的供应，同时标价又更低的供应商采购。

（6）具有极大的影响力。政府采购市场的主体是政府，是一个国家内最大的单一购买者。由于其购买力巨大，政府采购规模、采购结构的变化，必然会对社会经济发展、产业结构以及公众生活等，带来十分明显的影响。政府采购产生的这种其他采购主体不可替代的影响力，也成为各国政府经常使用的一种宏观经济调控手段。

在政府与供应商的业务关系中，政府方面往往处于主导地位，竞争主要是在卖方之间进行。因为政府部门支出总额既定，所以政府市场的潜力有一定限度，每个供应商付出的市场营销努力，也只能对自己市场份额的大小产生影响。政府采购看重价格，供应商唯有不断降低成本，在保证质量的同时维持较低的价格水平，才有更强的竞争力。

（二）政府采购的基本模式

政府采购一般有三种主要做法，即：

（1）集中采购模式——由一个专门的政府采购机构，负责本级政府的全部采购任务；

（2）分散采购模式——由各采购费用支出单位自行开展采购；

（3）半集中半分散采购模式——由专门的政府采购机构负责部分项目采购，其他由各单位自行组织采购。

在我国，集中采购模式占很大比重。列入集中采购目录和达到一定金额的项目，必须实行集中采购。

（三）影响政府购买决策的因素

政府的购买决策，受到环境、组织、个人和心理等因素的影响。根据政府机构的特点，还要注意以下方面：

（1）社会和公众监督。虽然世界各国的政治经济制度不同，但是政府采购几乎无一例外要受到各种监督。例如在我国，政府重要的预算项目必须提交人民代表大会审议，经费使用要接受监督。有的国家成立专门的行政管理和预算办公室，审核政府的各项支出，并试图提高使用效率。新闻媒体等也很密切关注政府经费的使用，发挥着舆论监督作用。公民和社会团体常常通过各种途径，表达他们对税赋及其使用的关切。

（2）国际、国内政治形势的影响。

（3）政府考虑和追求的其他非经济性的目标。除了价格因素，政府采购还可能结合其他目标。例如，我国在出现"卖粮难"现象的时候，政府按最低保护价组织收购。当年美国总统罗斯福在经济衰退时期实行"新政"，也是由国家投资大力兴建基础设施，有效地刺激了经济增长。

小案例分析 7-3
美国军方使用外包服务的经验

三、非营利组织的采购方式

一般来说，非营利组织的采购方式大致可以分为公开招标选购、议价合约选购和日常采购三种：

（一）公开招标选购

公开招标是买方通过刊登公告、发出信函或其他方式，说明拟购的产品和服务、品种、规格以及数量等，邀请不特定的供应商在规定期限内投标。有意争取业务的企业，在规定期限内准备标书（格式通常由招标人规定），说明可供商品名称、品种、规格、数量、交货日期和价格等，密封送交组织招标的买方有关部门。有关部门在规定的日期开标，选择报价更低并符合要求的供应商，与之洽谈成交。采用这种方法，买方一般无须与卖方反复磋商，而且处于较主动的地位。但在供应商之间，可能产生激烈的竞争。

供应商为了在竞争中胜出，除了遵守相关的法律规定，还要注意：

（1）自己的产品或供应是否达到招标人要求，合约条件对自己是否有利。特别是一些非标准化的产品及其规格,往往成为夺标的障碍。

(2)标价是否最低。一般情况下,买方总是愿意把订单交给报价最低的供应商,除非供应商提供的对买方来说别无替代、没有选择,才有可能考虑让步。因此,既要有利可图又要能够夺标,报价高低是一个关键。

(3)能否满足买方一些特殊要求。比如美国政府采购一些机械设备,维护费用要由供应商负担。类似的,通常免费维修期限长的供应商,夺标可能性要大。

(二)议价合约选购

议价合约选购是指买方采购部门和几个供应商进行接触,最后与其中合适的供应商签订合约,达成交易。这种方式多用于复杂的工程项目,因为这类采购往往涉及重大研发费用和风险。在美国,一旦采购业务涉及复杂的计划、较大的风险,同时供应商之间竞争性又较小,政府往往采用这种采购方式。

这类合约的订价有多种方法,如成本加成定价法、固定订价法以及供应商若降低其成本则可多赚的固定价格加奖赏法等。供应商的利润过多可以重新议价,使之合理又无损于双方。大企业在取得合约以后常常把项目分解,把其中相当的一部分转包给其他公司去完成。因此,政府采购往往产生连锁效应,在生产者市场产生引申需求。接受转包的小公司在大承包商的控制下,必须按要求交保证金,并分摊风险。

(三)日常采购

是买方的采购部门为维持日常办公、运转进行的采购。与公开招标和议价合约采购不同,这种方式既不公开招标,在多数情况下也不用签订书面合同。采购金额少的话,交款和交货方式通常为即期交付。例如添置办公桌椅、采购纸张和文具等。其特点有些类似生产者市场的"直接重购",有时也像中间商市场的"最佳卖主选择"或"谋求更好的交易条件"等购买类型。

扩展阅读 7-5
中华人民共和国政府采购法及其实施条例.docx

本章小结

组织机构市场包括生产者市场、中间商市场、政府及其他非营利机构市场,它们都具有组织购买、集团消费的特点。

生产者市场是典型的组织机构市场,也叫工业用品市场或产业市场。它由那些购买产品和服务以进一步加工、制造、提供产品或服务,然后销售或租赁给其他顾客使用、消费,并从中获取盈利的组织机构组成。与消费者市场相比,生产者市场的需求具有派生需求的性质,需求弹性较小且波动性大,技术要求高,购买程序复杂,顾客数目少但购买规模大,并经常采用直接采购、互惠购买和租赁等形式。

生产者用户的购买决策,大多数时候是不同领域、不同身份人员,直接或间接参与的结果。这些参与者在一项购买决策中,分别发挥着使用者、影响者、采购者、决策者、批准者和信息控制者等作用。因此供应商必须清楚,谁是主要参与者,他们能够影响哪些决策,相对影响力如何以及使用的评估标准。

一般来说，生产者用户的购买行为有直接重购、调整性重购和新购等类型。生产者用户做出购买决定，受到环境因素、组织因素、个人因素和心理因素等的影响。购买决策过程一般要经历八个阶段，即认识需要、明确需要、说明需要、物色供应商、征求供应建议、选择供应商、签订合约以及绩效评估等。当然，一般来说新购是这样，调整性重购和直接重购可能会跳过其中的一些阶段。

中间商市场也叫转卖者市场，由那些通过直接转卖而盈利的顾客组成，主要有各种商业中间商（买卖中间商）和代理中间商。它们位于生产者和消费者、组织顾客"中间"，专门媒介商品流通。因此，中间商的需求也是一种消费者市场的引申需求或派生需求。由于大多带有组织购买的性质，与生产者市场有较多相似的特征。一般来说，中间商的购买决策包括决定购买时间和采购数量、选择供应商、决定采购货色和选择购买条件等。

非营利组织泛指不从事营利活动，即不以创造利润为目的的组织机构。非营利组织是庞大、复杂的社会组织体系的重要组成部分，也是组织机构市场的重要顾客。政府是其中一个潜力很大的市场。非营利组织的采购，主要有公开招标选购、议价合约选购以及日常采购等三种方式。

重要名词

组织机构市场　生产者市场　派生需求　互惠购买　"采购中心"　直接重购　调整性重购　新购　中间商市场　非营利组织　政府市场　公开招标选购　议价合约选购

即测即练题

复习思考题

1. 比较组织机构市场与消费者市场的不同。
2. 如何认识组织机构购买者的购买行为模式？
3. 为什么说生产者市场的需求是一种派生需求？
4. 直接重购、调整性重购和新购等购买类型有何不同？
5. 了解生产者用户和中间商购买过程的参与者，对供应商企业开展市场营销有何帮助？
6. 在生产者用户购买决策过程的不同阶段，供应商的市场营销应注意什么？
7. 政府市场及政府部门的购买行为有什么特点？
8. 非营利组织有哪些采购方式？

案例

肯德基的供应链管理

对大型餐饮连锁企业,强大的供应链管理体系是企业健康和持续发展的必练内功。百胜餐饮集团中国事业部主席兼首席执行官苏敬轼说,"百胜在中国取得好成绩的重要原因之一,就是我们在供应链管理上下功夫。即便'自讨苦吃'也要管好供应商。"

供应链管理≠采购

百胜餐饮集团中国事业部首席供应链官陈玟瑞指出:供应链管理并非简单的采购。大型餐饮企业每天面临数量众多且种类繁杂的采购需求,只有科学系统的管理才能满足并保证几千家餐厅供应的高效、稳定与安全。

从田间到餐桌是一条很长的链。随着食品工业发展,链条会越来越复杂。复杂就意味着容易出问题。对企业来说,规模越大,面临的供应链管理任务越艰巨。

中国百胜有包括采购、品质管理、食品安全办公室在内的439位经理人组成的专业团队,管理400多家食品及相关供应商。"立基全球、扎根中国;积极管理、食品安全;质量为先、多元策略、有序竞争;上游延伸、新品研发。"陈玟瑞说,"这36个字概括了中国百胜的供应链特点。"

供应商全部由自己管理

大型连锁餐饮企业供应链管理主要有两种模式,一种由终端企业直接管理供应商;另一种是终端企业只对应一级供应商,一级供应商再对应上游诸多供应商。百胜的选择是第一种,"如果你的供应商就是一家,这个利益共生关系太大了,太大了就会就变成互相没有选择。很多问题就可能会压着捂着,不能很好地解决。"也正是这种被苏敬轼比喻成"自讨苦吃"的供应链管理模式,在企业出现危机时体现了其价值所在。

2014年8月的"福喜事件",一度令肯德基、麦当劳、汉堡王等快餐连锁企业受到牵连,而肯德基受到影响较小。即使第一时间全面停用上海福喜的原料,也没有发生断货情况,这背后体现的正是其供应链管理体系的优越性。

分散风险,供应商多元化

在百胜看来,使用单一供应商的管理相对简单,但风险高度集中。一旦这个供应商出了问题,后患和危害难以估量。多元供应商的好处是避免双方利益捆绑太大,可以有效监督和牵制,但管理难度也由此产生。

如何管理好这400多家供应商?陈玟瑞介绍,"我们大多是不通知的'飞行检查',今年还建立'吹哨人'制度,鼓励企业内部人士举报危害百胜食品安全的任何违法违规行为。这只是我们供应链管理中防范风险机制的一部分。""吹哨人"制度被视为第一时间发现公司不法行为最有效的途径。美国也发现,这发是发现公司欺诈行为很有效的手段。

创造"软性比价",引入良性竞争

通常,大型连锁餐饮机构会用竞标方式选取供应商。竞争带来品质保证,市场决定优胜劣汰。这样也可对采购人员形成约束,不易出现腐败现象。

如何选出这400家供应商?通过多年实践,百胜摸索出"软性比价"。即在质量为先的前提下,根据食品安全、质量和商务审核的总体绩效,供应商需先获得资格,然后以起始份额进行竞标。百胜对竞价最低的供应商提供奖励份额；其他供应商有机会跟标，但拿到较少份额。一次竞标失利的供应商，还有机会下次赢回份额。百胜鼓励供应商在产品质量和服务上进行竞争。通常一年两次，半年竞争一次，每次输赢不大。这种设计避免了过大的激励造成供应商恶性竞标。

苏敬轼表示，"我们是做一辈子的事业，不但着眼现在还着眼未来。你必须依赖上游，把它统统都要做好了，我们餐饮才能拿到好原料、可靠的原料。我们还要不断发展，要发展新产品，发展新的来源，还要把成本下降。这些都需要很积极地去做管理。"

资料来源：李丹. 肯德基"自讨苦吃"供应链管理再升级：从飞行检查到"吹哨人"制度建立[N]. 中国经营报，2014-12-20.

案例讨论题

1. 肯德基公司是如何实施供应链管理，以管理其上游供应商的？
2. 要成为肯德基公司的供应商，企业开展市场营销需要注意什么？

第八章　市场调研与市场营销信息系统

本章提要

通过本章学习，了解市场营销调研的过程，熟悉市场营销二手数据的收集、评价和收集原始数据的主要方法，了解市场营销信息系统的含义及其构成，充分理解市场营销信息系统对企业的重要性。

 引例

5G 手机逐渐成为主流

近年来，随着中国智能手机市场的日趋饱和，消费者对新设备的需求放缓。中国信通院数据显示，2012—2014 年，国内智能手机增速大幅下降，2019 年国内智能手机出货量 3.72 亿部，同比下降 4.7%。2020 年 11 月，国内智能手机出货量 2 771 万部，同比下降 17.0%。2020 年 1—11 月，智能手机累计出货量 2.71 亿部，同比下降 21.1%。

自 2019 年 7 月以来，除 2020 年 2 月受到新冠疫情的明显影响外，5G 手机出货量整体保持上升趋势。2020 年 11 月，国内市场 5G 手机出货量 2 013.6 万部，而整体智能手机出货量仅为 2 771.0 万部。2020 年 1—11 月，国内市场 5G 手机累计出货量达到 1.44 亿部。目前国内手机市场主要以 5G 手机为主，随着未来 5G 时代的进一步发展，5G 手机占比还将继续扩大。

自 2019 年 4 月，华为通过中国第一部 5G 手机认证以来，中国通过认证 5G 机型数量呈现快速上升趋势。根据中国质量认证中心 CCC 证书查询，2019 年全国共有 79 款 5G 手机机型通过 CCC 认证。截至 2020 年 12 月中旬，中国通过 CCC 认证的 5G 机型数量达到 440 款。2020 年 1—11 月，5G 手机上市新机型累计 199 款，占比 47.7%。国内新手机开始以 5G 手机为主，5G 手机逐渐成为主流。这一市场调研报告对于企业具有重要的参考价值，能有助于企业及时调整经营策略。

资料来源：前瞻产业研究院. 2020 年中国智能手机行业市场现状及发展趋势分析[EB/OL]. 东方财富网（http://finance.eastmoney.com/a/202012291754805649.html），2020-12-29.

要比竞争者更好地满足需求，赢得竞争优势，进而获得合理的利润收入，就必须从研究市场出发，了解市场及竞争者动态，即开展市场调研，广泛收集营销信息，据此

扩展阅读 8-1
2020 年营销变革：创新的 8 个维度

制定市场营销战略和决策。市场营销信息系统与现代统计技术，为搜寻市场信息、满足市场需求和增强企业的核心竞争力提供了便利条件。

第一节　市场营销调研过程

一、市场营销调研

（一）市场营销调研的含义与内容

所谓市场营销调研，是指系统地设计、收集、分析并报告与企业有关的数据和研究结果。现代市场经济条件下，各企业的营销调研部门都在扩充其研究活动的范围和研究技术。其中最主要的研究活动有市场特性的确定，市场潜量的开发，市场占有率分析，销售分析与竞争。

（二）市场营销调研技术

调研技术日益进步，为市场营销调研活动的开展创造了有利条件。在这些研究技术中，凝结着诸如经济学、统计学、社会心理学、计算机科学等学科的研究成果。市场营销调研人员要善于学习、引进这些研究技术，并将之创造性地应用到营销调研实践中去。

市场营销调研是一个包括认识收集信息的必要性，明确调查目的和信息需求，决定数据来源和取得数据的方法，设计调查表格和数据收集形式，设计样本，数据收集与核算，统计与分析，报告研究结果等在内的复杂过程。在此过程中，既有定量研究又有定性研究。

定量研究一般是为了对特定研究对象的总体得出统计结果而进行的。距今 300 多年前，牛顿的《自然哲学和数学原理》和配第的《政治算术》，开辟了自然科学和社会科学数量化的时代。马克思在谈到配第时说："他不是把一连串比较级和最高级词汇同空论拼凑在一起，而是立志用数字、权重和测量来说话，只利用从感观的经验中得出的论据，只研究在自然界中具有可见根据的原因。"马克思认为："一种科学只有在成功地运用了数学以后，才算达到了完善的地步。"将数学运用于管理学，可以深入揭示仅靠定性分析难以表达的现代经济错综复杂的相互关系及其变动趋势（特别是动态、非线性的、不确定性的关系），可以提出管理决策的性质、方向、力度和边界，并预测其直接效果和间接效果。在营销调研中，必须高度重视定量研究，以便使搜集到的信息和调研得出的结论能够充分反映市场需求与营销环境的客观现实。

定性研究具有探索性、诊断性和预测性等特点，它并不追求精确的结论，而只是了解问题之所在，摸清情况，得出感性认识。定性研究的主要方法包括与几个人面谈的焦点小组、要求详细回答的深度访问，以及各种投射技术等。

二、市场营销数据收集和评价

市场调研部门将大量时间和精力用在收集数据。只有收集到充足的原始数据，才可能得出正确的营销调研结果。所以，企业营销人员必须对收集数据的主要方法有所了解。

解决某一问题所需的信息，也许目前已经存在，也许尚不存在。经过编排、加工处理的数据，称为二手数据；企业必须首次亲自收集的数据，称为一手数据或者原始数据。很多时候，市场营销研究中所需用到的都是二手数据。因此如何对二手数据进行收集和评价，是市场营销人员必须清楚且具备的能力。

（一）二手数据的主要来源

市场营销调研人员可首先利用现有的信息来源，收集解决问题所需的数据。这些数据可能存在于企业信息系统，也可能存在于经销商、广告代理商、行业协会信息系统内，出现在政府出版物或商业、贸易出版物上，还可能要从提供市场营销信息的企业购进。假如研究人员所需的数据能从现有来源找到，可省去大量时间与费用。但是，研究人员无论如何都要认真评估二手数据的质量，因为这种数据是在过去出于不同目的或在不同条件下收集的，其适用性会受到限制。某些营销调研人员发现长期寻找的数据已印成文字时，往往欣喜若狂，乐不可支，不加审查、评估就直接引用，这是危险的，往往招致不可挽回的损失。所以对已存在的二手数据，必须进行严格审查与评估。

（二）评估二手数据的标准

审查与评估二手数据的标准有三：

1. 公正性

所谓公正性，是指提供该项数据的人员或组织不怀偏见或恶意。一般来讲研究人员都会认为，政府机构或商业组织提供的统计数字大都没有歪曲或偏见。但在某些情况下，个别民间组织（如行业协会等）所出版的某些数据，可能会故意被用来凸显某行业好的一面。

2. 有效性

所谓有效性，是指研究人员是否利用了某一特定的相关测量方法，或一系列相关测量方法收集数据。例如，利用不同历史时期的钢铁价格测量钢铁的实际价格，就不具备有效性。因为钢铁的价格在不同的历史时期势必有所不同。

3. 可靠性

所谓可靠性，是指从某一群体中抽出的样本数据，是否能够准确反映整个群体的实际情况。例如随机抽出 5 000 个样本得出的数据，可能要比随机抽出 50 个样本得出的数据更能准确反映实际情况。

三、收集原始数据的主要方法

收集原始数据的方法主要有观察法、实验法、调查法和专家估计法。

（一）观察法

当现有数据来源不能提供解决营销问题所需的数据时，企业必须进行原始数据的收集。观察法是一种常用的重要方法。所谓观察法，是指调查人员在现场通过自己的感观或借助影像摄录器材，直接或间接地观察、记录正在发生的行为或状况，以获取第一手资料的一种实地调查方法。例如，国外有些企业在超市的天花板安装摄录器材，追踪顾客在店内的购物过程，据此来考虑重新陈列产品，以便顾客选购；有些在商店内某些罐头产品货架上安装摄录器材，记录顾客目光的运行过程，以弄清顾客如何浏览各种品牌。此外，观察法还可用于研究售货技术、顾客行为和顾客反应等市场营销问题。

观察法的主要优点在于客观实在，能如实反映问题。不足之处是运用这种方法很难捕捉到被观察者的内在信息，比如他们的收入水平、教育程度、心理状态、购买动机以及对产品的印象等。此外，被观察者的行为或环境无法加以控制。

（二）实验法

为了测验特定营销刺激对顾客行为的影响，必须引进若干控制方法。实验法就是这样一种方法。

1. 实验法与实验过程

所谓实验法，是指将选定的刺激措施引入被控制的环境中，进而系统地改变刺激程度，以测定顾客的行为反应。由于排除或控制了许多没有研究意义的因素，因此，研究人员所观察到的影响可以被认为是采取的某些刺激措施所致。控制环境的目的，在于将那些也可能解释被观察现象的竞争性假设排除掉。如果我们把实验本身视为一个由许多投入影响主体并导致产出的系统，则可对实验法有一个更清楚的认识。

（1）实验主体，是指可被施以行动刺激，以观测其反应的单位。在营销实验里，主体可能是消费者、商店及销售区域等。由于人是营销实验的最后主体，因此必须注意处理好如下问题：测量仪器问题，即如何找到一个能够十分精准地测量知觉、偏好或购买行为的工具；对照组问题，即在实验开始之前如何找到一组可供比较的主体；一致性问题，即在实验中对相同的环境投入因素如何确保其可比性的展露度；反应偏差问题，即如何从参与实验的群体中获得可信赖的行为。

（2）实验投入。即研究人员为试验其影响力所采取的措施变量。在营销实验里，实验投入可能是价格、包装、陈列、销售奖励计划或营销变量。

（3）环境投入。即影响实验投入及其主体的所有因素。在营销实验里，环境投入包括竞争者行为、天气变化、不合作的经销商等。一般来讲，许多环境投入因素对于实验结果并无太大影响，而那些对结果有影响的环境投入则得到了某种程度的控制或至少可加以测量。比较难办的是那些尚未觉察或虽已觉察但其对结果的影响不能控制或测量的环境投入。解决这一难题的办法有两种：一是扩大样本数，把例外环境因素造成的影响冲淡；二是设立一个相当于实验组大小但不接受实验投入因素的控制组，这是因为该控制组能掌握所有非控制投入因素的影响，以利于调整被混淆的实验组产出。

（4）实验产出，也就是实验结果。在营销实验里，这种结果主要包括销售额的变化、顾客态度与行为的变化等。在评估营销刺激的影响时，销售额既是最后的产出也是最有力的产出。为便于对实验结果进行评估，在实验前就应预先制定决策准则，例如，如果两种包装所导致的销售差异等于或大于某数值，则企业应选择那种较受欢迎的包装投入生产；如果两种包装的销售差异小于某一数值，则任何一种包装都可投入生产。在这里，选择销售差异的数值是关键。管理人员必须认真考虑现行决策准则的误差特征、各种可能性误差的经济损失以及决策前的判断等问题。

2. 实验设计的主要类型

所谓实验设计，是指决定主体数目的多少、实验时间的长短以及控制的类型等。例如一项关于经销商开办展销会是否会提高其销售额的实验设计，可以有以下五种类型：

（1）简单时间序列实验。其主要步骤是：首先，选择若干经销商并检查其每周销售情况；然后，举办展销会并测量其可能的销售额；最后，将该销售额与以前的销售额相比较，作出最后决策。

（2）重复时间序列实验。即将展销会时间延长数周，然后在一段时间内停止展销，再展销一段时间后又停止，如此进行几个循环，在每一个循环时间内都要注意销售额变化并求出其平均值。在这一过程中，要注意剔除特殊事件的影响。

（3）前后控制组分析。即在展销前首先选定两组经销商，并分别检查其销售状况；然后，只让其中一组举办展销会，并同时检查两组的销售状况；最后，比较控制组与实验组的销售状况，并对其销售差异进行统计显著性分析。

（4）阶乘设计。除了举办展销会，营销调研人员还可对其他营销投入措施的影响力量进行试验。这样，实验结果对管理人员会更具说服力。例如，制造商试图对三种展销会、三种价格水平、三种保证措施进行实验。在这里，有 27 种（即 $3 \times 3 \times 3$）实验投入组合，我们可以找到 27n 个（n 为正整数）厂家同时进行实验，以估计不同的展销会、不同的价格水平以及不同的保证措施的个别影响力量。

（5）拉丁方格设计。上面谈到，阶乘设计法涉及 27 种不同的实验投入组合。如果实验投入因素之间不存在相互联系、相互影响的关系，则可用拉丁方格设计法，仅试验 9 种（即 $3+3+3$）组合，来简单估计投入的个别影响。这样，就可以减少多因素实验设计的成本费用。

从本质上说，市场营销调研的实验活动与自然科学的实验活动是相同的。但是，市场测试、新产品试销等并不是在周密控制的实验室里进行的，而是在现实市场上以活生生的人群为对象来进行。因此，在实验设计时必须注意那些在实验室实验中无须考虑的因素。

（三）调查法

企业借助调查可获得较广泛的数据，并对许多问题的研究都较具实用性。通过调查可以收集的信息，包括社会经济特征、消费者态度、意见、动机以及公开行为等。在营销调研中，调查研究是收集有关产品特征、广告文稿、广告媒体、促销及分销渠道等信息的有效方法。整个调查研究过程由四个主要步骤组成，即确定研究目的、制定研究战略、收集数据和分析数据。

1. 确定研究目的

研究目的可能是进一步了解市场，也可能是寻求增加销售额的实际构想，还可能是寻找数据证实或推翻原有的见解。确定研究目的可使问题进一步简化。

2. 制定研究战略

为实现已确定的研究目的，研究人员还必须确定调查方法、研究工具与抽样计划。

这个三方面的内容构成了一套研究战略。

（1）调查方法。调查方法主要有三种，即电话访问、邮寄问卷以及人员访问，其特点、相对优势和劣势（见表8-1）。

表 8-1 三种调查方法的特点、相对优势、相对劣势比较

调查方法	特 点	相 对 优 势	相 对 劣 势
电话访问	可最迅速、及时获得信息。	（1）访问人员可与多人交谈，并可及时澄清疑难问题； （2）反应率比邮寄问卷高。	（1）访问只限于有电话、并愿意接听的受访者； （2）谈话时间受限制，不能问太多问题。
邮寄问卷	具有较强的可送达性和可接近性，在调查那些不愿接受访问或对访问人员抱有偏见的对象时，邮寄问卷是最有效的调查方法。	最经济、实用。	（1）问题的用语必须简单明了而且问题不能太多； （2）问卷的反应速度太慢且反应率也最低
人员访问	最富有灵活性。	可以提出许多问题，并可察言观色、及时补充、修正面谈内容。	需花费很高的成本

（2）研究工具。研究工具的选择，主要取决于所要收集的信息类型与收集方法。如果只需少量答案，最好电话访问或邮寄问卷。

拟定一份完善的问卷，需要相当的技巧与学问，并特别要注意所问问题的类型、措辞、形式及次序。在问题类型上，容易发生的错误主要是问了一些无法回答、不愿回答和不必回答的问题，而忽略了必须回答的问题。问题类型确定以后，问题形式的不同也会导致不同的调查结果。问题形式有开放式和封闭式两种。开放式问题是指反应者（被访者）可自由回答的问题。例如，"你为什么选用这种品牌的产品""你对旋转刀头剃须刀有何看法"等。封闭式问题是指在问题后面已给出几种可能的答案，由反应者选出最合适的答案。反应者的回答方式可能是二选一（称为二元化问题），也可能是多选一（称为多重选择问题），还可能是选择一个数量指标（称为量表化问题）等。开放式或封闭式问题的选择，会影响反应者的思路、访问成本以及将来的分析质量。在问题形式确定后，问题措辞也必须慎重处理。问卷设计人员必须力求使所提问题的措辞简明扼要、没有偏见、不引人误答。"是否""曾否"等措辞与提问的次序有关。一般来讲，开始的提问必须能引起回答者的兴趣，所以开放式问题适合放在前面提问。凡是困难问题或私人问题，都应留在最后，以免回答者因产生厌烦情绪而中断回答。

（3）抽样计划。抽样调查是一种非全面调查，它是从研究对象中抽取部分单位进行调查，并用调查结果来推断总体的一种调查方法。

根据抽取样本单位的方式不同，抽样调查大致可分两类。一类是概率抽样，或称随机抽样；另一类是非概率抽样。我国一般只把概率抽样称作抽样调查，非概率抽样则称为典型调查、重点调查等。抽样计划涉及三个问题：抽样单位、抽样方式及样本数目。抽样单位是指总体中所有被调查的对象或范围。例如对消费者调查的抽样单位可能是某市（或省、市、县、乡等）的所有消费者家庭等。抽样方式随研究目的不同而有所不同，

探索性研究仅用非概率抽样程序就可以了，但是，为了对总体进行正确的定量估计，必须使用随机抽样，使总体中的每一成员被抽中的机会均等，并使总体中的次数分布与样本分布相适应。通常从两方面评价某种抽样方式的优劣，一是精确度标准；二是调查费用的多少。

扩展阅读 8-2
2020 年大家居企业数字化转型案例

3. 原始数据的实地收集

在确定研究战略之后，营销调研人员需进行数据的实地调查、收集工作。这一阶段所花费的成本最高，可能出现的错误也最多。常见问题如下：

（1）被访者未遇。当被访者不在家或没有时间接受采访时，访问人员必须下次再来，或是访问另外的对象。

（2）拒绝合作。如果找到预定的访问对象后，访问人员必须能够引起被访者的兴趣。如果时间不允许或调查无意义，被访者可能不合作。

（3）回答偏差。访问人员必须鼓励对方正确思考和回答问题。对方有时为了尽早结束访问或由于其他原因，常常随意应付所问问题，对此，访问人员应心中有数。

（4）访问人员偏差。访问人员在面谈过程中可能无意识地带有偏差，这往往是由于性别、年龄、态度、语言等原因所致。此外，访问人员也可能有意识地引入偏见数据。譬如，分配给自己的问卷总急于填好，越快越好；或自己懒得外出，却说对方不合作；甚至自己在家里填答，欺骗企业。这些偏差都应注意事先预防。从总体来看，营销测定比自然科学测定所带来的问题大得多。

营销调研人员在开展研究调查的过程中，必须为能满足可靠性和有效性两种要求而努力。可靠性与测定的随机误差有关，随机误差越小，可靠性越大。可靠性关系到数据的首尾一致性。而有效性则与实际测定程度有关，它关系到系统误差和随机误差两个方面。检查数据可靠性的方法有：如果是访问调查，可以比较研究人员调查结果的差别程度；对同一调查对象另派研究人员进行一次复查，从中发现两次调查结果的分歧所在；用变换提问的方式来核实是否会得到同样的结果。在检查数据有效性时，可用如下方法：依靠经验丰富的人来判断；与同类调查结果进行比较；验证其是否和理论上的推理有矛盾；与相关性高的测定值相比较。

4. 分析数据

调查法的最后一项工作，是从大量数据中抽象出重要证据，以证实研究的结果。分析数据是指对数据进行整理、编码、分类、制表、交叉分析及其他统计分析，并提出研究报告的工作过程。报告的开始部分要有摘要，把主要发现和建议写出来，而将详细的技术性问题留在报告正文内，待管理人员有时间或有兴趣时再仔细阅读。

（四）专家估计法

当企业没有充足的时间来进行一项严谨的科学抽样调查，或即使用科学研究方法也不能收集到适当的数据时，采取专家主观估计的数据也不失为一种好办法。

市场营销调研人员需要从专家那里收集如下判断性信息：点估计（如市场规模的估计等）、销售反应函数（即销售额随营销因素的变化而变化的关系）、某一事件的不确定性、对某些变量的评分或赋予的权数。

市场营销调研人员询问上述估计值时，既应清楚表达自己需要哪些数据，又要使回答的人感到容易回答。例如，下面三个问题乍看好像问的是同一事情，但事实上意义不同：

（1）你估计最可能达到的销售量是多少（指众数）；

（2）假如你有相同机会推销的话，你估计能销售多少（指中位数）；

（3）根据以往的经验，你估计能销售多少（指算术平均数）。

在向推销人员、产品经理、经销商或其他人员询问估计数据时，必须注意，不要采纳那些主观臆造的数据，而应要求他们提出符合实情的数据。例如，当价格提高时，如果要求推销人员估计销售额，则他们常作悲观的估计，因为他们认为价格一旦提高，推销工作的难度也会相应增加。又如，当企业打算削减广告预算并征求广告经理意见时，他必定说这样做会给企业带来损失，尽管他有时明知短期内销售不会下降。这是由于广告预算一经削减就很难恢复，同时他在企业里的相对影响力也和广告预算的大小成正比例。为了对付这些可能的偏差估计值，企业可采取两种措施：一是奖励那些估计正确的人员；二是保存好每年每月的估计记录，以了解偏差估计的趋势。

收到专家的估计值以后，有时还会遇到如何平均的问题。如果各估计值很相近，研究人员可用算术平均数法或中位数法算得综合估计值。如果各估计值相差太远，则研究人员须另找办法，他可以邀请各专家一起讨论差异的原因，也可运用某种加权平均法来综合各专家的估计值。权数的确定有四种选择：

（1）对各专家的估计值给予相同的权数；

扩展阅读 8-3
"疫"后智能营销：崩溃的旧规则与崛起的新秩序

（2）对研究人员认为比较高明的专家给予较高的权数；

（3）根据专家自己认为的高明程度给予相应的权数；

（4）对过去估计较准的专家给予较高的权数。

第二节 市场营销数据分析

在收集大量数据之后，营销调研人员还必须借助多变量统计技术，将数据中潜在的各种关系揭示出来。

一、多变量统计技术

多变量统计技术包括分析两个或两个以上变量间关系的各种技术。可归纳为两大类：一类是为综合评价服务的方法，即对某一事物分析其各种特性以及这些特性之间的相互关系，并将有关数据归纳为少数几个综合特征值的方法。包括因素分析、主成分分析、聚类分析、多维尺度分析和潜在结构分析等。另一类是为预测服务的方法，即把列举出的特性区分为解释变量和基础变量，根据从解释变量中得出的信息预测基础变量的方法。包括多元回归分析、方差分析、协方差分析、自动干扰探测分析、判别分析、联合测定分析和规范关联分析等。

本节拟就多元回归分析、判别分析和因素分析作简单介绍。

（一）回归分析

任何一个营销问题都要涉及一组变量，而营销调研人员主要对其中的一个感兴趣，他要了解在不同时间、地点该变量的变动情况。这个变量就叫作因变量。营销调研人员在确定了因变量之后，还要进一步考察其他变量在不同时间、地点对因变量的变动有何影响，这类变量叫作自变量。所谓回归分析，是指一种表述自变量对因变量影响的公式技术。

如果在回归分析中，统计方程式只涉及一个自变量，我们称该方程式为简单回归；如果涉及两个或两个以上自变量，我们称该统计方程式为多元回归。

（二）判别分析

在许多营销问题中，因变量往往是分类型变量而不是数值型变量，在这种情况下就无法运用回归分析。例如：某电动车企业希望解释顾客对三种品牌的偏好程度，某洗衣粉品牌试图根据对其产品使用量的大中小来确定购买者特征，某百货公司想判别将来可能成功和可能不成功的商店地理位置……在上述情况中，都是将两个或两个以上的群体根据某特征予以明确分类，使任何一个群体都归属于某一类，目的在于发现重要的判别变量，使之组合成为可预测的公式。这种解决问题的方法，就是判别分析。

（三）因素分析

在许多多元回归分析和判别分析中，经常遇到的一个问题就是多元共线性，即各变量之间有密切的关联性。多元回归分析要求所使用的各变量要真正独立，即不但只影响因变量，而且也不受因变量的影响。所有变量两两间的简单相关系数，可以显示出一个变量与另一变量的相关程度，据此研究人员可从密切相关的一对变量中去掉一个。另一解决办法就是应用因素分析，从一组相关变量中找出一些真正相互独立的自变量。因素分析是一种用来确认一组相关变量中真正构成相关的基本因素的统计技术。这种方法假设：相关之所以会发生，是由于有一些基本因素与其他变量在某种程度上相同。在营销领域，因素分析主要用于确定对航空旅行、对企业、对产品以及对广告媒体等态度的基本因素，这样，可以大大减少回归分析中自变量的个数。

二、测定尺度

在定量研究中，信息都是用某种数字来表示的。在对这些数字进行处理、分析时，首先要明确这些信息数据是依据何种尺度进行测定、加工的。

尺度可以分为四种类型：

（1）名义尺度。其所使用的数值，用于表现它是否属于同一个人或物。

（2）顺序尺度。顺序尺度所使用的数值的大小，与研究对象的特定顺序相对应。例如给社会阶层中的上上层、中上层、中层、中下层、下下层等分别标为"5、4、3、2、1"或"3、2.5、2、1.5、1"就属于这类。只是其中表示上上层的 5 与表示中上层的 4 的差距，表示中上层的 4 与表示中层的 3 的差距，并不一定相等。5、4、3 等是任意加上去的符号，如果记为 100、50、10 也无妨。

（3）间距尺度。间距尺度所使用的数值不仅表示测定对象所具有的量的多少，还表示它们大小的程度即间隔的大小。不过，这种尺度中的原点可以是任意设定的，但并不意味着该事物的量为"无"。例如，0℃为绝对温度 273°K，华氏 32°F。名义尺度和顺序尺度的数值不能进行加减乘除，但间距尺度的数值是可以进行加减运算的。然而，由于原点是任意设定的，所以不能进行乘除运算。例如，5℃和 10℃之间的差，可以说与 15℃和 20℃之间的差是相同的，都是 5℃，但不能说 20℃就是比 5℃高 4 倍的温度。

（4）比例尺度。比例尺度的意义是绝对的，即它有着含义为"无"量的原点 0。长度、重量、时间等都是比例尺度测定的范围。比例尺度测定值的差和比都是可以比较的。例如，5 分钟与 10 分钟之间的差和 10 分钟与 15 分钟之间的差都是 5 分钟，10 分钟是 2 分钟的 5 倍。比例尺度可以进行加减乘除运算。

扩展阅读 8-4
2020 年全球大数据产业市场现状及发展前景分析

在市场调研中，很多内容或研究项目都不具备比例尺度或间距尺度的条件。在处理这些问题时，应注意不要出现失误。

第三节　市场营销信息系统及其构成

一、市场营销信息系统

所谓市场营销信息系统，是指一个由研究人员、信息技术与手段所构成的复合体。企业借以及时准确地收集、挑选、分析、评估和分配信息，为市场营销管理人员改进市场营销计划、执行和控制工作提供依据。

市场营销信息系统处于市场营销环境与市场营销管理人员，也就是信息使用者之间。各种市场营销数据，由环境流向企业市场营销信息系统。市场营销信息系统则将数据加以转换，并通过市场营销信息流程传导给管理人员。管理人员依据这些数据制订各种计划、方案，由此形成的各种数据又通过市场营销沟通流程回到环境（见图 8-1）。

市场营销信息系统是企业收集、处理并利用相关环境数据的工具。相关环境包括宏观环境与微观环境，十分广泛且经常变化。企业在制定决策时，必须明确哪些范围内的环境最值得研究。企业应主要收集研究人口、价格水平、消费方式等数据，以及竞争者的过去、现状与未来等有关信息。自信息收集到传送给管理人员再到向环境做出反应，这一整个过程的时间性很重要。有效的市场营销信息系统，应能向决策者提供迅速、准确、可解释的信息。

一个有效的市场营销信息系统，一般应具备如下素质：

（1）它能向各级管理人员提供从事工作所必需的一切信息。

（2）它能够对信息进行选择，以便使各级管理人员获得与他能够且必须采取的行为有关的信息。

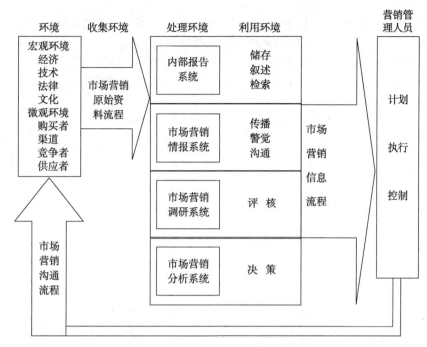

图 8-1 市场营销信息系统的基本框架

（3）它提供信息的时间限于管理人员能够且应当采取行动的时间。

（4）它提供所要求的任何形式的分析、数据与信息。

（5）它所提供的信息一定是最新的，并且所提供的信息的形式都是有关管理人员最容易了解和消化的。

二、市场营销系统的构成

市场营销信息系统由四个子系统构成：

（一）内部报告系统

这是指向管理人员提供有关销售、成本、存货、现金流程、应收账款等各种反映企业经营现状的信息系统。市场营销管理人员必须以产品、地区、推销员为基础进行分类，并深入分析有关目前与过去销售及成本的信息。

（二）市场营销情报系统

这是指市场营销管理人员用以了解有关外部环境发展趋势信息的各种来源与程序。借助该系统，将环境最新发展的信息传递给有关的管理人员。企业一般比较重视普查数据、企业统计数据及市场调研这三个方面。

市场营销情报系统所要承担的任务则是及时捕捉、反馈、加工、分析市场上正在发生和将要发生的信息，用于提供外部环境的"变化资料"，帮助营销主管人员了解市场动态并指明未来的新机会及问题。

市场营销情报信息不仅来源于市场与销售人员，也可能来自于企业中所有与外部有接触的其他员工。收集外部信息的方式主要有四种：

（1）无目的的观察。无既定目标，在和外界接触时留心收集有关信息。

（2）有条件的观察。并非主动探寻，但有一定目的性，对既定范围的信息作任意性接触。

（3）非正式的探索。为取得特定信息进行有限的和无组织的探索。

（4）有计划的收集。按预定的计划、程序或方法，采取谨慎严密的行动，来获取某一特定信息。

信息收集工作的改进

营销情报的质量和数量，决定着企业营销决策的灵活性和科学性，进而影响企业的竞争力。为扩大信息的来源和提高信息的质量，企业通常采取以下措施改进信息收集工作：

（1）提高营销人员的信息观念并加强其信息收集、传递职能。

（2）鼓励与企业有业务关系的经销商、零售商和中间商收集和提供营销信息。

（3）积极购买特定的市场营销信息。

（4）利用多渠道、多形式了解竞争对手的营销活动情况，包括参加有关展销会、协会、学会，阅读竞争者的宣传品和广告，购买竞争品，雇用竞争者的前职工。

（5）建立内部营销信息中心，改进信息处理、传递工作。

（三）市场营销调研系统

这是指对市场营销环境和市场需求进行观察、实验和调研，并对调研结果进行收集、评估，进而传递给决策者的信息系统。企业管理人员常常请求市场研究部门从事市场调查、消费者偏好测验、销售研究、广告评估等工作。研究部门的工作主要侧重于特定问题的解决，即针对某一特定问题正式收集原始数据，加以分析、研究，写成报告供最高管理层参考。

市场营销调研系统和市场营销信息系统在目标和定义上大同小异，研究程序和方法具有共性。斯坦顿（W. Stanton）将二者的区别列表如下：①

表 8-2　营销调研系统与营销信息系统的区别

市场营销调研系统	市场营销信息系统
（1）着重处理外部信息	（1）处理内部及外部信息
（2）关心问题的解决	（2）关心问题的解决与预防
（3）零碎的、间歇的作业	（3）系统的、连续的作业
（4）集中注意过去的信息	（4）倾向于未来导向
（5）非以电脑为基础的过程	（5）是以电脑为基础的过程
（6）营销信息系统的信息源之一	（6）包含营销研究及其他系统

---

① 何永祺，傅汉章. 市场学原理[M]. 3版. 广州：中山大学出版社，2006：319-320.

（四）市场营销分析系统

这是指从改善经营或取得最佳经营效益的目的出发，借助各种数理分析模型和信息处理技术，帮助市场营销管理人员分析复杂的市场营销问题的信息系统。该系统包括一些先进的统计程序和模型，借助这些程序和模型，可以从信息中发掘出更精确的调查结果。

完善的市场营销分析系统，通常由资料库、统计库和模型库三部分组成。

（1）资料库。有组织地收集企业内部和外部资料，营销管理人员可随时取得所需资料进行研究分析。内部资料包括销售、订货、存货、推销访问和财务信用资料等；外部资料包括政府资料、行业资料、市场研究资料等。

（2）统计库。指一组随时可用于汇总分析的特定资料统计程序。其必要性在于：实施一个规模庞大的营销研究方案，不仅需要大量原始资料，而且需要统计库提供的平均数和标准差的测量，以便进行交叉分析；营销管理人员为测量各变数之间的关系，需要运用各种多变量分析技术，如回归、相关、判别、变异分析以及时间序列分析等。统计库分析结果将作为模型的重要投入资料。

（3）模型库。是由高级营销管理人员运用科学方法，针对特定营销决策问题建立的，包括描述性模型和决策模型的一组数学模型。描述性模型主要用于分析实体分配、品牌转换、排队等候等营销问题；决策模型主要用于解决产品设计、厂址选择、产品定价、广告预算、营销组合决策等问题。

尽管现代市场营销管理人员已成为上述四个子系统的受益者，但也不时地面临着信息负荷过重的问题，以致无法阅读应该全部读完的数据。许多信息系统在设计方面最容易出现的错误，就是没有考虑到管理人员能否有效地使用众多的信息。市场营销信息系统的设计人员、市场营销人员以及购买人员，在为市场营销信息系统投资之前，必须慎重地考虑该系统的利用率问题，以便做到物尽其用。

扩展阅读 8-5
智能营销系统是什么，适用于何种企业？

小案例 8-1

恒丰银行——基于大数据的精准营销模型应用[①]

如今，商业银行信息化的迅速发展，产生了大量的业务数据、中间数据和非结构化数据，大数据随之兴起。要从这些海量数据中提取出有价值的信息，为商业银行的各类决策提供参考和服务，需要结合大数据和人工智能技术。国外的汇丰、花旗和瑞士银行是数据挖掘技术应用的先行者。在国内的商业银行中，大数据的思想和技术逐步开始在业务中获得实践和尝试。

面对日趋激烈的行业内部竞争及互联网金融带来的冲击，传统的上门营销、电话营

---

① 资料来源：数据猿. 恒丰银行——基于大数据的精准营销模型应用[EB/OL]. 金融科技·商业价值探索高峰论坛（https://cloud.tencent.com/developer/article/1107065），2018-04-24.

销，甚至是扫街营销等方式跟不上时代的节奏。利用精准营销可节约大量的人力物力、提高营销精准程度，并减少业务环节，无形中为商业银行节约了大量的营销成本。

虽然恒丰银行内部拥有客户的基本信息和交易等大量数据，但是传统的营销系统并没有挖掘出行内大量数据的价值，仍然停留在传统的规则模型。当下，恒丰银行接入了大量的外部数据，有着更多的维度，如果将内部数据与外部数据进行交叉，则能产生更大的价值。客户信息收集越全面、完整，数据分析得到的结论就越趋向于合理和客观。利用人工智能技术，建立精准营销系统变得可能且必要。

恒丰银行基于大数据的精准营销方案是利用大数据平台上的机器学习模型深入洞察客户行为、客户需求、客户偏好，挖掘潜在客户，实现可持续的营销计划。

其目标是根据零售业务营销要求，运用多种数据源分析客户行为洞察客户需求，实现精准营销与服务，提高银行客户满意度和忠诚度。针对不同的客户特征、产品特征和渠道特征，制定不同市场推广策略。为了完成以上任务，主要从以下几个方面构建精准营销系统：

1. 用户画像：结合用户的历史行为和基本属性给用户打标签。
2. 精准推荐系统：给用户推荐个性化理财产品，例如在微信银行中给每个客户推荐他喜欢的产品，帮客户找到其最适合的产品，增加产品的购买率。
3. 需求预测和客户价值：新产品发售的时候，找到最有可能购买该产品的客户，进行短信营销，进而提高产品响应率。客户价值精准定位，根据客户价值水平制定不同的推荐策略。银行通过计算客户使用其产品与服务后所形成的实际业务收益，充分了解每一个客户的贡献度，为管理层提供决策支撑。

本章小结

市场营销调研是一个包括认识收集信息的必要性，明确调查目的和信息需求，决定数据来源和取得数据的方法，设计调查表格和数据收集形式，设计样本，数据收集与核算，统计与分析，报告研究结果等在内的复杂过程。在此过程中，既有定量研究又有定性研究。

审查与评估二手数据的标准有三个：公正性、有效性和可靠性。收集原始数据的主要方法有四种，即观察法、实验法、调查法和专家估计法。整个调查研究过程由四个主要步骤组成，即确定研究目的、制定研究战略、收集数据、分析数据。多变量统计技术包括分析两个或两个以上变量间关系的各种技术，可归纳为两大类：一类是综合评价服务的方法，另一类是为预测服务的方法，对数据进行测定、加工时所依据的尺度有：名义尺度、顺序尺度、间距尺度和比例尺度。

所谓市场营销信息系统，是指一个由人员、机器和程序所构成的相互作用的复合体，企业借以收集、挑选、分析、评估和分配适当的、及时的和准确的信息，为市场营销管理人员改进市场营销计划、执行和控制工作提供依据。市场营销信息系统由四个子系统构成：内部报告系统、营销情报系统、营销调研系统、营销分析系统。

重要名词

市场营销调研　二手数据　原始数据　实验法　专家估计法　多元回归　因素分析　市场营销信息系统

即测即练题

 **复习思考题**

1. 什么是市场营销调研？
2. 市场营销调研的技术有哪几类？
3. 企业可以采用哪些方法来收集原始数据？
4. 实验设计的类型有哪几种？
5. 市场营销信息系统是怎样构成的？

 案例

可口可乐市场调研方案

一、前言

可乐市场是很早就兴起的消费品市场之一，而可口可乐很快就遍布世界各地，品种也不断增加。根据预测，该市场需求曲线呈上升趋势。

同时根据市场环境分析，可口可乐在江西、贵州两省的销售情况日益趋好，为了扩大可口可乐在消费者中的需求，更好地做好销售工作，就必须进行饮料市场调查。

本次市场调查将围绕策划金三角的三个立足点：消费者、市场、竞争者来进行。

二、调查目的

1. 为可口可乐在湖南、江西、贵州市场进行营销策划提供客观依据。

具体如下：

（1）了解这三个省市场状况。三省经济发展基础不同，消费水平不一样。

（2）了解湖南、江西、贵州三省消费者的人口、家庭等统计资料，测算市场容量及潜力。

（3）了解消费者对可口可乐饮料的消费的观点、习惯、偏好以及建议等。

（4）了解竞争对手广告策略、销售策略。

（5）了解消费者的年龄分布。

2. 为该公司（湖南中粮可口可乐有限公司）总体营销提供有关的市场信息，更好地实行生产、销售管理以及新产品的研发提供客观的依据。

三、市场调查内容

1. 消费者

（1）消费者统计资料（年龄、性别、收入、文化程度、家庭构成等）。

（2）消费者对可口可乐饮料的消费形态（食用方式、花费、习惯、看法等）。

（3）消费者对可口可乐饮料的购买形态（购买过什么、购买地点、选购标准、购买品种等）。

（4）消费者理想的可口可乐公司描述。

（5）消费者对可口可乐饮料类产品广告、促销的反映。

2. 市场

（1）湖南、江西、贵州地区的数量、品牌、销售状况。

（2）湖南、江西、贵州地区消费者需求及购买力状况。

（3）湖南、江西、贵州地区市场潜力测评。

（4）湖南、江西、贵州地区可口可乐饮料销售通路状况。

（5）湖南、江西、贵州地区的物流情况。

3. 竞争者

（1）湖南、江西、贵州地区市场上现有哪几类饮料，饮料的品牌、定位、档次等。

（2）市场上现有可口可乐的销售状况。

（3）各品牌、各类型可乐的主要购买者描述。

（4）竞争对手的广告策略及销售策略。

四、调查对象及抽样

目前市场上的饮料琳琅满目，其中不乏很多知名品牌，所以，在确定调查对象时，对目标消费，应做到点面结合，有所侧重。

调查对象组成及抽样如下：

消费者：300户其中家庭月收入3 000元以上占50%；3 000元以下占30%；大学生无收入，其他20%竞争对手：20家其中最大的是百事可乐公司。

消费者样本要求：

1. 有无家庭成员在可口可乐公司或者相关行业工作。

2. 学生（大学生）对品牌的意识。

3. 家庭亲戚是否有人在做相关的市场营销工作。

4. 学生对广告的印象。

五、市场调查方法

以访谈为主：

1. 户访；

2. 焦点访问；

3. 群体访问。

访员要求：

（1）仪表端正、大方。

（2）举止谈吐得体，态度亲切、热情，具有把握谈话气氛的能力。

（3）经过专门的市场调查培训，专业素质较好。

（4）具有市场调查访谈经验。
（5）具有认真负责、积极的工作精神及职业热情。

六、市场调查程序及安排

第一阶段：初步市场调查	2天
第二阶段：计划阶段	
制订计划	2天
审定计划	2天
确认修正计划	1天
第三阶段：问卷阶段	
问卷设计	2天
问卷调整、确认	2天
问卷印制	3天
第四阶段：实施阶段	
访员培训	2天
实施执行	10天
第五阶段：研究分析	
数据输入处理	2天
数据研究、分析	2天
第六阶段：报告阶段	
报告书写	2天
报告打印	2天

调查实施自计划、问卷确认后第四天执行。

案例来源：可口可乐市场调研策划书．百度文库（http://wenku.baidu.com/view/1058573a376baf1ffc4fad92.html），2016-12-20.

案例讨论题

1. 通过这个市场调研方案可以实现调研目的吗？
2. 案例中的市场调研主要采取了哪些方法，这些方法各有什么特点？
3. 你认为这个市场调研方案有什么缺陷和不足，可以如何改进？

第九章　市场需求测量与预测

本章提要

通过本章学习，了解市场需求的含义及市场反应函数的内容，熟悉估计当前市场需求的各种实用方法，掌握市场需求预测的主要方法。

 引例

中国外卖行业发展现状

随着我国互联网的不断发展与城镇居民生活方式的转变，我国未来外卖市场的发展潜力巨大。2019 年我国外卖行业交易金额达 6 035 亿元，外卖用户规模近 4.16 亿人。

2015—2018 年我国外卖行业交易金额总体呈逐年增长态势，年均复合增速达 50.69%。2018 年外卖行业交易金额为 4 613 亿元，较 2017 年增长 55.37%。

外卖用户规模从 2015 年的 2.10 亿人增长到 2018 年的 3.58 亿人，年均复合增长 19.46%。

如今在线外卖平台基本定型，美团、饿了么、饿了么星选（原百度外卖）基本形成"6-3-1"的格局，其中美团外卖交易额仍在持续扩大。2019 年 Q3 美团外卖市场占有率为 65%，较 2018 年 Q3 增加了 5%。

2019 年 Q2 我国外卖使用场景主要为住宅区，住宅区使用场景比重达 43.80%。学校、酒店、医院使用场景比重分别为 12.60%、8.5%、5.4%，分别较 2018 年 Q2 增长了 16%、9%、11%。

小案例分析 9-1
2020 年疫情期间中国餐饮外卖市场商户专题研究报告

在外卖种类方面，2018 年用户选择外卖主要以素食简餐为主，素食简餐比重达 73.61%，其次分别为汉堡比萨 45.71%、特色小吃 39.62%、粥粉面馆 35.14%。

资料来源：前瞻产业研究院.中国在线外卖商业模式与投资战略规划分析报告[EB/OL].前瞻经济学人（https://www.qianzhan.com/analyst/detail/220/200215-d2d81bed.html），2020-02-17.

企业不仅要对市场进行各种定性分析，而且必须从量的角度将定性分析准确地转换成以产品、区域、顾客等分类来表示的特定需求的定量估计，即进行需求测量与预测。这是制定市场营销决策的重要依据，对于正确地进行市场机会分析、市场营销资源配置和市场营销控制具有特殊的重要意义。

第一节 市场需求测量

企业从事需求测量,主要是进行市场需求和企业需求两个方面的测量和预测。市场需求和企业需求的测量都包括需求函数、预测和潜量等重要概念。

一、市场需求

估计市场需求是评估营销机会的重要步骤。某个产品的市场需求是指一定的顾客在一定的地理区域、一定的时间、一定的营销环境和一定的营销方案下购买的总量。

(一) 市场营销力量与市场需求

市场需求对产品价格、产品改进、促销和分销等一般都表现出某种程度的弹性。因此,预测市场需求必须掌握产品价格、产品特征以及市场营销预算等的假设。我们可用市场营销力量(marketing efforts)来描述企业所有刺激市场需求的活动。其影响力可分为四个层次:

(1) 市场营销支出水平,即所有花费在市场营销上的支出。
(2) 市场营销组合,即在特定期间内企业所用市场营销工具的类型与数量。
(3) 市场营销配置,即企业营销力量在不同顾客群体及销售区域的配置。
(4) 市场营销效率,即企业运用市场营销资金的效率。

(二) 市场反应函数

认识市场需求概念的关键在于市场需求不是一个固定的数值,而是一个函数。因此,市场需求也被称为市场需求函数或市场反应函数。如图 9-1 所示,横轴表示在一定时间内的行业市场营销费用,纵轴表示受营销费用影响的市场需求的大小,曲线表示行业营销费用与市场需求之间估计的对应关系。

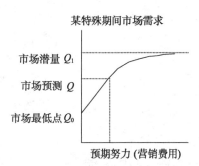

图 9-1 行业市场营销费用和市场需求之间的估计关系

可以想象,即使没有任何需求刺激,不开展任何营销活动,市场对某种产品的需求仍会存在,我们把这种情形下的销售额称为基本销售量(亦称市场最小量)。随着行业市场营销费用增加,市场需求一般亦随之增加,且先以逐渐增加的比率,然后以逐渐降低的比率增加。在市场营销费用超过一定数量后,即使市场营销费用进一步增加,但市场需求却不再随之增长,一般把市场需求的最高界限称为市场潜量。

市场最小量与市场潜量之间的距离表示需求的市场营销灵敏度,即表示行业市场营销对市场需求的影响力。市场有可扩张的和不可扩张的市场之分。可扩张的市场,如服装市场、家用电器市场等,其需求规模受市场营销费

扩展阅读 9-1
营销,是如何给消费者创造价值的?

用水平的影响很大。不可扩张市场，如食盐市场等，几乎不受市场营销水平影响，其需求不会因营销费用增长而大幅度增长。需要指出的是，市场需求函数并不是随时间变化而变化的需求曲线，即它并不直接反映时间与市场需求的关系。市场需求曲线只表示当前市场营销力量与当前需求的关系。

二、市场预测与市场潜量

行业市场营销费用可以有不同的水平，但是在一定的营销环境下，考虑到企业资源及发展目标，行业营销的费用水平又都必须是有计划的。同计划的营销费用相对应的市场需求就称为市场预测。这就是说，市场预测表示在一定的营销环境和营销费用下估计的市场需求。

市场预测是估计的市场需求，但它不是最大的市场需求。最大的市场需求是指对应于最高营销费用的市场需求，这时，进一步扩大营销力量，不会刺激产生更大的需求。市场潜量是指在一定的营销环境条件下，当行业营销费用逐渐增高时，市场需求达到的极限值。这里，有必要强调"在一定的营销环境下"这个限定语的作用。我们知道，营销环境变化深刻地影响着市场需求的规模、结构以及时间等，也深刻地影响着市场潜量。例如，对于某种产品来说，市场潜量在经济繁荣时期就比在萧条时期要高。这种关系见图 9-2。企业一般无法改变市场需求曲线的位置，因为这是由营销环境决定的，企业只能根据营销费用水平，确定市场预测在函数曲线上的位置。

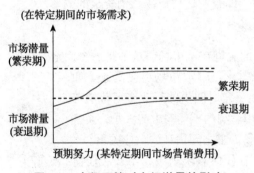

图 9-2　市场环境对市场潜量的影响

三、企业需求

企业需求就是在市场总需求中企业所占的需求份额，表示成数学公式为

$$Q_i = S_i Q$$

式中，Q_i 为企业 i 的需求；S_i 为企业 i 的市场占有率（即企业在特定时间内，在特定市场上某产品销售额占总销售额的比例）；Q 为市场总需求。

同市场需求一样，企业需求也是一个函数，称为企业需求函数或销售反应函数。根据上式，我们可以看出，它不仅受市场需求决定因素的影响，还要受任何影响企业市占有率因素的影响。市场营销理论认为，各个竞争者的市场占有率同其市场营销力量成正比。

四、企业预测与企业潜量

与计划水平的市场营销力量相对应的一定水平的销售额，称为企业销售预测。因此，企业销售预测就是根据企业确定的市场营销计划和假定的市场营销环境确定的企业销售额的估计水平。

企业潜量是当企业的市场营销力量相对于竞争者不断增加时，企业需求所达到的极限。很明显，企业需求的绝对极限是市场潜量。如果企业的市场占有率为100%，即企业成为独占者时，企业潜量就等于市场潜量。但这只是一种极端状况。在大多数情况下，企业销售量小于市场潜量。这是因为每个企业都有自己的忠诚购买者，他们一般不会转而购买其他企业的产品。

小案例分析 9-2
2020 年 Q1 智能手机行业季度数据研究报告

第二节 估计当前市场需求

企业估计当前市场需求，就是要测量总的市场潜量、区域市场潜量、实际销售额和市场占有率。在本节中，我们将考察估计当前市场需求的各种实用方法。

一、总市场潜量

总市场潜量就是指在一定期间内，一定水平的行业营销力量下，在一定的环境条件下，一个行业中所有企业可能达到的最大销售量。用公式表示为

$$Q = nqp$$

式中，Q 为总市场潜量；n 为既定条件下，特定产品的购买者数量；q 为平均每个购买者的购买数量；p 为产品价格。

由此，我们可推导出另一种计算总市场潜量的方法，即连锁比率法。当估计一个量的各个组成部分比直接估计该量更容易时，可以考虑采用这种方法。

例如，云南盘龙云海药业集团厂开发出了一种新保健药品，在估计其市场潜量时，可以借助下式：

新保健药品需求量 = 人口 × 人均个人可随意支配收入 × 个人可随意支配收入中用于购买食物的百分比 × 食物花费中用于保健品的平均百分比 × 保健品花费中用于新保健品的平均百分比

企业在应用连锁比率法时，应从一般有关要素移向一般产品大类，再移向特定产品，如此层层往下推算。

企业计算出总市场潜量后，还应把它同现有市场规模进行比较。现有市场规模是指目前实际购买的数量或金额。显然，它总是小于总市场潜量。估计现有市场规模占总市

场潜量的比例,对于制定正确的市场营销决策十分重要。在图 9-3 中,A、B 表明现有市场规模占总市场潜量的很大比例,也就是说,可能购买该产品的顾客大部分都已经购买了。C、D 表明现有市场规模只占总市场潜量的一半左右,这是典型的新产品进入市场的情形。

从市场占有率来看,A、C 表示企业的市场占有率很小,B、D 表示企业的市场占有率较大。无论企业的市场占有率大还是小都有两种选择:一是争取竞争者的顾客,一是争取尚未开发的市场潜量。在 D 的情况下,企业的市场占有率已经很大,所以,它的最佳选择是争取尚未开发的市场潜量。而在 C 的情况下,企业可以采取上述二者之一。

另外,还有一个重要概念,即可达市场(served market)。所谓可达市场,是指企业产品可达并可吸引到的所有购买者。在图 9-3 中 C 的情况下,由于企业的价格对其他竞争者的顾客没有吸引力,所以,它无法渗透到其他竞争者的市场。然而,由于企业产品只销售到全国某一区域,尽管其现有市场占有率极低,但其可达市场占用率却很高。因此,企业的最佳选择是争取其可达市场中尚未开发的部分,而不是去争取竞争者的顾客。

扩展阅读 9-2
营销员,如何挖掘和满足客户的需求?

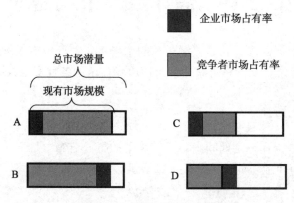

图 9-3　总市场潜量的测定

二、区域市场潜量

企业不仅要计算总的市场潜量,还要选择欲进入的最佳区域,并在这些区域内最佳地分配其营销费用,评估其在各个区域的营销效果。为此,企业有必要估计各个不同区域的市场潜量。目前较为普遍地使用两种方法:市场累加法和购买力指数法。生产产业用品的企业一般使用前者,而消费品生产企业则多采用后者。

（一）市场累加法

所谓市场累加法,是指先确认某产品在每一个市场的可能购买者,之后将每一个市场的估计购买潜量加总合计。当企业掌握所有潜在买主的名单以及每个人可能购买产品的估计量时,则可直接应用市场累加法。

（二）购买力指数法

所谓购买力指数法，是指借助与区域购买力有关的各种指数来估计其市场潜量的方法。这里的指数，包括：区域购买力占全国总购买力的百分比，该区域个人可支配收入占全国的百分比，该区域零售额占全国的百分比，以及居住在该区域的人口占全国的百分比等。例如，在某地区，可利用下述的相对购买力指数公式计算其区域市场潜量：

$$Bi = 0.5Yi + 0.3Ri + 0.2Pi$$

其中：

Bi——i区域购买力占全国总购买力的百分比；

Yi——i区域个人可支配收入占全国的百分比；

Ri——i区域零售额占全国的百分比；

Pi——i区域居住人口占全国的百分比。

上述公式可用于反映许多消费品的市场潜量，但不包括高档奢侈品。而且，这种加权也不是一成不变的，产品不同，权数也应有所调整。企业可以利用回归分析法求出最适合其产品的权数，来估计其产品的区域市场潜量。

需要说明的是，区域市场潜量的估计只能反映相对的行业机会，而不是相对的企业机会。各企业可以用公式中未考虑的因素来修正所估计的市场潜量。这些因素包括品牌占用率、竞争者类型与数目、销售力量的大小、物流系统、区域性促销成本、当地市场的特点等。

三、估计实际销售额和市场占有率

企业不仅要估计总市场潜量和区域潜量，还要了解本行业的实际销售额。也就是说，企业还要识别竞争者并估计它们的销售额。根据国家统计部门公布的统计数字，企业可以了解到本行业的总的销售状况，并用企业销售状况与整个行业发展相比较，评价企业发展状况。例如，如果企业的销售额年增长率为6%，而整个行业的增长率为10%，这就意味着企业的市场占有率在下降，企业在行业中的地位已被削弱，而竞争者却发展迅速。

目前，随着我国市场经济环境日益成熟，企业的市场竞争也日趋激烈，企业发展战略显得越来越重要，决策的非理性因素可能导致"一招不慎满盘皆输"，加强市场需求预测已是刻不容缓的大事。

第三节 市场需求预测方法

企业从事市场需求预测一般要经过三个阶段，即环境预测、行业预测和企业销售预测。环境预测就是分析通货膨胀、失业、利率、消费者支出和储蓄、企业投资、政府开支、净出口以及其他一些重要因素，最后作出对国民生产总值的预测。以环境预测为基础，结合其他环境特征进行行业销售预测。最后，根据对企业未来市场占有率的估计，预测企业销售额。

一、市场需求预测的基础

由于产品种类不同,情报资料来源的可靠性和类型的多样性,加上预测目标不同,因而有许多不同的预测方法。但实际上预测的情报基础只有三种:

(一) 人们所说的

是指购买者及其亲友、推销人员、企业以外的专家的意见。在此基础上的预测方法有购买者意向调查法、销售人员综合意见法和专家意见法。

(二) 人们要做的

建立在"人们要做的"基础上的预测方法是市场试验法,即把产品投入市场进行试验,观察销售情况及消费者对产品的反应。

(三) 人们已做的

建立在"人们已做的"基础上的方法,是用数理统计等工具分析反映过去销售情况和购买行为的数据,包括两种方法,即时间序列分析法和统计需求分析法。

二、市场需求预测的主要方法

(一) 购买者意向调查法

市场总是由潜在购买者构成的,预测就是预计在给定条件下潜在购买者的可能行为,即要调查购买者。这种调查的结果是比较准确可靠的,因为只有购买者自己才知道将来会购买什么和购买多少。

在满足下面三个条件的情况下,购买者意向调查法比较有效:
(1) 购买者的购买意向是明确清晰的;
(2) 这种意向会转化为顾客购买行动;
(3) 购买者愿意把其意向告诉调查者。

对于耐用消费品,如汽车、房屋、家具、家用电器等的购买者,调查者一般要定期进行抽样调查。另外还要调查消费者目前和未来个人财力情况以及他对未来经济发展的看法。对于产业用品,企业可以自行从事顾客购买意向调查。通过统计抽样选取一定数量的潜在购买者,访问这些购买者的有关部门负责人,通过访问获得的资料以及其他补充资料,企业便可以对其产品的市场需求作出估计。

尽管这样费时费钱,但企业可从中间接地获得某些好处。首先,通过这些访问,企业分析人员可以了解到在公开出版资料没有的情况下考虑各种问题的新途径。其次,可以树立或巩固企业关心购买者需要的形象。最后,在进行总市场需求的预测过程中,也可以同时获得各行业、各地区的市场需求估计值。

用购买者意向调查法预测产业用品的未来需要,其准确性比用在消费品方面要高。因为消费者的购买动机或计划常因某些因素(如竞争者的市场营销活动等)的变化而变化,如果完全根据消费动机作预测,准确性往往不是很高。一般说来,用这种方法预测非耐用消费品需要的可靠性较低,用在耐用消费品方面稍高,用在产业用品方面则更高。

（二）销售人员综合意见法

在不能直接与顾客见面时,企业可以通过听取销售人员的意见估计市场需求。

1. 销售人员综合意见法的优点

销售人员综合意见法的主要优点是：

（1）销售人员经常接触购买者,对购买者意向有较全面深刻的了解,比其他人有更充分的知识和更敏锐的洞察力,尤其是对受技术发展变化影响较大的产品；

（2）由于销售人员参与企业预测,因而他们对上级下达的销售配额有较大的信心完成；

（3）通过这种方法,也可以获得按产品、区域、顾客或销售人员划分的各种销售预测。

2. 销售人员综合意见法的不足

一般情况下,销售人员所作的需求预测,必须经过进一步的修正才能利用。这是因为：

（1）销售人员的判断总会有某些偏差,受其最近销售成败的影响,他们的判断可能会过于乐观或过于悲观,即常常走极端。

（2）销售人员可能对经济发展形势或企业的营销总体规划不了解。

（3）为使其下一年度的销售大大超过配额指标,以获得升迁或奖励的机会,销售人员可能会故意压低其预测数字。

（4）销售人员也可能对这种预测没有足够的知识、能力或兴趣。

尽管有这些不足,但这种方法仍为人们所利用。因为各个销售人员的过高或过低的预测可能会相互抵消,这样使总预测值仍比较理想。有时,有些销售人员预测的偏差可以预先识别并及时得到修正。

（三）专家意见法

企业也可以利用诸如经销商、分销商、供应商及其他一些专家的意见进行预测。由于这种方法是以专家为索取信息的对象,用这种方法进行预测的准确性,主要取决于专家的专业知识和与此相关的科学基础知识,以及专家对市场变化情况的洞悉程度,因此所依靠的专家必须具备较高的水平。

利用专家意见有多种方式。如组织一个专家小组进行某项预测,这些专家提出各自的估计,然后交换意见,最后经过综合,提出小组的预测。这种方式的缺点是,小组成员容易屈从于某个权威或者大多数人的意见(即使这些意见并不正确),不愿提出不同的看法；或者虽认识到自己的意见错了,但碍于情面不愿意当众承认。

现在应用较普遍的方法是德尔菲法。其基本过程是：先由各个专家针对所预测事物的未来发展趋势独立提出自己的估计和假设,经企业分析人员(调查主持者)审查、修改、提出意见,再发回到各位专家手中,这时专家们根据综合的预测结果,参考他人意见修改自己的预测,即开始下一轮估计。如此往复,直到各专家对未来的预测基本一致为止。

专家意见法的主要优点是：预测过程迅速,成本较低；在预测过程中,各种不同的观点都可以表达并加以调和；如果缺乏基本的数据,可以运用这种方法加以弥补。

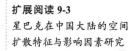

扩展阅读 9-3
星巴克在中国大陆的空间扩散特征与影响因素研究

另一方面，专家意见法也存在着一些缺点。例如，专家意见未必能反映客观现实；责任较为分散，估计值的权数相同；一般仅适用于总额预测，而用于区域、顾客群、产品大类等的预测时，可靠性较差。

（四）市场试验法

企业收集到的各种意见的价值，不管是购买者、销售人员的意见，还是专家的意见，都取决于获得各种意见的成本、意见可得性和可靠性。如果购买者对其购买并没有认真细致的计划，或其意向变化不定，或专家的意见也并不十分可靠，在这些情况下，就需要利用市场试验这种预测方法。特别是在预测一种新产品的销售情况和现有产品在新的地区或通过新的分销渠道的销售情况时，利用这种方法效果最好。

（五）时间序列分析法

很多企业以过去的资料为基础，利用统计分析和数学分析预测未来需求。这种方法的根据，一是过去的统计数据之间存在着一定关系，而且这种关系利用统计方法可以揭示出来；二是过去的销售状况对未来的销售趋势有决定性影响，销售额只是时间的函数。因此，企业可以利用这种方法预测未来的销售趋势。

时间序列分析法的主要特点，是以时间推移研究和预测市场需求趋势，不受其他外界因素的影响。不过，在遇到外界发生较大变化，如国家政策发生变化时，根据过去已发生的数据进行预测往往会有比较大的偏差。

产品销售的时间序列，可以分成四个组成部分：

（1）趋势，它是人口、资本积累、技术发展等方面共同作用的结果。利用过去有关的销售资料描绘出销售曲线就可以看出某种趋势来。

（2）周期。企业销售额往往呈现出某种波状运动，因为企业销售一般都受到宏观经济活动的影响，而宏观经济活动总呈现出某种周期性波动的特点。周期因素在中期预测中尤其重要。

（3）季节，指一年内销售量变动的形式。季节一词在这里可以指任何按小时、月份或季度周期发生的销售量变动形式。这个组成部分一般同气候条件、假日、商业习惯等有关。季节形式为预测短期销售提供了基础。

（4）不确定事件，包括自然灾害、突发疫情、战争恐慌、流行风尚、恐怖袭击和其他一些干扰因素。这些因素属不正常因素，一般无法预测。应当从过去的数据中剔除这些因素的影响，考察较为正常的销售活动。

时间序列分析就是把过去的销售序列 Y 分解成为趋势（T）、周期（C）、季节（S）和不确定因素（E）等组成部分，通过对未来这几个因素综合考虑，进行销售预测。这些因素可构成线性模型，即：

$$Y = T + C + S + E$$

也可构成乘数模型，即：

$$Y = T \times C \times S \times E$$

还可以是混合模型，如：

$$Y = T \times (C + S + E)$$

（六）直线趋势法

直线趋势法是运用最小平方法进行预测，用直线斜率来表示增长趋势的一种外推预测方法。其预测模型为

$$Y = a + bX$$

式中：

a——直线在 Y 轴上的截距；

b——直线斜率，代表年平均增长率；

Y——销售预测的趋势值；

X——时间。

根据最小平方法原理，先计算 $Y = a + bX$ 的总和，即

$$\sum Y = na + b\sum X$$

然后计算 XY 的总和，即

$$\sum XY = a\sum X + b\sum X^2$$

上述两个公式的共同因子是 $\sum X$。为简化计算，将 $\sum X$ 取 0。其方法是：若 n 为奇数，则取 X 的间隔为 1，将 $X = 0$ 置于资料期的中央一期；若 n 为偶数，则取 X 的间隔为 2，将 $X = -1$ 与 $X = 1$ 置于资料中央的上下两期。

当 $\sum X = 0$ 时，上述二式分别变为

$$\sum Y = na$$
$$\sum XY = b\sum X^2$$

由此推算出 a、b 值为

$$a = \sum Y / n$$
$$b = \sum XY / \sum X^2$$

所以

$$Y = \frac{\sum Y}{n} + \frac{\sum XY}{\sum X^2} \cdot X$$

小案例 9-1

假设某企业 2012—2016 年销售额分别为 4 800、5 300、5 400、5 700、5 800 万元，运用直线趋势法预测 2017 年的销售额。

由于 $n = 5$ 为奇数，且间隔为 1，故 $X = 0$ 置于中央一期即 2014 年，X 的取值依次为 -2、-1、0、1、2，XY 依次为 -9 600、-5 300、0、5 700、11 600，X^2 依次为 4、1、0、1、4，所以，$\sum Y = 27\,000$，$\sum XY = 2\,400$，$\sum X^2 = 10$。

代入公式，测得：

$$Y = \frac{27\,000}{5} + \frac{2\,400}{10} \cdot X = 5\,400 + 240X$$

预测 2017 年的销售额，则 $X = 3$，代入上式，得

$$Y = 5\,400 + 240 \times 3 = 6\,120\,(万元)$$

即 2017 年的销售额将为 6 120 万元。

（七）统计需求分析法

时间序列分析法把过去和未来的销售都看做时间的函数，即仅随时间的推移而变化，不受其他任何现实因素的影响。然而，任何产品的销售都要受到很多现实因素的影响。统计需求分析就是运用一整套统计学方法发现影响企业销售的最重要的因素以及这些因素影响的相对大小。企业经常分析的因素，主要有价格、收入、人口和促销等。

统计需求分析将销售量 Q 视为一系列独立需求变量 $X_1, X_2, \cdots, X_n$ 的函数，即

$$Q = f(X_1, X_2, \cdots, X_n)$$

但是，这些变量同销售量之间的关系一般并不能用严格的数学公式表示出来，而只能用统计分析来揭示和说明，即这些变量同销售量之间的关系是统计相关。多元回归技术就是这样一种数理统计方法。它运用数理统计工具在寻找最佳预测因素和方程的过程中，可以找到多个方程，这些方程均能在统计学意义上符合已知数据。

在运用统计需求分析法时，应充分注意影响其有效性的问题：

（1）观察值过少；

（2）各变量之间高度相关；

（3）变量与销售量之间的因果关系不清；

（4）未考虑到新变量的出现。

需要说明的是，需求预测是一项十分复杂的工作。只有特殊情况下的少数产品的预测较为简单，如未来需求趋势相当稳定，或没有竞争者存在（如公用事业），或竞争条件比较稳定（如纯粹垄断的产品生产）等。在大多数情形下，企业经营的市场环境是在不断变化的，由于这种变化，总市场需求和企业需求都是变化的、不稳定的。需求愈不稳定，愈需要精确的预测。这时准确地预测市场需求和企业需求就成为企业成功的关键，因为任何错误的预测都可能导致诸如库存积压或存货不足，从而使销售额下降以至中断等不良后果。

在预测需求的过程中，所涉及的许多技术问题需要由专业技术人员解决，但是营销经理应熟悉主要的预测方法以及每种方法的主要长处和不足。

小案例分析 9-3

短视频营销的优势有哪些？有哪些营销方式？

本章小结

估计市场需求是评价营销机会的重要步骤。认识市场需求概念的关键在于市场需求不是一个固定的数值，而是一个函数。市场预测表示在一定的环境条件下和市场营销费用下的估计的市场需求。企业需求就是在市场总需求中企业所占的需求份额。企业需求表示不同水平的企业市场营销力量刺激产生的企业的估计销售额。与计划水平的营销力量相对应的一定水平的销售额，称为企业销售预测。

估计当前市场需求，就是要测量总的市场潜量、区域市场潜量、实际销售额和市场

占有率。市场需求预测的主要方法有：购买者意向调查法、销售人员综合意见法、专家意见法、市场实验法、时间序列分析法、直线趋势法和统计需求分析法。

重要名词

市场需求　市场营销力量　市场反应函数　市场潜量　市场累加法　购买力指数法　可达市场　市场营销灵敏度

即测即练题

**复习思考题**

1. 市场潜量与企业潜量之间的区别是什么？
2. 估计区域市场潜量的方法有哪几个，分别怎样使用？
3. 假如某企业2012—2016年的销售额分别为4 800万元、5 300万元、5 700万元、5 400万元、5 800万元，现需运用直线趋势法预测2017年的销售额。

案例

电商直播——引领新消费时代

中国电商市场经历了近二十年高速成长，从最初的电脑时代到10年代以后的手机时代，再到今天的直播时代，物理技术日新月异，不变的是以商品为核心、消费者为本位的初心。不过，5G时代的电商直播与以往的电商有着本质不同，那就是直播技术让原本货对人的形态转变为人对人，使消费者与主播能够进行深度互动，多年来行驶在两条道上的电商与社交终于走到了一起。

淘宝直播今年一年大概带动了400万就业。自本年度"双11"电商直播大放异彩之后，各大电商平台纷纷布局直播，且加重加码。刚刚落下帷幕的"双12"，淘宝直播率先推出5G直播。

中国电商直播诞生于2015年底，2018年"双11"初露端倪，2019年"双11"呈现井喷式增长的势头。业界、消费者、专家，都对电商直播引领新消费时代抱以热望。

毋庸讳言，电商直播作为新生事物，人们在拥抱它的同时，亦有必要在观念上对其做一番正本清源。公众对电商直播给消费者带来的好处已有基本认知，本文试图从电商直播不等于网红直播、作为分工的产物、给商家和产业带来的好处三方面进行阐述，使公众对电商直播这一新兴事物有更深入的了解。

网红直播不等于电商直播

当下最为热门的电商直播明星莫过于李佳琦、薇娅等人，以至于许多消费者简单地将电商直播与网红直播画上等号。其实网红直播不等于电商直播，前者只是后者的一种具体表现形式，且非主要形式。

电商直播之"新"在于通过引入"主播推荐和介绍"这一环节，进而改变原有的商品展示形态，将原来电商平台下各商家相对静态呈现的商品，通过主播的中介作用变为动态展示。

网红直播，顾名思义，消费者与商家之间通过网红得以建立联系，因主播自带流量，形成粉丝效应，与一般的明星经济具有异曲同工之处。换言之，在该种模式下，粉丝主要消费的是主播，而非商品。由于大众的注意力是有限的，能够创造巨额营收、形成规模粉丝经济的仅限于头部主播。

真正具有光明前景的是专业主播，该模式才是未来电商发展的主流模式。专业主播来自不同行业，他们聚焦并深耕于自己的专业领域，运用专业知识为消费者挑选、推荐商品，凭借专业直播技能和特色吸引消费者，积累粉丝，由此形成在消费领域的权威声音，影响消费者。专业主播与人们通常理解的"网红"完全不同，这是一种基于高度专业性的全新职业，主播背后承载着一个从选品、供应链管理甚至到文宣公关的庞大团队。

即便是超级流量网红做电商直播，也需要一定的专业度，比如李佳琦，他直播主要聚焦于口红、美妆和护肤品类。不存在全品类通杀的主播，不存在全知全能的主播。不可否认，人是有局限性的，主播也是如此。主播一旦跨界超出自己的领域太多，粉丝对其的信任程度就会大打折扣。

因此，网红直播不等于电商直播。未来，电商直播要行稳走远，应致力于打造主播的专业性，此系核心要义，须臾不可偏废。

作为分工的产物

现代经济学鼻祖亚当·斯密在其旷世名著《国富论》中提出了影响后世至今的分工理论。亚当·斯密认为，分工的起源是人的才能具有自然差异。正因为个体才能的差异，通过劳动获得的产品也就不同，而人类又天然具有交换与易货的倾向，于是便有了能够实现各自利益最大化的分工。分工意味着专业化及生产力的提高，随着交易规模的扩大和交易方式的日渐复杂，个人财富随之增加，社会亦因分工而出现繁荣，并最终促进非意图的公共利益。

在笔者看来，电商发展到社交电商阶段，直播所带来的是高度细分的分工协作，是斯密分工理论在新消费时代的经典写照。就本质而言，电商主播就是一种新的社会分工，是电商生态演化至当下的最新阶段。电商平台通过直播技术，聚拢一批有一技之长的、被人们约定俗成地称为"主播"的人，向消费者介绍、推荐、试用货品，创造出一种新的消费场景，并以此获得收入。

主播不过是电商直播的前台代言，其幕后团队有着不为公众所知晓的精细分工。围绕专业主播，背后有主播经纪人、主播助理、直播运营、场景包装师等新兴职业；围绕商家和货品，背后有招商、品控等职业。总之，电商直播作为一种新的消费场景，带动了一系列的业态迭代，衍生出直播上下游至少十几种大类的职业，各种细分职业不计其数。其中，主播更是成为热衷时尚的年轻人最向往的新兴职业之一。

基于高度分工协作的电商直播，不仅创造消费增量，成为拉动内需的重要驱动力，同时，也造就了海量的就业岗位。据测算，淘宝直播2019年一年大概带动了400万就业。

前述催生的新型职业，一部分也是依托于传统职业的转型，例如大批汽车4S店导购、化妆品专柜导购等人员转型成为主播、助播等新兴职业。另外，电商直播也给传统意义上的无就业能力者创造了就业机会。

毋庸置疑，电商直播作为一种新的社会分工，孕育了无数新兴职业和海量就业岗位，创造了人人可参与的新型就业模式，而这一切都是基于人的专业性。

给商家和产业带来的好处

电商直播给商家带来的好处亦是显而易见，并且是全方位的。我们知道，商家生产商品到卖给消费者，有如下流程：先把资本品通过材料和构成要素转变为专门用于生产最终商品的中间产品，或者直接通过资本购买中间产品；再把中间产品生产成最终商品；最后，把商品卖给消费者。

从生产第一步到销售完成的最后一步，这期间存在一个时间差，如果消费者对最终商品的需求发生变化，没有购买商品，使这些商品无法轻易地转用于其他生产，导致商家压货严重并最终亏损。商家的风险也就在这里。所以，在现代资本运用经济中，宏观经济学的核心议题就是跨期合作协调：资本品和消费品之间的资源配置怎样才能符合当前消费者和未来消费者之间的消费者偏好。

电商直播至少部分解决了上述商品生产的跨期结构不一致的问题，特别是针对像服装产业这样的生产周期不长的轻工业，效果显著。商家通过专业主播拿到订单，根据订单数量进行时时生产，不需要提前投资和生产，真正做到了零库存。

商家之所以能做到零库存，是因为新消费时代能够真正做到C2M（消费者对工厂），利用消费端的数据，再利用专业主播的中介作用，反向推导供应链，直接对接企业生产，使两者无缝对接起来。比如，被誉为中国"珍珠之都"的诸暨山下湖镇，以往山下湖人做珍珠只有两条路：自己去镇上开店，做批发生意；或者卖给本地大公司，但钱款需要半年或者一年才能收回。如今做电商直播，拉近与消费者距离的同时，也让养殖户的收入有了很大提升。

综上所述，对商家而言，专业直播提供了一个新的、更好触达消费者的渠道，得以通过专业主播的介绍和带货实现快速成长；专业主播作为中介，将商家和消费者无缝隙地对接起来，进而降低生产和运营成本；同时，专业主播能够向商家提供消费者喜好的信息甚至引领消费者的喜好，从而帮助商家实现反向定制。

从更宏观的层面来讲，电商直播正在对各个行业进行着持续、深度的改造与升级，许多传统行业都因直播的兴起而发生着翻天覆地的变化。因直播而起的产业改造与升级，又与整个国家的产业结构转型与升级紧密联系、息息相关。以2019年"双12"为例，淘宝直播正式推出5G直播，首轮试点放在了广东四会的翡翠城和浙江诸暨的珠宝城两个产业直播基地。相信在不久的将来，5G直播会成为大部分产业的标配。

资料来源：电商直播——引领新消费时代[EB/OL]．第一财经日报（https://tech.sina.com.cn/roll/2019-12-23/doc-iihnzhfz7648678.shtml），2019-12-23.

案例讨论题

1. 你认为影响国内电商发展的因素有哪些？
2. 你是否同意本案例对中国电商发展的预测？查找相关资料，给出支持和反对的理由。

第十章 市场细分、目标市场决策和定位

本章提要

市场也是现实和潜在顾客及其欲望、支付能力的集合。由于各种原因,消费者和用户的需求不尽一致。市场细分承认这种差异的客观性、合理性,进一步依据需求的差异,认识和分析具体的市场。通过本章的学习,必须掌握市场细分的基础、方法和原则,选择目标市场的要求,目标市场进入模式和战略,并了解定位的本质及其分类、实施步骤以及传播。

 引例

小西家作:为家人订制的甜

小西家作创办于广州,早期是媒体人转型经营的一家烘焙小店,产品有生日蛋糕、蛋糕卷和曲奇等。以其"无色素、无添加,最优食材手工制作"的理念经营,俘获了不少"粉丝"和高忠诚度客户。如今它早已从一家私房蛋糕工作室,进化为小而美的、在广州市场享有很高知名度和美誉度的烘焙品牌。

小西家作的故事看起来脉络简单。2012年4月,在广州珠江新城成立了一间工作室。2013年1月,第一家实体店营业。2016年与第三方即时配送公司合作,开通了同城配送。2017年6月,小西家作进驻广粤天地,开设实体堂食店。2019年3月,上线美团外卖;12月,佛山首店开业,那是位于广州旁边的一个地级市。

小西家作的典型客户,是那些家中有一两个小朋友,对食品安全高度敏感,年龄28~45岁的城市妈妈群体。在相关的家庭购买中,她们不仅是发起者,更是购买者和决定者。

发现这一机会的,首先是创办者自己。创办小西家作之前,恰好他们的女儿出生。当时发生了三聚氰胺事件,人们对国产奶粉品牌的信任度几乎整体崩塌。小西夫妻满世界寻找安全的奶粉,也一直苦恼于如何能为家人规避各种可能的食品安全漏洞——蔬菜水果怕农药残留、猪肉怕瘦肉精、注水肉,鱼虾怕重金属,大米怕增白剂,空气经常需要开净化器……连自己最爱吃的蛋糕甜点,也是人造奶油的天下。有家庭有孩子的主妇对食品安全的观点,往往代表着社会对食品安全的最好标准。

这一群体有消费能力和购买力,对品质的要求极高。因此,小西家作无论是在用料还是在工艺流程上,都坚持自家人食用的标准。他们杜绝保鲜剂、防腐剂、泡打粉等添加剂等,摒弃了传统蛋糕店的一些行业潜规则,如滥用色素、蛋糕装饰使用罐头水果而

非新鲜水果、保质期普遍四五天、一味追求好看,等等。他们将蛋糕保质期缩短到一天,坚持当天订单当天制作,"对家人的食品安全标准就是给客人的标准"。小朋友生日宴会一直流行七彩斑斓的蛋糕,小西家作由于拒绝人造色素,宁愿放弃这块市场。也因为一直坚持这个标准毫不动摇,小西家作逐渐成为蛋糕甜点行业里深得妈妈们信任的品牌。

由于受到代表社会最高食品安全标准的妈妈们的极力推荐,形成了极其良好的口碑效应。顾客也逐渐从生日庆典,延展到公司下午茶、同学会、朋友聚餐和企业福利等。见到小西家作,人们会默认这有健康严谨的选材,放心安全。

小西家作也特别重视社交媒体的运用。从微博到微信,小西家作一直保持很高的活跃度,也是最早开通微信公众号的烘焙品牌之一。由于较高的粉丝活跃度和增长速度,小西家作2014年还入选了微信公开课宣讲案例。微信公众号不仅是小西家作品牌的承载体、客户自助下单的接口,也是与客户保持互动的连接点。其所拥有的19万微信活跃粉丝,在广州同行中位于前列。

小西家作也被明星屡屡低调探店打卡,被明星经纪团队订购蛋糕作为庆功宴。比如郎平、女排球员的生日蛋糕,等等。小西家作也会力所能及地参与一些公益活动,2020年初新冠肺炎疫情肆虐,小西家作主动联系中山大学附属第一医院,捐助了150盒曲奇作为该院赴武汉医疗队物资。

2020年春节前后,突如其来的新冠肺炎疫情席卷全国,餐饮业损失惨重。小西家作由于坚持自提、配送与堂食体验店结合的经营路径,自提及外卖服务深入人心,以及在选址上一直较为慎重,商铺特质都是街边店或者商场露天位,整体经营在这次疫情中影响较为轻微,实现了不裁员、不降薪,稳步发展。

(吴旭军,谢颖琪)

企业一切活动要以市场为中心。然而顾客或人数太多、分布太广,也可能需要、欲望和习惯等差异太大,所以每个企业其实都只是在为部分顾客提供产品和服务。因此,从潜在顾客中发现、辨认最有价值,能为其创造最有效的满足的那些部分为目标市场(target market),并为企业、品牌和产品、服务等树立起自身特色,就成为市场营销决策中具有重要意义的战略之举。

第一节 市场细分的概念和依据

一、市场细分的概念

市场细分(market segmentation)是温德尔·斯密(Wendell R. Smith)1956年在总结企业实践的基础上,提出的一个内涵丰富的概念。市场上的顾客总是有差异的,存在不同的需求,追求不同利益和价值。温德尔·斯密认为,市场细分是一种战略。企业要对市场进行细分,而不是仅仅停留在产品差异化上面。

市场细分思想的产生和应用,起源于商品本身的内在矛盾及其发展。企业提供给市场的产品,无论形态、称谓如何,终究都是"商品"——为交换而生产的市场提供物,具有价值和使用价值双重属性。作为生产者，企业追求的是商品价值，顺利实现商品价值是它们生存、发展的前提。然而能否顺利实现交换，还取决于商品使用价值满足顾客的匹配程度。小生产者如裁缝、鞋匠等，小本经营，生产能力和产量有限，顾客少，市场也小。他们分别为每位顾客量体裁衣，缝制不同的服装；根据每个顾客脚型，制造专门的鞋。依据订货加工不能保证生产的均衡性，却能提高使用价值与顾客的匹配度。其实，这些生产者也在自觉或不自觉、被动地进行"市场细分"，把每个顾客都当作一个细分市场。规模较大的生产者必须生产较多的存货，以实现规模经济。批量生产难以照顾到每个顾客的特性，使用价值与需求脱节的可能性增大。因此，对潜在顾客依据需求差异分类，求同存异，按照各类顾客的共性研制、开发和批量化生产，实施大规模分销和促销，即用特定产品满足顾客群体而不只是个体，就成为促成交易、减少风险和扩大销售的重要途径。所以，市场细分是进行大规模生产的企业顺利实现其商品价值的重要基础。

在现实中，消费者和用户的需要、欲望和行为，往往呈现多元性而非单一性，异质性而非同质化。倘若对任一产品就其两种以上的属性，例如服装式样和质地询问顾客的要求，大多数市场都可能出现三种不同的偏好模式（见图10-1）：

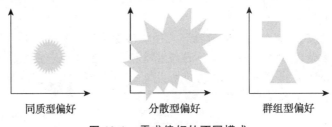

图 10-1　需求偏好的不同模式

（1）同质型偏好。所有顾客对两种属性的要求比较集中、一致，不存在显著差异。假定这样，企业就必须同时注重其产品的两种属性。

（2）分散型偏好。顾客偏好不同，有的看式样，有的重质地，而且程度不一、极为分散。面对这种模式，假如企业只提供一种产品，无论该产品何种特色，注重一种还是兼顾两种属性，都难以最大限度满足所有顾客。

（3）群组型偏好。市场上，不同偏好顾客成群成组地分布。显然，企业只推出一种产品难以满足所有顾客。

一般来说，只有少数产品如食盐、钢材等，顾客要求很少因人而异，具有较高的同质性。而更多的产品、市场是异质性的，只要有两个以上的顾客，需求就会出现不同。所以有人认为，除非只有一个顾客、只提供一种产品和服务，否则就有市场细分的必要。

市场细分作为一种行为，是一个过程。其致力于需求差异的分析、确认，并从顾客及其不同中寻找、发掘共同或相似的因素，在异中求同和同中求异。将错综复杂的具体市场，区别为具有市场营销意义的若干部分，即细分市场（market segment），以使各部分或细分市场的内部异质性减少，表现出更多的同质性，以更好地适应规模经济和大批量营销的要求。实际上就是在观念、计划和行动中，对市场需求进行梳理、分类。每一个细分市场，都是一个需求与偏好大体接近的顾客群体。

二、市场细分的依据

市场细分的基础,是导致需求异质性、多样化的相关因素。它们使消费者、用户的需要、动机和行为不尽相同,为市场细分提供了依据。

(一)细分消费者市场的依据

细分消费者市场的依据有两类。一类是消费者特征,具体包括地理因素、人口因素和心理因素等;一类是消费者反应,主要指各种的行为因素。

1. 地理因素

地理因素是一种传统的市场细分依据,使用已久。早期企业由于规模、产量有限以及交通条件、运输成本等的制约,往往只需也只能为当地服务。现代市场营销理论依然把地理因素作为市场细分的重要标准,但赋予了它新的内容——生活在不同的地方,由于客观环境和生活条件的不同,人们因此会有不同的需要和爱好,并对产品以及其他市场营销手段产生不同反应,即地理环境(如地区、气候、人口密度和城镇规模等)会对消费者需求产生重要的影响。

(1)地区。在我国南北方、东西部,甚至相邻的省市,消费者也会对许多产品、服务存在不同的要求。我国南方人喜欢甜食,而北方人喜欢面食。再如美国东部居民对咖啡要求味道清淡,西部喜欢浓郁一些,就有企业以此细分市场,推出味道不同的咖啡。

(2)气候。我国北方冬季寒冷干燥,南方温暖潮湿,最明显的是对御寒用品的要求大不相同。

(3)人口密度。城市、郊区或小镇、乡村等,生活空间、环境等存在诸多差异。例如有许多产品,城市居民追求小巧便携,农村消费者看重结实耐用。

(4)城镇规模。我国常见有一线城市、二线城市和三线城市等说法,其实就是城镇规模的大小,会对许多需求产生不同的影响。

2. 人口因素

在相同的地理环境下,消费者的需求在许多方面还会有很大的差异。因此,还可继续从年龄、性别、收入、家庭生命周期、职业及家庭规模(人数)、受教育程度、宗教信仰和民族等角度考察,进一步细分市场。

扩展阅读 10-1
"90 后"带来市场细分新时代

3. 心理因素

即使人口因素特征相似,仍然可以发现,不同的心理特征导致消费者需求差异。因此还可以依据社会阶层、生活方式和个性特点等,进一步市场细分。

4. 行为因素

(1)时机与场合。根据消费者产生需要、购买或使用时机与场合区分不同群体,有助于扩展产品的使用范围。例如果汁等,长期被视为清凉解暑的饮料,通过推动用餐或其他场合替代英勇酒类,就扩大了市场和销售。

(2)追求的利益。依据人们为何购买、希望得到的价值,进行市场细分。

(3)使用者情况。将消费者分为未使用者、曾经使用者、潜在使用者、首次使用者及经常使用者等群体，分别考虑不同的市场营销措施。一些市场占有率高的企业，喜欢把潜在使用者转变为使用者；中小企业注重稳定经常使用者，吸引首次使用者和竞争者的曾经使用者。

（4）使用率。依据产品购买、使用或消费的数量，将顾客区分为少量使用者、中量使用者及大量使用者。大量使用者一般人数占比重小，但购买、消费的比重大，并且往往具有某种共同的人口与心理特征。

（5）品牌忠诚度。例如，区分为始终不渝、坚持同一品牌的坚定忠诚者，常在几种品牌之间游移的不坚定的忠诚者，由一个品牌转向另一品牌的转移的忠诚者，对任何品牌都没有特别爱好的多变者，等等。当然，不同企业不同品牌在不同时期，这四类顾客的比例会有不同。依据品牌忠诚度细分市场，可考虑采用更有针对性的营销措施改善绩效。

（6）购买准备阶段。广义地说，任何时候消费者都处于购买的不同准备状态。有的还不知道这个品牌或产品，有的已经知道，有的产生了兴趣，有的正打算购买……可以此细分市场，考虑不同的市场营销方式、措施。

（7）态度。依据消费者对品牌、产品的热情程度细分市场，比如分为热情、肯定、无所谓、否定和敌视等不同态度的顾客群体。

（二）细分生产者市场的依据

生产者市场或企业市场，也可依据用户所在的区域、追求的利益、使用者情况、使用率、品牌忠诚度、购买准备和态度等因素进行市场细分。例如，不同的最终用户往往追求不同的利益，可按它们的不同要求细分市场。比如轮胎市场，豪华型汽车制造商所需的轮胎，比普通汽车制造商档次要高；飞机制造商所需的轮胎，比拖拉机制造商在安全标准等方面要严格，等等。还可依据用户规模细分市场，如大客户数量较少，购买力较高，购买量大；小客户则相反。

美国学者波罗玛（Thomas V. Bonoma）和夏皮罗（Benson P. Shapiro）等，曾于1983年提出一套细分生产者市场的变量。[①]他们系统列举了选择目标市场应考虑的主要因素，至今有很好一定的参考价值：

1. 人口统计变量

（1）行业：我们应该服务于哪些行业？

（2）公司规模：我们应该服务于多大规模的公司？

（3）地点：我们应该服务于哪些地理区域？

2. 经营变量

（4）技术：我们应该把重点放在客户重视的哪些技术上？

（5）使用者或非使用者状况：我们应该服务于重度使用者、中度使用者、轻度使用者还是未使用者？

（6）客户能力：我们应该服务于需要大量服务的客户，还是只要少量服务的客户？

[①] 转引自：菲利普·科特勒，凯文·莱恩·凯勒. 营销管理[M]. 15版. 何佳讯，于洪彦，徐岚，等. 译. 上海：格致出版社、上海人民出版社，2016：245.

3. 购买方式

（7）采购职能组织：我们应该服务于高度集中采购组织的公司，还是分散采购的公司？

（8）权力结构：我们应该服务于工程导向、财务导向还是其他导向的公司？

（9）现有关系的性质：我们应该服务于和我们有牢固关系的公司，还是简单地追求最理想的公司？

（10）总体采购政策：我们应该服务于喜欢租赁、签订服务合同、进行系统采购，还是要求封闭式投标的公司？

（11）采购标准：我们应该服务于追求质量、服务还是价格的公司？

4. 情境因素

（12）紧急性：我们是否服务于需要快速和随时交货或提供服务的公司？

（13）特定应用：我们是否应该关注于我们产品的特定应用，而不是所有的应用？

（14）订单规模：我们应该着重服务于大订单还是小订单？

5. 个人特征

（15）购买者-销售者相似性：我们是否应该服务于那些人员、价值观和我们相似的公司？

（16）对风险的态度：我们应该服务于喜欢风险的还是规避风险的公司？

（17）忠诚度：我们是否应该服务于对其供应商高忠诚度的公司？

三、反细分战略和定制营销

（一）反细分战略

在实践中，也有的企业过分强调市场细分，因而陷入了"过度细分"困境。细分市场太多，导致产品种类的增加，批量变小和成本上升，从而失去了价格优势。于是，所谓"反细分"战略应运而生。

"反细分"战略有两种做法：

（1）通过缩减产品线以减少细分市场，如那些已有较多产品线的企业。因为过于注重差异化市场营销，大量的产品差异化导致生产成本、营销费用大量增加。可减少产品线，放弃较小的或对效益、市场份额影响不大的部分细分市场。

（2）将一些较小的细分市场，依其共性重新整合为较大的细分市场（见图10-2）。例如，将市场细分产生的 12 个细分市场（见图 10-2a），根据一定标准重新"黏合"为必要的 5 个有一定规模的细分市场（见图 10-2b）。

(a) 市场细分

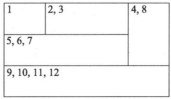
(b) "反细分"

图 10-2　从市场细分到反细分战略

"反细分"不是说反对市场细分,而是要把被细分得过于狭小、"碎片"的市场重新整合,以便通过较低的成本、价格满足市场。这种战略的出发点,是基于许多顾客价值观、态度等的变化。某些产品、服务不能完全匹配消费者某些特殊需求,或在经济增长、物价稳定时期不被接受。但在经济萧条、通货膨胀时期,人们对所得与价格更为敏感,也乐于购买稍低于期望值,却更具性价比优势的产品和服务。

 小案例10-1

可口可乐公司将削减超一半品牌[②]

据福克斯新闻2020年10月5日报道,可口可乐公司将停产旗下椰子水品牌Zico,并考虑取消部分不太受欢迎的可口可乐和健怡可乐的饮料种类。为应对年初以来的新冠肺炎疫情,公司正大幅削减品牌数量。

可口可乐一位发言人表示,公司目前高度专注于满足消费者的需要和需求,在此背景下,决定2020年底前停产Zico。该发言人称,公司正在进行筛选并精简其品牌数量,将保留那些能做大规模的品牌。

报道称,可口可乐在全球有500个全资或部分拥有的品牌。公司此前表示,计划将这一数字削减一半以上。据了解,这一举措是新冠肺炎疫情引发的广泛重组措施之一,包括裁员和改进市场营销战略。

(二)定制营销

定制营销是将现代化大生产对规模经济的要求,与每个顾客对同一产品的不同要求相结合,同时兼顾批量生产与个别需求,使产品、服务能更好地适应并满足目标市场的每位顾客。

对定制营销的简单理解,就是生产者分别为不同顾客,制作他们所要求的产品。在早期市场上这种做法较为普遍,如前述裁缝缝衣、鞋匠制鞋等。生产者事先并不清楚顾客是谁、想要什么,只能依据定货生产。由于小本经营,生产能力及产量有限,这种方式或是他们保证效益最优的唯一选择。

随着生产力的发展和大规模生产时代到来,规模经济和批量生产要求企业依据目标市场的共性,大量生产标准化产品以备储存,借助于大规模分销和促销等提供给市场。由于着眼于满足大多数潜在顾客的大多数要求,各个顾客需求中的个性因素就被有意地忽略掉了。顾客在大体满足的同时,难免仍有一定的欠缺感和不满足。这些欠缺和不足的日积月累,最终会给竞争者的介入留下"突破口"。

20世纪90年代重新兴起的定制营销,采用"大规模定制"的形式。现代制造和信息技术长足发展,生产者不仅可以集中为一个细分市场——即某一类别达到一定规模、需求共性大于个性的顾客群体提供产品和服务,或细分市场的某一空档——如上述有一定欠缺

[②] 敖杨. 扛不住了?可口可乐将削减超一半品牌!这饮料马上停产[EB/OL]. 南方都市报(https://mp.weixin.qq.com/s/YgcFXiJl3u-BCDg8Dfy5NQ),2020-10-07.

感、不满足的顾客群体提供产品、服务，还可为特定的顾客定制个性化的产品、服务。大规模定制是大批量生产、提供分别满足每个顾客不同需求的产品、服务的能力，也是科技进步开创的营销模式。

定制营销亦可视为一种市场细分战略。一般的市场细分只是依据顾客某些方面的共性，将他们大致区别为若干同质性群体即细分市场，以适应批量生产的要求。定制营销则是市场细分的极限，承认每个顾客需求个性大于共性，每位顾客都是与众不同的细分市场，应当分别予以满足，并借助于现代社会制造和信息技术的进步与发展，实施大规模的而不是个别化的定制。换言之，定制营销针对的细分市场不是顾客群体，而是具体的顾客个体。

扩展阅读 10-2
大规模定制与定制营销

第二节 市场细分的方法、原则与作用

一、市场细分的方法

任何企业都可应用上述标准细分市场。但是，各个企业经营方向以及具体产品不同，细分方法必然有所差别，主要表现在标准的内容、选用的数量和难易的程度等方面。比如在"知识付费"市场，区分需求差异的可能主要是受教育程度、职业、年龄和追求的利益等因素；若是服装市场，则容易受年龄、性别、生活方式、社会阶层、地区和收入等的影响。因此，需要根据具体情况灵活选用。

市场细分的方法一般有：

（1）单一因素法，即只选用一个因素进行市场细分。但这个因素必须是对需求差异影响最大的，例如基于年龄因素考虑细分儿童玩具市场。

（2）综合因素法。一般采用两个以上的因素，同时多角度地细分市场。比如依据收入、家庭人口和车主年龄等因素对轿车市场进行细分，就可以分出 36（3×3×4）个细分市场（见图 10-3）。这种方法适用于需求情况更复杂，需要多方面分析市场、认识需求的场合。

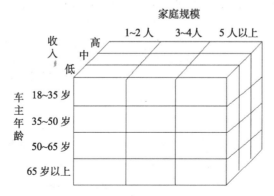

图 10-3 综合因素法细分轿车市场

（3）系列因素法。也是依据两个以上因素，但按一定的顺序逐次细分市场。细分过程也是比较、选择目标市场的过程。下一阶段的细分，在上一阶段选定的细分市场中进行。

二、市场细分的原则

（1）选择对需求差异有较大影响的因素作为市场细分基础。比如食盐，若以性别、肤色或年龄等细分市场可能没有意义，因为这对人们的需要和欲望几乎没有什么显著的影响。若是按使用率考虑，区别为少量使用者（如旅游者）、中量使用者（如家庭）和大量使用者（如餐馆、单位食堂等），推出不同分量的包装，则又是可以考虑的，因为使用率对顾客购买有一定的影响。

（2）若以多个因素细分市场，必须注意各个因素之间的相关性和重叠性。例如使用率与顾客规模（如家庭人口）有关，追求的利益与职业、性别及家庭生命周期等有关，相互之间会产生一定的重叠。同时应用这些因素，就有可能得出一些无效的或意义不大的细分市场。

（3）细分市场的结果应该是不同的细分市场有明显的区别或差异，同一细分市场有较高的同质性。倘若一个细分市场内部仍然需求个性大于共性，不同细分市场之间需求共性大于个性，这样的市场细分就是不成功的。

（4）市场细分的规模要适度。市场细分是必要的，但也不是越细越好。市场细分不是以细分为目的、为细分而细分，而是为了发现机会，并通过需求分类减少顾客满足中的欠缺和不足。一般来说，过多细分市场没有必要，除非准备实施定制营销。细分市场过少、每个细分市场太大同样不合适，因为企业无法全部满足这样的细分市场，会给竞争者留下"破绽"。市场细分的深度及细分市场的规模，要与企业的资源、能力等相匹配。

 小链接10-1

以汽车市场为例市场细分的几个误区[③]

中国汽车市场从竞争最不充分的市场，变成了竞争最激烈的市场。每款新车上市，厂家都会宣称它为某一"细分市场"树立了新标杆。但在实际操作中，仍然存在许多误区。

以价格细分市场

以价格细分市场，最大的好处是给消费者一个很明确的定位。如赛欧"10万元小别克"，成功切入原来"老三样"把持的10万元级家庭轿车市场。但现在的市场没有一个价格区间是空白，每个以万元为单位的价格区间都挤满了多款车型。

市场是可以无限细分的

从理论上说市场可以无限细分，有什么需求就有什么细分市场。听起来像是"以消费者为中心"，在实际操作中就可能碰壁。汽车是一种规模化产业，只有达到一定产量，制造成本才能有效降低。没有一定销量做基础，细分没有意义。

[③] 向寒松. 汽车业：挑战碎片化市场[J]. 管理与财富，2007（9）.

细分市场是可以创造的

汽车市场被各种车型挤得密不透风、再也无法细分，有厂家另辟蹊径创造新的细分市场，"寻找蓝海"。思路正确，但这种细分市场实践往往没有需求支撑。如华普汽车推出一款"中国第一款女性车""海炫"，概念上看细分市场够大，因为几乎一半消费者是女性。但女性消费者需求和男性一样复杂，不同收入、年龄、文化程度的女性对汽车的理解也是不同的。企图用一款"海炫"满足所有女性顾客是不可能的，销量不佳也就是必然了。

三、市场细分的作用

（一）分析机会，选择市场

市场机会或营销机会的本质，是顾客尚待满足，或未能很好满足的需要和欲望。通过营销调研和分析以及市场细分，可以更好地了解消费者、用户的需要及其满足程度，发现哪些群体、哪些方面没有满足或尚未得到充分满足。满足水平低的细分市场，当中就存在着较好的市场机会。

市场细分对中小企业而言更为重要。它们的实力、资源有限，在整个市场或较大的细分市场上，难以和大企业竞争。善于发现特定顾客未能满足的领域，从中细分出较小的市场进行拾遗补阙，往往能在激烈竞争中获得发展的空间。

（二）规划战略，提高效益

科学地市场细分和选择目标市场，有利于企业有的放矢，提高市场营销战略、方式的有效性。企业可根据目标市场及其需求的变化，及时地调整产品组合，保障产品适销对路；相应地安排和选择价格战略、分销战略和促销战略等，使产品迅速送抵目标市场，渗透和巩固市场。还可集中人财物力等，使有限的资源合理使用于前景不一的各细分市场，取得更优的投入产出和效益。

小案例分析 10-1
美国某住宅出租公司的市场细分

第三节　目标市场决策

一、目标市场及评估

目标市场是企业通过分析、比较和选择，最后决定作为自己服务对象的潜在顾客。可以是一个细分市场，或若干细分市场，也可以是总体市场。

（一）目标市场的要求

1. 可识别性

作为目标市场，潜在顾客的特征、范围和规模以及他们的购买力等资料和数据，必须能够经由调研、分析和预测以及其他方式获得。就是说可以收集、取得必需的资料、数据等，用来描述、说明相关细分市场的轮廓，明确目标市场的概貌。这些是衡量目标市场价值的依据，也是决定市场营销组合的基础。

2. 可进入性

即在选定的细分市场，企业能够对其渗透的程度。只有人财物力资源等可与之匹配，足以发展出有效覆盖目标市场的市场营销组合，不但能进入而且可以有所作为，这样的目标市场才有意义。

3. 可盈利性

目标市场的顾客数量、购买力与发展潜力，能使企业有利可图，可实现预期的效益目标。原则上说，组成目标市场的每个细分市场，都应是企业需要为其专门考虑、设计和推出不同市场营销组合的最小单位，所以必须考虑成本与收益的关系。

4. 可稳定性

选定为目标市场的细分市场，它们的性质、特征在一定时期内能保持相对稳定，才利于企业制定长期发展的市场营销战略。需求、偏好等变化过快的细分市场，难以把握其脉络，会增大企业经营风险。

（二）目标市场的评估

一个细分市场是否适合作为目标市场，还要结合以下方面开展评估：

1. 特定细分市场的规模和增长率

主要评估特定的细分市场是否具有适当的规模和增长率。"适当规模"是一个相对的概念，大企业可能更中意销量很大的细分市场，对较小的细分市场不感兴趣；中小企业的实力相对要弱，也会有意避开那些太大的细分市场。增长率也是一个重要因素，因为企业都希望自己的目标市场，销量和利润能一直保持良好的上升势头。当然，竞争者通常也会很快进入成长迅速的市场，从而导致利润率下降。

2. 细分市场的结构吸引力

一个细分市场即使具有适当规模和成长率，也有可能缺乏盈利潜力。如果许多势均力敌的竞争者同时进入，或者细分市场有很多旗鼓相当的企业在竞争，尤其在市场趋于饱和或萎缩时，其吸引力就会下降。潜在的进入者包括在其他细分市场的同行，也包括有能力但目前尚未进入的那些企业。一个细分市场进入障碍太低，吸引力也容易下降。替代品在某种意义上限制了潜在的收益，其价格越有竞争力，特定细分市场增加盈利的可能性越小，从而吸引力下降。下游购买者和上游供应商的影响，主要表现在它们的讨价还价能力。购买者压价能力强，或供应商有能力提价或降低供应质量、服务等，特定细分市场的吸引力都会下降。[④]

3. 企业的目标和资源

一个企业还要结合自己的目标、战略和资源、能力等，决定合适的目标市场。某些细分市场有一定的吸引力，如果不适合长期发展，也可能要"忍痛割爱"。一些适合企业目标、战略的细分市场，还必须考虑是否拥有成功经营的资源、能力等。

---

④ 可参阅本书第三章"市场竞争与市场营销组合"相关内容，尤其是第二节"竞争者分析"以及其中有关迈克尔·波特产业竞争"五力模型"的介绍，这也是分析分析目标市场结构吸引力的主要方法和思路。

二、市场覆盖模式

对市场细分的结果和有关细分市场评估以后,要考虑如何进入细分市场。一般来说,有五种基本的市场覆盖模式可供考虑(见图10-4):

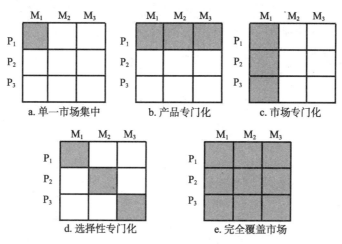

图 10-4　五种基本的市场覆盖模式

(一)单一市场集中模式

企业选择一个细分市场,实施密集性市场营销(见图 10-4a)。即只提供一种产品(P1),满足一类顾客(M1)。之所以这样,有的是企业充分具备成功经营该细分市场的条件;有的是资源、能力有限,只能努力经营一个细分市场;还有的是发现,这个细分市场没有竞争者,或者市场机会更好……规模较小的企业,经常选择这一战略;大企业也这么做,多是由于初次进入某个领域,以一个细分市场开始"投石问路",作为下一步的基础。

(二)产品专门化模式

企业生产单一产品(P1),同时面向多种顾客(M1,M2,…)(见图 10-4b)。例如一家电脑厂商,既向家庭和消费者销售,也向科研机构、学校,还有政府部门、企业等提供电脑,但并不生产这些顾客需要的其他产品。这样可以分散一些风险,发挥企业生产、技术方面的潜能,也有利于在某个产品领域树立较高的名望。但是这个领域一旦出现新技术、替代品,该业务就可能会滑坡,企业要承受很大风险。

(三)市场专门化模式

面对一种顾客(M1),提供他们所需的多种产品(P1,P2,…)(见图 10-4c)。这样也可以分散一些风险,并在这类顾客中建立较高的声誉。如许多电器厂商专门生产家电产品,从冰箱、洗衣机到电视机、家庭组合音响,等等,应有尽有。但是,一旦顾客的购买力下降,或减少这方面的购买、消费和开支,企业经营也会大受影响。

（四）选择性专门化模式

采用这种战略的企业，以若干细分市场为其目标市场（P1M1，P2M2，P3M3，…）（见图10-4d）。从产品、顾客等的相关性来看，这些细分市场之间很少或者没有内在的联系；但从市场机会及其吸引力来看，它们可能分别呈现出很高的业务价值。

实际上这也是一种多角化经营，同样可以分散风险。企业即使在某个细分市场上失利，也有可能通过其他细分市场得到弥补。但是细分市场的数量、总体规模等，务必与企业资源、能力等匹配，谨防盲目多角化的"陷阱"。

（五）完全覆盖市场模式

一般是较大的企业，到一定阶段开始提供多种产品（P1，P2，…），满足多种顾客（M1，M2，…），以占据总体市场（见图10-4e）。例如通用汽车公司在汽车市场、可口可乐公司在饮料市场，都采用过这种市场模式。

三、目标市场战略与选择

（一）目标市场战略

目标市场战略与竞争战略的基本思路相适应[⑤]，企业要在目标市场建立、形成竞争优势，有三种基本的目标市场战略选择：

1. 无差异市场战略

目标市场各个细分市场的需求共性大于个性，企业可以考虑忽略它们之间的差异。以一种市场营销组合面向总体市场，争取吸引尽可能多的潜在顾客（见图10-5）。采用这种战略，企业关注的是如何推出满足顾客普遍需求的产品，而不是他们可能想要的不同产品，实施大批量分销和大规模促销，努力在市场上树立"人人适宜"的品牌形象。

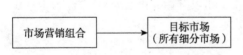

图10-5　无差异市场战略

无差异市场战略的核心，是针对需求中的共同点，舍去差异。这样可减少不必要的产品线、品种等，扩大批量和实现规模经济。产品单一，可以节省调研开支，减少生产、储存和运输成本，营销传播和促销"火力"也可更为集中。不少企业认为，这是一种与标准化生产和大批量生产相适应的市场战略。

但是，一种产品、一种市场营销组合要长期为所有顾客都青睐的现象毕竟很少见，除非是供应极度匮乏。尤其需要注意的是，这种战略一般都是针对事实上存在的最大细分市场。一旦全行业都这么做，这个领域就容易竞争过度，以至于市场越大利润反而越小。较小的细分市场又被忽视，需求得不到满足，企业也失去了机会。

2. 差异化市场战略

如果不同的细分市场之间需求个性大于共性，有实力和资源的企业一般也可依据各

[⑤] 可参阅本书第四章"企业战略导向的市场营销计划"的第三节"经营战略与选择"。目标市场战略的三种类型，对应于迈克尔·波特的三种一般性竞争战略。

个细分市场的特点，分别为它们设计不同的市场营销组合（见图10-6）。

采用差异化市场战略的企业，以多产品、多渠道和多种促销战略，进入几乎每个不同的细分市场。由于对每个细分市场都给予了相应的关注，这种做法能在总量上增加销售。但是多品种和小批量经营，也会使得企业资源分散，产品改进成本、生产成本、管理成本、储存成本及促销成本等上升。所以还应结合反细分战略，适当减少某些产品线、市场营销组合。

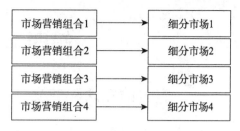

图10-6　差异化市场战略

3. 密集性市场战略

企业全力集中于一个或少数细分市场，以实现高占有率，而不是在大市场上拥有低占有率（见图10-7）。由于服务对象、内容等单一、集中，企业对目标市场可有较深了解，利于深度渗透、经营目标市场。细分市场选择恰当，还可获得较高的投资回报。

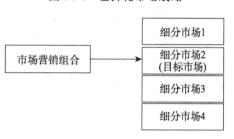

图10-7　密集性市场战略

这种模式的目标市场狭窄，因而潜在风险较大。一旦发生突然变化，如消费者偏好转移、价格猛跌或出现强力的竞争者等，企业很容易陷入困境。所以有许多企业会把目标市场分散在多个细分市场，采用各种专门化模式渗透市场，就是为了防范这一风险。

（二）选择目标市场战略

最终决定采用何种目标市场战略，要全面考虑以下情况：

（1）企业的资源与实力。人物财力及信息等资源不足、能力有限，不宜把总体市场作为目标市场，所以中小企业多选择密集性市场战略。实力雄厚的大企业，则可根据需要采用差异化市场战略，或实施无差异市场战略。

（2）产品的同质性。同质性产品本身的差异小，如米、钢铁、食盐等，通常多会考虑无差异市场战略。产品设计变化较多的如服装、食品、汽车和家电产品等，适宜差异化市场战略或密集性市场战略。

（3）市场的同质性。指购买者爱好相似，每一时期购买数量相近，对市场营销刺激等的反应也大致相同。在这种情况下，可考虑无差异市场战略；反之，就应选择差异化市场战略，或实施密集性市场战略。

（4）产品生命周期的阶段。企业向市场推出新产品，通常会先介绍单一款式，因此可考虑无差异市场战略，或密集性市场战略。进入产品成熟期，逐渐转向差异化市场战略，或以密集性市场战略开拓新市场。

（5）竞争者的战略选择。对手积极进行市场细分并选择差异化市场战略，企业实施无差异市场战略，一般就难以奏效。此时应通过更有效的市场细分，寻找新机会与突破口，采用差异化市场战略或密集性市场战略。反之，对手选择无差异市场战略，企业实施差异化市场战略，通常效果较好。面对强大的竞争者，也可考虑密集性市场战略。

第四节 定 位

一、定位的概念和意义

（一）定位的概念

要形成竞争优势，企业必须为其自身或品牌、产品树立某种特色，建设预期的形象，并获得潜在顾客、利益相关者的认同。在目标市场勾画自己的形象和意义，帮助公众和社会正确理解、全面认识企业、品牌不同于对手的独特价值，就是定位。

在实践中，定位离不开市场、产品和竞争等概念，因此市场定位（market positioning）、产品定位（product positioning）和竞争性定位（competitive positioning）等术语经常交替使用。一般来说，市场定位强调在满足需求方面，企业与竞争者相比应该处于什么位置，使潜在顾客产生什么样的印象和认识；产品定位是指就产品属性而言，企业与竞争者的产品在目标市场上，各自处于什么样的位置；竞争性定位则突出在目标市场上，企业和竞争者之间，各自的产品以及市场营销组合等有何不同。

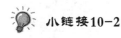小链接10-2

艾·里斯与杰·特劳特论定位[6]

"'定位（positioning）'是一种观念，它改变了广告的本质"。

"定位从产品开始，可以是一种物品、一项服务、一家公司、一个机构，甚至于一个人，也许可能是你自己"。

"定位并不是要你对产品做什么事。定位是你对未来的潜在顾客的心智所下的功夫，也就是把产品定位在你未来潜在顾客的心中。所以，你若把这个观念叫'产品定位'是不对的，因为你对产品本身实际上并没有做什么重要的事情。"

（二）定位的意义

定位是现代市场营销理论中的重要概念，并得到了广泛重视和应用：

（1）有助于明确市场营销组合的目标和方向。市场营销组合是企业满足目标市场的手段，即产品、价格、渠道和促销等的整合与使用，必须聚焦于所选择的定位。一般来说，选择目标市场，也就界定了企业的服务对象和顾客是谁；定位则进一步明确，企业的对手因此有谁、如何与之竞争。各种市场营销手段只有根据定位的要求进行选择和"组合"，才能明确努力的方向，形成具有战略意义的价值。

（2）有利于建立企业及其品牌的战略特色。在现代社会，同一市场出现多种同类产品、替代品的现象总是存在，对企业构成各种竞争威胁。为了获得稳定的市场地位和销

---

[6] 艾·里斯，杰·特劳特. 广告攻心战略——品牌定位[M]. 北京：中国友谊出版公司，1991：2.

路，需要从各方面为企业自身、品牌以及产品和服务等树立一定的特色，建设有其独特价值和意义的形象，以期在顾客和公众中形成特殊的认知和偏好，提升不可替代性。其实，这就是进行定位。

因此，不能只是把定位看作一种技术和战术。其更重要的意义在于，可从战略上帮助企业实现竞争战略的追求，形成预期的相对优势。

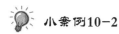小案例10-2

它们怎样定位

白加黑

感冒药市场同类产品甚多，市场高度同质化，无论中西成药都难有实质性的突破。"白加黑"看似简单，只是把感冒药分成白片黑片，把感冒药中镇静剂"扑尔敏"放黑片中。实则不简单，不仅外观上与竞争品牌形成很大差别，"治疗感冒，黑白分明"；更重要的是与消费者生活习惯匹配，"白天服白片，不瞌睡；晚上服黑片，睡得香"。

乐百氏

纯净水盛行时，所有品牌都宣称自己的水纯净。消费者不知哪个品牌真的纯净或更纯净的时候，"乐百氏纯净水经过27层净化"，乐百氏通过广告为其品牌的"纯净"提出了一个有力的支持点。"27层净化"给人"很纯净，可以信赖"的印象，很快家喻户晓。

舒肤佳

舒肤佳后来者居上，其成功的关键在于找到了新颖而准确的概念——"除菌"。它以"除菌"为轴心，诉求"有效除菌护全家"，广告中通过踢球、挤车、扛煤气罐等场景告诉大家，生活中会感染很多细菌，放大镜下细菌"吓你一跳"。"看得见的污渍洗掉了，看不见的细菌你洗掉了吗？"然后通过"内含抗菌成分'迪保肤'"之理性诉求和实验，证明舒肤佳可以让你把手洗"干净"。

采乐

西安杨森"采乐"去头屑特效药把洗发水当药卖，"头屑是由头皮上的真菌过度繁殖引起的，清除头屑应杀灭真菌；普通洗发只能洗掉头发上头屑，我们的方法，杀灭头发上的真菌，使用8次，针对根本"；"各大药店有售"。在药品行业找不到强大对手，在洗发水领域里更如无人之境。使消费者要解决"头屑根本"时忘记去屑洗发水，想起"采乐"。

二、定位战略的分类

定位战略一般可分为避强定位、迎头定位和重新定位等类型。

（一）避强定位

一种避开强力对手的定位战略，也叫创新式定位。避开与竞争者直接对抗，选择需求的某处"空隙""安身"，发展目前还没有的某种特色进行定位。优点是可以迅速在目标市场站稳脚跟，并在顾客、公众中树立与众不同的形象。

这种定位战略的市场风险小，成功率高，常常为企业所采用。难点在于能否发现真正具有战略意义的"空隙"进行创新；创新定位所需的产品特色等，技术上、经济上是否可行；尤其是有无足够的顾客接受、喜欢这一特色和定位。

（二）迎头定位

一种与在市场占支配地位、即最强对手"对着干"的定位战略，也称针对式定位。企业选择靠近竞争者或与其重合处，以相同、相近的特色争夺顾客，彼此产品、价格、渠道和促销战略与方式等也少有不同。

这种定位有时会产生很大风险。但是不少企业认为，这样更可以激励自己奋发努力、不断上进，一旦成功会取得巨大的市场优势。例如小米与华为手机，百事可乐与可口可乐等饮料，王老吉与加多宝凉茶，以及中国电信、中国联通和中国移动等电信运营商。

实施迎头定位战略，必须知己知彼，尤其是要清醒、客观地评估自己和对比竞争者的实力。许多时候，这么选择的目的也不是要打垮对方，杀敌一万自损八千；而是因为市场有足够潜力，企业需要尽快"上位"或巩固市场地位，或争取满意的市场份额，即使平分秋色也是成功。

一般来说，采取迎头定位战略需要考虑：

（1）该定位形成的市场及其潜力，可否容纳两个或以上直接对抗的企业；

（2）企业是否拥有比对手更充裕的资源等条件；

（3）企业能否比对手质量更优或成本更低地提供产品、服务；

（4）这个定位与企业一贯的形象、品牌声誉和能力等是否匹配。

（三）重新定位

一般是由于初次定位不当，销路不畅或市场反应未达到预期，对企业、品牌进行的再次定位。也有可能初次定位合适，但是有竞争者迎头定位，企业无力或不愿对抗；或市场、用户需求偏好变化，甚至转移到了对手方面。

是否一定必须重新定位，企业通常需要考虑：

（1）重新定位的成本。改变一种原有的定位并重新建立某种新的形象，必须投入的资源、费用等。

（2）重新定位的效益。新特色、新形象可带来的效益，取决于重新定位能够吸引的顾客及购买力，对手的数量与实力，平均购买率以及潜在顾客最大的价格承受能力等。

三、定位战略的实施

每个企业都必须具备一些独特的竞争优势，以此为基础吸引潜在顾客。

（一）识别潜在的竞争优势

识别潜在的竞争优势，企业要从三个方面寻找明确答案：

（1）竞争者在目标市场做了什么，做得如何。包括对手的核心竞争力，尤其是产品和服务质量、水平等；业务经营情况，如近三年销售额、利润率、市场份额、投资回报等；财务情况，如盈利能力、资金周转、偿还债务能力等。重点了解竞争者在满足潜在顾客，即其产品与需求的匹配程度，成本和收益状况等，并做出确切的估计和判断。

（2）目标市场上足够数量的顾客确实需要什么，满足得如何。必须努力辨识潜在顾客所认为的，能够更好地满足其需要、欲望的最重要的属性。定位能否成功，关键在于能否比竞争者更好地了解顾客，对需求与企业提供的服务——包括产品、价格、渠道和促销等方面的关系，有更深刻和独到的理解。

（3）从以上的差距和"缺口"中，分析企业能够为此做些什么。同样，必须从成本和效益等方面考察。

（二）选择相对的竞争优势

相对的竞争优势，是企业借以超越对手的更胜一筹的能力。有的是已有的，有的是具备潜力、通过努力可以创造的。简而言之，就是能比竞争者做得更好地满足潜在顾客的本领。

企业经过分析，可能发现若干潜在的竞争优势。但有的优势或许过于细微、缺乏战略意义，有的开发成本高，有的与企业历史传统、长期形象不太一致……可能就要放弃不用。企业需要的是如何选择有利的、关键的潜在优势，予以培育和开发。例如，可从以下方面考虑和选择差异点：[7]

（1）重要性——对目标顾客而言，该差异非常有价值；

（2）独特性——竞争者不能提供，或企业与其相比具有明显优势；

（3）优越性——与向顾客提供相同利益的其他方法比较，可以更具优势；

（4）可沟通性——该差异点适于传播，购买者能够"体验"和看到；

（5）专有性——竞争者无法轻易模仿；

（6）经济性——潜在顾客买得起；

（7）盈利性——推广该差异点可为企业带来利润。

（三）表达核心的竞争优势

定位的本质是差异化，即企业、品牌及产品、服务如何与其对手形成区别。差异化是吸引顾客的基础，但不一定会在市场上自行显现。企业要考虑如何表达核心的竞争优势，使其进入潜在顾客和公众"心智"。一般可通过具体的"言""行"，即市场营销组合的运用，将定位有效地、创造性地呈现，并逐渐成为一种特色鲜明的市场概念。当然，这种市场概念能否成功，从根本上说还是取决于企业所提供的产品、服务和利益，能否与顾客的需要和追求相吻合。

企业可通过以下方面的差异化，表达其核心的竞争优势：

1. 内容

主要是产品、服务及其产生的利益和实际价值。向目标市场提供什么，可形成企业自身、品牌具体的市场位置。比如在许多情况下，产品质量取决于使用的原材料、零部件，以及制作工艺的精湛或简易，价格往往反映不同的档次。因此差异化的内容就有优

---

[7] 菲利普·科特勒，加里·阿姆斯特朗.市场营销：原理与实践[M]. 16版. 楼尊，译. 北京：中国人民大学出版社，2015：216.

质优价、优质同价、同质低价、低质更低价和优质低价等选择，可形成不同的价值主张（见图10-8）。[8]

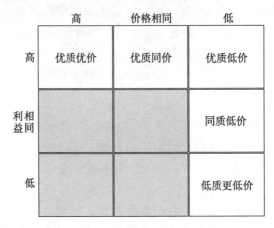

图10-8 内容的差异化与价值主张

2. 背景

即如何提供这些利益和价值，也是定位的辅助部分，是企业为使潜在顾客更好地"感受"内容的差异化所做的独特努力。例如，一般的百货商店和仓储式商场，虽然它们经营的许多产品可能相同，甚至来自同一制造商，但购物环境和氛围以及获得的体验却是不同的——百货商店更为宽敞、舒适和优雅，仓储式市场则简朴、实惠和适用。

3. 基础设施

提供利益和价值的方式和具体方法等辅助物，包括技术或人，用以支持内容和背景的差异化。例如网上购书，书是"内容"，不同书店之间或许难以差异化；送书上门、送货时间等是"背景"，在网上书店之间或许仍然难以形成特色；送书人、交通工具等是"基础设施"，彼此可形成一定的差异。

小案例分析10-2
海底捞的"变态"服务

四、定位的展示与传播

（一）建立与定位相一致的形象

1. 让目标顾客对定位知道、了解和熟悉

人们无法注意不知道的事物，也多半不会去了解不感兴趣的事物，更难以要求他们熟悉偶然看到的事物。因此，企业要建立定位和形象，首先必须积极、主动而又巧妙、经常地与公众进行沟通，以期引起潜在顾客注意和兴趣，并保持不断联系。

2. 使目标顾客对定位认同、喜欢和偏爱

认同是潜在顾客对有关定位信息的接受和认可，也是公众对定位的意义和合理性的

---

[8] 菲利普·科特勒，加里·阿姆斯特朗. 市场营销：原理与实践[M]. 16版. 楼尊，译. 北京：中国人民大学出版社，2015：216-218.

承认。对于已经知道、了解和熟悉的事物，人们未必都能接受，有的甚至可能持反对或不赞成的态度。只有认为合理的才会接受，并内化为一种信念。喜欢则是一种更积极的情绪，是认同基础上产生的心理上的愉悦感。偏爱是在喜欢的基础上建立的一种特别的、难以替代的感情。

（二）巩固与定位相一致的形象

1. 强化目标顾客的印象

印象来源于认识。人们对定位及其形象的认识，是一个持续的过程，不断由浅入深、由表及里和由偏到全的深化过程，但有明显的阶段性。这就使得增进顾客认识，强化他们对定位的印象，显得十分必要。现代社会"信息爆炸"，人们每时每刻都处在大量的、包括各种企业信息、市场营销传播的"轮番轰炸"中。建立形象的努力能使顾客对企业特色产生基本的认识，并为建立定位、塑造形象等奠定基础。但是，不更多地努力在公众脑海中争取一席之地并牢牢扎根，在大量其他信息的冲击下，人们原有的认识容易被淡化，特定企业形象、定位的信息也可能被"边缘化"。

2. 保持目标顾客的了解

企业处于一种动态的环境中，构成环境的因素也在经常发生或大或小的变化。因此必须保持较强的应变能力，始终与环境保持动态的平衡。在这个过程中，纵然定位毋需调整，构成定位的相对优势在内容、形式上也可能发生一些变化。需要使顾客、公众在认识上也和这些变化同步，始终保持他们对企业及其定位的了解，品牌形象才能巩固。

3. 稳定目标顾客的态度

态度反映人们对事物的评价与行为倾向，并使行为表现出某种规律性。态度的形成有一个过程，一旦形成则会持续下去，难以轻易改变。但是在态度形成的过程中，新知识或经验的引入，很可能使其发生一些变化；即使态度已经较为稳定，由于人们普遍存在"事实胜于雄辩"的心理，某些被认作事实而加以接受的东西如误解、谣言等，也可能导致对原有态度的否定。所以在建立形象之后，还要不断地向潜在顾客提供新论据、新观点，证实其原有认识、看法的正确性，防止他们的态度往其他方面转化。

4. 加深目标顾客的感情

顾客对企业及其定位的认识，不是一个冷漠无情、无动于衷的过程，而是充满了鲜明的感情色彩。人们在认识的同时，会作出自己的价值判断，并据以确定态度和倾向。因此，引导顾客的感情倾向，增加其感情浓度并提高感情效能，大大有利于定位以及形象的巩固。

（三）矫正与定位不一致的形象

许多时候，公众、潜在顾客对企业及其定位在认知上会有偏差、误解。因此必须进行矫正：

（1）定位过低或过高。一家生产高端产品的企业，被看成了提供"大路货"的厂家，叫定位过低；一家既经营高端产品也出售"大路货"的商场，人们以为它只卖高端产品，是定位过高。

（2）定位模糊与混乱。如果公众对企业及其定位印象不清，分辨不出与其他企业有什么不同，叫定位模糊；如果潜在顾客对此众说纷纭、莫衷一是，又道不出一个所以然，是定位混乱。

形成上述问题的原因是多方面的，比如顾客、公众方面理解有误，企业自身定位展示不足、传播不到位，等等。必须找出具体原因，改善交流与沟通，扭转局面。

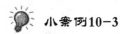小案例10-3

展示和传播定位的载体与概念

口号
- 农夫山泉（包装饮用水）：我们不生产水，我们是大自然的搬运工
- 小西家作：手工制作，为家人订制的甜
- 碧桂园（房地产）：给您一个五星级的家
- 奇化（产业互联网公司）：奇妙化学，一网共享
- 港华燃气：改善环境，为客户提供专业、高效、安全、清洁的能源
- 海飞丝（洗发水）：头屑去无踪，秀发更出众
- 戴比尔斯（DEBEERS）：钻石恒久远，一颗永留传
- 艾维斯租车公司：我们比别人更努力

象征与标志
- 微信（智能手机即时通信应用程序）：月球与小人儿
- QQ（QICQ，即时聊天工具）：小企鹅
- 麦当劳：金拱门
- 耐克（运动鞋）：迈克尔·乔丹

代名词
- 沃尔沃（富豪）汽车：安全
- 奔驰汽车：物有所值
- 联邦快递：隔夜送达
- 小米（手机）：为发烧而生

标准色
- IBM："蓝色巨人"
- ThinkPad（笔记本电脑）：黑色（"小黑"）

故事
- 肯德基：桑德士上校
- "褚橙"：褚时健

**本章小结**

市场细分的基础，是导致需求的异质性、多元化的各种因素。例如消费者市场，既

可依据地理因素、人口因素和心理因素等消费者特征,也可使用体现消费者反应的各种行为因素。细分消费者市场的基础,大多数同样可用于细分生产者市场等。强调市场细分,但是要防止过度细分。

企业可有多种方法进行市场细分。例如选用一个因素,或两个以上的因素同时细分市场,或两个以上因素但根据一定的顺序逐次细分、选择目标市场。要注意选择对需求差异有较大影响的因素作为细分的标准;倘若使用多个因素,要考虑到各个因素之间可能的相关性、重叠性;细分市场的结果,应该是不同的细分市场之间需求有明显差异,同一细分市场的内部有较高的同质性;市场细分的规模要注意适度。通过市场细分,企业可以更好地分析机会、选择市场,规划战略和提高效益。

目标市场是在分析、比较和选择以后,企业决定为其提供服务的潜在顾客。可以是一个细分市场、若干细分市场,也可以是总体市场。作为目标市场,它们必须具备可识别性、可进入性、可盈利性以及可稳定性。企业可从特定细分市场的规模和增长率、结构吸引力以及企业的目标和资源等方面,评估目标市场的价值和前景。进入目标市场一般有五种基本选择,即单一市场集中模式、产品专门化模式、市场专门化模式、选择性专门化模式和完全覆盖市场模式等。与竞争战略相适应,目标市场战略也有三种选择,即无差异市场战略、差异化市场战略和密集性市场战略。选择目标市场战略要考虑企业自身资源和能力,产品、市场的同质性或异质性,产品生命周期所处的阶段和竞争对手的战略选择。

定位是现代市场营销学的重要概念之一。企业要向目标市场说明,其与竞争者有什么不同和差别,为自身或品牌、产品树立某种特色、塑造预期形象,并争取潜在顾客的认同。企业可考虑避强定位、迎头定位或重新定位,其实施过程包括识别潜在的竞争优势、选择相对的竞争优势以及表达核心的竞争优势等步骤。要注意定位的展示与传播,主动建立与定位相一致的形象,积极巩固与定位相一致的形象,并及时矫正与定位不一致的形象。

重要名词

市场细分　细分市场　目标市场　单一市场集中模式　产品专门化模式　市场专门化模式　选择性专门化模式　完全覆盖市场模式　无差异市场战略　差异化市场战略　密集性市场战略　定位

1. 什么是市场细分,其依据及本质是什么?

2. 怎样运用市场细分的各种方法？
3. 目标市场有什么要求，如何进行评估？
4. 目标市场战略的不同类型与特点。
5. 目标市场与定位之间的区别。
6. 举例说明如何实施定位战略。

 案例

共享汽车的过去、现在和未来

2020年10月16日，GoFun科技宣布，与数名投资方达成B轮融资的最终意向。知情人士称，GoFun未来还有上市计划。同时GoFun宣布进行品牌升级，形成母品牌"GoFun科技"与两个子品牌"GoFun出行""GoFun车服"协同发展。

共享汽车盈利之殇

从2015年开始，共享汽车市场一度成为"风口"。彼时共享汽车创业公司如雨后春笋，GoFun出行、途歌、EZZY和盼达等平台相继成立。到2017年初，共享汽车企业超过300家。它们的背后，则是阿里巴巴、百度等互联网公司的角力。据相关数据，2017年中国共享经济行业迎来超千亿元的融资，其中共享汽车获得超过700亿元。

正当该行业如火如荼发展之时，友友用车、麻瓜出行、途歌和盼达用车等共享汽车平台，相继倒闭或是退出市场，行业陷入低迷。"共享汽车发展初期百家争鸣，目前还在的屈指可数，当初存在一定的泡沫、盲目发展。而且以超低价格吸引用户，导致成本偏高，企业难以为继。"全国乘用车市场信息联席会秘书长崔东树表示。

拥有再大的背景，企业也难以承受"烧钱"之痛。对于"重体验"的出行平台，用户体验是第一位的。用户体验差，就会有大量客户流失。至2020年10月，黑猫消费平台已有大量的共享汽车投诉，其中盼达用车、立刻出行、途歌等平台被投诉较多，押金难退、车辆卫生条件差成为主要投诉点。

从2019年开始，一些企业针对"重资产""体验差"等问题开始"自救"。以GoFun出行为例，其表示将在所有共享车型配备诸多硬件检测系统，以督促驾驶员爱惜公共用车。另一方面，该企业也开始了"由重转轻"模式的探索。

"由重转轻"不简单

"重资产"主要来源于采购车辆。行业参与者也在思考，如何改变以解决这一环节的痛点。第二批进入市场的玩家，曾对单一的B2C模式进行了更多探索，寻找减负方案。典型的如凹凸租车的P2P模式，烽鸟出行的B2B2C模式。P2P模式是将个人闲置车源提供给个人租赁用户，平台方提供运营服务、从中抽取服务费，减轻购置运营车辆的压力；B2B2C模式则是出行公司与租赁公司等大型车源方合作，平台进行运营与管理，提供给用户。

GoFun采用两者并行。CEO谭奕表示："分时租赁是获客的来源。通过分时租赁拉来新用户，能导流给新零售；用户还能继续导流给经销商；经销商售出的新车，能导流给我们的P2P租车市场……既抓了增量，又抓了存量。"但业内人士认为，两种模式有利有弊。P2P 模式资产更轻但车源供给少，车辆也很难做到标准化，车主随意性大；B2B2C 模式虽然保证更充裕的车源，但要花大量精力去说服车源方合作。

崔东树表示，闲置的私家车或者主机厂车辆，都需要比较复杂的管理程序和相关诚信体系建设，这正是目前行业所缺失的。同时，共享汽车使用频次不会太高，收益不会特别明显，甚至可能相对较低。

事实也证明这种模式很难走通。2017 年，凹凸租车完成 4 亿元 C 轮融资，其目前的发展与两年前定下的目标相去甚远。类似于 GoFun 由 B2P 向 P2P、B2B2C 转变的从"重"转"轻"模式，也存在很多挑战。

共享汽车的未来仍在探索

在 GoFun 新的业务版图中，有自有车辆分时租赁运营，还有经销商及个人车辆租赁、二手车销售、车企新车试驾等多元化业务。通过 GC2.0 平台，GoFun 将涵盖从车辆生产、投放运营、车后市场服务、金融、保险、二手车买卖等车辆全生命周期。此外 GoFun 还在多个场合表示，通过 GoFun 车服，既能解决养车问题，又可帮助车主赚钱。GoFun 车服将提供送车上门、取送洗车、取送保养、取送维修、取送加油、取送充电及道路救援等一系列车后服务。

在 GoFun 之前，滴滴的共享汽车业务也已转向。2019 年 3 月，在杭州、宁波、西安、淄博和泉州等五个城市上线的滴滴共享汽车宣布，在原有分时租赁业务上扩展短租服务，随之升级并更名为小桔租车。不少从业人士指出，GoFun 所做的生态链平台，在业内不算新鲜。同时，小桔车服还能依托体量更庞大的滴滴用户。对于后入局者来说，在传统势力实现行业突破并非易事。

借助 IPO⑨，共享汽车行业能否脱困？崔东树回答："IPO 会给共享汽车上岸一定的机会，但关键在于它的使用场景。广泛的共享化肯定是伪命题，毕竟我们没有大环境去适应共享用车。作为出行平台，共享汽车远不及网约车、出租车成本低和便利化强。因此共享汽车 IPO 面临的问题仍然比较多，目前来说还是一个概念性操作，并没有走出一个真正的模式。"

资料来源：付鸿烈.上市能否成为共享汽车续命稻草？[EB/OL]. 环球时报汽车周刊(https://mp.weixin.qq.com/s/y2nomHX6Svl_xAtd-BVLkg), 2020-10-23.

案例讨论题

1. 共享汽车市场可以怎样进行市场细分？指出其中三个你认为最重要的细分市场，并分析它们的特点。

2. 为 GoFun 科技的目标市场决策和定位提出你的建议。

---

⑨ IPO，即首次公开募股（Initial Public Offering, IPO），指一家企业第一次将其股份向公众出售。通常，上市公司股份是根据相应证监会出具的招股书，或登记声明中约定的条款通过经纪商或做市商进行销售。一般来说，一旦首次公开上市完成，这家公司就可以申请到证券交易所或报价系统挂牌交易。有限责任公司在申请 IPO 之前，应先变更为股份有限公司。

第十一章 产品组合与产品开发

本章提要

任何企业制订其市场营销战略和计划,首先都要回答,企业准备以什么样的产品和服务满足目标市场。产品决策是市场营销组合要考虑的第一个决策,也是最基本的决策,是整个市场营销组合战略的基石与核心,直接影响和决定着其他市场营销组合因素的管理。因此通过本章学习,需要了解产品整体概念及其在市场营销中的意义,掌握产品组合的管理方式,熟悉产品生命周期及其不同阶段的特征、营销策略,了解新产品的开发。

引例

每月推新品玩营销,花式"讨好"年轻人

都说奶茶品牌易模仿,但却少有能超越原品牌的,其原因就在于产品创新,好品牌都注重产品研发。

蜜雪冰城坚持每月上新,并且保证同类型的新品保证有1~2款,在应季时还会上新应季产品,这一点与喜茶、奈雪的茶有得一拼,由此保证了消费者对品牌的新鲜感。如今的蜜雪冰城,包含冰淇淋、奶茶、鲜果茶、特调四个系列40多种产品。

除了产品逐步多样化,在原材料上也进行了升级换代。比如冰淇淋原料选用荷兰进口牛奶,咖啡来自雀巢公司,柠檬是南非进口的。

当然,不少人可能会觉得所谓的产品创新,并没有太大的新意,毕竟产品同质化太严重,但事实上,不同的排列组合就能形成不同的创意。

就拿2019年3月份的摇摇奶昔来说,就是蜜雪冰城一直以来的冰淇淋+茶的组合,只是形式上需要喝前摇一摇,而喝前摇一摇却早已成就了"农夫山泉",如此一来,产品加形式进行新的组合,便形成了新的产品,从而吸引了消费者的目光。

并且蜜雪冰城每家新店开业都会做"买几送几"的活动,这对其目标用户无疑有着巨大的吸引力。

此外,为了迎合年轻人,蜜雪冰城每个月都会推出不一样的营销活动。比如,2019年2月的珍珠奶茶Q弹"元宵节团团圆圆"活动,3月的摇摇奶昔新品上市"喝前摇一摇"活动,4月的"冰淇淋音乐节"活动,5月的"手捣满杯香橙"活动,6月的三拼霸霸奶茶"致敬父亲节"活动。

这些活动不仅频繁,推广效果也不错。以2019年3月开始重点推的"摇摇奶昔"为例,这款摇摇奶昔的主战场选在了抖音、快手和微博。以"全年免单"为福利,做到

抖音话题 1 304.2 万播放，微博话题 817.8 万阅读。

通过每个月推新品+玩营销，蜜雪冰城让自己在年轻群体中，始终保持话题度和活跃度。

资料来源：孙明．一个三四线城市的小茶饮品牌，蜜雪冰城凭什么做到上市[EB/OL]．营销报（https://mp.weixin.qq.com/s/c8IwgQke3Jhev-LBvrC3NQ），2020-11-03.

产品是一个企业的生产活动的中心，产品策略也是企业开展市场营销的支柱和基石。从一定的意义上讲，企业成功与发展的关键，在于其产品满足需求的程度以及产品策略的正确与否。在现代市场经济条件下，每个企业都应致力于产品质量的提高和产品组合的优化，随着产品生命周期的发展和变化调整市场营销方案，及时开发新产品代替衰落的老产品，以便更好地满足市场。

第一节　产品与产品分类

一、产品整体概念

产品（product）是指能够提供给市场，被人们注意、获取、使用或能够满足某种需要与欲望的任何东西，包括有形的物品、无形的服务、组织、观念或它们的组合。市场营销学不是狭义地将产品理解为看得见、摸得着，具有某种特定物质形状和用途的物品，而是将人们通过购买而获得的，能够满足某种需求和欲望的物品的总和视为产品。它既包括具有物质形态的产品实体，又包括非物质形态的利益。

产品整体概念包含五个基本层次（见图11-1）：

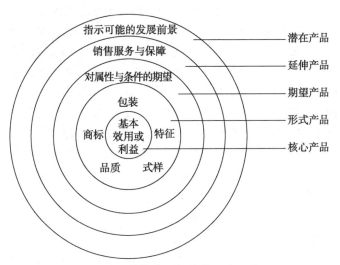

图 11-1　整体产品概念的五个层次

（一）核心产品

核心产品是提供给顾客的产品的基本效用或利益。从根本上说，每一种产品实质上都是为解决问题而提供的服务。客户购买产品，不是为了获得产品本身，而是通过产品的基础功能满足特定的需求和利益。比如，人们购买空调不是为了获取装有某些电器零部件的物体，而是为了在炎热的夏季满足凉爽舒适的需求。

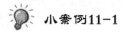 小案例11-1

产品端苦练"内功"[1]

2019 年，康佳白电结合消费大数据，率先推出专为 2～6 口家庭使用的 BCD-383WEGY5S 对开门冰箱。该产品上市一周后，便登顶京东"十大高性价比对开门冰箱排行榜"。

"这是一款经过消费者调研，从市场数据里挖掘出来的产品。"康佳集团白色家电事业部总经理兼新飞电器董事长张中俊表示，"我们在调研中发现，350 升左右和 400 升以上的冰箱在市场上有很多产品，但占有率较低。不是消费者没有需求，而是没有满意的产品。康佳冰箱推出 383 升对开门风冷，形态美观，超薄嵌入，大小刚好，也通过这款产品提升了市场占有率。2020 年，我们的刚好家族又增加了 310 升的十字四门冰箱，集两门大冷冻、三门软冷冻和法式多门冰箱之大成，将大容积小体积的优势融为一体。"

一边是从市场细分领域寻找产品突破，另一边康佳白电也从企业的产品端苦练"内功"。在产品理念上，康佳白电以健康与智能为突破，提出产品新四化—外观艺术化、功能体验化、品质可视化与形象高端化，指导研发、制造、品质、营销工作。在研发成果上，康佳白电也在近两年有所收获。康佳集团冰箱板块与中国科学技术大学等合作，2019 年凭借《电冰箱食品品质管控的关键技术研发及产业化》项目相继获得中国轻工业联合会科学技术进步奖、第四届全国质量创新大赛上斩获技术成果奖。并于 2020 年 6 月，凭借在食品保鲜技术上的创新突破，再次获得安徽省科学技术进步奖三等奖。

2020 年 3 月，康佳正式推出了康佳 15 天生态原鲜冰箱 BCD-456WD4EBLP。张中俊再次强调，康佳 15 天生态原鲜冰箱在保鲜力上再次实现革命性创新。如针对放在冰箱里蔬菜 3 天就会发蔫、牛肉解冻时会流出大量血水这一用户痛点，康佳 K 极鲜细胞能量养鲜技术，通过增加冰箱内生物能量场，大大提升冰箱内部的保鲜性能。不仅可以减少肉类化冻后血水的流失，维持原鲜口感，还可将果蔬综合保鲜时间延长 70%，从而最大限度地为食材保存了健康、生态的原始风味，可真正实现食材 15 天超长保鲜，从而为消费者"刁钻"的味蕾带来"原味新鲜"的满足。

（二）形式产品

形式产品是指核心产品借以实现的形状、方式，即向市场提供的实体和服务的形象，由五个特征构成，即品质、式样、特征、商标及包装。即使是纯粹的服务，也具有相类似的形式上的特点。产品的基本效用，必须通过某些具体的形式才能实现。市场营销者应首先着眼于顾客购买产品时所追求的利益，以求更完美地满足顾客需要，从这一点出

---

[1] 佚名. 康佳集团白色家电事业部总经理张中俊：以消费者为核心创造价值[EB/OL]. 中国经营报（https://mp.weixin.qq.com/s/idWUPJk8aBVjgFztE1uw2w）, 2020-10-26.

发再去寻求利益得以实现的形式,进行创造性的产品设计。

(三) 期望产品

期望产品指购买者在购买产品时,期望得到的与产品密切相关的一组产品属性和条件。通常顾客在购买某种产品时,会根据以往的消费经验和企业的营销宣传,对所要购买的产品形成一种期望,比如旅馆的客人期望得到安全和相对安静的环境、洁净的床位、饮用水和洗浴热水等服务。顾客所得到的,是购买产品所应该得到的,也是企业在提供产品时应该提供给顾客的。

(四) 延伸产品

延伸产品是顾客购买形式产品和期望产品时,获得附带的各种利益的总和,包括产品说明书、保证、安装、维修、送货、技术培训等。国内外许多企业的成功,在一定程度上应归功于他们更好地认识了服务在产品整体概念中所占的重要地位。许多情况表明,新的竞争并非凭借各公司在其工厂中所生产的产品,而是依靠附加在产品上的包装、服务、广告、顾客咨询、资金融通、运送、仓储及其他具有价值的形式。能够正确发展延伸产品的公司,必将在竞争中赢得主动。延伸产品也称附加产品,菲利普·科特勒曾经指出,在第四个层次,营销者将准备一个超过顾客期望的附加产品(augmented product)。在发达国家,品牌定位和竞争就产生于这个层次。然而,在发展中的新生市场,如印度和巴西,竞争大多发生在期望产品层次。①

(五) 潜在产品

潜在产品是指现有产品包括所有延伸产品在内的,可能发展成为未来最终产品的潜在状态的产品。潜在产品指出了现有产品可能的演变趋势和前景,如彩色电视机可发展为网络终端机等。潜在产品要求企业不断寻求满足顾客的新方法,不断将潜在产品变成现实的产品,这样才能使顾客得到更多的意外惊喜,更好地满足顾客的需要。

产品整体概念的五个层次,清晰地体现了以顾客为中心的现代营销观念。这一概念的内涵和外延,都是以消费者需求为标准的,由消费者的需求来决定的。可以说,产品整体概念是建立在"需求=产品"这样一个等式基础之上的。没有产品整体概念,就不可能真正贯彻现代营销观念。

扩展阅读 11-1
一部《八佰》,拯救不了华谊兄弟!

二、产品分类

产品分类的方法多种多样,从而划分出许多不同的产品类别。

(一) 按照是否耐用和是否有形

产品按照是否耐用和是否有形,分为非耐用品、耐用品和服务。

---

① 菲利普·科特勒,凯文·莱恩·凯勒. 营销原理[M]. 14 版·全球版. 王永贵,等,译. 北京:中国人民大学出版社,2012:355.

1. 非耐用品

非耐用品是指正常情况下，一次或几次使用就被消费掉的有形物品。例如，文具、化妆品等。这些物品很快就被消费掉，消费者和用户购买频繁。企业应采取如下市场营销策略：①通过多种网点销售这种物品，以便消费者随时随地购买；②只求微利；③积极促销。

2. 耐用品

耐用品是指正常情况下能多次使用的有形物品。例如，空调、汽车、住房等。企业应采取的市场营销策略包括：①重视人员推销和服务；②追求高利润率；③提供销售保证。

3. 服务

服务是指供出售的活动或满足感等。例如，修理、旅馆、教育等。

（二）按照消费者购物习惯

根据消费者的购物习惯，分为便利品、选购品、特殊品和非渴求物品。

1. 便利品

便利品是指消费者通常购买频繁，希望在需要时即可买到，并且只花最少精力和最少时间去比较品牌、价格的消费品。例如，香烟、报纸等。

考察便利品时应注意两个问题：

（1）便利品都是非耐用品，且多为消费者日常生活必需品。因而，经营便利品的零售商店一般都分散设置在居民住宅区、街头巷尾、车站、码头、工作地点和公路两旁，以便消费者随时随地购买。

（2）消费者在购买前，对便利品的品牌、价格、质量和出售地点等都很熟悉，所以，对大多数便利品只花较少的时间与精力去购买。

2. 选购品

选购品是指消费者为了物色适当的物品，在购买前往往要去许多家零售商店了解和比较商品的花色、式样、质量、价格等的消费品。例如，儿童衣料、女装、家具等都是选购品。选购品挑选性强，消费者不知道哪家最合适，且因其耐用程度较高不需经常购买，所以，消费者有必要和可能花较多的时间和精力去许多家商店物色合适的物品。

3. 特殊品

特殊品是指消费者能识别哪些牌子的商品物美价廉，哪些牌子的商品质次价高，而且许多消费者习惯上愿意多花时间和精力去购买的消费品。例如，特殊品牌和造型的奢侈品、名牌男服、供收藏的特殊邮票和钱币等。消费者在购买前对要物色的特殊品的特点、品牌等均有充分认识，这一点同便利品相似；但是，消费者只愿购买特定品牌的某种商品，而不愿购买其他品牌的某种特殊品，这又与便利品不同。

4. 非渴求物品

非渴求品是指顾客不知道的物品，或者虽然知道却没有兴趣购买的物品。例如，刚上市的新产品、人寿保险、百科全书等。非渴求物品的性质，决定了企业必须加强广告、推销工作，使消费者对这些物品有所了解，产生兴趣，千方百计吸引潜在顾客，扩大销售。

（三）按照产品参加生产过程的方式和产品价值进入新产品的情况

产业用品按照产品参加生产过程的方式和产品价值进入新产品的情况，分为完全进入产品的产业用品、部分进入产品的产业用品和不进入产品的产业用品。

1. 完全进入产品的产业用品

完全进入产品的产业用品是指经过加工制造其价值完全进入新产品的产业用品。包括：①原料，如农产品、自然产品等；②材料和零部件等。

2. 部分进入产品的产业用品

部分进入产品的产业用品是指在生产过程中逐渐磨损，其价值分期分批进入新产品的资本设备。包括：①设施，如建筑物、土地、固定设备等；②附属设备，如可移动厂房、轻型设备、办公设备等。

3. 不进入产品的产业用品

不进入产品的产业用品是指不会在生产经营过程中变为实际产品（但其价值要计入新产品成本），但却是维持企业经营管理所必需的产业用品。包括：①供应品，如业务供应品、维护物品等；②企业服务，如维修服务、企业咨询服务等。

第二节　产　品　组　合

一、产品组合的宽度、长度、深度和关联性

产品组合（product assortment）是指企业提供给市场的全部产品线和产品项目的组合或结构，即企业的业务经营范围。企业为了实现营销目标，充分有效地满足目标市场，必须设计一个优化的产品组合。产品线是指产品组合中的某一产品大类，是一组密切相关的产品。比如，以类似的方式发挥功能、售给相同的顾客群、通过同一的销售渠道出售、属于同一的价格范畴等。产品项目是指产品线中不同品牌和细类的特定产品。例如，某自选采购中心经营家电、百货、鞋帽、文教用品等，这就是产品组合；而其中"家电"或"鞋帽"等大类就是产品线；每一大类里包括的具体品种、品牌为产品项目。

产品组合包括 4 个衡量变量：宽度、长度、深度和关联性。产品项目是衡量产品组合各种变量的一个基本单位，指产品线内的不同品种及同一品种的不同品牌，如同一品种有 3 个品牌，即为 3 个产品项目。产品组合的宽度，是指产品组合中所拥有的产品线数目。如表 11-1 所显示的产品组合的宽度为 4。产品组合的长度，是指产品组合中产品项目的总数，以产品项目总数除以产品线数目即可得到产品线的平均长度。表 11-1 所显示的产品组合总长度为 18，每条产品线的平均长度为 18÷4＝4.5。假如表 11-1 内各种产品平均有 3 个品牌，则公司的产品组合总长度为 54，平均长度为 54÷4＝13.5。产品组合的深度，指产品项目中每一品牌所含不同花色、规格、质量产品数目的多少，如"佳洁士牌牙膏有三种规格和两种配方，其深度就是6"①。通过统计，每一品牌的不同花色、规

---

① 菲利普·科特勒. 营销管理[M]. 新千年版. 梅汝和，等，译. 北京：中国人民大学出版社，2001：480.

格、质量产品的总数目，除以品牌总数，即为企业产品组合的平均深度。实际上，一般公司的产品组合总长度要长得多，深度也要深得多，例如，童帽作为一个品种，可以有几个、几十个品牌。其中一个品牌不同花色、规格、质量的产品可以有几十个甚至几百个。因此，有的公司经营的产品如按花色、规格、质量统计可达几万种以至几十万种。

产品组合的关联性，是指各条产品线在最终用途、生产条件，分销渠道或其他方面相互关联的程度。例如，某家用电器公司拥有电视机、收录机等多条产品线，但每条产品线都与电有关，这一产品组合具有较强的相关性。相反，实行多元化特别是非相关多元化经营的企业，其产品组合的相关性则可能较小或无相关性。

表 11-1　产品组合的宽度

	服装	皮鞋	帽子	针织品
产品线的长度	男士西装	男士凉鞋	毛线帽	羊毛衣裤
	女士西装	女士凉鞋	布帽	棉毛衣裤
	男休闲装	男士皮鞋	礼帽	袜子
	女休闲装	女士皮鞋	淑女帽	
	风雨衣		童帽	
	儿童服装			

根据产品组合的四种尺度，企业可以采取四种方法发展业务：

（1）加大产品组合的宽度，扩展企业的经营领域，实行多样化经营，分散企业投资风险；

（2）增加产品组合的长度，使产品线丰满充裕，成为更全面的产品线公司；

（3）加强产品组合的深度，占领同类产品的更多细分市场，满足更广泛的市场需求，增强行业竞争力；

（4）加强产品组合的一致性，使企业在某特定市场领域内加强竞争和赢得良好的声誉。

产品组合决策就是企业根据市场需求、竞争形势和企业自身能力对产品组合的宽度、长度、深度和相关性方面作出的决策。

扩展阅读 11-2
为什么联合利华把 1 600 个品牌减少到 400 个

二、产品组合的优化和调整

企业在调整和优化产品组合时，可依据情况的不同选择如下策略：

（一）扩大产品组合

包括拓展产品组合的宽度，增强产品组合的深度。前者是在原产品组合中增加一条或几条产品大类，扩大经营产品范围；后者是在原有产品大类内增加新的产品项目。当企业预测现有产品大类的销售额和利润额在未来一段时间内有可能下降时，就应考虑在现行产品组合中增加新的产品大类，或加强其中有发展潜力的产品大类。当企业打算增加产品特色，或为更多的细分市场提供产品时，则可选择在原有产品大类内增加新的产品项目。一般而言，扩大产品组合，可使企业充分地利用人、财、物资源，分散风险，增强竞争能力。

（二）缩减产品组合

当市场繁荣时，较长、较宽的产品组合会为许多企业带来较多的赢利机会；但市场不景气或原料、能源供应紧张时，缩减产品反而可能使总利润上升。因为从产品组合剔除了那些获利很小，甚至不盈利的产品大类或产品项目，使企业可集中力量发展获利多的产品大类和产品项目。

通常情况下，企业的产品大类有不断延长的趋势。原因主要有：

（1）生产能力过剩，迫使产品大类经理开发新的产品项目。

（2）经销商和销售人员要求增加产品项目，以满足顾客的需要。

（3）产品大类经理为了追求更高的销售和利润增加产品项目。

但随着产品大类的延长，设计、工程、仓储、运输、促销等市场营销费用也随之增加，最终将会减少企业的利润。在这种情况下，要对产品大类的发展进行相应的遏制，删除那些得不偿失的产品项目，使产品大类缩短在合适的范围，以提高经济效益。

（三）产品延伸

1. 产品延伸的主要方式

每一企业的产品都有其特定的定位。产品延伸策略指全部或部分地改变公司原有产品的定位，具体有向下延伸、向上延伸和双向延伸等三种做法：

（1）向下延伸。指原来生产高档产品，后来决定增加低档产品。企业采取这种策略的主要原因是：发现其高档产品销售增长缓慢，不得不将其产品大类向下延伸；高档产品遭遇激烈的竞争，必须用侵入低档产品市场的方式反击竞争者；当初进入高档产品市场是为了建立其质量形象，然后再向下延伸；企业增加低档产品是为了填补空隙，使竞争者无隙可乘。

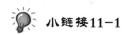

小链接11-1

企业采取向下延伸策略的风险

企业采取向下延伸策略时，会遇到一些风险。如：

（1）企业原来生产高档产品，后来增加低档产品，有可能使名牌产品的形象受到损害。所以低档产品最好用新的品牌，不要用原先高档产品的商标。

（2）企业原来生产高档产品，后来增加低档产品，有可能激怒生产低档产品的企业，导致其向高档产品市场发起反攻。

（3）经销商可能不愿意经营低档产品，因为经营低档产品所得利润较少。

（2）向上延伸。指企业原来生产低档产品，后来决定增加高档产品。主要理由是：高档产品畅销，销售增长较快，利润率高；企业估计高档产品市场上的竞争者较弱，易于被击败；企业想使自己成为生产种类全面的企业。

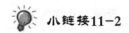 小链接11-2

企业采取向上延伸策略的风险

企业采取向上延伸策略，也有可能承担一定风险。如：
（1）引起生产高档产品的竞争者进入低档产品市场，进行反攻。
（2）未来的顾客可能不相信企业能生产高档产品。
（3）企业的销售代理商和经销商可能没有能力经营高档产品。

（3）双向延伸。即在原定位于中档产品市场的企业掌握市场优势以后，向产品大类上下两个方向延伸。一方面增加高档产品，另一方面增加低档产品。

2. 产品延伸的利益

一般来说，产品延伸有下列好处：

（1）满足更多的消费需求。随着市场经济的发展，市场调研技术也日益完善，使得营销人员能够细分出更小的细分市场，进而把复杂的市场细分体系变成立竿见影的促销计划。在这种情况下，往往是产品大类越长，机会就越多，利润也越大。

（2）迎合顾客求异求变的心理。市场竞争加剧，越来越难以要求消费者对某一品牌绝对忠诚，越来越多的消费者在转换品牌，尝试未曾使用过的产品。产品延伸通过提供同一品牌下的一系列不同产品，以尽量满足这种求异心理。企业希望这种延伸成为一条既满足消费者愿望，又保持他们品牌忠诚的两全之策。

研究表明，消费者有三分之二的日杂用品、保健品和美容品的购买是属于冲动型的。零售商给某个品牌的货架空间越大，该品牌越能吸引消费者的注意，其市场占有率就越大。在当今市场竞争日趋激烈的情况下，越来越多的企业希望通过产品延伸占领更多的货架空间，从而扩大销售。

（3）减少开发新产品的风险。产品延伸所需的时间、成本，比创造新产品更容易控制。由于大部分消费品的生产技术已经成熟和普及，产品延伸可以最小的风险迅速获得利润。

（4）适应不同价格层次的需求。无论产品大类上原有产品质量如何，企业往往宣传其产品延伸质量如何好，并据此为延伸产品制定高于原有产品的价格。在销售量增长缓慢的市场上，营销者就可以通过提高价格增加单位产品的利润。当然，也有一些延伸产品价格低于原有产品。产品延伸可给营销者提供机会，使他们能够制定不同档次的价格以吸引更多的顾客。

3. 产品延伸的弊端

因为上述优越性，许多企业对产品延伸很感兴趣。但是产品延伸也有如下副作用：

（1）品牌忠诚程度降低。忠诚是对某种产品重复购买的行为。过去很长一段时间，许多知名老品牌可拥有两三代的顾客。企业增加其品种时，就有可能打破顾客原来的购买方式和使用习惯，这种风险往往会降低品牌忠诚，并使消费者重新考虑整个购买决定。

尽管产品延伸使得某一品牌能满足消费者的各种需要，它也起了促使消费者追求新变化的作用，从而导致品牌更换。品牌忠诚度降低可能使企业失去更多顾客，得不偿失。

尤其是中小企业,不可能像大企业那样,提供很多品种来满足各种顾客需要,因而保住现有市场显得更为重要。拳头产品因产品大类延伸而降低质量,也会导致市场占有率降低。

(2)产品项目的角色难以区分。产品延伸可能导致过度细分。同一产品大类各项目的角色混乱,每个产品项目所针对的细分市场过小以至于难以区分,或各细分市场之间的特征交叉太多。

企业应该能够一句话说明某一项目在产品大类上的角色。同样,消费者应该能够迅速反应出,哪个产品项目更适合其需要。如果做不到这一点,消费者和零售商就会产生感觉混乱。零售商只能凭借自己收集的信息,来决定进什么货。只有极少数零售商才会购进产品大类上的所有产品。因此,如果产品大类上各项目的角色难以区分,零售商就更有理由只进一部分产品。这样,产品延伸的目的之一——满足顾客求异求变的心理就失去了意义。

(3)产品延伸引起成本的增加。产品延伸会引起一系列的成本增加。由此而产生的市场调研、产品包装和投产的费用是比较明显的,也便于掌握。但下列因素可能被忽略:频繁的产品大类变动,使生产的复杂程度提高;研发人员不能集中精力于真正的新产品开发;产品品种越多,营销投入越大。

综上所述,产品延伸有利有弊,把握延伸的度至关重要。企业和管理人员应当审核利润率情况,并集中生产利润高的品种,削减利润低或者亏损的品种。需求紧缩时,缩短产品大类;需求旺盛时,延伸产品大类。

 小案例11-2

经典产品卖得最好,五芳斋如何"强推"新品?①

五芳斋致力于企业转型,背后实际上是个关于粽子主业增长的问题。

五芳斋集团董事长厉建平在接受采访时称,2008年五芳斋聘请咨询公司调研得出的结论是,中国的粽子市场30亿元,五芳斋已经占据25%的份额。也就是说作为粽子行业最大的公司,五芳斋可能最早触摸到粽子市场的天花板。五芳斋增长的可能性在粽子这个食品品类之外。五芳斋在粽子之外开拓了月饼、蛋品、卤味、汤圆,以及包括桂花糕等在内的嘉湖细点。但核心的增长方向是米制品,最近几年则聚焦在更细分的糯米市场。在2018年,五芳斋在米制品的基础上提出了"糯+战略",目标是"糯米食品为核心的米制品领导品牌"。

这意味着,五芳斋需要推出更多新的东西。徐炜提到,五芳斋通过设置相关的KPI、跨部门的联合工作组等方式推进新品,在2020年疫情期间还组建了一个联合工作组专注于日常消费的食品(例如黑芝麻糕),集合了研发、品牌、市场、产品等部门的员工,考核指标是小组共同承担。产品创新的另一条线路则是联名。从2016年开始与迪士尼、漫威合作后,五芳斋联名品牌覆盖的行业包括娱乐、美妆、包装食品、饮料、生鲜、知识付费、建筑涂料等。今年端午期间,五芳斋联名的数量达到了历史新高,一口气联名了

---

① 佚名. 99岁老字号五芳斋,如何赢得"神仙组织"的名号[EB/OL]. 第一财经商业数据中心(https://mp.weixin.qq.com/s/qbXhSIUBHkQRaGuSzUT8dw),2020-08-21.

18个品牌，包括多乐士、得到、好丽友等。在品牌联名中，五芳斋借助联名品牌触达年轻消费者甚至是学生群体，同时也丰富产品组合。徐炜告诉C站："（喜茶、钟薛高）这些新生代的16年、17年开始创业的品牌，创始人对产品品质的要求、对互联网消费群体的洞察，还有数据化运营的能力，这都是我们老字号值得学习的。"例如五芳斋向迪士尼学习品牌授权，五芳斋的线下餐厅销售五芳斋与钟薛高合作的"清煮箬叶"雪糕，也补充了冷饮品类。即便如此，五芳斋卖得最好的可能还是少数几款经典产品。新品在帮助品牌增长外，更多可能承担了吸引年轻人注意力的作用。时任五芳斋副总经理的倪嘉能当时解释称："不断推新品，为的就是让更多年轻人知道'五芳斋'这个老字号。"

（四）产品大类现代化

在某些情况下，虽然产品组合的宽度、长度都恰当，但产品大类的生产模式却可能已经过时。这就要求企业与时俱进、开拓创新，积极对产品大类实施现代化改造。例如，某企业还停留在20世纪八九十年代的水平，技术性能及操作方式都较落后，必然使产品缺乏竞争力。

如果企业决定对现有的产品大类进行改造，产品大类现代化策略首先面临的问题是，逐步实现技术改造，还是以最快速度用全新设备进行更换。逐步现代化可节省资金，缺点是竞争者很快就会察觉，并有充足的时间重新设计它们的产品大类；快速现代化虽然在短时期内耗费资金多，却可出其不意击败对手。

第三节 产品生命周期

一、产品生命周期的概念

产品在市场上的销售情况及其获利能力，会随着时间的推移而变化。这种变化的规律就同人和其他生物的生命一样，有一个诞生、成长到成熟并最终衰亡的过程。产品的生命周期或称产品市场生命周期（product life cycle），是指产品从研制成功投入市场开始，经过导入期、成长期、成熟期和衰退期，最终被市场淘汰的过程。

产品生命周期特指产品的市场寿命，而不是产品的自然生命或使用寿命。产品经过研发、试销然后进入市场，其市场生命周期就开始了。产品被需求者所拒绝或淘汰并退出市场，则标志着产品生命周期的结束（见图11-2）。

典型的产品生命周期，一般可分为四个阶段：

（1）导入期。新产品投入市场，便进入导入期。此时顾客对产品还不了解，只有少数追求新奇的顾客可能购买，销售量很低。为了扩展销路，需要大量的促销费用，对产品进行宣传。在这一阶段，由于技术方面的原因，产品不能大批量生产，因而成本高，销售额增长缓慢，企业不但得不到利润，反而可能亏损。

（2）成长期。产品在导入期的销售取得成功以后，便进入成长期。这时顾客对产品已经熟悉，大量的新顾客开始购买，市场逐步扩大。产品已具备大批量生产的条件，生产成本相对降低，企业的销售额迅速上升，利润也迅速增长。在这一阶段，竞争者看到

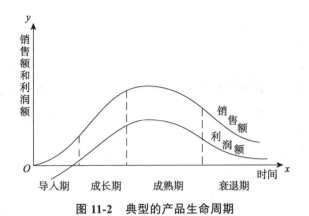

图 11-2 典型的产品生命周期

有利可图,将纷纷进入市场参与竞争,使同类产品供给量增加,价格随之下降,企业利润增长速度逐步减慢,最后达到生命周期利润的最高点。

(3)成熟期。经过成长期以后,市场需求开始趋向饱和,潜在顾客已经很少,销售额增长缓慢直至转而下降,标志着产品进入成熟期。在这一阶段,竞争逐渐加剧,产品售价降低,促销费用增加,企业利润下降。

(4)衰退期。随着科学技术的发展,新产品或新的替代品出现,将使顾客的消费习惯发生改变,转向其他产品,从而使原来产品的销售额和利润额迅速下降。于是,产品进入了衰退期。

扩展阅读 11-3
怎样围绕产品生命周期的4个阶段进行用户拉新

二、产品生命周期不同阶段的营销策略

(一)产品导入期的营销策略

导入期始于新产品首次在市场上普遍销售之时。新产品进入导入期之前,需要经历开发、研制、试销等过程。进入导入期产品的市场特点是销量少,促销费用高,制造成本高,销售利润常常很低甚至为负值。在这一阶段,促销费用一般很高,主要用于建立完善的分销渠道。促销活动的主要目的是介绍产品,吸引消费者试用。

在产品的导入期,一般可由价格、促销、地点等因素组合成各种不同的市场营销策略。若仅考虑促销、价格因素,可有以下四种选择:

1. 快速撇脂策略

这种策略采用高价格、高促销费用,以迅速扩大销售量,取得较高的市场占有率。采取这种策略必须有一定的市场环境,例如大多数潜在顾客还不了解新产品,已经了解这种新产品的消费者急于求购,并愿意按价购买;企业面临潜在竞争者的威胁,需要迅速使消费者建立起对自己产品的偏好。

2. 缓慢撇脂策略

以高价格、低促销费用的形式进行经营,以求得到更多的利润。这种策略可以在市场面比较小,市场上大多数消费者已熟悉新产品,购买者愿出高价,潜在竞争威胁不大

的市场环境下使用。

3. 快速渗透策略

实行低价格、高促销费用的策略，迅速打入市场，取得尽可能高的市场占有率。在市场容量很大，消费者对这种产品不熟悉但对价格非常敏感，潜在竞争激烈，企业随着生产规模的扩大可以降低单位生产成本的情况下，适合采用这种策略。

4. 缓慢渗透策略

以低价格、低促销费用推出新产品。这种策略适用于市场容量很大，消费者熟悉这种产品但对价格敏感，并存在潜在竞争者的市场环境。

（二）产品成长期的营销策略

经过市场导入期，消费者对产品已经熟悉，消费习惯也已形成，销售量迅速增长，新产品就进入了成长期。

进入成长期以后，老顾客重复购买，并带来了新顾客。销售量激增，企业利润迅速增长，并在这一阶段利润达到高峰。随着销售量增大，企业生产规模也逐步扩大，产品成本逐步降低，新的竞争者会投入竞争。随着竞争加剧，新的产品特性开始出现，产品市场开始细分，分销渠道增加。企业为维持市场继续成长，需要保持或稍微增加促销费用，但由于销量增加，平均促销费用有所下降。

针对成长期的特点，企业为维持其市场增长率，使获取最大利润的时间得以延长，可考虑以下几种策略：

（1）改善产品品质。如增加新的功能，改变产品款式等。对产品进行改进，可以提高产品的竞争能力，满足顾客更广泛的需求，吸引更多的顾客。

（2）寻找新的细分市场。通过市场细分，找到新的尚未满足的或许更小的细分市场，根据其需要组织生产，迅速进入这一新市场。

（3）改变广告宣传重点。把广告宣传的重心从介绍产品转到建立产品形象上，维系老顾客，吸引新顾客，使产品、品牌形象深入顾客心中。

（4）在适当的时机可采取降价策略。以激发那些对价格敏感的消费者产生购买动机，采取购买行动。

（三）产品成熟期的营销策略

经过成长期以后，产品销售量的增长会缓慢下降，利润也开始缓慢下降，表明产品已开始进入成熟期。通常是销售量的增长缓慢，逐步达到最高峰，然后缓慢下降；销售利润也从成长期的最高点开始下降；竞争非常激烈，各种品牌、各种款式的同类产品不断出现。

在产品成熟期可考虑主动出击，以使成熟期得以延长，或产品生命周期出现再循环。例如：

（1）调整市场。这种策略不是调整产品本身，而是发现产品的新用途或改变推销方式等，使销售量得以扩大。

（2）调整产品。这种策略以产品自身调整来满足顾客的不同需要，吸引有不同需求的顾客。整体产品概念任何层次的调整，都可视为产品再推出。

（3）调整市场营销组合。即通过对产品、定价、渠道、促销等因素的综合调整，刺激销售量回升。例如，在提高产品质量、改变产品性能或增加花色品种的同时，通过特价、早期购买折扣、补贴运费、延期付款等方法降价让利；扩展分销渠道，广设分销网点，调整广告媒体组合，变换广告时间和频率，增加人员推销、公共关系等，"多管"齐下进行市场渗透，扩大企业影响，争取更多顾客。

（四）产品衰退期的营销策略

产品销售量从缓慢增加达到顶峰后，会发展为缓慢下降。在一般情况下，如果销售量的下降速度开始加剧，利润水平很低，就可以认为产品已经进入生命周期的衰退期。衰退期的主要特点是产品销售量急剧下降；企业从这种产品获得的利润很低，甚至为零；大量竞争者退出市场；消费者的消费习惯发生转变等。

面对衰退期的产品，企业需要认真研究分析，决定采取什么策略、在什么时间退出市场。通常有以下几种策略可供选择：

1. 继续策略

继续沿用过去的策略。仍按照原来的细分市场，使用相同的分销渠道、定价及促销方式，直到这种产品完全退出市场为止。

2. 集中策略

把企业能力和资源集中在最有利的细分市场和分销渠道，从中获取利润。这样有利于缩短产品退出市场的时间，同时又能为企业创造更多的利润。

3. 收缩策略

大幅度降低促销水平，尽量降低促销费用以增加目前的利润。这样可能导致产品在市场上的衰退加速，但又能从忠实于这种产品的顾客中得到利润。

4. 放弃策略

对于衰落比较快速的产品，应当机立断，放弃经营。可采取完全放弃的形式，如把产品完全转移出去或立即停止生产；也可采取逐步放弃的方式，使其所占用的资源逐步转向其他的产品。

扩展阅读 11-4
"营销星球——数字营销增长星系图"产品星球深度解读

第四节　新产品开发、采用与扩散

市场营销学使用的新产品概念，不是从纯技术的角度理解的。只要在功能或形态上得到改进，或与原产品产生差异，并能为顾客带来新的利益，即视为新产品。

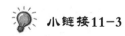

新产品的类型

新产品可分六种基本类型：
（1）全新产品，即运用新一代科学技术革命创造的整体更新产品；

（2）新产品线，使企业首次进入一个新市场的产品；
（3）现有产品线的增补产品；
（4）现有产品的改进或更新，对现有产品性能进行改进或注入较多的新价值；
（5）再定位，进入新的目标市场或改变原有产品市场定位推出新产品；
（6）成本减少，以较低成本推出同样性能的新产品。

企业新产品开发的实质，是推出上述不同内涵与外延的新产品。对大多数公司来说，是改进现有产品而非创造全新产品。

一、新产品开发的过程

新产品开发过程由八个阶段构成，即寻求创意、甄别创意、形成产品概念、制定市场营销策略、营业分析、产品开发、市场试销和批量上市。

（一）寻求创意

新产品开发过程是从寻求创意开始的。所谓创意，就是开发新产品的设想。虽然不是所有设想或创意都可变成产品，但寻求尽可能多的创意，却可为开发新产品提供较多的机会。所以，现代企业都非常重视创意的开发。

新产品创意的主要来源有顾客，科研机构，竞争者和对手，企业推销人员和经销商，企业高层管理人员，市场调研机构、广告代理商等。除了以上来源，企业还可从大学、咨询公司、同行业团体协会、有关报刊媒介寻求有用的新产品开发创意。

一般说来，企业应主要依靠激发内部人员的热情寻求创意。这就要建立各种激励制度，对提出创意的员工给予奖励。高层管理人员也应对这种活动表现出充分的重视和关心。

（二）甄别创意

取得足够的创意后，要对这些创意进行评估，挑选可行性较强的创意，这就是创意甄别。

创意甄别的目的，是淘汰那些不可行或可行性低的创意，使有限的资源集中于成功机会大的创意。甄别创意时一般要考虑两个因素，一是该创意能否与企业战略、目标相适应，表现为利润目标、销售目标、销售增长目标、形象目标等方面；二是企业有无足够资源、能力开发该创意，表现为资金能力、技术能力、人力资源、销售能力等。

（三）形成产品概念

经过甄别保留下来的产品创意，要进一步发展成产品概念。

在这里，应当明确产品创意、产品概念和产品形象之间的区别。所谓产品创意，是企业从自己的角度考虑的，能够向市场提供的可能的产品的构想；所谓产品概念，是企业从消费者的角度，对这种创意所作的详尽描述；产品形象则是消费者对某种现实产品或潜在产品所形成的特定形象。例如一块手表，从企业的角度看，主要是这样一些因素：齿轮，轴心，表壳，制造过程，管理方法（市场、人事方面的条件）及成本（财务情况）等。但在消费者心目中并不会出现上述的因素，他们只考虑手表外型、价格、准确性、是否保修、适合什么样的人使用等。企业必须根据消费者在上述方面的要求，把产品创意发展为产品概念。

确定最佳的产品概念，进行产品和品牌的定位之后，应当对产品概念进行试验。所谓产品概念试验，就是用文字、图画描述或用实物模型等，将产品概念展示于目标顾客，观察他们的反应。

（四）制定市场营销策略

形成产品概念之后，需要制定市场营销策略。企业有关人员需要拟定将新产品投放市场的初步的市场营销策划书，主要包括三个部分：

（1）描述目标市场规模、结构，顾客行为及其特征，新产品在目标市场的定位，以及前几年的预期销售额、市场占有率和利润目标等。

（2）略述新产品的计划价格、分销策略及第一年的市场营销预算。

（3）阐述计划长期销售额和目标利润，以及不同时期的市场营销组合。

（五）营业分析

新产品开发过程的第五个阶段，是进行营业分析或商业分析。在这一阶段，企业需要复查所估算的新产品未来的销售额、成本和利润，看看是否符合企业目标。如果符合，就可进行产品开发。

（六）产品开发

产品概念通过了营业分析，研发部门及工程技术部门就可将该产品概念转变为产品，进行试制。也就是将文字、图表及实物模型等描述的产品设计，开发为实际产品。这一阶段应当分析清楚，产品概念能否变为技术上、商业上可行的现实的产品。如果不能，除了在全过程中取得一些有用的副产品即信息情报之外，所费资金可能全部付诸东流。

（七）市场试验

如果企业高层管理对新产品开发试验的结果满意，就可着手用品牌名称、包装和初步的市场营销方案，把新产品"装扮"起来，推上真正的消费者舞台进行实验。这是新产品开发的第七个阶段，目的在于了解消费者、经销商经营、使用和再购买这种产品的实际情况及市场大小，然后酌情采取适当对策。

市场试验的规模，决定于两个方面：一是投资的费用和风险大小，二是市场试验的费用和时间。投资费用和风险越高，新产品试验的规模越是要大一些；反之，投资费用和风险较低的新产品，试验规模可小一些。从市场试验费用和时间来讲，所需市场试验费用越多、时间越长的新产品，市场试验规模应该越小；反之，则可大一些。总的来说，市场试验费用不宜在新产品开发投资总额中占太大的比例。

（八）批量上市

在这一阶段，企业应作以下决策：

1. 何时推出新产品

即决定在什么时间将新产品投放市场更为适宜。例如，某种新产品是用来替代老产品的，就可能要等老产品的存货被处理掉，再将新产品投放市场，以免冲击老产品的销售；如果新产品的需求有高度的季节性，就应在销售季节来临才将新产品投放市场；如果新产品还存在可改进之处，一般也不必仓促上市，等到完善之后再投放市场。

2. 何地推出新产品

指决定在什么地方（某一地区、某些地区、全国或国际市场）推出新产品更为适宜。能够一次就把新产品在全国市场推出的企业不多。一般是先在主要地区的市场推出，取得立足点，再扩大到其他地区。因此，企业需要制订一个市场投放计划，确定投放顺序，尤其是应当找出当中最有吸引力的市场。

选择这一市场，通常考察这样一些方面：

（1）市场潜力；

（2）企业在该地区的声誉；

（3）投放成本；

（4）该地区调研资料的质量高低；

（5）对其他地区的影响力及竞争渗透能力。

此外，竞争情况也十分重要，它同样可影响到新产品商业化的成功。

3. 向谁推出新产品

企业要把分销和促销目标明确指向最优秀的顾客群。这样做的目的是利用最优秀的顾客群带动一般顾客，以最快的速度、最少的费用，扩大新产品的市场占有率。可以根据市场试验的结果，寻找、发现最优秀的顾客群。

对新上市的消费品来讲，最优秀的顾客群一般具备以下特征：

（1）他们是早期采用者；

（2）他们是大量使用者；

（3）他们是观念倡导者或舆论领袖，并能为该产品作正面宣传；

（4）接近这一市场的费用相对要低。

当然，完全具备这几个特征的顾客很少。企业可以根据这些标准，对不同的顾客群打分，从而找到更合适的顾客群。

扩展阅读 11-5
他垄断了中国校园吹风机市场，只因做对了这一点！

4. 如何推出新产品

企业要制定开始投放市场的营销策略。这里，首先要对各项营销活动分配预算，然后规定各种活动的先后顺序，从而有计划地开展营销管理。

二、新产品采用过程

所谓新产品采用过程，是指消费者个人由接受创新到重复购买者的各个心理阶段。美国学者埃弗雷特·罗杰斯（Everett M. Rogers）在 1962 年出版的《创新扩散》一书中，把采用过程看作是创新决策过程，并据此建立了创新决策过程模型。他认为创新决策过程包括五个阶段，即认识阶段、说服阶段、决策阶段、实施阶段和证实阶段。这五个阶段受到一系列变量的影响，不同程度地促进或延缓了创新决策过程，呈现出各阶段的不同特点。

（一）认识阶段

在认识阶段，消费者要受个人因素（如个人的性格特征、社会地位、经济收入、性别年龄、文化水平等）、社会因素（如文化、经济、社会、政治、科技等）和沟通行为等因素的影响。他们逐步认识到创新产品，并学会使用这种产品，掌握其新的功能。研究表明，较早意识到创新的消费者，同较晚意识到创新的消费者有着明显区别，一般前者较后者有更高的教育程度、文化水平和社会地位，广泛参与社交活动，能及时、迅速收集到有关新产品的信息资料。

（二）说服阶段

有时消费者尽管认识到创新产品，并知道如何使用，但一直没有产生喜爱和占有该产品的愿望。一旦产生这种愿望，决策行为就进入了说服阶段。消费者常常亲自操作新产品，以避免购买风险。不过，即使如此也并不能促使消费者立即购买，除非营销部门能让消费者充分认识到创新产品的特性。包括：

1. 相对优越性

创新产品被认为比原有产品要好、更好。创新产品相对优越性越多，如功能性、可靠性、便利性、新颖性等方面比原有产品优势越大，越容易让消费者采用。应该指出的是，相对优越性是指消费者个人对创新产品的认识程度，而不是产品的实际状况。在某些情况下，一个确实属于创新的产品若不被消费者所认识，便也会失去其相对优越性。

2. 适用性

创新产品与消费者行为及观念的吻合程度。当创新产品与消费者的需求结构、价值观、信仰和经验适应或较为接近，就容易被迅速采用。

3. 复杂性

认识创新产品的困难程度。创新产品越是难以理解和使用，其采用率就越低。因此企业在新产品设计、整体结构、使用维修和保养方法等方面，要注意与目标市场的认知程度相接近，尽可能设计出简单易懂、方便使用的产品。

4. 可试性

创新产品在一定的条件下可以试用。汽车的测试、免费赠送样品等，都是为了方便消费者对新产品的试用，减少购买风险，提高采用率。

5. 明确性

指创新产品在使用时，是否容易被人们观察和描述，是否容易被说明和示范。创新产品的消费行为越容易被感知，其明确性就越强，采用率也就越高。

总之，在说服阶段，消费者对创新产品将有确定性认识。他会多次在脑海中"尝试"使用创新产品，看看它究竟是否适合自己。企业使用广告和人员促销，将提高消费者对产品的认知程度。

（三）决策阶段

通过对产品特性的分析和认识，消费者开始决策，决定采用还是拒绝该创新产品。他可能拒绝采用，此时有两种可能：以后改变了态度，接受了这种创新产品；继续拒绝采用。消费者或用户也可能决定采用，此时也有两种可能：使用之后觉得效果不错，继续使用；使用之后发现令人失望，中断使用，可能改用别的品牌，也可能干脆不再使用这类产品。

（四）实施阶段

消费者开始使用创新产品，就进入了实施阶段。决策阶段消费者只是心里盘算，究竟是使用该产品还是仅仅试用一下，并没有完全确定。到了实施阶段，消费者就要考虑以下问题：怎样使用该产品，以及如何解决操作难题。市场营销人员要积极主动向消费者介绍和示范，并提出自己的建议。

（五）证实阶段

人类行为的一个显著特征是作出某项重要决策之后，总要寻找额外的信息，以证明自己决策的英明果断。消费者购买决策也不例外。为了说明问题，这里借用一下不和谐理论中的"认识不和谐"概念。

认识不和谐，是指两种或两种以上的认识互不一致；或其中的某种认识与一个人的行为相抵触，因此所产生的紧张不安的心理状态。这些认识包括人们对周围事物所持的观念、情感和价值取向等。只要这些认识相互不一致，或者某种认识与一个人的行为不吻合，不和谐就产生了。不和谐是一种心理不平衡状态，它造成心理紧张，心理紧张又驱使人们努力消除这种紧张，使心理状态由不平衡（或不和谐）转向平衡（或和谐）。

在创新决策之后存在的不和谐，称为决策后不和谐。由于消费者面临多种选择方案，每一种方案又都有其优点缺点，所以只要选择其中一个方案，不和谐就会发生。决策之后，消费者总是要评价其选择行为的正确与否。在决策后的最初一段时间，消费者常常觉得有些后悔，会发现所选方案存在很多缺陷，认为未选方案有不少优点。如果再给一次机会，他可能选择其他方案。不过后悔阶段持续时间不长，便会被不和谐减弱阶段所代替。此时，消费者会认为已选方案仍然较为适宜。

在整个创新决策过程中，证实阶段包括了决策后不和谐、后悔和不和谐减弱等三种情况。消费者往往会告诉朋友自己采用创新产品的明智之处，倘若他无法说明采用决策是正确的，那么就可能中断采用。

三、新产品扩散过程

所谓新产品扩散，是指新产品上市后随着时间的推移，不断被越来越多的消费者采用的过程，也就是新产品上市后逐渐地发展到其潜在市场的各个部分。

扩散与采用的区别，仅仅在于看问题的角度不同。采用过程是从微观角度考察，消费者个人由接受创新到重复购买者的各个心理阶段；扩散过程则是从宏观角度分析，创新产品如何在市场上传播并被采用的更为广泛的问题。

（一）新产品采用者的类型

在新产品的市场扩散过程中，由于个人性格、文化背景、受教育程度和社会地位等因素的影响，不同消费者对新产品接受的快慢不同。罗杰斯根据这种快慢差异，把采用者划分成五种类型,即领先采用者、早期采用者、早期大众、晚期大众和落后采用者等。同时从新产品上市算起,采用者的采用时间大体服从统计学中的正态分布,约有 68%的采用者(早期大众和晚期大众)落入平均采用时间加减一个标准差的区域内,其他采用者情况类推。尽管这种划分并非精确,但对于研究扩散过程有着重要意义(见图 11-3)。

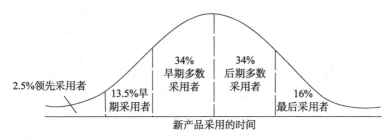

图 11-3　不同新产品采用者的比例分布

1. 领先采用者

该类采用者处于距离平均采用时间两个标准差以左的区域内,占全部潜在采用者的 2.5%。任何新产品都是由少数领先采用者率先使用的,因此他们具备如下的特征:

(1)极富冒险精神;

(2)收入水平、社会地位和受教育程度较高;

(3)一般是年轻人,交际广泛而且信息灵通。

市场营销人员在向市场推出新产品时,应把促销和传播集中于领先采用者。如果他们采用效果好,就会扩大宣传,影响到后面的各种使用者。不过,要找出领先采用者并非易事。因为很多领先采用者虽然在某些方面倾向于创新,但在其他方面可能又是落后采用者。

2. 早期采用者

早期采用者是第二类采用创新的群体,占全部潜在采用者的 13.5%。他们大多是某个群体中具有较高威望的人士,也受到周围人群、朋友的拥护爱戴。正因为如此,他们常常去收集有关新产品的各种信息资料,成为某些领域的舆论领袖。这类采用者多在产品生命周期的导入期和成长期开始采用新产品,并对后面的采用者影响较大,所以对创新扩散有着决定性影响。

3. 早期大众

这类的采用者采用时间较平均采用时间要早,占全部潜在采用者的 34%。其特征是:

(1)深思熟虑,态度谨慎;

(2)决策时间较长;

(3)受过一定教育;

(4)有较好的工作环境和固定收入;

(5)对舆论领袖的消费行为有较强的模仿心理。

他们虽然也希望在一般人之前接受新产品,但却是在经过早期采用者认可后才购买,从而成为赶时尚者。由于该类采用者同和晚期大众占了全部潜在采用者的 64%,因而研究其心理和消费习惯对加速创新产品扩散有重要的意义。

4. 晚期大众

这类采用者的采用时间较平均采用时间稍晚，占全部潜在采用者的 34%。基本特征是多疑。他们的信息多来自周围同事或朋友，很少借助媒体等收集所需信息，受教育程度和收入状况相对较低，所以从不主动采用或接受新产品，直到多数人都采用且反映良好才会行动。显然，对这类采用者进行扩散是较为困难的。

5. 落后采用者

这类采用者是采用创新的落伍者，占全部潜在采用者的 16%。他们思想保守，拘泥于传统的消费行为模式。与其他的落后采用者关系密切，极少借助媒体收集信息，社会地位和收入水平很低。因此，他们在产品生命周期进入成熟期后期乃至衰退期才会采用。

比较社会经济地位、个人因素和沟通行为等三个方面的差异，可为新产品扩散提供重要依据。对企业开展营销传播也具有指导意义。

（二）新产品扩散过程管理

新产品扩散过程的管理，是指企业通过采取一定措施，使新产品的扩散过程符合既定营销目标的一系列活动。扩散过程除了受到外部的不可控因素，如竞争者行为、消费者行为和经济形势等的制约；还会受到企业的营销活动，包括产品质量、人员推销、广告水平和价格策略等的影响。

企业扩散管理的目标主要有：在导入期，销售额迅速起飞；在成长期，销售额快速增长；在成熟期，产品渗透最大化；尽可能维持一定水平的销售额。然而，根据产品生命周期曲线，典型的产品扩散模式通常是导入期销售额增长缓慢，成长期的增长率也较低，而且进入成熟期不长时间销售额就开始下降。

为了使产品扩散过程达到预期目标，企业可以而且应当主动地采取一些对策和措施，例如：

（1）实现迅速起飞。需要派出销售队伍，主动加强推销；开展广告攻势，使目标市场很快熟悉创新产品；开展促销活动，鼓励消费者试用新产品。

（2）实现快速增长。需要保证产品质量，促进口头沟通；继续加强广告攻势，影响后期采用者；推销人员向中间商提供各种支持；创造性地运用促销手段，使消费者重复购买。

（3）实现渗透最大化。需要继续采用快速增长的各种策略；更新产品设计和广告策略，以适应后期采用者的需要。

（4）长时间维持一定水平的销售额。需要使处于衰退期的产品继续满足市场需要；扩展分销渠道；加强广告推销。

（三）舆论领袖和口头传播对扩散的影响

扩散过程就是创新产品不断地被更多消费者所采用的过程。对于企业而言，总是希望产品扩散得越快越好，消费者接受得越快越好。因此，缩短消费者由不知道、不熟悉到采用新产品花费的时间，就成为企业市场营销的目标之一。前面对采用和扩散过程的分析，不同程度地讨论了这个问题。这里再从信息沟通的角度进行研究。

1. 信息沟通与新产品扩散

在新产品扩散过程中，有关信息和影响怎样从营销人员传递到目标市场，最初人们认为是借助媒体宣传的力量，直接到达消费者。这是一级流动的过程，即从媒体宣传到消费者。后来研究者现，信息流动并非经过一级，而是两级。他们认为新产品常常是从媒体传递到舆论领袖，再从舆论领袖流向追随者。追随者受到舆论领袖的影响，远远超过媒体的影响，这叫两级流动模型。在这里，媒体是主要的信息源，追随者是受众，舆论领袖则对受众接受信息有着重要的作用，他们依靠自身的威信和所处位置加速了信息流动。

2. 舆论领袖的作用

在新产品扩散过程中，舆论领袖具有以下作用：

（1）告知他人（追随者）有关新产品的信息；

（2）提供建议，以减轻别人的购买风险；

（3）向购买者提供积极的反馈，或证实其决策。

所以舆论领袖是一种告知者、说服者和证实者的角色。不过，舆论领袖只是一个或几个消费领域的领袖，仅仅在这个或几个方面可以施加影响。离开这些领域，就不再是领袖，也没了影响。

3. 舆论领袖与其追随者

每个社会阶层都有其舆论领袖。大多数情况下，信息是在每个阶层内水平流动，而不是在阶层之间垂直流动。舆论领袖与其追随者之间，有着显著不同的特征：

（1）舆论领袖的交际广泛，同媒体和各种交易中间商的联系紧密；

（2）舆论领袖容易被接触，并有机会、有能力影响他人；

（3）具有较高于其追随者的社会经济地位——但不会高出太多，否则二者难以沟通；

（4）乐于创新，尤其当整个社会倡导革新时。

本章小结

产品是能提供给市场，用于满足人们某种欲望和需要的任何事物，包括实物、服务、场所、组织、思想、主意等。产品整体概念包括核心产品、有形产品、期望产品、延伸产品和潜在产品等五个层次。

产品分类的方法多种多样。可根据是否耐用和有形，分非耐用品、耐用品和服务；根据消费者的购物习惯，分便利品、选购品、特殊品和非渴求物品；根据产品参加生产过程的方式和产品价值进入新产品的情况，分完全进入产品的产业用品、部分进入产品的产业用品和不进入产品的产业用品。

产品组合是指某一企业生产或销售的全部产品大类、产品项目的组合。产品组合有一定的宽度、长度、深度和关联性。企业在调整和优化产品组合时，可考虑扩大产品组合、缩减产品组合、产品延伸和产品大类现代化等策略。

产品的生命周期是指产品从研制成功投入市场开始，经过导入期、成长期、成熟期和衰退期，最终被市场淘汰的过程。在产品生命周期的不同阶段，企业可选择不同的策略。

市场营销学认为，只要功能或形态上得到改进，或与原有产品产生差异，并为顾客带来新的利益，即可视为新产品。新产品开发过程包括寻求创意，甄别创意，形成产品概念，制定营销策略，营业分析，产品开发，试销和批量上市等八个阶段。新产品采用过程包括认识阶段、说服阶段、决策阶段、实施阶段和证实阶段等五个阶段。新产品的采用者，可分为领先采用者、早期采用者、早期大众、晚期大众和落后采用者等。企业应注意新产品扩散过程的管理。

 重要名词

产品　产品组合　产品延伸　产品生命周期　新产品　领先采用者　早期采用者
早期大众　晚期大众　落后采用者

即测即练题

 **复习思考题**

1. 什么是产品整体概念，有何营销意义？
2. 企业可以怎样调整其产品组合以争取竞争优势？
3. 产品生命周期理论对企业制订营销策略有什么帮助？
4. 在新产品开发过程的批量上市阶段，重点需要考虑什么问题？
5. 相对优越性、适用性、复杂性、可试性和明确性等特性，会如何影响人们采用创新产品的过程？

 案例

让住房回归居住功能

在祥生地产集团副总裁、苏宁皖区域总裁陈建熙看来，基于长效机制，因城施策、稳定房价的核心目标都是房住不炒。"我们紧跟政策，在房住不炒的前提下，让住房回归到居住功能。"

基于日渐回归居住本身功能的市场竞争格局，行业强者恒强，马太效应日益凸显。那么，房地产产品怎么样才叫强？

"产品是贯穿介入到整个开发过程中的。从定位策划、土地价值提升、过程生产以及面对市场销售和售后的服务。强的产品是拿地能力、策划能力、产品竞争力、品质实现力，还包括销售和物业服务，是一个综合生活运营能力的体现。"陈建熙说。

在他看来，好的产品应该是安全、自如、贴心，它一定不仅仅是简单的空间塑造，而是生活理想的还原。以客户需求为中心、并且实现这些需求，是祥生未来"1+1+X"战略布局的一个重要内核。

除了关注产品本质需要进行对生活的运营外，陈建熙认为房地产行业另一个本质是服务。

"回归客户需求，本质要从客户服务的要点出发。企业追求规模、追求效益，但这些都要基于服务主义去突破。"在他看来，房子是"客户有需求"和"需求被满足"的桥梁和载体，核心是生活模式和服务模式的提升。

客户主义、生活主义、人性主义、服务主义的实现就是"幸福生活服务商"，也是祥生一直倡导的。房子所传达的是一种系统化的客户服务价值体系，陈建熙将其称为有温情的产品、有温度的服务——以心出发，包括居住环境、生活体验和亲情的关怀和陪伴。在此基础上，祥生的产品观里还总结了"聚能环"概念：满足人对生活的追求，它是亲情的聚能，是活力的聚能，也是生活的聚能。在我们的社区里有健康景观的规划，包括独立的健身场所、孩子安全的游戏场所，健康跑道、全龄段的活动场地等；我们希望带给客户的是：健康、安全和陪伴。

另一个值得一提的细节，祥生的创新户型中新推出了"I-sytle"，即在户型阳台上设计了一个 2.6 米×2.6 米小空间，配备上下水及电，房间用途可以自行选择、多功能变化，可以做阳光房、花房、宠物房……。还有在社区大堂设置的独立快递收发区，在垃圾收集点设置用水点等眼前一亮的设计。

同时祥生地产历经一年多，打磨升级推出的云境系产品，云为形，境为意，形以载道，境以传意，形意兼备，此为"云境"。深入探寻人和居所，从"造房子"到"造好房子"，再到"造好生活"，云境产品系蕴藏着祥生对当下行业趋势的理解和诠释。

围绕"品质""性能""健康"与"亲情"四个改善的核心诉求，祥生从人、空间、服务三个层面出发，将丰盛、健康、自由、快乐的生活状态融入于云境系的产品和服务中。

云境系产品用"全景全享、左邻右里、爱家健住、幸福+"四大空间，辅以"品质人文、幸福增值、生活健康、智能物联"四大服务体系，造就了云境系的极致居住体验。通过空间塑造和服务赋能，祥生给予了"云境"二字更加丰富的内涵。

大隐于市又不失烟火气的云端自在感，是祥生想通过云境系产品来传达的生活理念。2020年10月，云境系在合肥、南通再度落地。

合肥云境择址高新北雁湖板块，产品规划为低密小高+洋房，塑造了从南到北，起伏变化的城市天际线，从北雁湖角度看过来，除了强烈的建筑美感，还有明显的辨识度。南通云境项目则以极简主义的设计手法展现传统的东方美学。约42%的绿地率规划，设计"两轴，一环，连六园"，两条礼仪景观序列，一条健康环跑道，串联起六个乐园，以简约流畅的建筑水平线条和多层次景观布局，筑造舒阔的美学空间，承载更多人居幸福。

资料来源：佚名. 祥生地产的产品力逻辑[EB/OL]. 中国经营报（https://mp.weixin.qq.com/s/MztiP_lhuCsFWX7MDb4WSw），2020-10-22.

案例讨论题

祥生地产是如何理解整体产品概念，如何设计整体产品的？

第十二章 品牌、商标与包装策略

本章提要

品牌、商标与包装是产品整体概念中"形式产品"的重要内容,对商品生产经营者和消费者都具有多重的意义,也是产品决策不可或缺的组成部分。掌握制定和实施产品品牌、商标与包装策略的原理与方法,有利于优化产品组合和市场营销组合,提高营销效益。

 引例

优秀品牌的价值

可口可乐公司前CEO罗伯特·伍德鲁夫(Robert Woodruff)曾在一次采访中谈到,如果第二天可口可乐不幸破产,他可以大步走进银行,借到钱东山再起,凭借的仅仅是可口可乐这个品牌的力量。从可口可乐公司创建开始,可口可乐的LOGO图案在不断变化,唯一没有变的是"可口可乐"这个名称。之所以企业的LOGO形象不断地完善,是因为企业的经营理念随着市场不断在变化,但品牌永恒不变。在2019年由MillwardBrown机构编制的BrandZ排行榜中,可口可乐的品牌价值超过808亿美元。在这份榜单中,全球100个最具价值品牌的品牌价值仍远远领先于其他的品牌,在过去一年里增长了约3 280亿美元,合计相当于47 000亿美元,约等于西班牙、韩国和俄罗斯的GDP总和。其中,亚马逊的品牌价值增速十足,连升两位,取代谷歌成为今年全球最有价值的品牌。在全球最具价值品牌百强榜上,有15个中国品牌上榜。

而在2019年发布的BrandZ最具价值中国品牌100强年度排名中,尽管中国经济增速趋缓,国际贸易形势紧张,但最具价值中国品牌100强的品牌总价值仍创新高,达8 897亿美元,增长了30%,是自2011年榜单推出以来的最高单年涨幅。在全球前10名最强品牌王者集群中,来自中国的阿里巴巴的品牌价值增长了16%,达到了1 312亿美元,上升两位排名第7。而腾讯的品牌价值则下跌27%至1 309亿美元,排名也下跌3名到第8。(见表12-1)。强大的品牌会促进公司获得新的资本来源,使公司成长;同时,它还可以使公司达到更好的股权与债务比率和更低的债务成本来改善资本基础。研究表明,10%的品牌资产的增加会帮助公司减少约5 800万美元的债务。

表 12-1　BrandZ™2019 年最具价值中国品牌 10 强

排名	品牌		行业	品牌价值（亿美元）
1	阿里巴巴	阿里巴巴 Alibaba.com	零售	1 312.46
2	腾讯	Tencent 腾讯	科技	1 308.62
3	中国移动	中国移动 China Mobile	电信服务	393.22
4	中国工商银行	ICBC 中国工商银行	银行	384.32
5	茅台	贵州茅台集团	酒类	339.24
6	中国平安	中国平安 PINGAN	保险	294.70
7	华为	HUAWEI	科技	269.08
8	中国建设银行	中国建设银行 China Construction Bank	银行	227.09
9	百度	Baidu 百度	科技	208.79
10	京东	京东	零售	206.09

数据来源：WPP 和 Millward Brown 发布。

因此对于企业而言，充分利用品牌优势开拓市场，并对品牌和商标加以有效保护十分必要。

第一节　品牌与商标的基本概念

在品牌竞争的时代，消费者购买商品已不仅仅是追求商品的使用价值，而更多的是注重已经被目标市场普遍认同的、能充分体现购买者个性特征的商品的"标志性价值"。

一、品牌的概念及整体含义

（一）品牌的概念

品牌是用以识别某个或某群销售者的产品或服务，并使之与竞争对手的产品或服务相区别的商业名称及其标志，通常由文字、标记、符号、图案和颜色等要素或是它们的组合所构成。企业都应当有名称，但一个企业只能用一个名称；品牌则是保证商品质量的标志，一个企业的产品可以用一个品牌，也可以用若干个品牌。

品牌是一个集合概念，它包括品牌名称和品牌标志。品牌名称（Brand Name）是品牌中可以用语言称呼的部分，如"永久""牡丹""熊猫"等；品牌标志（Brand Mark）是品牌中易于识别与记忆，但无法以口语称呼的部分，包括符号、特殊颜色、图案等，也称为"品标"，如可口可乐红底白字的包装，波浪形的手写体文字。

（二）品牌的整体含义

品牌实质上代表卖者对交付给买者的产品特征、利益和服务的一贯性的承诺。最佳品牌就是质量的保证，但品牌还是一个更复杂的象征。品牌的整体含义可分成六个层次：

（1）属性。品牌首先使人们想到某种属性。例如"奔驰"意味着昂贵、工艺精湛、马力强大、高贵、转卖价值高、速度快，等等。公司可以采用一种或几种属性为汽车做广告。

（2）利益。品牌不仅意味着一整套属性。顾客买的不是属性，他们买的是利益。属性需要转化为功能性或情感性的利益。耐久的属性体现了功能性的利益："多年内我不需要再买一辆新车"。昂贵的属性体现了情感性利益："这辆车让我感觉到自己很重要，并受人尊重"。制作精良的属性既体现了功能性利益，又体现了情感性利益："一旦出事，我很安全"。

（3）价值。品牌也代表一些生产者价值。因此，"奔驰"代表着高绩效、安全、声望及其他东西。品牌的营销人员必须分辨出对这些价值感兴趣的消费者群体。

（4）文化。品牌也可能代表一种文化。"奔驰"汽车代表着德国文化：组织严密、高效率和高质量。

（5）个性。品牌也反映一定的个性。如果品牌是一个人、动物或物体的名字，会使人们想到什么呢？"奔驰"可能会让人想到严谨的老板、凶猛的狮子或庄严的建筑。

（6）用户。品牌暗示着购买或使用产品的消费者类型。如果我们看到一位20多岁的秘书开着一辆"奔驰"时会感到很吃惊。我们更愿意看到开车的是一位55岁的高级经理。

所有这些都说明品牌是一个复杂的符号。如果公司只把品牌当成一个名字，那就错过了品牌化的要点。品牌化的挑战在于制定一整套品牌含义。当受众可以识别品牌的六个方面时，我们称之为深度品牌；否则只是一个肤浅品牌。"奔驰"就是一个深度品牌，因为我们能从六个方面理解它；"奥迪"的品牌深度稍差一些，因为我们不太容易了解它的独特利益、个性和用户特征。

了解了六个层次的品牌含义，营销人员必须决定品牌特性的深度层次。人们常犯的错误是只注重品牌属性。但购买者更重视品牌利益而不是属性，而且竞争者也很容易模仿这些属性。另外，现有属性会变得没有价值，品牌与特定属性联系得太紧密反而会伤害品牌。

只强调品牌的一项或几项利益也有风险。假如"奔驰"汽车只强调"性能优良"，那么，竞争者可能推出性能更优秀的汽车，或者顾客可能认为性能优良的重要性比其他利益要差一些，此时"奔驰"就需要调整到一种新的利益定位。

品牌最持久的含义是其价值、文化和个性，它们构成了品牌的实质。"奔驰"代表着

"高技术、杰出表观和成功",奔驰公司就必须在其品牌策略中反映出这些东西。如果奔驰公司以"奔驰"名称推出一种新的廉价小汽车,那将是一个错误,因为这会严重削弱奔驰公司多年来苦心经营的品牌价值和个性。

扩展阅读 12-1
数字时代的品牌创新战略

二、品牌的作用

品牌对商品的消费者和生产经营者,均具有重要作用。

(一)品牌对消费者的作用

(1)有助于消费者识别产品的来源或制造厂家,更有效地选择和购买。

(2)借助品牌,消费者可得到相应的便利服务,如更换零部件、维修等。

(3)品牌有利于消费者权益的保护。如选购时避免上当受骗,出现问题时便于索赔和更换等。

(4)有助于消费者避免购买风险,降低购买成本,从而更有利于消费者选购商品。

(5)好的品牌对消费者具有很强的吸引力。有利于消费者形成品牌偏好,满足消费者的精神需求。

(二)品牌对生产者的作用

(1)有助于产品销售和占领市场。品牌一旦形成一定知名度和美誉度,企业就可利用品牌优势扩大市场,促成消费者的品牌忠诚。品牌忠诚使销售者在竞争中得到某些保护,并使它们在制订营销计划时有较强的控制能力。

(2)有助于稳定产品价格,减少价格弹性,增强对动态市场的适应性,减少未来的经营风险。由于品牌具有排他性,在激烈的市场竞争中,知名品牌以其信誉度和美誉度,使消费者乐意为此多付出代价,企业能够避免卷入恶性价格竞争,进而保持相对稳定的销售量。品牌的不可替代性,又是产品差异化的重要因素,可以减少价格对需求的影响程度。

(3)有助于市场细分,进而进行市场定位。品牌有自己的独特风格,除了有助于销售,还有利于企业细分市场。企业可在不同细分市场推出不同品牌,以适应消费者的个性差异,更好地满足消费者。

(4)有助于新产品开发,节约新产品的市场投入成本。一个新产品进入市场,风险是相当大的,投入成本也相当大。但是企业可以成功地进行品牌延伸,借助已成功或成名的品牌,扩大企业的产品组合或延伸产品线,采用现有的知名品牌,利用其知名度和美誉度推出新产品。

(5)有助于抵御竞争者的攻击,保持竞争优势。新产品推出市场,如果畅销,很容易为竞争者所模仿。但品牌是企业特有的一种资产,可通过注册得到法律保护。当市场趋向成熟、市场份额相对稳定时,品牌忠诚是抵御同行竞争者的最有力的武器。品牌忠诚也为其他企业的进入构筑了壁垒。所以,品牌也是企业保持竞争优势的一种强有力的工具。

三、品牌资产

自 20 世纪 80 年代起,品牌资产(brand equity)一词在西方国家被广泛使用。1988 年,美国营销科学学会(MSI)将品牌资产问题列为研究重点,进一步推动了市场营销学界在该领域的研究。20 世纪 90 年代以来,随着市场竞争加剧和国外名牌产品大量涌入,我国品牌资产的威力也得到充分显示。

品牌资产给企业带来的附加利益,归根结底源于品牌对消费者的吸引力和感召力。它实质上反映的是品牌与顾客(包括潜在顾客)之间的某种关系。这种顾客关系不是一种短期关系(比如偶尔一次的购买,并且没留下什么印象),而是一种长期的动态关系。那些有助于增强消费者购买信心的记忆、体验和印象,以及在此基础上形成的看法与偏好,都是构成品牌资产的重要组成部分。品牌作为资产概念、金融概念,引起了当代企业的高度重视。

品牌资产是一个系统概念,由一系列的因素构成(见图 12-1)。

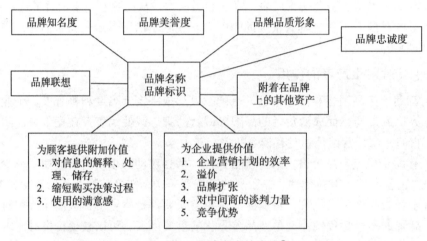

图 12-1　品牌资产的内容①

扩展阅读 12-2
品牌资产概念

品牌名称和品牌标识物是品牌资产的物质载体。品牌知名度、品质认知度、品牌联想、品牌忠诚度和附着在品牌上的其他资产,是品牌资产的有机构成。为消费者和企业提供附加利益,是品牌资产的实质内容。

四、商标

(一)商标的含义

商标是产品文字名称、图案记号,或两者相结合的一种设计,经向有关部门注册登

---

① 资料来源:Aaker, D. A., Managing Brand Equity Capitalizing on the Value of a Brand Name, New York:Free Press, 1991.

记后，经批准享有其专用权的标志。商标是通常由一定的文字、图形、字母、数字、三维标志和颜色等要素或其组合构成。在我国，国家知识产权局商标局主管全国商标注册和管理工作，商标一经商标局核准即为注册商标，商标注册人享有该商标的专用权，受法律保护。假冒商标、仿冒商标、抢先注册都构成商标的侵权。

商标有注册商标与非注册商标之分。我国习惯上对一切品牌不论其注册与否统称商标，而另有"注册商标""非注册商标"之分。《商标法》规定，注册商标是指受法律保护、所有者享有专用权的商标。非注册商标是指未办理注册手续，不受法律保护的商标。国家规定必须使用注册商标的商品，必须申请商标注册，未经核准注册的不得在市场上销售。商标使用人应对其使用商标的商品质量负责。各级市场监督管理部门应通过商标管理，监督商品质量，制止欺骗消费者的行为。

在《商标法》的保护下，商标拥有者对使用品牌名称享有永久性独占的权利。这和专利、版权等其他有终期的资产不同。

（二）商标命名

一个响亮的名字对企业参与市场竞争，尤其是打开国际市场大有好处。然而要起好名字却大有学问，一些知名企业的做法值得借鉴。

一般说来，命名有一些基本要求。一个好的名称，形式上具有如下特性：

（1）独特性。容易辨识，并能与其他企业或商品的名称相区别。

（2）简洁性。简洁明快的名称可降低商品标记的成本，并便于写成醒目的文字做广告宣传。

（3）便利性。名称应当易拼，易读，易记。

从内容上说，命名不但要符合销售地的法律法规要求，还要符合当地风俗习惯，以赢得目标市场的喜爱。

（三）商标的专用权

商标专用权也称商标独占使用权，是品牌经政府有关主管部门核准后，独立享有其商标使用权。这种经核准的品牌名称和品牌标志，受法律保护，其他任何未经许可的企业不得使用。因此，企业欲使自己的品牌长久延续，必须通过国家许可的方式获得商标专用权，以求得法律保护。

1."注册在先"与"使用在先"

国际上对商标权的认定有两个并行的原则，即"注册在先"和"使用在先"。

（1）注册在先，是指品牌或商标专用权归属依法首先申请并获准注册的企业。在这种商标权认定原则下，某一品牌不管谁先使用，法律只保护依法首先申请注册该品牌的企业。中国、日本、法国、德国等国商标权的认定，即坚持这种注册在先的原则。

（2）使用在先，是指品牌或商标专用权归属该品牌的首先使用者。在品牌使用（必须是实际使用而非象征性使用）所达到的地区，法律对其品牌或商标予以保护。美国、加拿大、英国和澳大利亚等国，即是采用这种原则对商标专用权进行认定。

2."使用优先辅以注册优先"与"注册优先辅以使用优先"

在具体的商标权认定的实践中，还有对以上两种原则主次搭配、混合使用的即"使用优先辅以注册优先"和"注册优先辅以使用优先"两种原则：

（1）使用优先辅以注册优先。是指采用"使用优先"原则的国家也办理品牌注册，但这种注册在一定期限内只起一种声明作用，如有首先使用人在此期限内提出首先使用的证明，则这种注册即被取消。过了这一期限，任何人都不能再以首先使用人的名义撤消这种注册。可见，在采用使用优先原则的国家里，品牌注册同样具有不可忽视的重要意义。因为这些国家大都有"仅限于使用所达到的范围内有效"的规定，他人可以在其未使用的地区抢先注册。

（2）注册优先辅以使用优先。是指采用"注册优先"原则的国家，一般也都规定在一定的期限内，无正当理由其商标连续不使用者将被撤销。这就客观要求经注册获得商标专用权的企业，要坚持使用已注册的品牌或商标，否则也会失去商标专用权。

在品牌运营实践中，还应注意商标续展和品牌的自我保护。

（四）商标侵权

凡未经商标注册人许可，在同类商品上使用与注册商标相同或近似的商标，销售侵权商标商品，伪造、擅自制造他人注册商标标识或者销售此类标识，以及给他人注册商标专用权造成其他损害的行为，均构成侵权。对侵权行为，工商部门有权依法查处；涉嫌犯罪的应及时移送司法机关依法处理。

小案例分析 12-1
老干妈抢占老干爹：注册多少山寨商标才能防假冒

第二节　品牌与商标策略

一、品牌设计

一个好的品牌名称，是品牌被消费者认知、接受、满意乃至忠诚的前提。品牌名称在很大程度上影响品牌联想，并对产品销售产生直接影响，因而是品牌的核心要素。

1. 品牌命名的原则

品牌命名应当符合法律规定，还要注意遵循以下原则：

（1）易读易记，识别性强。品牌命名应当文字简洁而富有寓意，语音响亮又易于上口，且只有一种发音方法。如"三菱""奔驰""大宝""百灵""星海"等。

（2）新颖独特，显著性强。品牌命名应当个性鲜明，不落俗套，富有创意与时代感，与其他品牌有显著的差异。如"喜之郎""自由鸟"等。

（3）内涵丰富，象征性强。品牌命名应当包含与产品或企业相关的寓意，可引发消费者积极的联想，进而产生对品牌的认知或偏好。如由"孔府家酒"联想到悠久的历史，灿烂的齐鲁文化；由"红豆"联想到爱情、亲情、乡情等。

（4）暗示产品属性，传达商品信息。能显示有关产品的优点，包括用途、特性与品质。如"美加净""维尔康""黑又亮""捷达""999 胃泰"等。

（5）与企业视觉形象战略配套，加强视觉冲击力。品牌名称与品牌标志相得益彰、相映生辉，突出整体效果，进而与企业视觉形象设计相一致，能以优美、统一的视觉形象给社会、公众留下深刻、亲切的印象。如"华为""麦当劳""太阳神""西门子"等。

（6）适应市场环境，"避忌求吉"。不同的国家或地区，消费者因民族文化、宗教信仰、风俗习惯、语言文字等的差异，可能对同一品牌名称、品牌标志的认知和联想截然不同。因此品牌命名要适应目标市场的文化价值观念，避免触犯地域民族文化禁忌，使消费者产生不利的联想。如"金利来""东来顺""吉兴隆"等寓意吉祥如意，兴盛发财；而在英国应避讳"仙鹤"（丑陋），在日本应避讳"四"（死）等。

2. 品牌命名的要求

品牌命名的目的，是让品牌名称尽可能直接服务于营销的需要。因此在品牌命名时，还要充分考虑以下策略的要求：

（1）目标市场策略。即要根据目标市场的特征（包括人口统计、心理和行为等）进行命名，发挥品牌名称的暗示作用，暗示产品消费对象或迎合目标市场所处的特定文化背景和心理需要。如"人在旅途"。

（2）产品定位策略。产品定位策略是让品牌名称引发消费者对产品特征、利益、使用场合、档次（价格）和其所属类别的有利联想。如"贵妇人""帝王""太太口服液""娃哈哈""夜巴黎"等。

（3）描述性与独立随意性的选择策略。品牌名称有两种最基本的作用，识别产品或服务以及传播信息。一个品牌名称越是一个独立的字词组合，越是不与其他名称接近或可以比较，那么它发挥的识别作用就越强，如"红塔山""大重九"等。一个品牌名称越是采用有明确含义的词汇，越可能与其他名称的关系接近，那么它发挥的传递信息的作用就越强，如"康师傅""步步高"等。独立随意策略的优点是名称充满个性，商标的保护力强，但需大笔的传播投资；描述性策略的优点是名称本身可能就是一个活广告，可节省传播开支，但商标的保护力很弱，有时可能演变为产品的通用名称，而得不到商标注册和保护。一般来说，大公司宜采用独立随意性导向的策略，小公司宜采用描述性导向的策略。作为一种折中，联想策略介于两者之间，既有特色、保护力（识别和显著性），又能暗示消费者适当的信息。因此这种策略的风险较小，在营销实践中使用较多。我国的一些知名品牌如白猫、旺旺、金嗓子、洁银、健力宝、养生堂、白丽等都属于这种策略的运用。

（4）当地化与全球化的选择策略。随着经济全球化和跨国营销的发展，品牌命名必须考虑全球通用的策略。一个完善的品牌名称，应当易于为世界上尽可能多的人发音、拼写、认知和记忆，在任何语言、文化中都没有贬义，有利于品牌名称在国际市场传播。在品牌命名上，首先要考虑如何使品牌名称适合当地。一种办法是为当地营销的产品取一个独立的品牌名称，或把原有的品牌名称翻译成适应当地的叫法，如"OMO（奥妙）""CocaCola（可口可乐）""精工（Seiko）""星辰（Citizen）"和"宏碁（Acer）"等。另一种办法，是选择一个全球通用的名称，如"索尼"。

二、品牌策略

科学合理地制定品牌策略，是企业品牌运营的核心内容。根据企业品牌运营的程序与环节看，品牌策略主要包括：

（一）品牌化策略

企业决定是否给产品起名字、设计标志的活动，就是企业的品牌化决策。如前所述，使用品牌对企业和消费者有诸多的意义，因而品牌化成为商品市场发展的大趋向。像大豆、水果、蔬菜、大米和肉制品等过去从不使用品牌的商品，现在也被放在有特色的包装袋内，冠以品牌出售。但并非所有的商品都必须拥有品牌，这取决于产品品牌运营的投入产出是否有利。因为品牌在带来诸多好处的同时，其建立、维持和保护也要付出巨大成本，如包装费、广告费、标签费和法律保护费等。

20世纪70年代以来，许多西方企业对某些消费品和药品不规定品牌名称和品牌标志，也不向政府注册登记，实行非品牌化。这种产品叫无牌产品。所谓无牌产品是指在超级市场上出售的无品牌、包装简易且价格便宜的普通产品。企业推出无牌产品的主要目的是节省包装、广告等费用，降低价格，扩大销售。一般来讲，无牌产品使用质量较低的原料，而且其包装、广告、标签的费用都较低。

（二）品牌归属策略

企业确定使用品牌之后，有三种可供选择的策略。即可以决定使用自己的品牌，这种品牌叫企业品牌、生产者品牌、全国性品牌；也可以决定将其产品大批量卖给中间商，中间商再用自己的品牌将物品转卖出去，这种品牌叫中间商品牌、私人品牌、自有品牌；还可以决定有些产品用自己的品牌，有些产品用中间商品牌。

1. 使用中间商品牌的利弊

目前越来越多的中间商特别是大批发商、大零售商都使用自己的品牌，中间商品牌已经成为品牌竞争的一个重要因素。中间商使用自己的私人品牌，可带来种种的利益，诸如：

（1）更好地控制价格，并在某种程度上控制供应商。因为中间商可以用更换供应商来威胁供应商企业。

（2）进货成本较低。因而销售价格也低，竞争力更强，可得到较高利润。

中间商使用自己品牌，也会带来一些问题。例如必须花很多钱做广告，大力宣传品牌；必须大批量订货，因而将大量资金占压在库存上，并承担一些风险。

2. 品牌战

在现代市场经济条件下，企业品牌和中间商品牌之间经常激烈竞争，这就是所谓的品牌战。在这种对抗中，中间商有许多优势，诸如：

（1）零售商的营业面积有限，因此许多企业特别是新企业和小企业难以用其品牌打入零售市场；

（2）虽然消费者都知道以私人品牌出售的商品通常都是大企业的产品，但是由于中间商特别注意保持其私人品牌的质量，仍能赢得消费者的信任；

（3）中间商品牌的价格通常定得比企业品牌低，因此能迎合许多计较价格的顾客，特别是通货膨胀时期更是如此；

（4）大零售商把自己的品牌陈列在商店醒目的地方，而且妥善储备。

由于这些原因，企业品牌昔日的优势正在削弱。有些市场营销评论家预言，中间商品牌最终将击败所有的企业品牌。

3. 品牌阶梯与品牌均势

十几年来，在消费者心目中一直存在品牌阶梯（brand ladder）的观念，即自己最偏好的品牌位于阶梯的最上层，随着偏好程度的递减，各个品牌的阶层依次降低。近来人们的阶梯观念越来越淡化，取而代之的是品牌均势（brand parity）观念，即在消费者看来所有品牌都是一样的。他们愿意购买正在出售的任何可接受的品牌。消费者可能看不出高露洁牙膏与达丽牙膏、飘柔香波与花王诗芬香波等有什么差异。消费者越来越感受到明智消费的压力，对产品质量、价格、价值等非常敏感。无休止的品牌扩展和产品线扩展，混淆了不同品牌的差异。降价和特价造就了一代关注价格的新型消费者。商店品牌不断改进质量，并通过其连锁店系统增强了消费者的信任度，从而构成了对制造商品牌的一个重大挑战。

（三）品牌统分策略

品牌无论归属如何，都必须考虑所有产品是分别使用不同品牌，还是统一使用一个或几个品牌的问题。在这方面，有四种可供选择的策略：

1. 个别品牌

个别品牌是指企业各种不同的产品，分别使用不同的品牌。其好处主要是：

（1）企业的整个声誉不致受某种商品的声誉的影响。例如，企业某种产品失败了，不至于给这家企业脸上抹黑，因为该产品用的是自己的品牌名称。

（2）企业原来一向生产某种高档产品，后来推出较低档的产品。如果这种新产品使用自己的品牌，也不会影响这家企业的高档产品的声誉。

（3）有利于企业新产品向多个目标市场渗透。

但是这种策略的促销费用较高。

2. 统一品牌

统一品牌是指企业所有产品统一使用一个品牌名称。例如，美国通用电气公司所有产品都使用"GE"这个品牌名称。企业采取统一品牌名称策略的好处主要是：

（1）企业宣传介绍新产品的费用开支较低。

（2）如果企业名声好，其产品必然畅销。

3. 分类品牌

分类品牌即企业对不同类别的产品采用不同品牌，使不同品牌代表不同的品质水准。这主要是因为：

（1）企业生产或销售许多不同类型的产品。如果统一使用一个品牌，不同类型的产品就容易互相混淆。

（2）企业生产或销售同一类型的产品。为了区别不同质量水平的产品，往往也需要分别使用不同的品牌名称。例如，青岛美达实业公司在其经营的各种香皂中，销往北京、广东等购买力高的市场定名为"得其利斯"，销往东北、华北等市场定名为"雁牌"，销往沂蒙山等购买力低的市场定名为"蝴蝶"。

4. 企业名称加个别品牌

这种策略是指企业对其不同产品分别使用不同品牌，但在各种产品的品牌前冠以企业名称。例如，美国凯洛格公司就采取这种策略，推出"凯洛格米饼""凯洛格葡萄干"等。企业采取这种策略的好处主要是：在各种不同新产品的品牌名称前冠以企业名称，可以使新产品合法化，能够享受企业的信誉，而各种不同的新产品分别使用不同的品牌名称，又可以使各种不同的新产品各有不同的特色。

（四）品牌扩展策略

品牌扩展策略有五种选择，即产品线扩展策略、品牌延伸策略、多品牌策略、新品牌策略、合作品牌策略。

1. 产品线扩展策略

产品线扩展是指企业现有产品线使用同一品牌，增加该产品线的产品时仍沿用原有品牌。这种新产品往往都是现有产品的局部改进，如增加新的功能、包装、式样和风格，等等。通常厂家会在这些商品的包装上标明不同的规格、不同的功能特色或不同的使用者。

产品线扩展的原因是多方面的，如可以充分利用过剩的生产能力；满足新的消费者需要；率先成为产品线全满的公司以填补市场的空隙，与竞争者推出的新产品竞争或为了得到更多的货架位置。

产品线扩展的利益有：

（1）扩展产品的存活率高于新产品。通常新产品的失败率在80%~90%。

（2）可满足不同细分市场的需求。

（3）完整的产品线利于防御竞争者袭击。

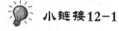 小链接12-1

产品线扩展的风险

（1）可能使品牌名称丧失其特定的意义。随着产品线的不断加长，会淡化品牌原有的个性和形象，增加消费者认识和选择的难度。

（2）有时因为原来的品牌过于强大，致使产品线扩展造成混乱，加上销售数量不足，难以冲抵它们的开发和促销成本。

（3）当消费者未能在心目中区别出各种产品时，会造成同一种产品线中新老产品自相残杀的局面。

2. 品牌延伸策略

品牌延伸（brand extensions）是指一个现有的品牌名称使用到一个新类别的产品上，即品牌延伸策略是将现有成功的品牌，用于新产品或修正过的产品上的一种策略。品牌延伸是实现品牌无形资产转移和发展的有效途径。品牌也受生命周期的约束，存在导入期、成长期、成熟期和衰退期。品牌作为无形资产是企业的战略性资源，如何充分发挥企业的品牌资源潜能并延续其生命周期,便成为企业的一项重大策略选择。品牌延伸一方面在新产品上实现了品牌资产的转移,另一方面又以新产品形象延续了品牌寿命,因而成为企业的现实选择。

品牌延伸有如下好处:

(1)可以加快新产品定位,保证新产品投资决策的快捷、准确。

(2)有助于减少新产品的市场风险。如可以大大缩短被消费者认知、认同、接受、信任的过程,极为有效地防范了新产品的市场风险,并且可以有效降低新产品推广的成本费用。与同类产品相比,它就与之站在同一起点上,甚至略优于对手,具备了立于不败之地的竞争能力。

(3)品牌延伸有助于强化品牌效应,增加品牌这一无形资产的经济价值。

(4)品牌延伸能够增强核心品牌的形象,能够提高整体品牌组合的投资效益。

 小链接12-2

品牌延伸策略可能的弊端

(1)损害原有品牌形象。当某一类产品在市场上取得领导地位后,这一品牌就成为强势品牌,它在消费者心目中就有了特殊的形象定位,甚至成为该类产品的代名词。将这一强势品牌进行延伸后,由于近因效应(即最近的印象对人们的认知影响具有较为深刻的作用)的存在,就有可能对强势品牌的形象起到巩固或减弱的作用。品牌延伸如果运用不当,原有强势品牌所代表的形象信息就被弱化。

(2)有悖消费心理。一个品牌取得成功的过程,就是消费者对企业所塑造的这一品牌的特定功用、质量等特性产生特定的心理定位的过程。企业把强势品牌延伸到和原市场不相容或者毫不相干的产品上时,就有悖消费者的心理定位。

(3)容易造成品牌认知的飘忽不定。当一个名称代表两种甚至更多的有差异的产品时,必然会导致消费者对品牌的认知模糊化。当延伸品牌的产品在市场竞争中处于绝对优势时,消费者就会把原强势品牌的心理定位转移到延伸品牌上。这样一来,就无形中削弱了原强势品牌的优势。

(4)株连效应。将强势品牌名冠于别的产品上,如果不同产品在质量、档次上相差悬殊,就使原强势品牌产品和延伸品牌产品产生冲突,不仅损害了延伸品牌产品,还会株连原强势品牌产品。

(5)淡化品牌特性。一个品牌在市场上取得成功后,在消费者心目中就有了特殊的形象定位,消费者的注意力也集中到该品牌的功用、质量等特性上。如果企业用同一品牌推出功用、质量相差无几的同类产品,使消费者晕头转向,该品牌特性就会被淡化。

由此可见,品牌延伸决策应结合品牌延伸原则来考虑,着重对已有品牌资产的调查以及新产品适应性的系统分析。具体决策步骤包括:

(1)品牌资产调查阶段。这个阶段的任务是探测存在于公众头脑中与品牌有关的所有联想。这个阶段推测哪些产品能够符合品牌意义。我们要得到的认识包括品牌的属性、个性、意图、内心、承诺和隐藏的潜力分别是什么。

小案例分析 12-2
成功与失败的品牌延伸

（2）测试新产品的构想。测试新产品的构想，不但要识别适合品牌延伸的相关产品，确定延伸是否与品牌保持一致，而且也要确定产品是否被认为超越它的竞争对手，即延伸是否创造了一种市场欲望。

品牌延伸因为是策略选择的结果，因此还要结合生产、营销、财务、人力资源等因素综合考虑。品牌延伸通常也涉及某种风险，没有一种研究能够精确地预测品牌延伸在一段时间里的效果。因此，企业实施品牌延伸战略，一定要着眼于长远利益。

3. 多品牌策略

在相同产品类别中引进多个品牌的策略，称为多品牌策略。证券投资者往往同时投资多种股票，一个投资者所持有的所有股系集合，就是所谓的证券组合（portfolio）。为了减少风险、增加盈利机会，投资者必须不断优化股票组合。同样，一个企业建立品牌组合，实施多品牌策略，往往也是基于同样的考虑。并且这种品牌组合的各个品牌形象，相互之间是既有差别又有联系的，组合的概念蕴含着整体大于个别的意义。

（1）培植市场的需要。没有哪一个品牌可以单独培植一个市场。尽管某一品牌起初一枝独秀，而一旦它开垦出一片肥沃的市场，其他人就会蜂拥而至。众多市场竞争者共同开垦一个市场，有助于该市场的快速发育与成熟。当市场分化开始出现时，众多市场贡献者的广告战往往不可避免，其效果却进一步强化了该产品门类的共同优势。有的市场开始时生机勃勃，最后却没有形成气候，其原因之一在于参与者寥寥。多个品牌一同出现是支持一个整体性市场所必需的。

（2）多个品牌使企业有机会最大限度地覆盖市场。没有哪一个品牌能单枪匹马地占领一个市场。随着市场的成熟，消费者的需要逐渐细化，一个品牌不可能保持其基本意义不变且同时满足几个目标。这就是有的企业要创造数个品牌来对应不同的市场细分的初衷。另一方面，近年来西方零售商自有品牌的崛起，向制造商发出了有力的挑战，动摇着制造商在树立和保持品牌优势上的支配和统治地位。多品牌策略有助于遏制中间商控制某个品牌，进而左右制造商的能力和企图。多品牌提供了一种灵活性，有助于限制竞争者的扩展机会，使得竞争者感到在每一个细分市场的现有品牌都是进入障碍。在价格战中捍卫主要品牌时，多品牌是不可或缺的。把那些次要品牌作为小股部队，给发动价格战的竞争者以迅速的侧翼打击，有助于使挑衅者首尾难顾。与此同时，核心品牌的领导地位则可毫发无损。领先品牌肩负着保证整个产品大类盈利能力的重任，其地位必须得到捍卫；否则，一旦其魅力下降，产品的单位利润就难以复升，最后该品牌将遭到零售商的拒绝。

（3）突出和保护核心品牌。当需要保护核心品牌的形象时，多品牌的存在更显得意义重大。核心品牌在没有把握的革新中不能盲目冒风险。例如，为了捍卫品牌资产，迪斯尼公司在其电影制作中使用多个品牌，使得迪士尼可以生产各种类型的电影，从而避免了损伤声望卓著的迪士尼的形象。在西方国家，零售系统对品牌多样化的兴趣浓厚，制造商运用多品牌策略提高整体市场份额，以此增加自己与零售商较量的砝码。

所以，多品牌策略有助于企业培植、覆盖市场，降低营销成本，限制竞争对手和有力地回应零售商的挑战。

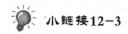
小链接12-3

多品牌策略的局限性

（1）随着新品牌的引入，其净市场贡献率将呈一种边际递减的趋势。经济学中的边际效用理论告诉我们，随着消费者对一种商品消费的增加，该商品的边际效用呈递减的趋势；同样，对于一个企业来说，随着品牌的增加，新品牌对企业的边际市场贡献率也将呈递减的趋势。一方面是由于企业的内部资源有限，支持一个新的品牌有时需要缩减原有品牌的预算费用；另一方面，企业在市场上创立新品牌会由于竞争者的反抗而达不到理想的效果，它们会针对企业的新品牌推出类似的竞争品牌，或加大对现有品牌的营销力度。另一个重要的原因是，随着企业在同一产品线上品牌的增多，各品牌之间不可避免地会侵蚀对方的市场。在总市场难以骤然扩张时，很难想象新品牌所吸引的消费者全都是竞争对手的顾客，或是从未使用过该产品的人，特别是当产品差异化较小，或是同一产品线上不同品牌定位差别不甚显著时，这种品牌间相互蚕食的现象尤为显著。

（2）品牌推广成本较大。企业实施多品牌策略，就意味着不能将有限的资源分配给获利能力强的少数品牌，各个品牌都需要一个长期、巨额的宣传预算。对有些企业来说，这是可望而不可即的。

4. 新品牌策略

它是一种为新产品设计新品牌的策略。当企业在新产品类别中推出一个产品时，它可能发现原有的品牌名称不合适，或是对新产品来说有更好更合适的品牌名称，企业需要设计新品牌。例如，春兰集团以生产空调著名，当它决定开发摩托车时，采用春兰这个女性化的名称就不太合适，于是采用了新的品牌"春兰豹"。又如，原来生产保健品的养生堂开发饮用水时，使用了更好的品牌名称"农夫山泉"。

5. 合作品牌策略

合作品牌（也称为双重品牌）是两个或更多的品牌在一个产品上联合起来。每个品牌都期望另一个品牌能强化整体的形象或购买意愿。

合作品牌的形式有多种。一种是中间产品合作品牌，如沃尔沃汽车公司的广告说，它使用米其林轮胎。另一种形式是同一企业合作品牌，如摩托罗拉公司的一款手机使用的是"摩托罗拉掌中宝"，掌中宝也是公司注册的一个商标。还有一种形式是合资合作品牌，如日立的一种灯泡使用"日立"和"GE"的联合品牌。

（五）品牌更新策略

品牌更新策略主要涉及形象更新、定位修正、产品更新和管理创新等四个方面。

1. 形象更新

形象更新，顾名思义就是品牌不断创新形象，适应消费者心理的变化，从而在消费者心目中形成新印象的过程。有以下几种情况：

（1）消费观念变化导致企业积极调整品牌策略，塑造新形象。如随着人们环保意识的增强，消费者开始把无公害消费作为选择商品、选择品牌的标准，企业即可采用避实就虚的方法，重新塑造产品形象，避免涉及环保内容或采用迎头而上的策略，更新品牌形象为环保形象。

（2）档次调整。企业要开发新市场，就需要为新市场塑造新形象。如日本小汽车在美国市场的形象，就经历了小巧、省油、耗能低、价廉的形象到高科技概念车形象的转变，给品牌成长注入了新的生命力。

2. 定位的修正或品牌再定位

从社会发展的角度看，任何企业都不存在一劳永逸的品牌，要求品牌内涵和形式不断地更新。在某种意义上，品牌就是从商业、经济和社会文化的角度，对环境变化的认识和把握。所以企业在建立品牌之后，会因竞争形势而修正自己的目标市场。如，竞争者可能继企业品牌推出之后推出其品牌，并削减企业的市场份额；顾客偏好也会转移，对企业品牌的需求减少；或者公司决定进入新的细分市场。因此，企业有时会因时代特征、社会文化的变化而引起品牌修正定位或再定位。

作出品牌修正定位或再定位决策，首先应考虑将品牌转移到另一个细分市场所需要的成本，包括产品品质改变费、包装费和广告费。一般来说，修正或再定位的跨度越大，所需成本越高。其次要考虑，品牌定位于新位置后可能产生的收益。收益大小由以下因素决定：某一目标市场的消费者人数；消费者的平均购买率；同一细分市场竞争者的数量和实力，以及在该细分市场中为品牌修正或再定位要付出的代价。

（1）竞争环境使得企业避实就虚，扬长避短，修正定位。如"七喜"饮料进入软饮料市场后，研究发现可乐饮料总是和保守型的人结合在一起，而那些思想新潮者，总是渴望能够找到象征自己狂放不羁思想的标志物。七喜公司使了一个高招，进行了一次出色的活动，标榜自己是生产非可乐饮料的，品牌的新市场定位给它带来了生机，从而获得了非可乐饮料市场的领先地位。

（2）时代变化而引起修正定位。例如，创立于1908年的英国李库珀（LEECOOPER）牛仔裤是世界上著名的服装品牌之一，也是欧洲领先的牛仔裤生产商。近百年来，它的品牌形象在不断的变化：就20世纪来说，40年代——自由无拘束；50年代——叛逆；60年代——轻松时尚；70年代——豪放粗犷；80年代——新浪潮下的标新立异；90年代——返璞归真。

3. 产品更新换代

现代社会，科学技术作为第一生产力、第一竞争要素，也是品牌竞争的实力基础。企业的品牌想要在竞争中处于不败之地，就必须重视技术创新，不断进行产品的更新换代。

4. 管理创新

企业与品牌是紧密结合在一起的。企业的兴盛发展，必将推动品牌的成长与成熟。品牌的维系从根本上说，是企业管理的一项重要内容。管理创新是指从企业生存的核心内容来指导品牌的维系与培养，它含有多项内容，诸如与品牌有关的观念创新、技术创新、制度创新以及管理过程创新等。

扩展阅读 12-3
社区电商平台品牌传播策略研究——以小红书为例

三、企业商标防御策略

商标是企业的无形资产，驰名商标更是企业的巨大财富。曾有一段时间，商标抢先注册、抢占他人无形资产的行为愈演愈烈，许多企业因此损失严重。然而企业在警惕商标抢注的同时，却忽视了另一种倾向，这就是"类似商标注册"。

可见，如何防止其他厂商的商标借企业的知名度和美誉度，以及企业投入的广告宣传而出名、"搭便车"，分享企业无形资产，是企业管理者必须关注的问题。防止他人"搭便车"的有效手段，就是防御性商标注册。

所谓防御性商标注册，即注册与使用相同或相似的一系列商标。具体说就是注册一系列文字、读音、图案相同或相似的商标，保护正在使用的商标或以后备用。例如，红豆集团的商标策略是把与"红豆"中文发音相同的、含义相近的文字注册，如"虹豆""相思豆"。同时红豆集团还在世界54个国家和地区申请了商标注册。又如"娃哈哈"，注册了"哈哈娃""哈娃娃"等一系列保护性商标。

防御性商标注册的另一种方法，就是将同一商标运用于完全不同种类的产品或不同行业，防止他人在不同产品或产业上使用企业的商标。因为同一商标使用的商品类别有一定限制，产品跨行业、跨种类时，就必须分别注册。

第三节 包 装 策 略

包装是商品生产的继续。商品只有经过包装才能进入流通领域，实现其价值和使用价值。设计良好的包装，能为消费者创造方便价值，为生产者创造促销价值。因而，许多营销人员把包装化（packaging）称为四P之后的第五个P。

一、包装概述

（一）包装的含义及种类

包装是指对某一品牌产品设计并制作容器或外部包扎物的一系列活动。也可以说，包装有两方面的含义：一是为产品设计、制作包装物的活动过程；二是指包装物，并有多种类型。

1. 按产品包装的不同层次划分

（1）首要包装，即产品的直接包装。如牙膏皮、啤酒瓶等。

（2）次要包装，即保护首要包装的包装物。如包装一定数量牙膏的纸盒或纸板箱。

（3）运输包装，即为了便于储运、识别某些产品的外包装。也叫大包装。

2. 按产品包装在流通过程中的不同作用划分

（1）运输包装，主要用于保护产品品质安全和数量完整。运输包装又可分为单件运输包装和集合运输包装。

（2）销售包装，又称小包装。随同产品进入零售环节与消费者直接见面，实际上是零售包装。因此，销售包装除了要求符合保护产品的条件，更重要的是必须具备适于直接销售的各项条件，在造型结构、装潢画面和文字说明等方面都有较高的要求。

（二）包装的作用与要求

1. 包装的作用

包装在市场营销过程中，可以发挥以下积极的作用：

（1）保护产品。保证产品在生产过程结束后，转移到消费者手中直至被消费掉以前，产品实体不致损坏、散失和变质。如易腐、易碎、易燃、易蒸发的产品，有了完善的包装就能保护其使用价值，这是包装的基本功能。

（2）促进销售。产品包装具有识别、美化和便利的功能。包装是产品的延伸，是整体产品的一部分。独特的包装，可与竞争者的产品产生区别。优良的包装多经精心设计与印制，不易仿制、假冒、伪造，有利于保持企业信誉。在商品陈列中，包装是货架上的广告，是"沉默的推销员"；包装材料的色彩和包装图案，具有介绍商品的广告作用。良好的包装往往能引起消费者的注目，激发购买欲望。在商品销售中，包装是传递信息、争取顾客的重要工具。科学合理的包装，可起到方便顾客携带、保管的作用。有的商品无法试用、品尝，主要靠包装进行说明与说服工作，包装能兼收广告宣传效用。产品包装化，可以保持食品清洁卫生，定额包装还能方便销售，有利于推广自动售货、自助服务等。

（3）增加利润。包装还有增值的功能。优良的包装，不仅可使好的产品与好的包装相得益彰，避免"一等商品，二等包装，三等价格"，而且能提升商品身价，使商品卖得好价钱，超出的价格远高于包装的附加成本，且为顾客所乐意接受。另外，包装产品的存货管理，也比较单纯和方便。完善的包装，可使产品损耗率降低，使运输、储存、销售各环节的劳动效率提高，从而增加企业的盈利。

2. 包装的要求

进行包装，还要考虑不同对象及其要求。

（1）消费者的要求。由于社会文化环境的不同，不同国家和地区的消费者对包装的要求是不同的。在作包装决策时应该分析消费者的特性，区别国内国外，不同民族，城市乡村，使包装的形状、图案、颜色、语言等适应目标市场要求。例如在发达国家，应注重包装的美观；在发展中国家，双重用途包装较受欢迎，它有可能被顾客用作容器。包装大小一般也因国而异。

（2）运输商的要求。运输部门主要考虑能否以最少的费用，将商品安全运达目的地。要满足这个要求，就必须采用有效的包装方法。因此企业应弄清以下问题：这些货物运往哪里，是否需要堆积，是露天堆放还是仓库堆放，装卸方式是什么。有时这些问题不易回答，只能请教有关行家。

（3）分销商的要求。分销商要求商品包装既符合运输包装又符合销售包装的要求。

（4）政府的要求。政府对包装的要求通常与标签（labeling）有关。标签是指附着或系挂在商品和商品包装上的文字、图形、雕刻及印制的说明。为了防止冒名顶替和欺蒙顾客，把包装内商品的数量如实地告诉消费者，便于消费者进行比较，许多国家制定了商品标签条例，规定商品标签应记载某些指定的项目。有的国家还要求有两种语言的标签，不同国家对度量要求的单位也是不同的。

二、包装设计与装潢

包装是产品的"外衣"，包装设计与装潢的重要性显而易见。

（一）包装的设计

产品包装的设计，应依据科学、经济、牢固、美观和适销的原则，对以下方面进行创造或选择：

1. 包装形状

主要取决于产品的物理性能，如固体、液体，其包装形状各不相同。包装外形应能美化商品，对用户有吸引力，方便运输、装卸和携带等。

2. 包装大小

产品包装的尺寸，主要受目标顾客购买习惯、购买力大小以及产品有效期等因素影响，应力求让消费者使用方便、经济。过大过小都不利于销售，甚至影响到企业的利润。

3. 包装构造

产品包装的构造设计，一方面要突出产品的特点，另一方面要具有鲜明的特色，使产品外在包装和内在性能完美地统一起来，给用户留下深刻的印象。

4. 包装材料

包装材料的选用，其要求有三点：能充分地保护产品，如防潮、防震、隔热等；有利促销（如能显示产品的性能和优点等），开启方便，便于经销商贮存和陈列等；节约包装费用，降低售价。

5. 文字说明

使用的文字说明应根据不同产品的特点，既要严谨又要简明扼要。文字说明主要包括产品名称、数量、规格、成分、产地、用途、使用与保养方法等。某些油脂类、食品类产品通过商品检验后，应实事求是地在包装上注明"不含黄曲霉素"或"无胆固醇"等字样；在某些药品的包装上注明"没有副作用"；在糖制食品上注明"没有使用糖精"等，借以增加顾客对该商品的信任感。禁止使用对人体有害的包装材料和弄虚作假的文字宣传，对造成污染者应予以取缔。

（二）包装的装潢

装潢是指对产品包装进行装饰和艺术造型。由于当前产品向系列化、多样化、美观化方向发展，消费者购买时不仅讲究质量，还注重包装造型与装潢。因此包装装潢发展到现代，其功能远远不止是保护商品。随着经济发展和生活水平的提高，消费者对美的追求也日趋明显。包装造型与装潢能否为广大顾客所欣赏、所接受，已成为产品能否得到社会承认的必要条件之一。因此许多企业十分重视包装造型与装潢，并以此作为市场营销的一种重要竞争手段。当然，包装装潢要与产品的内在质量相符，不可"金玉其外，败絮其中"。否则将损害企业形象，丧失信誉。

包装装潢结构和图案设计要求如下：

1. 独特新颖，美观大方

图案画面生动形象，色泽鲜艳夺目，具有艺术性并富有吸引力。尽量采用新材料、新工艺。画面设计突出产品的特点，文字说明与装模内容相互衬托。

2. 表里一致

包装与产品价值相称。高档、贵重商品和工艺品、特殊品，应设计优美、精细的包装装潢，给人以名贵的感觉。低档商品采用高档优质包装，会增加成本，提高价格，反而会影响推销。

3. 设计科学合理，经济、美观、牢固

（1）便于陈列展销。通常有堆叠式包装、挂式包装和展开包装。堆叠包装在包装物顶部与底部都设有吻合部分，陈列时可以节省货位。挂式包装具有独特结构，加吊钩、吊带、挂孔、网兜等便于悬挂。常见的有贴体包装、起泡包装、盒形包装、袋形包装、套形包装、卡纸形包装等。运用多种形式的包装，可扩大商品展销的空间。展开式包装具有特殊的造型和结构形式，既可以关闭、便于装运，又可以展开，非常方便灵活。

（2）便于识别商品。如透明包装和开窗包装，目的是让顾客直接看到里面商品形态和外观质量，便于挑选。

（3）方便携带和使用。携带式包装的造型备有提手，为消费者提供方便。便于使用的包装设计有易开包装（如罐头盒上加开启带），喷雾包装（将液体或气体、粉状产品装入按钮式喷雾容器内，使用时会自动喷出），礼品包装（专门为赠送礼品而设计的包装，并配有吊牌、彩带、花结和装饰衬垫等），一次性包装（如采用纸或塑料制的餐具）。此外，还有压缩包装、真空包装和充气包装等。

（4）尊重民族风俗习惯。不同国家或地区的消费者对图案、色彩有着不同的爱好和习惯，对设计包装装潢有着重要的影响。例如，在我国红色表示吉祥，日本人却喜欢互赠白毛巾；法国用蓝色影射天空、海洋，象征着自由，忌用墨绿色（它代表纳粹军服颜色）；埃及喜欢绿色而禁忌蓝色（蓝色是恶魔的象征）；伊斯兰教地区喜欢绿色，忌用黄色（黄色代表死亡）；巴西忌用紫色（表示悲伤）、黄色（表示绝望）、褐色（表示将有不幸）；瑞士忌用猫头鹰（它代表死亡的象征），法国人忌用孔雀（代表祸鸟），北非、利比亚忌用狗的图案（表示不洁之物）；红三角在捷克和斯洛伐克是毒品的标志，而绿三角在土耳其则是免费样品，可不付钱随便拿。

（5）真正体现社会和消费者的利益。包装应真实说明产品的性能、特色，做到表里一致，不能弄虚作假，欺骗消费者。当前，尤其要注意控制包装成本，避免包装物与所装商品费用结构失衡。否则，过度包装虽在一时刺激了销售，给企业带来一定效益，但从长远来看既浪费社会资源、污染环境，也增加企业销售成本。企业应树立绿色包装观念，增强生态环境保护意识，删繁就简，"适度"包装。

三、包装策略

符合设计要求的包装固然是良好的包装，良好的包装只有同包装策略结合才能发挥应有作用。可供企业选择的包装策略有以下几种：

（1）相似包装策略。即企业生产的各种产品，在包装上采用相似的图案、颜色，体现共同的特征。其优点在于能节约设计和印刷成本，树立企业形象，有利于新产品促销。但有时也会因为个别产品质量的下降等，影响到其他产品的销路。

（2）差异包装策略。即企业的各种产品都有自己独特的包装，在设计上采用不同的风格、色调和材料。这种策略能够避免由于某一商品推销失败而影响其他商品的声誉，但也相应地会增加包装设计费用和新产品促销费用。

（3）相关包装策略。即将多种相关的产品，配套放在同一包装物内出售。如系列化妆品包装。这可以方便顾客购买和使用，有利于新产品的销售。

（4）复用包装策略或多用途包装策略。即包装内产品用过之后，包装物本身还可作其他用途使用，如奶粉包装铁盒。这种策略的目的是通过给消费者额外利益而扩大产品销售。

（5）分等级包装策略。即对同一种商品采用不同等级的包装，以适应不同的购买力水平。如送礼商品和自用商品采用不同档次的包装。

（6）附赠品包装策略。即在包装上或包装内附赠奖券或实物，以吸引消费者购买。

（7）改变包装策略。当某种产品销路不畅或长期使用一种包装时，企业可以改变包装设计、包装材料，使用新的包装。这可以使顾客产生新鲜感，从而扩大产品销售。

本章小结

本章介绍了品牌、商标与包装策略等相关内容。品牌的整体含义，包括属性、利益、价值、文化、个性、用户等六个层次。从消费者、生产者和竞争者等不同的角度看，品牌都有其独特的作用。品牌资产包括品牌知名度、品牌美誉度、品质认知、品牌联想、品牌忠诚度等。商标有注册与非注册商标之分，商标的命名从形式上应具有独特性、简洁性、便利性。品牌策略选择，涉及品牌化策略、品牌归属策略、品牌统分策略、品牌扩展策略和品牌更新策略等。商标策略包括企业商标防御策略等内容。包装策略涉及包装的设计与装潢，以及包装的具体策略。

重要名词

品牌　品牌资产　品牌战　品牌阶梯　多品牌　合作品牌　品牌更新　商标
首要包装　次要包装　差异包装策略

 即测即练题

1. 品牌与商标有何区别?
2. 品牌对消费者、生产者和竞争者各有什么作用?
3. 品牌策略有哪些,应如何选择采用?
4. 中国企业应如何实施名牌战略?
5. 产品包装有哪些种类,有何作用?
6. 常见的包装策略有哪几种,你认为哪些包装策略比较成功?
7. 中国企业的产品包装策略有哪些需要改进之处?

华为手机的华丽转身

华为自生产手机以来,曾经长期在市场上默默无闻,销售也基本是依靠和电信运营商的合作。尽管取得了一定销量,但在终端市场的品牌影响微乎其微。在公司内部,相对于电信设备而言,华为手机也一直被边缘化,营业额和利润贡献几乎可忽略不计。在消费者心目中,品牌形象和普通山寨手机无异。

2010年,华为发力手机终端市场,并取得不俗成绩。在全球市场,华为销量已成为仅次于三星、苹果的第三大智能手机品牌;在国内市场,也成为前三甲。与辉煌的销售数据相比,更大的成功在于树立了华为手机的品牌地位,消费者逐渐意识到华为是一个有强大研发实力和可靠产品质量的一流手机品牌。尽管在总体的体验上与苹果、三星还有差距,但华为手机使用者不再仅仅是低收入人群,越来越多的白领和高收入人士也加入到了华为用户当中。

华为品牌影响力的提升和品牌形象改善,主要得益于三个方面。

企业品牌对产品品牌的背书

华为作为中国最成功的民族企业之一,短短25年由一个全新企业成为世界第二大通信设备生产商,面对通信行业上百年的西门子、阿尔卡特、朗讯等强大竞争对手,一路过关斩将,成为中国民族工业的骄傲。华为不是中国最大企业,但一定是最强的企业,连思科这样的竞争对手都望而生畏,不得不借助政治手段对华为进行阻击。华为的成功不仅在业务方面,而且管理方面。《华为基本法》出台以后,国内很多企业都研究华为的成功之道。任正非每发表一篇文章,都会成为企业界和学界研究的热门内容。各种媒体对华为的报道更是连篇累牍,无形中扩大了"华为"品牌在消费者当中的影响力。

面对这样一个企业,消费者没有理由不尊敬,并形成"高技术、高品质、高水平"的品牌联想。把这种品牌联想嫁接到华为相关产品上,也就顺理成章。手机终端和通信设备之间的高相关性,也是企业品牌延伸到产品品牌关键。如果华为生产饼干和洗发水,消费者同样会面临困惑。由通信设备到手机终端,基于信息的共同特征,能够产生强大的关联。消费者有理由相信,一个生产通信设备的优质企业,也能够生产优质的手机。

产品品质对品牌的支撑

产品和品牌之间的关系,就好比树根和树叶。只有树根强大的树,才能枝繁叶茂;树叶获取的阳光,又能促使树根进一步成长。同样道理,优质的产品质量和良好的产品体验,能让消费者对品牌产生好且丰富的联想,消费者好的联想又能促使产品的进一步销售。苹果公司每出一款产品,总能让消费者疯狂,并造就了"苹果"极高的品牌价值。相反,在传统手机市场建立高品牌价值的诺基亚,因为在智能手机产品上的糟糕表现,品牌价值迅速缩水,最后不得不被收购。

华为的产品虽然不能像 iPad 和 iPhone 那样惊艳,也没有三星 note 和 galaxy 受追捧,表现中规中矩。但在华为手机发展史上,也曾有一些经典产品涌现,如 C5600、C8500 和荣耀 u8860 等,直到华为 P6 出现,让消费者有眼前一亮的感觉。据统计,华为 P6 上市三个月就实现 100 万台的销售,预订量超过 600 万台。不断翻新的单机销量,是消费者对华为产品品质和良好体验的有力佐证。正是有了一系列经典的产品,支撑了"华为"手机在消费者市场的发展和壮大。据美国科技测试网站 AnandTech 用 PCMark 对智能手机的最新应用测试,华为 Mate 9 遥遥领先其他手机。总体性能方面,华为 Mate 9、P9、Mate 8 占据了榜单前三。

整合营销传播对品牌的塑造

华为的营销传播分两个层面——企业层面和产品品牌层面。前者形成"华为"品牌宏观和共性的品牌联想,后者形成具体产品;前者通常是半推半就的被动传播,后者是最近开始的主动传播。

华为公司自成立以来,一直如一匹黑马在夜色中狂奔,人们只能从其年报狂飙的销售额和董事长任正非发布的讲话窥见其大体动态。公司一直没有上市,没有对外界公开信息的义务,高层几乎不接受任何媒体采访。公司的主要产品电信设备,无须在普通消费者中建立知名度,为此华为留给外界的一直是低调而神秘的形象。直到最近,也许是企业发展需要,也许是发展手机终端的需要,华为开始有意识的与外界接触,并取得了良好的企业品牌宣传效果。其中典型的事件分别是《下一个倒下的会不会是华为》的热销和高达 125 亿元的奖金分配。《下一个倒下的会不会是华为》作为外界对华为研究的一本书,成为 2012 年畅销书,并在网上形成了华为热。学界和商界争相研究华为成功的原因,书中内容对华为的详细介绍对华为品牌宣传起到了不可估量的作用。华为奖金分配方案,也一举扭转华为员工相较于谷歌、微软、思科等知名公司的"屌丝"形象,变成了大家心中的高富帅。这些看似有意无意的报道和宣传,既满足了公众对华为的好奇心,也间接强化和丰富了华为的品牌联想。这些企业品牌联想,能够很好地传导到消费者对华为手机的品牌联想。

和华为企业一样,华为手机尽管是终端产品也很少进行宣传。与苹果、三星等铺天盖地的广告相比,消费者很难看到华为手机的广告。直到 2013 年才加大广告投入,2013 年 9 月网络推广中华为排名第一,当时 P6 手机上市进一步展示了华为手机团队的整合营销传播能力。华为手机借 P6 上市打了一个漂亮仗,不仅扩大了品牌知名度,也提升了消费者对华为手机的联想。

国际数据公司 IDC、SA、Counterpoints 发布的 2016 年全球智能手机销量数据显示,全球销量前五的三星、苹果、华为、OPPO、vivo中，三家中国品牌合计占有全球近20%的市场份额。其中华为以近10%的市场份额稳居第三。与此同时，2016年华为品牌继续入选Interbrand最佳全球品牌TOP100榜单，排名72位；同时以排名第50位的成绩，再次入选BrandZ全球最具价值品牌百强。华为正是在企业、产品和品牌传播三要素的相互协同下，迅速从一个类山寨品牌成长为全国乃至全球知名的手机品牌。各层次消费者不再怀疑华为手机的品质，也无须担心华为带来的山寨形象，可以在潜意识认同"用华为，我骄傲"。

资料来源：杨义平. 从山寨到名牌——华为手机的华丽转身. 中国营销传播网（http://www.emkt.com.cn/article/603/60356.html），2013-12-02.

案例讨论题

1. 你认为华为手机品牌的成功有哪些原因？
2. 结合案例分析，企业应如何有效地实现品牌策略，提升品牌价值？

第十三章　分销渠道管理

本章提要

分销渠道是市场营销组合中的一个非常重要的因素。选择和构建合适的分销渠道，不仅关系到企业产品能否"物畅其流"，直接影响经济效益；而且可使企业通过与渠道成员建立的业务关系，形成"结合竞争力"，在战略层面上影响企业的长期发展。本章在扼要介绍分销渠道的相关知识之后，重点讨论分销渠道决策、日常营运与物流管理等问题。

 引例

年轻人正越来越"远离"汽车经销商

有观点认为，现在的年轻人逐渐拒绝"购车"，是目前极为便利的公共交通和优步、滴滴等网约车，以及相对昂贵的购车价格，让其认为私家车已经不是出行的必要选项。但是市场研究公司 J.D. Power 的数据显示，美国 1990 年后出生的年轻人，在 2020 年购买新车的数量占新车总销量的 32%，超过了其他年龄段，并首次超越了其父辈和爷爷辈。根据为经销商提供在线销售技术的 Cars.com 网站的数据，这些年轻人购买新车或二手车的可能性，几乎是后者的两倍。

事实上，年轻人并不是不喜欢买车了，他们只是对当前占据主流的经销商售车模式感到厌烦。据悉，年轻消费人群已厌恶了平均 5 小时的展厅看车环节、讨价还价、文件签署以及购买保险等销售模式。

跳过这些繁琐的流程，在此前看来似乎很难。但在"新冠肺炎"疫情大流行后，形势迫使经销商和车企着手开发更便捷的线上购车方式，令不少线上售车网站受益。

外媒报道指出，这一销售模式的转变，让在线购车服务和线上购车平台成为了投资热门。比如 2017 年上市 Cars.com、2020 年上市的 Shift 和 Vroom，在线购车网站 Carvana 的股价自 2020 年 3 月起已上涨 200% 以上。此外，更多的在线服务业正在兴起，比如 CoPilot、Gettacar、CarBevy、CarSaver 和 Joydrive，其中一些都有风险资本的支持。

在线二手车交易平台 Shift 的联合首席执行官托比·拉塞尔表示，尽管当前服务体量在不断增加，但是在线售车市场仍有巨大的增长空间。"仅美国的二手车市场交易量就有 8400 亿美元左右，"他补充说，"其中不到 1% 的销售是通过三家最大的、公开交易的网上经销商完成的。"

其实不少车企已经看到"没有中间商赚差价"的巨大生态价值。比如特斯拉的直营模式，就通过线上平台让消费者直接定制产品并下单；国内不少新能源车企如蔚来、小鹏等，也选择了线上售车＋线下展厅的模式。实体店更多成了品牌展现自己格调的平台，而不仅仅是为了销售服务。

目前，更为成熟的汽车制造商却在网上销售方面面临诸多难题。比如经销商可以在线销售，但汽车制造商却不能。此外，个别经销商往往自行授权软件平台，由此产生的网站操作逻辑和界面彼此不同，甚至同一品牌车型展示上都会有区别，这可能会对品牌产生不利影响。对此，通用汽车采取了相应措施，通过其网店标准化赋能经销商网站。虽然通用还没有完全实现线上销售，但其可能正在逐渐接近"端到端"的交易。

许多线下门店具备的实地体验、试乘试驾等优势，也在被线上销售的逻辑所替代。这些网络平台推出了"试驾所有权"服务，让消费者可以拥有一段短暂的新车试驾期。在这期间，消费者可以随时选择退货或者直接购买。据悉，目前这项服务在部分网络平台非常受欢迎。

资料来源：王鹏杰. 美国年轻人正越来越"远离"汽车经销商[EB/OL]. 环球时报汽车周刊（https://mp.weixin.qq.com/s/AR3yxMjpwIp0Bz7YB-EBCQ），2021-06-24.

第一节　分销渠道及其结构

一、分销渠道的概念和特征

分销渠道亦称营销渠道、配销通路或分配途径，是指产品（服务）从生产者向消费者（用户）转移所经过的路线。它通常由促使产品或服务顺利经由交换过程转移给消费者使用的一整套相互依存的组织构成。在市场经济条件下，企业产品必须通过交换过程实现其价值。这个交换过程一般会形成一系列相互衔接的购销服务活动，分销渠道就是这种购销服务系列的载体。

分销渠道的主要特征是：

（1）分销渠道反映某一特定产品（服务）价值实现或其顾客价值传递的全过程；

（2）分销渠道的成员包括各类营销中介机构（中间商和辅助商）和分别处于渠道两端的生产者、消费者（用户）；

（3）与商品所有权转移直接或间接相关的，还有一系列流通辅助形式，如物流、信息流、货币流、促销流等；

（4）分销渠道是一个多功能系统，不仅要发挥日常购销、调研、融资、储运等功能，而且要实现促销与市场开拓功能。

扩展阅读 13-1
营销渠道理论的演进与渠道学习范式的提出

因此，分销渠道本质上是产品（服务）以一定方式，经由或多或少的购销环节和服务平台转移至消费者（用户）的整个市场营销结构与过程。

二、分销渠道的功能与流程

（一）分销渠道的功能

在产品分销过程中，需要完成由产销矛盾决定的一系列价值创造与传递活动。因此也就要求分销渠道具有下述功能：

（1）调研。收集和传递有关顾客、行情、竞争者及其他市场营销环境信息。

（2）寻求。解决买者与卖者"双寻"过程中的矛盾，即为供应品寻找潜在顾客，为不同细分市场的客户提供便利的营销服务。

（3）分类。协调厂商产品（服务）种类与消费者需要之间的矛盾，按买方要求整理供应品。如按产品相关性分类组合，改变包装大小，分级分等。

（4）促销。向市场传递与供应品相关的各类信息，与顾客充分沟通并吸引顾客。

（5）洽谈。在供销双方达成产品价格和其他条件的协议，实现所有权或持有权转移。

（6）物流。组织供应品的运输和储存，保证正常供货。

（7）财务。融资、收付货款，将信用延至消费者。

（8）风险。在执行分销任务过程中承担相应风险。

为完成产品分销，必须全部执行上述功能。问题的焦点是由谁来执行更有效益。制造商可以承担全部功能，也可以将其中一部分甚至全部转给中间商执行，由此形成企业不同的分销决策和形态各异的渠道类型。

（二）分销渠道的基本业务流程

渠道流程是描述各成员的活动或业务的概念。广义的渠道流程分为九种（见图13-1）。

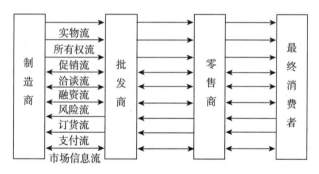

图13-1　分销渠道系统流程

渠道流程包括前向流程、后向流程和双向流程。实物流亦称物流，其主要部分是产品的运输和储存；所有权流指产品所有权或持有权，从一个渠道成员转到另一成员手中的流转过程；促销流是渠道成员的促销活动流程；洽谈流贯穿于整个渠道，产品实体和所有权在各成员间每转移一次，通常都要进行一次洽谈；融资流是渠道成员之间的融通资金的过程；风险流是渠道成员之间分担或转移风险的流程；订货流指渠道成员定期或不定期向供货机构发出的订货决定流程；支付流是指货款在渠道各成员间的流动；市场信息流是各成员相互传递信息的流程，它发生在渠道的每一环节。如今，网络技术和人工智能的发展应用，正在深刻影响着渠道的模式和流程的变革。

> **扩展阅读 13-2**
> 由一个厂商和多个经销商构成的一级分销渠道
>

三、分销渠道的类型结构

按流通（购销）环节的多少，可将分销渠道划分为直接渠道和间接渠道；按参与各环节中间商数目的多少，分销渠道又分为宽渠道和窄渠道两大类型。

（一）直接渠道和间接渠道

1. 直接渠道

直接渠道又称零阶渠道，指没有中间商参与，产品由生产者（制造商）直接售给消费者（用户）的渠道类型。图13-2列出了分销渠道的基本类型，其中图13-2（a）、图13-2（b）的零阶渠道均为直接渠道类型。

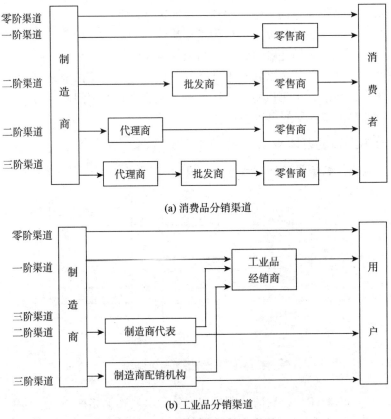

图13-2 分销渠道的基本类型

直接渠道是工业品分销的主要方式。大型设备、专用工具以及技术复杂、需要提供专门服务的产品，几乎都采用直接渠道分销。在消费品市场，直接渠道也有扩大的趋势。鲜活商品和部分手工业制品、特制品，有着长期传统的直销习惯；网络和智能高新技术在流通领域的广泛应用，正在使邮购、电话、电视、短视频和线上直销以及移动互联网销售等直复营销方式迅速发展。

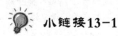小链接13-1

我国互联网应用普及率迅速提升

中国互联网络信息中心（CNNIC）发布第46次《中国互联网络发展状况统计报告》。

截至2020年6月,我国网民规模9.4亿,较2020年3月增长3 625万;互联网普及率67.0%,较2020年3月提升2.5个百分点。

截至2020年6月,电商直播、短视频及网络购物用户规模较3月增长均超过5%。电商直播用户规模达3.09亿,较2020年3月增长4 430万,规模增速达16.7%,为上半年增长最快的个人互联网应用,为促进传统产业转型、带动农产品上行提供了积极助力;网络零售用户规模达7.49亿,占网民整体的79.7%,市场连续七年保持全球第一;网络视频(含短视频)用户规模达8.88亿,其中短视频用户规模8.18亿,较2020年3月增长4 461万,占网民整体的87.0%。城乡数字鸿沟显著缩小,城乡互联网普及率差异为24.1%,2017年以来首次缩小到30%以内。网络扶贫作为扶贫攻坚的重要手段,越来越多地被网民所了解和参与。

截至6月,我国网络支付用户规模达8.05亿,较2020年3月增长4.8%,占网民整体的85.7%,移动支付市场规模连续三年全球第一,在疫情期间发挥了重要惠民作用,拓展了更多"+支付"的应用场景;即时通信成为疫情期间发展最快的应用之一,用户规模达9.31亿,较2020年3月增长3 466万。

受疫情影响,线上化渠道为服务业提供了新的发展窗口。网上外卖、在线教育、网约车、在线医疗等数字服务蓬勃发展,用户规模分别达4.09亿、3.81亿、3.4亿和2.76亿,占网民整体的比例分别为43.5%、40.5%、36.2%和29.4%,在满足网民需求的同时也为服务业的数字化发展提供了助力。

2. 间接渠道

间接渠道是指有一级或多级中间商参与,产品经由一个或多个商业环节售给消费者(用户)的渠道类型。如图13-2标示的一阶、二阶和三阶渠道。

间接渠道是消费品分销的主要方式,一些工业品也采用间接渠道分销。采用间接渠道,意味着制造商在某种程度上放弃对如何销售产品和售给谁等方面的控制,增大了市场风险。然而,制造商之所以作出这种选择,是因为通过有专业化职能的中间商,分销产品能获得更大的比较利益:

(1)大多数制造商缺乏直接组织市场销售的财力和经验。而采用间接渠道,能发挥中间商在广泛提供产品和进入目标市场方面的最高效率,集中企业资源拓展其主营业务。

(2)利用中间商的销售网络、商务关系与经验、专业化水准和规模经济优势等,费用总水平通常会比生产者自营销售更为节约,可获得更高利润。

(3)中间商通常能更好地协调制造商提供的产品组合与消费者所需组合之间的矛盾,包括处理由产品差异、时间差异、地点差异和所有权差异等带来的一系列矛盾,这都是制造商难以替代的。

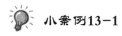

小案例13-1

惠普的渠道理念:从不自己做

"'从不自己做'是中国惠普(CHP)信息产品事业部的销售渠道管理原则。惠普公司与代理商之间是共存亡的,只有代理商成功,惠普才能成功。"公司总经理李汉生说。

中国惠普信息产品事业部在几年时间里，建立了比较完善的销售渠道，在中国已经拥有了一批业务成绩突出、技术力量过硬的经销商合作伙伴。惠普在中国地区业务迅速增长，却从来不做直销。即使再大的客户，惠普也是通过代理商去做。惠普认为"从不自己做"是对自己负责，甚至认为"自己做直销是危险的"。李汉生说："那样的话，代理商就会产生动摇——到底惠普什么时候会不和我做买卖呢？自然也就不会尽心尽力了，而这一点至关重要。"

当然，惠普也并非不关心销售渠道的运作状况。惠普设立有专门部门对代理商进行培训，提供广告及市场策划等支持。惠普公司采取的是二级代理制，公司直接面对一级代理，不介入二级代理，也不会与二级代理做生意。但近年来，由于二级代理渠道直接关系到惠普业务能否持续发展，中国惠普添设了一个新部门，加强对二级代理商的支持和管理。

惠普的"从不自己做"，实质上是给代理商留出发展空间——"帮助代理商成功"，在双方相互信赖的基础上实现"双赢"。

（二）长渠道与短渠道

分销渠道的长度，通常按照经过流通环节或层次的多少划分。显然，其长短只是相对的概念。但为了分析和决策的方便，一般会把零阶渠道称为直接渠道，把一阶渠道定义为短渠道，把二、三阶渠道划为长渠道。这种划分有利于营销者集中考虑其对某些环节（如代理商、批发商）的取舍，形成自己的或长或短、甚至长短结合的多种渠道策略。

（三）宽渠道与窄渠道

渠道宽度取决于渠道每个层次参与的中间商数量。若制造商选择较多的同类型中间商，如多家批发商或多家零售商经销产品，则这种分销渠道谓之宽渠道；反之，则为窄渠道。

图 13-3 显示了一个食品制造商的分销系统。其一级批发商 A、B 各自负责某些市场。每一分销层次都有若干分销商参与，但其各有自己的任务，这是一个较宽的分销渠道模式。

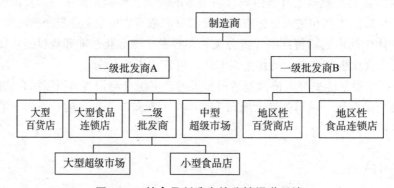

图 13-3　某食品制造商的分销渠道系统

分销渠道宽度的选择，与制造商的分销战略（策略）息息相关。企业的分销战略（策略）通常有下列三种：

1. 密集式分销

即尽可能地通过许多批发商、零售商销售其产品。策略重心是扩大市场覆盖或快速进入一个新市场，使众多消费者能随时随地买到这种产品。

2. 选择性分销

即从所有愿意经销本企业产品的中间商当中，挑选若干最合适者销售其产品。这一策略的重心是维护本企业产品的良好信誉，建立稳固的市场竞争地位。选择性分销可以使公司避免与无利可图的中间商周旋，致力于与少数中间商形成良好的协作关系，以期得到高于平均水平的推销努力、较广的市场覆盖范围和较低的分销成本。

3. 独家分销

在某一地区仅选择一家最合适的中间商专门销售公司的产品。当制造商希望严格控制分销流程及经销商的服务水准时，常常采用这一策略。双方通常要协商签订独家分销合同，规定经销商不得经营竞争者的同类产品；制造商则承诺，在该地区市场范围内只对该经销商独家供货。

独家分销在许多情况下，是由产品和市场的特异性如专门技术、品牌优势、专门用户等所引发的。这种方式需要制造商和经销商的紧密合作。

四、分销渠道的系统结构

按渠道成员之间相互联系的紧密程度，分销渠道亦可分为传统渠道和渠道系统两大类型。

（一）传统渠道

传统渠道是指由独立的生产者、批发商、零售商和消费者组成的分销渠道。这种渠道的每一成员均是独立的，没有一个成员能控制其他成员。大家各自为政、各行其是，都为自身利益最大化而与其他成员短期合作或展开激烈竞争，即使为此牺牲整个渠道系统全面、长远的利益也在所不惜。传统渠道在当代面临严峻挑战，正在逐步发生变化。

（二）渠道系统

渠道系统是指在传统渠道中，渠道成员采取不同程度的联合经营步骤，或一体化经营而形成的分销渠道。主要包括：

1. 垂直市场营销系统

是由制造商、批发商和零售商联合组成的统一体。该系统成员或者属于同一家公司，或者以某一品牌或专利特许权为纽带相互连接，或者以足够强大而相互认可的管理方式相互合作。垂直市场营销系统可以由制造商，也可以由批发商或零售商控制，是实行专业化管理与集中性控制的营销网络。它能减少由于独立成员追求各自目标而引起的冲突，各成员可通过渠道总体效益的提高而获利。

该系统主要有三种形式：

（1）公司式营销系统。即同一所有权下的生产和分销系统，通常由一家公司拥有，综合经营生产、批发、零售等业务。这种渠道系统又可大致分为两种：一种是大型制造商拥有和管理的,以制造商为龙头的工商一体化经营方式;另一种是大型零售商或批发商拥有和管理的,以商家为龙头的商工一体化经营方式。

(2)管理式营销系统。即通过某一规模大、实力强的成员,把不同所有权的其他成员联合起来的营销系统。一些名优产品的制造商,可以其信誉和实力等赢得经销商的通力合作与支持,建立起管理式营销系统。它们在商品陈列、柜台位置以及定价、促销等各个方面,都能得到经销商异乎寻常的配合。

(3)合同式营销系统。即各自独立的制造商和中间商,以合同为基础建立的联营系统。这一系统被称之为"增值伙伴关系",近年来得到长足的发展。具体形式包括:批发商倡办的自愿连锁店——由批发商组织独立零售商成立自愿连锁,以与大型连锁店抗衡;零售商合作组织——由零售商牵头组成联合体,实行联购分销、联手促销,甚至从事批发和生产业务;特许经营组织——以特许经营权为纽带,将生产、分销过程的几个阶段衔接在一起。如制造商组织的零售特许经营系统、批发特许经营系统,服务公司组织的零售特许经营系统等。

2. 水平市场营销系统

由两家或两家以上独立公司联合,共同开拓新的营销机会的渠道系统。这些公司或因资本、生产技术、营销资源不足,无力单独开拓市场;或不愿单独承担风险;或看到与其他公司合作带来巨大的协同效益等,横向联合组成水平营销系统。彼此可以暂时或永久的合作,也可组成一家新的公司。如日本有许多小公司从一种叫"友好社"的水平营销系统中受益。友好社将不同行业中的公司联合,共同使用和管理资源,通过互相了解、互相帮助和共同创造彼此获益。

3. 多渠道市场营销系统

即同一公司针对同一或不同的细分市场,采用多条渠道进入的营销系统。随着细分市场和潜在渠道增多,越来越多的公司采用多渠道分销。如通用电气公司不但经由独立零售商(百货公司、折扣商店、邮购商店),还直接向建筑承包商销售大型家电产品。

多渠道营销系统大致有两种形式。一种是制造商通过两条以上的竞争性分销渠道,销售同一品牌(商标)产品。这通常会导致不同渠道之间的激烈竞争。另一种是制造商通过多条分销渠道,销售公司不同商标的差异性产品。如美国一家酒商通过各种零售店,包括超级市场、独立食品店、廉价商店和方便店等,销售同一种威士忌,但这些酒分别使用不同商标。还有一些公司,通过同一产品在销售过程中的服务差异化,即提供不同内容和方式的服务形成多渠道,以满足不同顾客的需求,扩大销售。

 小链接13-2

价值网络①

价值网络(value network)是为使公司获得原始资源、扩展和交付货物而建立的伙

---

① 参见:菲利普·科特勒,凯文·莱恩·凯勒. 营销原理[M]. 15版. 何佳讯,于洪彦,牛永革,等,译. 上海:格致出版社、上海人民出版社,2016:468-469.

伴关系和联盟合作系统。价值网络系统包括公司的供应商和供应商的供应商以及它们的下游客户和最终客户，甚至还包括其他有价值的关系如大学研究人员和政府审批机构的关系。

公司需要协调各方工作，以期更好地为目标市场传递价值。甲骨文公司依赖其1 500万开发人员——这是全球最大的开发人员社区。苹果开发者联盟注册有27.5万名iOS系统开发人员，他们为苹果操作系统创造应用程序。开发者获得利润的70%，苹果公司获得30%。在头五年，苹果公司发布的超过85万个应用程序下载次数达450亿次，公司为此付出了将近90亿美元。

营销人员往往更关注价值网络中与顾客相关的方面，如采用客户关系管理（CRM）的软件和做法。而在将来，营销人员会更多地参与和影响公司的上游业务活动，成为网络的领导者。

第二节　分销渠道决策

每个企业都要根据特定目标和现实条件，选择或创新分销渠道，作出渠道决策。在企业创办之初，面对较窄和有限的当地经销商，这种决策可能不成其为问题。但随着公司规模的扩大，不断开发新市场，甚至进入国际市场，分销渠道的决策与渠道伙伴的选择就会面临困难，尤其需要慎之又慎。

一、影响分销渠道选择的因素

制造商选择分销渠道，一般要考虑到以下的制约因素：

（一）产品因素

（1）产品的理化性质。一些易腐易损商品、危险品应尽量避免多次转手、反复搬运，宜选用较短的渠道或专用渠道。一些体积较大的笨重商品，如大型设备、煤炭、木材、水泥构件等，也应努力减少中间环节，尽量采用直接渠道。

（2）产品单价。一般而言，价格昂贵的工业品、耐用消费品等，应减少流通环节，采用直接渠道或短渠道；单价较低的日用品、一般选购品，则可采用较长较宽的分销渠道。

（3）产品式样。式样花色多变、时尚程度高的产品，如时装、高档玩具、家具等，宜以较短的渠道分销；款式不常变化的产品，分销渠道可长。一些非标准品及特殊规格、式样的产品，通常要由企业直接向用户销售。

（4）产品技术的复杂程度。产品技术越是复杂，用户对其安装、调试和维修服务的要求越高，越是要求考虑采用直接渠道或短渠道。

（二）市场因素

（1）目标市场范围。市场范围越大，分销渠道相应越长；相反，则可短些。

（2）顾客集中程度。顾客集中在某一地区甚至某一地点（如工厂用户），可采用短渠道或直接渠道；如果顾客分散在广大地区，则需更多发挥中间商的作用，采用长而宽的渠道。

（3）消费者的购买习惯。如消费者对购买方便程度的要求，每次购买数量，购买地点及购买方式的选择等，都会影响企业对分销渠道的选择。

（4）销售的季节性。销售的季节性较强，一般应充分发挥中间商的调节作用，以均衡生产、不失销售时机，所以较多采用较长的分销渠道。

（5）竞争状况。通常，同类产品应与竞争者采取相同或相似的渠道。在竞争特别激烈时，则应伺机寻求有独到之处的销售渠道。

（三）企业自身因素

（1）企业财力、信誉。财力雄厚、信誉良好，企业有能力选择较固定的中间商，甚至建立自己控制的分销系统，或采取短渠道；反之，就更要依靠中间商。

（2）企业的管理能力。有较强的营销能力和经验的企业，可自行销售产品，采用短渠道或组合渠道营销系统。

（3）企业控制渠道的愿望。有些企业为了有效控制分销渠道，宁愿花费较高的渠道成本，建立短而宽的渠道；也有一些企业不希望控制渠道，会根据成本等因素，采取较长且宽的分销渠道。

（四）经济形势及有关法规

（1）经济形势。经济景气，发展快，企业选择分销渠道的余地大；出现经济萧条、衰退，市场需求下降，企业就必须减少一些中间环节，使用较短的渠道。

（2）有关法规。国家法律、政策，如专卖制度、反垄断法规、进出口规定和税法等，也会影响到分销渠道选择。在一些实施医药、烟草和酒类专营或专卖制度的国家，这些产品的分销渠道选择就受到很大的限制。

二、分销渠道决策过程

企业设计分销渠道，必须在理想的渠道和实际可能利用的或新建渠道之间作出选择。这一决策过程一般要经过以下阶段：

（一）分析目标市场顾客对渠道服务提出的要求

设计渠道的第一步，是了解目标市场购买什么、在哪里购买和怎样购买，分析消费者的这些购买特点对分销渠道服务水准的要求。这些要求通常表现在：

（1）一次购买批量的大小；

（2）交货时间的长短；

（3）空间便利性，即分销渠道对消费者购买商品和服务的方便程度；

（4）商品多样化——如是否需要商家提供多样化产品组合，以方便挑选；

（5）服务支持——渠道提供附加服务，如信贷、送货、安装、维修等的支持程度。

（二）确定渠道目标和限制条件

渠道目标是在企业营销目标的总体要求下，所选择的分销渠道应该达到的服务产出水平。一般要求分销渠道既要达到总体营销规定的服务水平，又要使整个渠道费用处于合理的程度。企业可根据目标消费者不同的服务要求，进一步细分市场，并为之设计选择最佳渠道。

一般情况下，每个制造商都会根据影响分销渠道选择的因素确定其渠道目标。即根据产品因素，中间商的优缺点及宏观经济形势等，设定渠道框架和目标。

（三）制定可供选择的渠道方案

企业在确定目标市场所期望的服务目标后，必须设计几个渠道方案。渠道方案需要明确包含三个要素：

1. 是否需要中间商以及所需中间商的类型

不需要中间商的方案是直销方案。如使用中间商，则首先要明确可以完成所需渠道任务的中间商类型。如一家生产导航仪的公司面临的渠道选择，既可以将导航产品作为汽车元件，卖给汽车生产商、经销商和租赁公司等；也可通过直接销售或分销商，卖给导航产品专营商店；还可通过公司门店、在线零售商销售；也可以通过百货公司、超级市场等商场销售。公司应根据目标市场及现有中间商的状况，参考同类产品经营者的现有经验，选择中间商的类型。

2. 使用中间商数目

规定在每一渠道层次所需利用的中间商数目。由此形成该分销渠道的宽度类型，即是密集式分销还是选择性分销，抑或独家经销。

3. 各渠道成员的条件与责任

各个方案必须明确渠道成员的参与条件和责任。在交易关系组合中，这种责任条件主要包括：价格政策；销售条件，如付款条件和制造商承诺；经销商的区域权利，如分销商的地区特许经营权；应承担的责任，即通过相互制定服务与责任条款，明确各方责任。

（四）评估主要渠道方案

在这一阶段要对几种初拟方案进行评估，并选出满足企业长期目标要求的最佳方案。评估方案可以从经济性、可控性和适应性等方面进行。

1. 经济性标准评估

主要是比较每个方案可能达到的销售额及费用水平。例如评估使用本公司销售人员和通过代理商销售两种方案，首先要考虑哪一种做法能带来较高的销售额。其次，要考察每一渠道的销售费用。一般来说，使用销售代理商的费用一开始低于公司设立销售机构，但随着销售额的增加，其费用上升速度会也较快，因为它收取的佣金要比公司推销员要高。如图13-4所示，销售额达到SB时，设立公司销售部直接销售产品是最佳选择；当低于这一销售额时，最好是选用销售代理商渠道。正因为如此，销售代理商多为小公司或大公司在较小的细分市场销售产品时所采用。

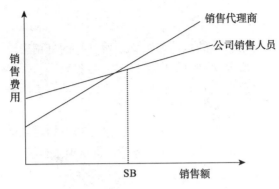

图 13-4　两种渠道费用支出水平比较

2．可控性标准评估

利用独立的中间商或代理商，可控程度较低。渠道越长，控制问题就越突出。因此，需要进行多方面的利弊比较和综合分析。

3．适应性评估

即评估各方案对市场营销环境变化的适应能力。一般应考察渠道主要成员承担义务与经营灵活性之间的关系，包括承担义务的程度和期限。对一种涉及长期承担义务的渠道的选择，应在经济或控制方面有非常优越的条件时，才能予以考虑。

第三节　分销渠道的管理

选定分销渠道方案以后，企业还要完成一系列的管理工作。包括对各类中间商的具体选择、激励和评估，以及根据情况变化调整渠道方案、协调渠道成员间的矛盾。

一、选择渠道成员

为选定的渠道招募合适的中间商，必须明确适用的中间商必须具备的条件和特点。企业可综合考评它们的开业年限，经营范围，盈利及发展状况，财务支付能力，协作愿望与能力和信誉等级等。如果是销售代理商，还要进一步考核其经营的其他产品种类、性质以及售货员的规模和素质。对于要求独家经销的大型零售商如百货公司，要侧重评估其销售地点如位置、布局，将来发展的潜力和顾客类型。

二、激励渠道成员

要使中间商的分销努力达到最佳状态，制造商必须对其进行持续不断的激励。激励中间商的基本点，是了解中间商的需要与愿望，并据此采取有效激励手段。企业处理与中间商的关系，通常采取三种方式：合作、合伙与经销规划。制造商一方面使用积极的激励手段，如较高利润、特殊优惠、奖金、合作广告和商品陈列补贴等；另一方面也会考虑制裁措施，如削减利润、暂缓交货或终止合作关系等，力求妥善处理、调适与中间商的合作关系。精明的公司会努力与分销商建立长期合作的伙伴关系。

许多制造商和零售商采用高效消费者响应（ECR）计划，以简化供应链并降低成本。该计划包括：

（1）需求侧管理合作计划，通过联合促销活动刺激补贴消费者需求；

（2）供给侧管理合作计划，通过联合管理物流和供应链活动优化供给；

（3）驱动力和整合力，即合作性的信息技术和流程管理工具，旨在支持能减少运营问题、提高标准化程度的联合活动。

经销规划是更先进的激励方式，主要内容是建立一个有计划的、专业化管理的垂直市场营销系统，把制造商与经销商双方的需要结合起来。对渠道成员的激励，是协调、管理分销渠道使之有效运作的重要一环。激励方式多种多样，且在不断创新。

三、评估渠道成员

对中间商的绩效要定期评估。评估标准一般包括销售定额完成情况，平均存货水平，向顾客交货时间，对损坏和丢失货品的处理方式，促销和培训计划的合作情况，货款返回状况，以及对顾客提供的服务，等等。

一定时期内各经销商实现的销售额，是一项重要的评估指标。制造商可将各中间商的销售业绩分期列表排名，目的是促进落后者力争上游，领先者努力保持领先。但是由于中间商面临的环境有很大差异，各自规模、实力、商品经营结构和不同时期的策略重点不同，有时销售额列表排名评估不够客观。正确评估中间商业绩，应在作上述横向比较的同时，辅之以另外两种比较：一是将中间商的销售业绩与其前期比较；二是根据每一中间商所处的环境和它的销售实力，分别制订出其可能实现的销售定额，再将其销售实绩与定额进行比较。

正确评估渠道成员的目的是及时了解情况，发现存在的问题，以对不同类型的中间商，更具针对性地实施激励和推动。企业要建立一定制度，对完成协议任务者支付奖励报酬；对长期表现不佳、一直难以有效工作者，果断中止关系。

四、调整分销渠道

为了适应市场与环境变化，现有的分销渠道经过一段时间的运作，往往需要修改和调整。促使企业调整渠道的主要原因，是消费者购买方式的变化、市场扩大或缩小、新的渠道出现等。另外，现有渠道结构不可能总是在既定成本下带来最高效的产出。随着渠道成本递增，也需要根据理想的渠道结构加以调整。

生产企业调整分销渠道主要有三种方式：

1. 增减某一渠道成员

作这种调整需要进行经济增量分析。即分析增加或减少某个中间商，会对企业利润带来何种影响，影响的程度如何。如果决定在目标市场增加一家特许商或批发商，不仅要考虑通过增加的渠道成员能带来多大的直接利益，如销售量的增加额；而且要考虑对其他经销商的需求、成本和情绪会产生什么影响，例如导致销售量的增减等问题。

2. 增减某一分销渠道

如果在同一渠道增减个别中间商不能解决主要问题，就要考虑增减某条分销渠道。例如某化妆品公司发现其经销商品只注重成年人市场而忽视了儿童市场，导致儿童护肤品销售不畅。为了促进儿童化妆品市场开发，就需要增加新的分销渠道。这样也需要广泛地对可能的直接和间接反应，以及效益进行系统分析。

3. 调整改进整个渠道

企业对现有的分销体系通盘调整。难度最大，因为不是对原有渠道的修补，而是全面改变企业的渠道决策。例如计算机公司改变原来批发商代理渠道，采用直销渠道；饮料制造商考虑以集中装瓶和直接销售，取代地区特许装瓶厂。这要改变大多数市场营销组合策略，通常要由企业最高管理层决策。

上述调整方法，第一种属于结构性调整，立足于增加或减少原有渠道的某些具体成员、层次；第二种、第三种属于功能性调整，是将一条或多条渠道工作在渠道成员中重新分配。企业现有的分销渠道是否需要调整、调整到什么程度，取决于分销渠道是否处于平衡和理想状态。

 小案例13-2

娃哈哈的渠道多元化

娃哈哈创立之初，主要通过副食品、医药行业的一批大型国有批发企业销售公司儿童营养液产品。随着公司的发展和产品多元化，单一渠道模式很快成为销售瓶颈。娃哈哈开始探索与代理商建立共同经营产品的"联销体"制度，进行渠道再设计：首先，自建拥有一支约2 000人的销售队伍，隶属公司总部，派驻各地甄选经销商并为其提供服务；其次，在全国各地开发了1 000多家业绩优异、信誉较好的一级代理商，以及数量众多的二级代理商，确保渠道重心下移到二、三线市场。其三，分别设计针对不同顾客的渠道模式：对于机关、学校、大型企业等集团顾客，厂家上门直销；对于大型零售卖场及规模较大的连锁超市，采用直接供货；对于一般超市、酒店餐厅以及数量众多的小店，由分销商密集辐射。这种"复合"结构，既能够有效覆盖，又能够分类管理，有利于在每种零售业态中都取得一定的竞争优势。

娃哈哈渠道多元化战略对于公司的快速发展是不可或缺的。事实上，所有企业都需要合适的渠道售卖合适的产品或服务。如今，日益复杂多变的市场环境、愈演愈烈的竞争和飞速发展的互联网等信息技术，迫使企业不断创新分销系统的设计与管理，将传统渠道策略提升到决定企业命运的战略层面。

五、渠道成员间的矛盾协调

（一）渠道冲突及其原因

不管渠道设计如何精良，管理如何优秀，在渠道成员之间总会发生冲突和竞争，需要加以协调和解决。

1. 渠道冲突的主要类型

（1）垂直渠道冲突。即同一条渠道不同层次之间的冲突，如制造商与批发商、经销商之间，批发商与零售商之间，可能就购销服务、价格和促销策略等方面产生矛盾冲突。

（2）水平渠道冲突。即某渠道内同一层次成员之间的冲突，如特许经销商之间的区域市场冲突，零售商之间对同一品牌的价格战等。

（3）多渠道冲突。即同一制造商建立的两条以上渠道，向同一市场出售产品引发的冲突。常见的有在超市、小卖部为其打开市场以后，啤酒生产商又直接开辟餐馆渠道等"第二战场"进行销售；一些家电品牌和厂商既通过大型商场等实体店铺销售，又进驻互联网平台开设网上商城，还亲自在当地线下开设直营商店系统。

2. 渠道冲突的原因

导致渠道冲突一般有以下原因：

（1）目标不同。如制造商希望以低价政策获得高速成长，零售商则希望获取短期高利润。

（2）没有明确的授权。如销售区域的划分，权限和责任界限不清晰。

（3）预期不同。如对经济形势，制造商看好并希望经销商多经营高档产品，但经销商看淡。

（4）中间商对制造商过分依赖。如特许经销商（汽车经销商等）的经营状况，往往决定于制造商的产品设计、定价政策等，由此会产生一系列的冲突。

（二）渠道冲突的管理控制

渠道冲突有些结构性的，需要通过调整渠道解决；有些是功能性的，可以通过管理手段加以控制。管理控制的主要方向有：

1. 确立和强化共同目标

不管职能有何差异，渠道成员都要有共同的目标，如生存目标及市场份额、高品质、消费者满意度等目标。特别是受到外部竞争威胁时，渠道成员会更深刻地体会到实现这些共同目标的重要性。企业要有意识地激发成员的共同目标意识，引导他们紧密合作，追求共同的最终价值。

2. 在两个或两个以上渠道成员间交换人员

通过互相派人员到对方相关部门工作一段时间，增进彼此之间的了解，可更好地从对方的角度考虑问题。

3. 合作

指一个组织为赢得另一组织的支持所做的努力，包括邀请对方参加咨询会议、董事会等，使它们感受到重视，表现出示合作的诚意。还应及时根据对方的意见和建议，合理修订己方政策等，以有效减少冲突。

4. 发挥行业组织的作用

加强渠道成员之间业务沟通。通过商会、工商联等组织，举办专题研讨会等，对工作中一些热点问题广泛交换意见，促进各方做好工作。

当冲突经常发生，或冲突激烈时，有关各方可以采取谈判、调解和仲裁等办法，根据法律程序解决。以保证继续合作，避免冲突升级。

第四节 物流决策与管理

一、物流的性质

物流是伴随商流而发生的，产品实体在一定的空间和时间内的流动。狭义的物流概念，是指将产品实体从制造商送达最终消费者的过程；广义的物流，则包含了原材料或最终产品，从产地到达使用地点或最终消费者的全部流程。图 13-5 列出了物流管理涉及的多方面活动。

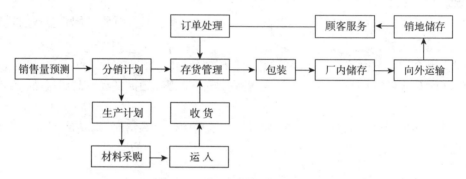

图 13-5 物流系统的主要活动

物流活动按先后顺序，可大致描述为：预测销售量，作为企业制定生产计划和确定存货水平的依据；按生产计划确定和采购原材料，运往收货区，储存在原材料仓库；原材料加工成成品后的包装入库储存（厂内储存）；将产品发运到销地仓库储存；发运到销售单位；运至顾客并提供售后服务。

物流的基本功能是实现产品实体从生产者向消费者的转移，为实现营销目标提供后勤保障，因此物流系统对分销渠道的效率、顾客满意程度和公司目标的实现等都有重大的影响。物流成本在许多企业的销售费用中占很大比重，这一成本也是营销者需重点控制的成本。合理组织物流，降低物流成本，是企业面临的重大课题。

物流不仅是成本的问题，也是竞争性市场营销的有力工具。企业可通过改进实体分配，加强物流管理，提供更佳服务或降低成本，吸引更多的顾客，提高顾客的满意程度。相反，物流不佳，会导致一系列问题，如产品损毁、编配混乱、不能按期交货等。降低物流效率和服务水准，只会使企业在竞争中处于不利地位。

二、物流目标

企业实施有效的物流管理，首先要确定物流目标。这个目标可表述为：通过系统整合，对产品作适时适地的传送，达到最佳顾客服务与最低的物流成本。实现这个目标需要处理好一系列矛盾，如最大限度满足顾客需求与尽可能减少库存量以降低储存费用的矛盾，实现物流时效性与节约运费的矛盾等。解决这些矛盾，需要系统综合统筹兼顾、权衡得失，优化组合。一般来说，企业应根据不同的条件，综合权衡下列情况，设计本企业产品的物流系统，制定物流管理的具体目标。

小案例分析 13-1
联邦快递：使每一次顾客体验都卓尔不凡

三、物流系统要素管理

要以最低成本达到物流系统的目标，必须对决定系统总成本的四个要素进行重点管理。

（一）订单处理

物流过程从接受顾客订单开始。企业订货部接到订单，开出一式几份单据，分送各有关部门，经过订单录入、检查客户账户、制定存货和生产计划、发货和开具发票，直到货款回收，要经过一定时间，涉及多个部门。这个周期越长，成本越高，顾客满意程度和公司利润越低。因此必须做好协调管理工作，以迅速、准确地完成订单处理过程，缩短从订单到货款回收的周期。

为了提高效率，缩短订货周期，很多企业采用计算机系统处理订货业务。目前较为完善的计算机订货系统，可以自动完成以下业务：录入订单，自动检查客户资信状况，查看订货品种存货及存在何处；通过系统发出出货指令，给客户开出账单，更新存货记录，发出生产指令以补充库存；向销售代表反馈信息，说明顾客订单正在出货以及即时到达地点。

（二）仓储地点

产品在最终销售出去之前，必然有或长或短的储存过程。在仓储决策中，企业首先应根据目标顾客的数量、市场范围、交通运输条件、客户要货数量和服务要求等，考虑和决定仓储地点、数量和仓库规模。然后，要决定使用仓库的类型——自设仓库还是租用仓库，使用仓库的功能——储备仓库还是分销仓库，具体决定时要认真比较其方便性与其使用成本等。最后，是对仓库的储存及搬运装卸系统等设备投资作出决策。

（三）存货水平

存货水平是影响顾客满意程度的重要节点，因而也是物流管理的重点。其决策与管理要点是：

1. 要确定合理的存货定额

目的是使商品储存保持在适当水平，既不会缺货断档又不会积压。事实上，要求所有环节都能百分之百即时满足订货需要是不可能的，即使能这样，存货成本也会非常的高。因此，企业首先要将存货成本同效益进行比较，了解增加存货和保证迅速完成订单能增加的销售额和利润，并对库存不足的风险和库存积压的成本加以权衡，以确定合理的存货量。

2. 要决定何时进货即订货点问题

存货量随着不断的销售而下降，降至一定数量时就需要再进货，这个需要再进货的存量就称为订货点。订货点的确定要考虑办理进货手续的繁简,运输时间的长短,是否容易发生意外情况,该货的销售频率、对服务标准要求高低等因素。如果到货时间长,脱手快,服务水准高,则订货点要定高;反之,则可定低些。

3. 要决定每次进货数量

进货数量和进货频率(一定时间内的进货次数)相关,二者呈反比关系。进货量的确定,要考虑办理进货的成本和保持存货的成本之间的关系。一般情况下,进货的频率越高,则每次进货的量越小,进货成本高;相反,进货的频率越低,则进货的量越大,进货成本下降,但存货成本会提高。综合考虑和比较上述情况,可以选择包括单位进货成本与单位储存成本在内的总成本最低值,作为企业的最佳进货量。

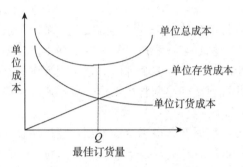

图 13-6 如何确定最佳订货量

图 13-6 表明,随着订货数量增加,每一单位的订货成本会减少,而其储存成本则相应增加。将两条成本曲线垂直相加,就得到一条总成本曲线。总成本曲线最低点对应的订货量 Q,就是最佳订货量。

(四)运输方式

企业选择何种运输方式,都会影响产品的定价、交货时间和货物到达目的地的状况,所有这些都关系到顾客的满意程度。可供企业选择的供货方式,主要有铁路、航空、公路、水运和管道等方式。

选择运输方式的标准,一般应综合考虑速度、频率、可靠性、运载能力、可用性和成本等因素。如果要求快速,空运和汽车运输是主要选择;如果要求成本低,则水运和管道就是主要的考虑对象。然而,对于物流系统中以货运为主的流通业务来说,其大批量、多品种和众多服务对象的运输业务,需要考虑更多的要求,作出更多的选择。如确定合理的运输路线,保证货运的合理流向,减少运输环节以及改善装载技术等。

企业可选择联运方式来达到系统目的的要求。为满足方便和集约运输的要求,各国物流系统经历了从大规模运输,如普遍使用火车、轮船等大规模运输工具,向减少运输、提高运输质量,如综合使用多种运输方式的转变过程。"门到门"的汽车货运方式和集装箱联运方式,相继成为热点。集装箱的普遍使用,使得铁路和公路联运极为方便,而且节约运输成本。

企业对运输方式的选择,必须考虑各种运输方式的利弊及相互关系。同时,也要考虑对其他物流要素,如仓储和存货的影响。不同运输方式的相对成本,会随着时间而发生变化。企业在探索物流计划时，必须分析研究做出的选择是否得当。

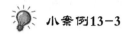小案例13-3

外卖打开的即时配送①

根据必达咨询发布的报告，2017年1季度同城B2C餐饮外卖配送中，饿了么"蜂鸟"占市场份额的45.8%，位居第一。

"蜂鸟"的运力构成，有物流代理商、众包、自建和兼职等。饿了么首席运营官康嘉接受专访时表示，配送队伍中一半以上是代理商，"蜂鸟"在全国有500家左右的配送加盟商；另外自营配送员6 000多人，负责五六个城市重点难配送商圈。康嘉表示未来这部分队伍不会扩展，因为自营成本高，市场需要零散网状的配送结构。

"蜂鸟"是饿了么旗下的物流平台。康嘉表示，未来"蜂鸟"将利用多种运力模式，承接更多饿了么以外的社会单量，成为"中国最大的同城物流平台"——这意味着全品类的覆盖。

从外卖起家，目前三大外卖平台都开始拓展品类，以增加流量。如下午茶、夜宵、生鲜水果、商超日用品等。康嘉表示，未来计划餐饮订单占比下降到50%以内。

目前饿了么正在进行"蜂鸟"的开放，争取更多饿了么平台之外的中小商家。"'蜂鸟'未来肯定会开放，但并不会剥离"，康嘉表示，外卖行业跟传统电商相比，交易和履约非常紧。即时配送目前还是很零散的状态，很难说是一个产业，除了外卖还没有大规模爆发，所以目前还未实现全品类覆盖。

在他看来，同城配下一个新增长点是新零售、商超品类、生鲜水果、专人直送等。根据上述必达咨询的报告，在同城市场订单类型中，在餐饮外卖之后超市位列第二。此外，三大平台相继推出专人跑腿帮买业务，打破了商圈概念转向全城配送，配送产品也多样化。

除了三大外卖平台，即时物流的需求也催生了众多垂直电商。"快健康"App是一家位于成都的同城电商，商品以水果零食酸奶为主，自营为主，主打一小时到达。"快健康"运营总监王筎颖表示，以温控管理为例，从4 ℃～12 ℃的热烘面包，到0～4 ℃的牛奶，再到−18 ℃的冷冻产品，不同温度对前置仓的设置、仓位的管理要求极高。王筎颖表示，目前以自有物流为主，外卖平台配送、众包物流公司等为辅。众包物流针对商户有另一套计价系统，在一定规模下有优惠。她也表示自营成本太高、众包运力不确定性大，所以要和多个平台进行合作。

众包方式弹性较大，非常适合同城即时物流市场，尤其是有午晚高峰外卖。目前三大外卖平台都已构建自己的众包平台，引入更多的同城运力。

人人快递等众包物流平台原以"专人直送"理念起家。随着即时物流需求加大，纷纷参与到外卖等B端的市场，或被巨头收入囊中。如阿里、饿了么入股点我达，京东到家与达达合并。

---

① 资料来源：习曼琳.谁能跑赢最后一公里？同城物流争夺战已经打响[EB/OL]. 界面（http://mp.weixin.qq.com/s/zkO3brGKAfjzPZpEYZCkig），2017-07-08.

目前外卖的补贴战还没有结束。记者了解到，外卖平台平均一单物流配送成本 7~8 元，补贴后平台收取 4~5 元。在外卖利润微薄的背景下，众包物流或如达达向 C 端开放，或争取更多像 LES AIRS 这样的中小商家。

据 Analysys 易观数据监测，互联网即时配送市场订单量已近传统物流市场的 10%。作为下一个蓝海，可预见的是，无论是平台还是供应商，都在提前布局以争取未来的主动权。

扩展阅读 13-3
中国最牛港口，码头空无一人，集装箱自动穿梭装卸英国、美国排着队来学习

本章小结

分销渠道是实现产品从生产者到达消费者（用户）的通道。围绕产品价值的实现，分销渠道必须完成调研、寻求、分类、促销、洽谈、物流、财务和风险承担等功能。企业可通过对分销渠道的正确决策和有效管理，提高渠道效益，增强竞争力。

在分销渠道决策中，营销者首先要分析影响构建分销系统的各种因素，如产品特性、市场特征、企业自身状况、竞争状况和经济与法律环境的要求等，确定渠道类型；根据目标市场的相关要求和限制条件，拟定若干渠道方案；最后要依据经济性、控制性和承诺义务等标准，评价和比较和从中选定方案。在分销渠道管理中，要重点做好渠道成员甄选、职能分工、工作激励、绩效评估等工作，也要做好渠道冲突管理工作，以及对分销渠道局部或通盘的调整工作。

物流管理是分销管理中另一项重要任务。实施有效的物流管理，首先要确定物流目标，即通过系统整合，适时适地传送产品，达到最佳顾客服务与最低物流成本。为达到这一目标，需要对包括订单处理、仓储地点、存货水平和货物运送四个要素，实施重点管理。

重要名词

分销渠道　渠道功能　类型结构　系统结构　渠道冲突　物流管理　物流目标　订单处理

即测即练题

复习思考题

1. 什么是分销渠道，如何理解其主要特征？
2. 分销渠道有哪些基本功能？

3. 结合实际，谈谈你如何理解分销渠道的类型结构和系统结构。
4. 尝试为一家企业制定一份合理的分销渠道方案。
5. 分销渠道管理的原则和主要内容有哪些？
6. 谈谈你对企业物流目标的理解。

 案例

格力如何"渡劫"

"我只是个卖空调的。"十年前董明珠常说的话，如今成了限制格力发展的"魔咒"。这种专业化做空调的理念，帮助格力横扫国内空调市场。但是，只做空调，已经不足以满足市场竞争了。

其实从 2019 年开始，格力业绩就已明显下滑。"白电"三巨头海尔、格力、美的，只有格力利润出现负增长。业务单一是一大原因。

格力一直试图突破困境。2013 年格力理念逐渐转变，多元化力度加大，先后进入手机、新能源汽车、智能穿戴、冰洗和厨电领域，甚至布局芯片、医疗设备等产业。不过这些业务都接连碰壁，格力随后淡出造车、手机制造，着手自身渠道改革。2020 年遭遇新冠疫情，以传统经销商为核心的格力遭遇最大"滑铁卢"，线下实体停摆，格力线下业务深受影响。

疫情催化也加速了格力改革之路。董明珠挂帅直播带货，去除层层代理，这一切都彰显了格力改革的决心。

格力还需要更快点。目前除了空调业务占据主导权，格力在家电细分市场还没有拿出像样的成绩，而竞争环境却更白热化了。除了老对手美的，小米、苏宁也已步入这一赛道。

格力困局

二季度以来家电行业普遍回暖。但与同行相比，格力的情况并不乐观。前三季度营收和净利润分别下滑 18.4%和 38.1%。有分析认为，格力复苏动力不足的原因，主要在于过度依赖单一的空调产品。

据中国电子信息产业发展研究院《2020 第三季度中国家电市场报告》，2017—2019 年，格力电器空调产品营收占比分别为 83.22%、78.58%、69.99%，占据绝对主导地位。这种主导地位建立在格力和线下经销商深度捆绑的基础上，也让格力在疫情情况下一损俱损。

回顾历史，与经销商利益深度捆绑算得上格力最成功的经验。无论是海力（格力前身）时期参与线下空调大战，打败昔日霸主春兰，还是在国美苏宁大卖场时期渠道议价权争夺，与经销商深度绑定功不可没。这套打法极大提高了格力整体动员动力，但缺点也明显。一是层级太多，会抬高格力最终售价，影响市场竞争力；二是开拓线上业务阻碍重重。这样也能理解，线上零售成为新趋势的时候，董明珠曾一再表示不转线上营销。

格力正为此付出代价。2020 年上半年，格力电器空调产品毛利率从 2017 年的 37.07%降至 32.05%，高毛利空间缩小，这也意味着定价空间进一步缩小。家电领域除了格力、美的这样的在节能上有核心技术，并不是门槛特别高的行业，更多是依靠规模起量后，通过议价权压缩成本，抬高利润。但是格力经销体系层级过多，每一部分中间商都需要赚取差价，格力最终产品定价能力越发受限。

这种模式还影响格力新业务拓展。有经销商表示，"格力做了许多尝试，如手机、冰箱、空气净化器等。但实际销售表现，新业务没有多少竞争力。在家电各个细分赛道早有'巨头'把持，'后知后觉'的格力电器很难再分一杯羹。"事实上，很多新业务也不能用传统经销商的思路经营。例如很难想象在空调专卖店卖手机，而小家电线上购买更为方便。

在布局多元化的路上，格力没有跳出传统制造业的思路。过长的经销商链路让格力离用户很远，难以了解用户的真正需求。

变革进行时

围绕顽疾，格力首先需要改革的就是经销体系。在2018年度干部会议上董明珠说，"销售管理要彻底变革，渠道变革也是销售变革之一。"

不过，格力与经销商体系利益深度绑定，过激容易引起经销商强烈反弹。格力的股份制区域经销模式，是与各地经销商大户联合出资成立销售公司，代理区域内格力产品销售，这种模式让格力快速完成市场扩张。在格力发展早期，为了自身利益，格力以战略投资者身份引入京海担保持有格力近10%的股份。京海担保是格力线下经销商合资成立的公司，也让格力和传统经销商利益进一步绑定。资深产业经济观察家梁振鹏表示："格力的渠道变革首先会影响到的便是京海担保这种大区批发代理商成立的合资公司的利益，未来格力的大区批发代理商必须要向零售方向去转型。"京海担保一直是格力的前三大股东，代表格力线下经销商的利益，从另一个层面也在成为格力改革的障碍。

格力管理层需要一条"鲶鱼"激活变革活力，珠海明骏就是这样一条"鲶鱼"。2019年年底，珠海国资委批复，格力集团15%股权转让珠海明骏。格力集团发布的《简式权益变动报告书》称，引入战略投资者，不断优化格力电器治理结构，进一步激发企业活力，推动其成为科技型、创新型、多元化、全球化布局的国际企业。珠海明骏实际控股人高瓴资本，作为一家广泛参与互联网、科技的资本机构，也有望推进格力电器的改革转型。

但还不够，格力必须在实际业务中有所改变。

格力目前思路较明确。一方面缩短销售层级，转变销售公司与代理商的角色，不再局限于线下销售，开拓线上业务；另一方面，转变利益分配方式，降低区域代理商的利润率，降低经销商现金周转压力，激活终端经销商主观能动性。

线上网店"董明珠的店"已在经销商层级大规模使用。线下客户可通过线下经销商专属二维码进入，格力正将原有线下客户导流到线上。2020年5月到8月，董明珠多次线上直播，累计销售额超过300亿元。格力2020年二季度总营收不过500亿元。为此，2020年3月掀起渠道改革，砍掉层层代理体系，转为工厂与专营店经销商直营模式。从工厂直接触达门店，减少中间的代理商，更好提升毛利。

不过，传统经销商已有所不满。董明珠结束"6·18"直播第二天，京海担保发布减持公告，给格力的线上热情浇上一盆冷水。

格力传统经销体系相比其他家电企业更加根深蒂固，早已你中有我、我中有你。每次对传统经销体系动刀，也会对自身利益产生很大的影响。

除了渠道改革，多元化探索方面格力也有新动作。年初董明珠表示，"格力电器将投资10亿元在医疗设备领域，研发生产高端医疗设备。"未来将新增一个医疗板块。目前来看，除了疫情到来生产的口罩和防护产品，这一领域布局依旧处于"雷声大雨点小"。

格力除了空调，还没有真正规模化营收的其他业务。

后董明珠时代

董明珠被外界称为"铁娘子"，带领格力创造了制造业的一个奇迹。但强势也成了双刃剑。董明珠可以带领格力破釜沉舟，也可能因为不太明智的决策走入深渊，例如珠海银隆造车事件。最终由于中小股东反对，格力并未对此介入过深。

这样一位强势管理者，现在的挑战是如何带格力再赢一次。

在渠道改革方面，董明珠决心推进。家电行业分析师方真表示，"格力本次渠道改革，相比上一次跟国美苏宁决裂而自建专卖店，难度要小得多，而且还有高瓴助力，但时间可能长点。美的渠道改革也用了两年才见效。"

根据中银证券相关报告，格力在产业链的利润占比超过65%，相比其他家电企业有更高主导权。同时2021—2023年，空调需求仍由新增需求主导，叠加疫情的需求后移，预计空调行业增速在双位数以上。格力主业务还有增长潜力。

新业务方面，智能家居是不可忽视的大趋势。美的和格力都有布局，2018年美的成立IoT事业部，2019年底格力发布家电"一呼百应"智能家居全景蓝图。在这个蓝图里，可以通过格力空调和"格力+"App、物联手机、智能门锁、魔方精灵五大控制入口，实现格力所有大小家电产品互通互联。

格力对于格力智能家居的布局起于格力手机研发，依靠格力手机实现全智能化场景布局。但从实际成果来看，格力手机在同性能配置手机里，价格高出一倍有余，通过手机实现智能互联的道路并没有走通。从2020年中报数据来看，格力在智能家居没有太多成果，生活电器、智能装备、其他主营业务收入占营收比重分别是3.19%、0.30%和8.56%。

相比传统家电，智能家居市场规模还有很大空间。根据iiMedia Research公布的数据，2019年中国智能家居市场规模1 530亿元。Verified Market Research发布的智能家居报告也显示，2020—2027年智能家居市场年均复合增速将达13.5%。这一市场留给巨头们很多空间，不过除了格力、美的、海尔三大家电企业，互联网公司也在探索。小米智能家居已有一定规模，阿里继天猫精灵后推出"妙物"品牌直指智能家居市场，华为11月初连发16款与智能家居有关的智能产品。

传统家电企业智能家居道路并不好走。不过传统家电企业也有自己的优势，相比互联网公司更多做零部件整合，家电企业有自己的工厂和规模优势，在中上游能更有效地控制成本。

相比较美的和海尔的速度，格力在这方面慢了。接下来，无论是渠道改革，还是智能家居探索，格力都需要加快速度。

"一个制造业永远没有迷茫的那一天。在前进的过程中，最大的敌人是自己，最大的挑战也是自己。"董明珠说的这句话，也正是符合当下格力的境况。

资料来源：王古锋. 格力"渡劫"[EB/OL]. 澎湃新闻（https://www.thepaper.cn/newsDetail_forward_9989720），2020-11-15.

案例讨论题

1. 格力有实行渠道变革的必要吗，为什么？
2. 你认为格力的渠道改革应当重点放在哪些方面？

第十四章 零售与批发

本章提要

本章介绍分销渠道的主要成员——批发商、零售商的功能、类型及营销策略。就制造商而言，了解中间商的形态及其运作，有助于实施正确的分销决策与管理。就中间商而言，了解同行状况，有助于其维系和发展自己的事业。因此，了解各类中间商的职能特征、组织类型及营销策略，以此为基础构建合作与伙伴关系，是十分必要的。

 引例

社区团购太疯狂？成为超市行业变革的加速剂

社区团购的疯狂，更加坚定了超市行业的变革。步步高董事长王填甚至在行业论坛上表示，受社区团购的冲击，超市业态到了生死存亡的至暗时刻。也有分析认为，社区团购对实体超市是一个很好的补充。实体超市企业自身要不断地优化商品和服务，真正深入了解消费者需求。

超市集体低迷

在刚刚过去的一季度，多家超市业绩数据表现都不尽如人意。不过最近却有所好转。记者从多家超市企业了解到，尽管一季度不少超市业绩下滑，但现在与之前相比，门店销售业绩稳中有进。北京华冠超市相关负责人坦言，社区团购平台大规模烧钱补贴之下，到店客流受到一定影响。"但目前跟之前比，最大的变化是客流下降，客单价在上升，线上占比也在逐步增加。"

值得注意的是，一季度包括高鑫零售、永辉超市、家家悦等 13 家超市，有 12 家营收出现同比下滑，有 4 家企业下滑幅度达两位数，有 8 家出现营收、净利双双下滑。

5 月 26 日，高鑫零售 CEO 林小海在一场行业论坛上表示，社区团购模式有一定的竞争优势，预售和自提不仅带来低库存、高周转，还减少末端最后 300 米的配送，两者算下来的成本低于卖场 5%至 7%。"若社区团购与卖场之间只是 5%至 7%的差价，用这些差价换用户一公里的路程是合理的，和卖场之间也应该是公平竞争。但是现在不好的是，因为有资本的力量，社区团购可能不是 5%至 7%的差价，而是 50%至 70%的差价。"

受到疫情影响，社区团购这个原本衰落的模式又重新焕发生机。从去年年底到今年 3 月份，资本也将社区团购推上了最高潮。在资本加持下，社区团购正以极速扩张的节奏渗透到各个角落。在无上限的补贴之下，一个创新模式逐渐沦为一个低价竞争的战场。

社区团购成变革加速剂

一位不愿具名的品牌连锁超市相关负责人表示，疫情的确加速了线上消费的进程，不少消费者养成了线上购物习惯。但超市一季度业态下滑，社区团购的影响只是一部分，还有消费信心以及消费能力收缩的原因。

该负责人认为，国内零售企业在商品和服务方面并没有做好。实际上，即便在疫情影响逐渐消散的今天，不少消费者购买部分商品仍然会选择线下。"比如说水、牛奶等等标准化的商品，消费者更多选择线上购买。但一些需要感官体验的商品，比如说肉、水产、蔬菜等商品，消费者还是愿意去到实体门店。从产地源头、生产到加工再到运输，这一条线要做精了，其实就不怕价格竞争了。我们从消费端去反向指导生产端，通过技术升级或者产业链的升级，就可以建立起壁垒，也就不存在搅局者了。"

在上述负责人看来，疫情和社区团购反而告诉了实体超市企业，消费是多种多样的，应该怎样去满足消费者的变化。以往很多实体超市可能觉得线上占比可有可无，只要有就行。但在疫情之后，线下超市也开始越来越重视线上销售。

回顾超市以往的发展历程，相比十多年前，实体超市遭遇第一波电商冲击的时候，在经历疫情以及这一波社区团购的冲击下，超市行业的应变能力更快了。不少超市都开始有所调整。

华冠超市相关负责人介绍，他们主要围绕两点思考：如何让顾客持续喜欢你，如何把商品高效率卖出去。"我们首先确定目标顾客，然后锁定服务商圈，然后从为顾客创造价值的角度出发，品类研发向纵深发力，做价值创造。同时，通过靠技术升级、数字化运营、走全渠道发展之路，提高运营效率，提升企业效益。"

避其锐气　击其短板

北京电商协会智能零售专委会秘书长魏波认为，在互联网时代，社区团购其实是商业模式上的一种延伸，对实体超市是一个很好的补充，这也符合当前商业发展的趋势。但在急功近利的资本助推下，社区团购显然改变了性质。为了流量、拉新以及平台活跃度，平台无下限的价格竞争，违背了社区团购真正服务百姓、服务供应商的理念。所以造成了实体店、服务商和社区团购水火不相容的情况。

"因为社区团购它只能做到某个品类的精，很难覆盖到所有的商品。比如说产地直销商品，社区团购平台在做一个或是几个单品的时候，他们可以做得很精很细，同时将价格做到最优，来满足消费者的需求。"魏波表示。

可以看到的是，在监管的介入下，疯狂的社区团购已逐渐回归平静，但并未停下脚步。受到电商冲击由来已久的超市企业，还是要不断地优化商品和服务，真正深入了解消费者的需求。

"超市行业实际上就是为消费者提供一个饮食解决方案。未来实体店可以从极度新鲜、多样化入手。"在零售业专家、上海尚益咨询总经理胡春才看来，尽管电商在效率方面很有优势，但电商再怎么冲击，中国实体零售绝对不会被淘汰的。实体零售应该避免和电商去比拼标准化，而是应该尽可能地演绎出差异化。

资料来源：赵述评，赵驰. 社区团购太疯狂，成超市行业变革加速剂[EB/OL]. 北京商报网（http://m.bbtnews.com.cn/article/231564），2021-05-28.

零售、批发是营销中最基本的两类交易业务。零售市场是企业"决胜终端"的基本阵地。伴随需求、竞争的急剧变化及网上购物的迅速发展，零售业态及其经营方式正在发生快速的变化。批发面对的是中间性顾客,批发商以批发业务为主业,面对互联网、大数据、短渠道的环境与挑战,批发市场营销方式也在发生革命性变化。

第一节 零售与零售类型

一、零售的概念

零售是指所有将产品和服务直接销售给最终消费者,以供其个人消费或非营利用途的各种活动。凡从事这类的活动,不论何种机构(生产商、批发商或零售商),怎样销售(经由个人、邮寄、网店还是自动售货机),在何处销售(商店、马路上或消费者家中),都属于零售的范围。但是,参与零售活动的机构不一定就是零售商。许多生产者、批发商也参与零售业务。零售商是指那些以零售活动为主营业务的商业企业、机构或个人。

扩展阅读 14-1
新零售时代的八大经济特征

零售处于分销渠道的终端,是联系生产者、批发商与消费者之间的桥梁,是企业产品价值实现必不可少的一个环节。正因为如此,近年来许多企业提出了"决胜终端"的口号,把零售网络布局、发展与零售商的合作关系,作为分销渠道决策与管理的重要内容。

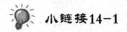小链接14-1

终端:企业的第二大脑[①]

终端是个巨大"针眼",企业布置的每一条线最后都要汇聚在这里。做好了,终端是个巨型"磁场":千条线,万条线,条条都是"磁力线"。对于一个企业来说,它的第一层面的决策线是从开端到终端,第二层面的决策线是从终端到开端。如果开端是"第一大脑",终端就是"第二大脑"。终端如何扮演好"第二大脑"的角色呢?

一方面,要做"思考型终端"。当终端思考着的时候,它是活的,当它迷失时则是死的。终端应当做到两组"三思":思危、思变、思善;让自己思考,让顾客思考,让媒体思考。

1999年,蒙牛初入深圳市场时,大商场水泼不进,小商场拒人千里。怎么办?我们就在小区试卖点写了句充满"挑衅"味的广告语:"提起深圳,你会想到高楼大厦、高科技;提到内蒙古,你会想到蓝天、白云、小羊,还有那从遥远年代飘过来的牛奶的醇香……几千里路来到这里:不尝,是你的错;尝了不买,是我们的错。好牛奶自然会说话。"结果,引起了大家的思考,吊起了人们的胃口。尝出了质量和魅力,牛奶由地摊而小店,由小店而商超,一路绿灯。这就是一个思考型终端。

另一方面,终端要影响开端。终端是信息最集中的地方,无论是顾客分析、竞争队

[①] 牛根生. 终端:企业的第二大脑[J]. 销售与市场, 2007(5).

友分析，还是环境分析，都有"一滴水折射太阳"的功效，是企业"再决策"的基础。

二、零售类型

为了适应快速变化和剧烈竞争的市场环境，世界各国的零售经营形态（亦称零售业态）层出不穷，复杂多样。营销人员可根据不同的标准，对零售业态进行分类，以便研究其不同的营销方式和经营特点，据以做出取舍。

（一）商店零售

商店零售又称有店铺零售，特点是在店内零售商品与服务。主要有：

1. 传统综合商店

又称传统杂货店，是店铺零售的初级形式。它通常以经营日常基本生活品为主，规模较小，多设在农村乡镇基层、城市小社区、小街道。如供销社基层店，乡镇、街道个体商店、小士多等。其经营的产品线较宽但产品项目有限，往往仅限于必需品种。综合商店经营成本较低，但经营方式较为粗放。

2. 专业商店

其经营的产品线较窄，但包含较多的产品项目，在本业范围内花色品种齐全。如服装店、鞋帽店、文具商店、花店、书店、儿童用品商店、妇女用品商店、美容店和特色餐馆等。

专业商店或以单一（或同类）产品线（如眼镜、家电、纺织品），甚至单一品牌（如美的空调）经营而成为专营店；或以某一群顾客（如老人、妇女）为服务对象，经营有限产品线而成为专门店；甚至可以定制各种产品，如为特定顾客量体定制衬衫（鞋帽等）成为超级专业商店。专业商店以专业化经营适应了不同细分市场的需要，近年来得到快速的发展。

3. 百货商店

百货商店是综合经营多条产品线，如服装、家电、文具、化妆品等，同时对每一条产品线均设置商品部，实行专业化经营的零售形式。百货商店一般规模较大，经营范围广，商品花色品种齐全，多设在城市交通中心和商业区中心。

百货商店最早于1852年出现于法国巴黎，后在各国相继迅速发展。到20世纪中期进入巅峰。美国西尔施百货商店曾多年占据世界500强榜首。但进入20世纪中后期，百货公司在同业竞争、新的业态（如超级市场）竞争和市中心区购物吸引力下降的冲击下，获利能力和市场占有率快速下降，进入零售生命周期的衰退期。面对竞争的挑战，许多百货商店采取了一系列的改革措施。例如，在郊区设立分店；改建装修店堂；增设专柜，将一些独立专营店吸纳进来；开展邮购、电话订购及线上销售等业务；引进超级市场、方便商店、廉价一条街等，实行多角化经营，等等。

4. 超级市场

超级市场是规模大、成本低、毛利低和销量大的，以顾客自我服务为主的零售经营机构。特点是商品分类上架，顾客自取自选，集中结算付款。一般以经营食品、洗涤用品和家庭日用品为主，满足顾客特别是家庭主妇对上述物品的全部需要。

超级市场以其方便、廉价吸引顾客，起始于 20 世纪 30 年代。数十年来，伴随经济发展与电子技术的应用，超级市场已经成为今日零售业态的主流模式。其代表沃尔玛继西尔施之后多年雄居世界 500 强之首。超级市场也面临大量创新型竞争者的挑战。为增强竞争能力，超级市场正朝着店面越来越大，经营范围越来越广，设施越来越齐全的方向发展。许多超级市场的经营范围已扩大到成药、家电、唱片、运动器材、小五金、园艺用品，甚至照相机等。在店面外观和内部装修、扩大停车场面积、延长营业时间、促销等方面，也下了不少功夫。如今，超级市场的营销方式已扩展到其他业态，货架自选成为许多其他零售类型的重要方式。

5. 方便商店

这是设在居民区附近的小型商店。经营品种范围有限、周转率高的便利品，营业时间长，方便顾客作临时想到的"补充式"购买。由于能满足顾客这一需要，可用较高价格获得加高毛利。"7-11"连锁店等就是方便商店的典型代表。

6. 折扣商店

一种以较低价格销售标准商品的商店。与一般商店偶尔打折扣和特卖不同，折扣商店以低价销售为正常业务，其商品大都是全国品牌而不是次品。折扣商店一般是通过低租金店铺、简易货仓式设备来减低成本，经营较宽产品线和较深产品项目，以毛利低、销量大来保证其低价销售的。近年来，西方国家的折扣商店面对百货商店的降价竞争，已经从经营普遍商品发展到经营专门商品，例如折扣体育用品商店、折扣电子产品商店和折扣书店等。

7. 减价商店

是以低价和大量销售为特征的另一类零售商店。折扣商店一般以正常价格从批发商进货，以较低利润率出售来实现低价。减价商店则通过非正常渠道低价进货，集中经营那些行情变化较大、质量较高的商品组合，如服装、附属品和鞋类产品等。

减价商店主要有三种类型：

（1）工厂代销店。由制造商拥有和经营，通常经销制造商不再生产的产品和不合格产品。这类代销店常以低于零售价 50%的价格销售范围广泛的品种，是制造商产品直销的一种形式。

（2）独立减价零售店。它通常由个人拥有、经营，或作为大零售公司的分支机构出现。直接从工厂进货，或从批发环节以优惠价进货，低价售出。

（3）货仓式商店。一种集仓储、批发、零售为一体的自选商场，以多功能、大批量和简易装修降低成本，低价销售。货仓式商店多会采用会员制（仓储俱乐部），销售品牌范围有限的食品、杂货、服装、生活用品，向交付会费的会员提供购物折扣，向小企业、政府机关、团体成员、非营利组织提供服务。其商品销售价格通常比超级市场和折扣商店低 20%~40%。

8. 购物中心

这是由众多大小商店组成的商场。我国和欧美国家大型购物中心一般设在市区，占地面积大,以一两家著名大店为主,有数十上百家不同行业的中小型店铺加盟。小型购物中心主要设于居民住宅中心或附近。购物中心通常提供购物、餐饮和娱乐多种服务,满足顾客的综合消费需求。

9. 服务店

分别提供包括住宿、就餐、修护、美容、照相、干洗、殡葬等服务的机构。服务店涵盖范围甚宽,如旅游酒店、餐馆、医院、律师事务所等。按照经济的发展规律,服务业的商业机构及其业务,正在以比商品零售业更快的速度发展。

(二)无店铺零售

指不经过店铺销售商品或服务的零售形式。主要形式有:

1. 直销

指生产者自己或通过推销人员(直销员)向消费者销售产品。包括集市摆卖、上门推销、举办家庭销售会等。集市摆卖是历史悠久的农民和小商品生产者的传统自销方式。今天在我国和东南亚国家,仍是一个不可忽视的市场。上门逐户推销,起源于古代和中世纪的行商,今天也仍然显示着其风采。如雅芳公司通过雅芳小姐推广其"家庭主妇的良友、美容顾问"概念,在全世界约有100万名直销商,每年创造20亿美元以上的销售额。

2. 直复营销

直复营销是营销商使用直接反应的广告媒体进行销售的方式。包括:

(1)售货目录营销。即销售商按照选好的顾客名单,邮寄内容详尽的售货目录和订单。顾客收到并作出购买决定后,可通过公司设立的免费电话选购所需商品。然后由公司组织送货上门。

(2)直接邮购营销。向特定潜在顾客寄送信函、折叠广告、宣传品及其他"长翅膀的推销员",列出联系的免费电话号码。顾客决定购买的商品,由专人或快递送货上门。

(3)电话营销。包括接受电话购货和电话推销。前者用于接受由电视、广播及邮寄广告、目录等带来的顾客订货;后者用电话直接向顾客推销商品。在一些国家,电话自动传输系统成为直复营销的重要工具。通过系统自动拨号,用活泼语言播出广告信息、自动应答顾客询问,或自动将电话转接给操作人员,接受询问和订单。

(4)电视营销。用电视作为直接媒体,其一是作直接反应广告,对产品进行有说服力的描述,然后给消费者一个免费电话号码;其二是通过闭路电视频道,全频道、整个节目都用于宣传介绍产品,提供销售服务。前者较多用于直销书刊、小型家电、音像制品、收藏品等;后者较常用于服务、音响、健身器材和家用电器。

(5)网络营销。这是应用互联网销售的最新直复营销方式。目前使用的网上营销主要有两种。第一种是公司通过互联网,提供网上营销信息和服务项目,供签约会员选择使用,会员必须按月交付一定的服务费用。第二种是通过国际互联网,实现网上直接对话沟通,完成交易程序。顾客通过计算机终端订购网站显示的商品,通过银行账户划付订金货款,公司直接或通过货运服务公司送货上门。

3. 自动售货

即通过自动售货机购买商品和服务。主要用于一些具有高度方便价值的冲动购买品（如饮料、香烟、糖果、报纸等）和其他产品、服务，如自动柜员机提供存款、取款、转账等服务。自动售货是一条相对昂贵的渠道。

4. 购买服务社

以会员制方式为某些特定顾客（如学校、医院、政府机关等大型组织的雇员）提供服务的不设店铺零售形式。这些会员可通过购买服务社，从一批经过挑选、愿以折扣价售货的零售商那里购物。

（三）零售组织

这是结合式零售类型。主要有：

1. 总体连锁店

它由两家以上同类商店组成联合经营组织。其成员经营类似的产品线，实行集中采购、统一销售活动，店面装潢风格一致。总体连锁店是连锁店中结合紧密、规模较大的一种类型，特点是共同的所有权及共同控制。各连锁店经营的产品种类由总部控制，总部集中采购商品并配送到各分店，决定价格、促销及其他主要销售政策。

总体连锁店较之单体店具有价格优势，可以凭低成本获取更大利润。

2. 自愿连锁店和零售商合作社

自愿连锁店是由批发企业牵头组织的独立零售商店集团，依托批发企业从事大量采购和共同销售业务。零售商合作社是由一群独立零售商店组成的联合组织，其合作内容主要是集中采购和联合促销。这些组织以合作达到经济节约，能有效地面对各类连锁店的价格挑战。

3. 消费合作社

这是由消费者出资并拥有的零售商店。社区居民不满当地零售商店的服务，或大型团体为其成员购物方便、实惠，自愿组成消费团体，出资开设商店。团体成员民主推选一些人对合作社进行管理，实行低价或正常价销售政策，根据每人购物多寡给予惠顾红利。

4. 特许经营组织

这是由拥有特许权的特许人（生产商、批发商或服务机构）与被特许人（购买某种特许权而营业的独立商人）之间的契约式联合。一些独特的产品、服务、专利、商标或管理模式，常可采用特许经营组织方式经营。快餐、电脑软件、保健中心、汽车租赁等服务业，主要使用这一方式。麦当劳快餐在全球的发展就是特许经营组织的成功范例。

扩展阅读 14-2
全渠道零售理论研究的发展进程

5. 销售联合大企业

这是一种自由形式的公司，它把不同类型的商品、商店和不同的功能联为一体，实行统一的分销和管理。例如，奶品农场公司除了在香港、台湾经营惠康超市连锁店，还在香港、深圳经营曼宁药店和 7-11 便利店，形成多样化零售业。它与连锁店相似，又有区别：其经营的商品属于不同类型，所属商店有不同的经营风格。

第二节　零售商营销决策

一、目标市场决策

选择目标市场，是零售商最重要的战略性决策。不论何种类型的零售商，只有在确定自己的目标顾客之后，才能合理决定其经营商品的范围、种类、价格档次、销售地点和基本促销手段等。

零售商的目标市场决策主要包括：

（一）确定目标顾客群

即在市场调研的基础上，运用市场细分的方法，选择和确定企业为之服务的主要顾客群体。企业要从现状和发展趋势两个方面，了解地区市场的零售环境、各类顾客群的规模、消费特点与购买行为，以及零售业态内外竞争者的有关情况，选择适合的细分市场（顾客群）作为目标市场，并对其经营特色作基本定位。

（二）确定本企业的经营方针

即根据目标顾客的基本要求，确定企业能使之满意的核心经营战略手段。经营方针是企业经营风格或形象的具体体现，它表达的是企业为顾客提供购买、服务和购物环境等方面的水平和特点。例如，根据调查，目标顾客对商店购物主要有下列要求：有礼貌并乐于助人的售货员，干净整洁的店面，商品品种多，收款迅速，店堂宽畅，空气清新和装修新颖。企业经营方针可以在"高品质服务"或"大众市场服务"之间选择，如图 14-1 所示分别为 A 或 B。

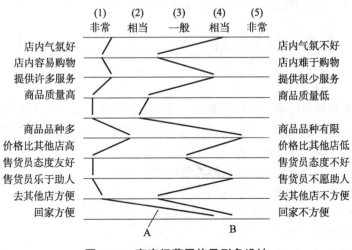

图 14-1　商店经营风格及形象设计

二、商品组合与采购决策

（一）商品组合决策

商品组合决策主要内容为确定企业的商品经营范围，即各大类商品及其比例，各类经营商品的品种、花色以及商品质量。零售商经营商品组合的宽度，是由其选择经营多少大类商品（产品线）所决定的，宽度大小取决于目标市场的宽窄。由于较宽的商品组合能适应较多不同性质的顾客要求，为兼顾较大的顾客面和充分满足目标顾客，企业一般应根据与目标顾客需求的相关程度，严格区分主营商品和兼营商品，不能喧宾夺主。商品组合的深度，由企业经营的各大类商品包含的花色和品种所决定。深度较大的商品组合，能更好地适应顾客的不同层次和偏好的购买需求。一般地说，主营商品的花色、品种应尽可能多，兼营商品则可少些。在商品编配中，根据目标顾客对商品质量的不同侧重标准，提供"合适质量"的商品，也是零售商应掌握的原则。

零售企业的商品组合，要根据市场变化不断地合理调整，结合服务方式和其他营销因素不断地创新，形成自己的特色，才能获得经营的成功。

（二）采购决策

企业商品经营组合的优化，是在购销动态中实现的。零售商的采购决策不仅对其商品经营特色的形成，而且对经济效益也有直接的影响。这一决策的主要内容，是根据企业经营方针和商品编配方案，具体确定所要采购的商品品种、数量、价格及购货地点、单位和时间，力争以最低的总成本，在最适当的时候，购进适当数量、适当质量的适销商品。具体的采购业务通常要综合考虑影响采购的各种因素，如不同商品的供求规律和产销特点，企业的库存、资金状况和交通条件等，制订并实施采购计划。

供应商需要了解零售企业的采购决策与采购行为。较大的零售商，采购通常是由采购部完成。他们倾向于根据产品适销程度（依据自身的销售经验，或供应商提供的新产品被顾客接受的程度），广告和促销计划支持及交易的优惠条件，决定是否购进。供应商应根据这些情况，有针对性地做好对零售商的促销工作。

三、服务与商店气氛决策

（一）服务组合决策

零售商为顾客提供的服务，包括售前、售后和附加服务，构成其服务组合。这也是零售商实现差异化、战胜竞争者的主要手段。零售商可根据目标顾客的需要和竞争的要求设计服务组合，形成自己的特色。

零售商的服务组合通常有下列四种类型可供选择：
（1）自我服务型。一般不提供售后、附加服务，立足于顾客自我服务。
（2）自选型。以顾客自我服务为主，提供少量售前、售后服务。
（3）有限服务型。提供较多服务。
（4）完全服务型。提供全过程服务。

（二）商店氛围决策

商店氛围由外观、店内设计、布局和商品陈列等要素组成，是店风店貌和形象的重要内容。零售商应根据其服务对象、业务性质营造商店氛围，科学设计商店门面，合理布置店内顾客、商品和店员三种空间，创造良好的购物环境，吸引顾客，方便购买。

商店氛围也是零售商之间竞争的一个要素。例如百货商店以其各具特色、多姿多彩的商品陈列吸引顾客；超级市场充分利用背景音乐、卖场香味变化等，综合刺激顾客视觉、听觉、嗅觉和触觉，产生预期的促销效果。

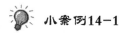

上海商场现"老公休息舱"[①]

据报道，近日上海环球港商场出现一款"老公休息舱"，内有自助式的电脑设备。

在四楼的一处连廊内，记者看到两台玻璃幕墙隔离的小包厢。里面安放了电竞游戏专用的舒适座椅，显示屏，电脑以及游戏手柄等设备。现场广告牌显示，这个小包厢就是"老公休息舱"。

负责运营维护设备的工作人员表示："很多男人陪老婆逛街逛久了，可以到'老公休息舱'放松一下，打打游戏，消磨些时光。同时老婆也不用担心老公催着要回家，安安心心地在商场购物逛街。"

对于"老公休息舱"这个事物，男性、女性市民评价不一。

市民吴先生称，第一次看到这样新奇的"老公休息舱"，觉得创意很好。"我不太喜欢陪女朋友逛街。但凡出去逛街，都会找电影看看，或者到吃东西的地方坐坐。有时候女朋友在买东西我就玩手机，女朋友看到还会不高兴。"他说，商场有这样一台机器，既能让女朋友安心逛街，他也能在不影响别人的情况下消遣一下，两全其美。

有女性市民认为，逛街最烦老公动不动说"逛累了"，还不断催促正在试衣服的自己"快一点"，甚至以"要回家"咄咄相逼。"老公休息舱"的出现让双方互相解脱，大家各自玩各自的，互不影响。

四、价格决策

商店必须根据目标市场、产品服务组合和竞争状况，决定自己的基本价格水准。采取高价政策还是低价政策，会给消费者一个总体印象和企业形象。

零售商的价格决策包括：

（一）价格水平

即决定商品定价的总体水平。一般可在"高毛利—低周转—高服务"和"低毛利—高周转—低服务"两种类型以及之间进行选择。前者是适应高品位顾客群的价格定位，

[①] 资料来源：陈伊萍，等. 终于能把老公寄存了！魔都商场现"老公休息舱"，老婆们都乐疯了：谁还能拦着我刷卡[EB/OL]. 澎湃新闻（http://mp.weixin.qq.com/s/2Xh451Ts5Yv4RAMN2yJjQw），2017-07-13.

后者是适应节俭型顾客群的价格定位。两者之间，还有多种价位类型可供选择。

（二）定价策略

包括决定各类商品价格水平差异和价格促销手段。在价格总水平既定的情况下，零售商可将某些商品卖价高些，某些则定价较低，以后者吸引顾客流量，保证其他商品的销售。例如，鞋店为保证以正常加成价格销售 50%的鞋子，而决定以较低的加成价销售 25%的鞋子，另外以成本价销售其余 25%的鞋子。零售商还必须决定是否使用促销定价或"每天降价"等策略。

（三）品牌策略

零售商是否经营自己的品牌，也与定价策略相关。因为零售商自己的品牌定价较低。中国香港屈臣氏自有品牌的价格，比制造商品牌的同类产品便宜 20%～25%，这些品牌产品已成为公司的第二畅销品。

五、促销决策

零售商要实施促销计划，使用正确的促销手段支持并加强其形象。促销计划要根据零售的特点和企业的经营方针详细拟定。围绕刺激、促进顾客到店购买这一目标，促销计划应包含广告宣传、商店标识、橱窗陈列、卖场气氛、人员促销、营业推广和各种公共关系措施。要充分考虑每种促销手段的效果与费用的关系，全面衡量其对销售的短期与长期影响。

可使用专业或公众媒体，如期刊、广播、电视和报纸等做广告，宣传商店形象与特色；通过加强销售人员培训，全面提高员工素质，提升服务质量；创新并适时推出系列推广措施，吸引顾客广泛关注和积极参与，等等；开展零售市场促销。零售商应根据市场情况和自己的判断，不断创新。

六、地点决策

地点即店址选择，对零售商开展经营至关重要。经营地点的选择是否适当，将对零售效益产生决定性影响，因为店址关系顾客是否愿意和方便到达。店址一旦选定，也就确定了特定的商圈和顾客，而且要投入较大费用，经营者在短期内难于将其改变。因此，店址在零售策略上是最不具有弹性的。百货公司连锁店、石油公司、快餐连锁店选择地点，尤其要小心谨慎。这一决策包括国家（地区）选择、城市的选择、路段地点的选择，有时也包括多个营业地点的布局（如在较多地点设若干小店，还是在较少地区设立较大商店）决策。

在地段选择中，零售商通常会作出挤进或靠近某一商业群（区）的决策。可供选择的城市商业区有：

（1）中心商业区。这是城市的核心商市，人流大，交通拥挤，场地租金成本高。如北京的王府井、西单，上海的南京路，广州的北京路等。

（2）地区购物中心。这是由一两家大型商店和大量中小型商店集群而成，为城市某一两个大区居民服务的商业区。通常交通方便，设施宽畅，功能多样，客流大，但租金也高。

（3）社区购物中心。这是规模较小的商场，主要为街道社区居民服务。

（4）购物区。包括一群商店，为附近居民方便购买服务。

小案例分析 14-1
十字路口的商店

扩展阅读 14-3
关于零售终端店铺销售的一些思考

零售商可根据不同的标准和方法，对设店地点做出评估。如统计人流和客流量，调查顾客购买习惯、租金及租赁方式，本店与附近商店的相容性等，据此作出正确选择。

第三节 批发商类型及其营销特征

一、批发与批发商的职能

批发是指将商品销售给为了转售、进一步生产加工或其他商业用途的机构和个人的各种活动。广义而言，个人或组织把商品卖给除了最终消费者之外的任何购买者，都是从事批发活动。但在这里我们将批发商限定为专门从事批发交易，即将商品供应给其他商业单位用于转卖，或供应给生产单位用于加工、生产，或供应给事业单位用于工作需要的中间商类型。

批发处于流通过程的中间阶段，是联系生产者和零售商及其他用户的中间环节。在分销渠道结构中，批发商扮演了重要的角色。批发商的一些独特功能，也是生产者或零售商所无法代替的。

（一）批购批销

批发商一方面扮演零售商或用户购买代理人的角色，从生产单位大量购进产品；另一方面，又以生产企业销售代理人的"身份"，向零售商或用户批销产品。对许多消费面宽、量大、品种多的产品来说，通过批发商的购销服务，可节约产销（消）双方的时间、精力和费用。

（二）分装搭配

生产者基于专业化、大规模生产和运输的经济性要求，往往更愿意提供大包装商品和集件运输。为适应零售商方便销售和用户的消费要求，批发商可发挥其重组产品的功能。即汇集不同生产者的多种类型产品，按购买者的要求重新归类分配；将集件装配为成品；将大包拆开分装；将不同的式样花色合理搭配，等等。

（三）储运服务

批发商通常有较完善的运输设备和储存设施，可为生产者和零售商适时、适地、适量购销，提供更好的储运服务。批发商的特殊地位，也决定了其通过大规模调运、储存商品，可更节约费用，减轻用户储运成本负担，为购销双方带来更好的效益。

（四）信息咨询

批发商"眼宽腿长""点多面广"，熟悉市场行情，掌握大量的供求信息。能向购销双方提供有关竞争动态、产品技术变化、供求趋势、价格行情以及人员培训、改善经营管理等方面的咨询服务。

（五）承担风险

批发商持有商品所有权，可承担商品在运输、储存过程中的破损、失窃，以及市场销售风险。

（六）财务融通

批发商一方面可向客户提供信贷，为其融通资金；另一方面也可通过提前订货、准时付账等，为供应商融通资金。

二、批发商的类型

批发商有许多类型。不同类型的批发商，其发挥功能的形式和程度有一定差别。一般地说，批发商类型的复杂程度，与该国家（地区）的经济及市场的发达程度密切相关。

批发商可按不同标准分类。如按经销商品分类，可分一般商品批发商和专业商品批发商；按服务地域分类，可分地方性批发商、区域性批发商和全国批发商等。我们依据经营中是否拥有商品所有权及其他标准，讨论四种主要的类型。

（一）商业批发商

商业批发商亦称独立批发商。他们对经营的商品有所有权，即买下所经营的商品后转售出去。商业批发商依据发挥的功能及专业化程度，又可分为全面服务批发商和有限服务批发商。

1. 全面服务批发商

提供几乎所有的批发服务：持有存货，有固定销售人员，提供信贷、送货，协助管理等。依其服务范围或经营的产品线宽窄不同，又可分为：

（1）综合批发商。其经销的产品范围非常广泛，涉及不同行业互不关联的产品。经常向人口分散的边远地区零售商提供日用百货、五金交电、文化用品、医疗保健用品、农业生产资料等商品购销服务。

（2）专业批发商。其经销的产品是行业专业化的，完全属于某一行业大类。如五金批发商经销的商品，包括了五金零售商需要的所有商品；杂货批发商经销各类罐装食品、谷类、茶叶、咖啡、香料、面粉、糖、清洁剂等，有些还供应冷冻食品、肉类、水果等，一般杂货店出售的商品他们都组织供应。

（3）专用品批发商。以很大深度专门经销某条产品线上的部分产品，如杂货业中的冷冻食品批发商、服装业中的纽扣批发商等。他们为客户提供更充分的花色品种、更迅速的交货服务和更专门的产品信息。

（4）产品配销商。这是专门为生产商服务的批发商，一般均能提供存货、信贷、交货服务。经营的商品范围可能相当广泛，如工业品供应公司；也可能经营几条产品线或专门产品线，如机电设备供应公司、保养维修用品公司等。

2. 有限服务批发商

即向其供应商和顾客提供较少服务的批发商。主要有：

（1）现购自运批发商。该类批发商经销有限的、周转快的产品线，主要为小型零售商服务；一般不提供送货服务，顾客必须登门购货；无赊销功能，交易时人货两讫；很少使用推销员与客户接触，也不大做广告，因而销售费用较低。

（2）承销批发商。此类批发商通常经营木材、建材、煤炭、重型设备等体粗量重的商品。他们不持有存货，亦不实际负责产品运输，仅负责接单，并联系生产商，商定交货条件，取得这批货物的所有权，然后将订货单交给生产商，由后者负责将货物直接发运给用户，批发商承担全部风险。由于承销批发商不持存货，仅组织厂家将产品直接运送到零售商或用户，可以减少产品的储运、编配和损耗成本。

（3）货运批发商。这是将销售与货运功能结合一起的中间商类型。他们通常经营易腐易耗商品，如牛奶、面包和点心等一般批发商不愿经营的产品；将这些商品装载于货车上，送到超级市场、杂货店、医院、餐馆、工厂自助餐厅等巡回销售。收取现金，有时也采用赊销方式。

（4）邮购批发商。主要经营汽车用品、化妆品、专用食品和其他小品种商品。一般经营方式是将产品目录寄给零售店、企业及机关团体客户，接到邮寄或电话订单后，再通过邮局、卡车或其他运输工具按订单交送订货。

（5）生产者合作社。主要是农民（农场）组建的，负责组织农产品到当地市场销售的批发商类型。

（6）寄售批发商。一种专为杂货和药品零售商服务的中间商类型，主要经营零售商不愿订购的玩具、简装书、小五金、保健美容用品等非食品。寄售批发商将这些商品运送到零售商店，并负责上架陈列，自行定价，不断更新陈列商品，待商品销售出去后向零售商收款。

（二）居间经纪商

与商业批发商不同，居间经纪商对经营的商品没有所有权，只在买卖双方提供交易服务，收取一定佣金。主要类型有：

1. 制造商代理商

这种代理商为互不竞争的制造商销售类似产品，并从中获取佣金。他们扮演的角色类似企业内的销售人员，但却是独立的经销商，在销售前就拥有一些顾客，并可在相对低廉的成本下增加经营的产品线。那些无力聘用外勤销售人员的小公司，希望开拓特定新市场的公司，或在一些难以雇用专职销售人员的地区，常常可以通过制造商代理商进行销售，以节约费用，提高效率。

2. 经纪人

主要作用是为买卖双方牵线搭桥，协助谈判。他们向雇主一方收取费用，不参与融资或承担风险。经纪人较多活跃在食品、不动产、保险和证券市场。

3. 委托商

其功能是在收到寄售品后提供储存设备,为制造商(货主)寻找买主、议价、送货、信用、收款等,并在扣除佣金后将货款余额汇给寄售商。委托商在农产品销售市场最为普遍。随着大规模零售商店和连锁商店的发展,委托商的地位逐渐下降。

4. 拍卖公司

其功能在于提供一个买卖双方可聚集并完成交易的场所。拍卖公司可拍卖的商品种类很多,包括家禽、皮毛、房屋及旧车等。成交价格由买卖双方自行决定,拍卖公司并不参与定价。

5. 销售代理商

销售代理商依据合同代理生产商整个销售业务,并有权决定货品价格及销售方式,扮演的角色是生产商的销售经理。一般而言,生产商使用销售代理商,主要是因为后者能提供营运资金及财务支援。

6. 采购代理商

一种与购买方有长期关系,代其采购的代理商类型。他们消息灵通,可向客户提供有用的市场信息,并接受委托,负责为客户收货、验货、储运,将货物运送给买主。

(三) 自营批发机构

这是由卖方(制造商)或买方(零售商)自设机构经营批发业务的批发商。主要有两种类型:

1. 制造商销售机构

这是制造商为改进其存货控制、销售和促销工作,所设立的销售分支机构或办事处。其中,销售分支机构如制造商销售公司持有存货,较全面提供本公司产品的批发业务服务;销售办事处则不持存货,提供较少的服务。

2. 采购办事处

这是零售商在一些中心市场设立的采购批发机构。主要办理本公司采购业务,也兼做批发业务。其功能与经纪人和代理商相似,但它是买方组织中的一个组成部分。

(四) 其他批发商

还有一些存在于某些特殊的经济部门、行业的专业批发商。如为农产品集散服务的农产品收购调运商,为石油集散服务的中转油库,为某些特殊购销方式服务的拍卖公司等。

我国的批发商经营者类型以往较单调,近年来发生了很大变化。这种变化为生产企业选择批发商构建分销渠道提供了更多的机会,也增加了决策的难度。

三、批发商的营销特点

近年来无论在工业品市场还是消费品市场,批发商都遇到越来越大的竞争压力,都面临新技术、大型产业与用户或零售商直接购销、顾客的新要求等方面的严峻挑战。必须作出一系列新的决策,不断提高经营水平,才能求得生存和发展。

(一)目标市场决策

目标市场决策也是批发商的首要决策。选择有利可图的、有特色且极其明确的目标市场,在新形势下变得更为重要。批发商应根据一定的标准细分并选择目标市场。一般地说,经营多条产品线的综合批发商,需要选择较宽的市场面;专业批发商的目标顾客,则比较集中。批发商可根据客户规模,如大中型零售商还是小型便利店;客户类型,如厂矿、事业单位还是零售商抑或销地批发商;客户服务要求,如更重视供应品质量、交货期和服务,还是更计较价格、购买成本,抑或二者综合等标准,选择适合自己的目标顾客。此外,还应根据公司实力、网点分布和市场潜力等,分析、选择批发服务的地区范围。

(二)货品和服务组合决策

货品组合是指批发商经销商品的范围、结构。批发商必须对其经销的商品种类和品种作合理设计。为了满足客户要求、迅速交货,批发商往往要经销较多的产品线和产品项目,保存充足的库存。这样做又可能使公司资金占用增多,费用上升和利润减少。必须权衡利弊,形成最佳的货品组合方案,使企业的商品配置重点放在销量大、利润高的产品线上。

对服务项目的决策也很重要,批发商要认真分析并决定为客户提供的服务组合。通常要将目标顾客的服务要求做排队分析,区分建立良好客户关系的关键服务项目、重要项目和次要项目,据此取舍。其中,发现和分析用户特别重视的服务项目,据以对基本客户提供针对性很强的特殊服务组合,极其重要。

(三)定价决策

批发商常常采用成本加成定价法制定销售价格,即在进价基础上打一加幅作为供货价格。扣除各项费用,批发实际利润为2%~3%。近年来,不少批发商正在探求新的定价方法。如采用差别定价法,对重点客户和有前景的新用户低价供货,以稳定和开拓市场;根据客户的价格要求,积极寻找合适的供应商,按照需求定价原则处理价格关系;以长期合作姿态,努力为供应商创造扩大销售机会,同时要求供应商的特别优惠,降低进货成本,等等。鉴于价格决策的复杂性,批发商应根据实际情况制定合理的价格政策,以适应千变万化的市场环境。

(四)促销决策

大多数批发商都偏爱依靠推销员来达到促销目的,较少使用促销组合工具。这是缺乏远见的做法。在市场环境急剧变化的今天,不能墨守成规,应当学习零售商高度重视企业形象、综合使用各种促销手段的经验,制定和实施不断创新的整体促销策略。应综合运用人员推销、公共关系、营业推广、广告和其他新的促销手段,不断开拓批发市场。例如与制造商、供应商合作,共同开展促销活动;在重点销售地区设立常年展销场所,积极推介经销的商品;出版发行内部刊物,交流市场商品信息和经营经验;建立与客户的各种沟通渠道,等等。

(五)销售地点决策

传统的批发商一般在租金低、赋税轻的地区设点经营。其设施和办公条件投资少,物流和订单处理系统的技术水平往往比较落后。今天，先进的批发商已经在现代信息技术处理业务过程中的各类问题，努力实现对市场环境变化的快速反应和业务过程的高效化自动化。为此，批发商应当适应其职能要求，在生产集中、交通枢纽或零售客户、业务客户密集的地区设点经营，合理设置仓库地点，强化仓储管理，不断提高处理订单、收发货、收付款和存货控制等业务水平。

四、批发营销的发展趋势

批发商的营销方式，正在发生重大的变化：

（一）实施聚焦战略

面对多年来批发市场的困境，一些批发商重新评估自己的战略任务。他们放弃对实现公司目标无太多作用的边缘项目，将经营焦点聚集在公司具有竞争优势的产品种类和更精细的细分市场，其结果常常是批发业务的进一步专业化。

（二）更新营销理念

许多批发商已将自己的业务定义为"营销支持业务"，即与客户的业务关系不完全是购销关系，更多的是"营销支持关系"。他们意识到自己的主要目标，是帮助供应商和客户制定有效益的营销方案。他们乐意支持供应商或客户的各种任务、活动或职能，以使整个渠道的营销更有效率和效益。同时，作为整体客户满意的延伸，批发商也开始选择供货企业，对他们的产品质量进行评估，对他们的生产提出参考意见，甚至采用投资参股的办法参与供应商的企业管理。关系营销和渠道整合，成为批发商寻求发展的主要方向。

（三）加强技术装备

高科技的发展同样吸引着批发商，被他们视为发展的重要动力。从条形码、扫描仪到全自动仓库，从电子数据交换连结到卫星传播和录像设备，批发业技术装备不断完善。信息系统的发展，极大提高了批发商更有效的为客户服务的能力。电子数据交换系统即EDI，一种被生产企业和零售商广泛用于控制存货和交易的电子协定书，已被许多批发商采用。几乎所有的批发商都意识到，使用最新的信息和计算机技术，对发展与制造商、零售商和其他客户之间合作关系的重要性。因此以技术带动的有效信息管理，将成为提高批发公司营销能力的重要手段。

（四）开拓国际市场

国内市场竞争驱使批发商寻求境外的发展空间。经济全球化和高科技的采用，也为他们开拓国际市场提供了方便。一些人为的商业障碍，随着世界经济一体化的潮流正在被冲垮。据资料统计，美国28万家批发商中的大部分，都通过合资或营销联盟将业务拓展到了海外，大约有18%的收入来自国外。与此同时，日本、德国、意大利、瑞士等国家的批发商，也在世界各地寻找机会，无孔不入。可以预言，全球批发潮流必将日益迅猛，不可阻挡。

第四节 电子商务与移动商务的营销实践

一、电子渠道革命

电子革命正在使分销渠道发生深刻的变化。各类网络平台的兴起，正在使个人和企业越来越多地在网上开展购销作业；智能手机等移动终端的普及和在线零售（电子商务）的迅速发展，强烈冲击着传统的实体渠道。

顾客是推动在线零售的关键力量。当实体店零售商开展网上业务，其他公司通过网上销售绕开零售商时，它们采取了新的做法和策略。顾客希望兼收网上和实体店的优势。网上是商品繁多，信息丰富，买家评论和小窍门对购买定夺更是大有帮助。而实体店可提供高度个性化的服务，买家可对产品细致检查，享受全方位的购物体验。顾客期待的，是无缝连接的渠道一体化。这促使零售商和制造商必须做出反应，不断通过线上线下的整合以完善电子渠道。他们整合能够挖掘到的大量社交、移动、位置（social，mobile，and location，SoMoLo）信息，以了解他们的客户；利用能密切监视商品以何种价格销往何处的软件，调整供应和价格。

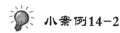
小案例14-2

沃尔玛的做法[①]

由于在实体店投入重金、多位高管任职已久难以调动，以及经营策略成熟完备，沃尔玛很迟才采用线上或移动技术。后来公司决定将电子策略视作重中之重，通过联合移动、网上以及实体店，让顾客可以随时随地在沃尔玛购物。在收购了以分析技术闻名的社交媒体网站 Kosmix 之后，沃尔玛在硅谷成立@WalmartLabs 研发部，引领公司在多领域创新，如智能手机支付技术、移动购物应用程序及受 Witter 影响的进货选择。沃尔玛发现，公司的核心顾客群——年入 30 000～60 000 美元的消费者，有很多人是用智能手机而非电脑在其网站大量购物。作为物流业的大师级企业，沃尔玛采取了"从实体店运货"策略，将其在美国的 4 000 多家实体店作为仓库，从而快速满足网上订单需求。公司也在探索当日配送。它改进了网站上的搜索引擎，将"从浏览者到买家"的转化率提升了 15%；推出利用社交媒体推荐礼物的 Shopycat 应用程序；引入扫描即得应用程序，使顾客在结账时能够自动使用优惠券；还新增通道内移动扫描系统加快结账速度。沃尔玛的当务之急是完善其对智能手机的应用。当用户靠近商店时，应用程序就切换到"商店模式"，帮助定位购物清单上的物品，并推荐其他商品，提供最新通告的电子版，以及突出显示店内的新产品。

[①] 资料来源：菲利普·科特勒、凯文·莱恩·凯勒. 营销原理[M]. 15版. 何佳讯，于洪彦，牛永革，等，译. 上海：格致出版社、上海人民出版社，2016：469.

二、电子商务的营销实践

在线零售商能够有预见地为各种不同类型的顾客和商家,提供便利的、内容丰富且个性化的购物体验。他们在实践中通常要在三个方面竞争:顾客与网站间的互动,送货,解决出现问题的能力。不论纯点击公司还是实体店与电子商务相结合的公司,大抵都是这样。

(一)纯点击公司

这是指那些始于一个网站,从前并未以任何形式存在的公司。大致可分以下几种:搜索引擎,互联网服务提供商,商业网站,交易网站,内容网站和业务促成网站。电子商务网站出售各种产品和服务,包括畅销书、音乐、玩具、保险、服装和金融服务等。

顾客服务是电子商务成功的关键要素。网上访问者可能选择一个商品,却没有最终完成交易。为了提高向最终购买的转化率,公司应让网站快速、简单且容易使用。有些很简单的举措,如在屏幕上放大产品的图片,就能增加访者观看时间,提高购买率。缩短送达时间、实施好的退货政策,同样至关重要。为了提高网站访问量,许多公司采用联盟营销方法,支付在线内容供应商费用,让他们将顾客引导到公司网站。调查发现,网购的一些重要阻碍是缺少愉快的购物体验、社区互动以及与公司代表一对一的咨询机会。为此,许多公司提供了在线实时聊天服务,为顾客提供产品和购买建议,提高了订单水平。一些 B2B 商家还利用了虚拟环境、博客、在线视频及在线聊天等技术。此外,确保在线交易安全性和隐私也十分重要。对网站设计和流程的投资,可减少顾客对网上购物风险的顾虑。

B2B 网站的发展,使市场更有效率。以往买家要花大力气收集全球的供应商信息,现在这些可通过下列方式轻松获得,如供应商网站;信息中介,即搜集可选卖家的信息从而提供附加价值的第三方;做市商,通过联系购买者和销售者来创造市场的第三方;顾客社区,购买者交流购买供应商产品和服务经历的网站。

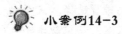
小案例14-3

阿里巴巴的实践①

阿里巴巴成立于1999年,经过多年发展已经成为全球最大的网上市场。个人和企业都可以在这个市场买卖任何类型的产品——从红富士苹果到波音737飞机。阿里巴巴公司市值150亿美元,在220个国家和地区的9个平台中有5亿注册用户,占中国电商市场80%的份额。2012年"光棍节"这一天,阿里巴巴两个主要平台淘宝(C2C市场)和天猫(B2C市场)涌入4亿名顾客,24小时内交易额高达57.5亿美元。在中国每天寄送的1 600万个包裹中,有1 000万个来自淘宝和天猫。阿里巴巴的收入主要来自佣金和买卖双方交换货物产生的广告费用。为取得消费者信任,阿里巴巴推出了"诚信通",使用者

---

① 资料来源:菲利普·科特勒,凯文·莱恩·凯勒. 营销原理[M]. 15版. 何佳讯,于洪彦,牛永革,等,译. 上海:格致出版社、上海人民出版社,2016:485.

向阿里巴巴支付费用雇用第三方对其进行审核。用户必须有 5 人担保并提供所有的资格证和工商执照。阿里巴巴鼓励买家在完成交易后进行评价，评价机制与亚马逊类似。

（二）实体店与电子商务相结合的公司

许多实体公司由于担心线上线下业务冲突，一度对是否创建电商渠道犹豫不决。但当它们看到其巨大商机后都决定增加互联网渠道。因此，同时管理线上线下渠道，成为许多公司的当务之急。这时，要取得中间商的认可和支持至少要有三种策略。其一，线上和线下供应不同的品牌或产品。其二，支付线下渠道成员更高的佣金，以补偿对其销量造成的负面影响。其三，下单过程在线上进行，运送和收款环节由零售商完成。

三、移动商务的营销实践

移动渠道和移动媒体可以让消费者同他们选择的品牌保持联系和互动。我国智能手机的普及，也使得移动购物、移动营销日益流行，形式多样。如手机银行、滴滴打车、共享单车，人们可以从移动手机的应用中获益。

消费者正在改变他们在实体店内的购物方式，在店内购物时，许多人会用手机与朋友、亲人聊天，征求关于某个产品的意见。谷歌搜索中有一半是在移动电话上进行的。而公司正试图通过网络技术尤其是移动应用软件让顾客对他们的购物体验有更多的控制。美国运通信用卡公司发起一个名为"连接—喜欢—爱"（Link-Like-Love）的社交商务计划，商家根据持卡人 Facebook 中"喜欢"的内容，以及入住酒店时的信用卡使用可自动更新的 Facebook 地点信息，向他们发送无须优惠券的个性化商品推介。

在移动营销中，营销者使用多种新的方法提高营销效果。如使用地理围栏技术（基于一个软件和 GPS 坐标判断特定地点的技术）：当携手机的顾客出现在某个特定地理范围，特别是在某商店里时，该区域内的销售人员马上知道，并可以通过查看顾客的购买历史为他们提供更具个性化的服务。

小链接14—2

电子商务，如何抓住不同类型的消费者？[①]

作为电商，常常会遇到各种各样的消费者。了解他们的消费特征和行为习惯，才能更加精准的制定营销措施。

（1）高要求的消费者。只买最潮款式、品牌和最新技术产品。只买最好的，也敢于炫耀，不介意会让朋友嫉妒。可投其所好，让他们一眼看到最新产品，并伴有"总订单达××金额后优惠"的承诺，提高他们的消费金额。

（2）心不在焉的消费者。常常下单，但因各种原因没有完成购买，购物时往往手头

[①] 资料来源：单仁资讯. 如何抓住不同类型的消费者[EB/OL]. 第一营销网（http://www.cmmo.cn/article-117233-1.html），2012-11-09.

有别的事情在忙。可通过优惠承诺,刺激他们完成订购;提醒查看以前没有买下的东西,比如告知存货已经不多、再不付款订单可能失效。

(3)深思熟虑的消费者。他们货比三家,总是三思而后行,期待价格还有下降空间。可在其购物过程中给予正面强化,比如展示客户评价以说服他们购买;或给予一些引导,告知物有所值。

(4)活跃的消费者。喜欢网购,遇到中意的东西刚有打折就会下定决心。享受在各大购物网站浏览的快乐,但不一定买很多。可尝试不同促销手段,如秘密降价、每日特价和限时抢购等,也可根据他们已买的推荐相关产品。

(5)拒付运费的消费者。他们最不喜欢运费,只去减免运费的网店购物。小商家不妨将运费包含价格中,也避免了买家讨价还价;或推行"买满多少,运费减免多少"的措施。

(6)喜欢节约的消费者。他们更看重的是"省了多少",而不是东西有多需要;也不很在意商品的微小瑕疵或折旧。可设法让他们更容易看到便宜商品,以及清仓甩卖的优惠信息。

(7)忠诚的消费者。喜欢参加忠诚顾客计划、追求购买奖励,无形中比别的消费者花费更多。可不断提醒他们购买指定商品可获积分奖励等,消费可以成为网店会员、享受××折优惠。

(8)井井有条的消费者。购物目标明确,直接利用网站导航或搜索功能寻找,不希望促销信息打扰。可给予购物指导,帮助他们更快找到想要的,同时推荐一些适合的产品。

(9)大笔加入购物车的消费者。喜欢先将所有喜欢的加到购物车,然后根据价格等慢慢考虑。每日特价、限时抢购和秘密降价等措施较为实用,还可根据他们购物车上的货物推荐补充商品。

扩展阅读 14-4
基于电子市场的混合分销渠道定价策略研究

(10)急躁的消费者。他们不喜欢花时间网上浏览,只想马上找到想买的,一会儿没找到就另换一家。可以用良好的网站体验,包括推送一些大胆的促销信息吸引眼球。如果他们没下订单就离开了网站,必须快速利用他们刚刚浏览过的商品优惠把他们赢回来。

本章小结

零售商、批发商是分销渠道的两种重要成员,零售、批发是营销中最基本的两类业务。零售是直接向最终消费者出售产品的业务,零售市场是企业"决胜终端"的基本阵地。零售通常有商店零售、无店铺零售和零售组织等三大类型,其中每个类型又包含许多不同的型态(业态),每一种业态都有其不同的经营特点。一般而言,零售商经营决策主要集中在目标市场决策、选址决策、商品(服务)经营范围决策、商品陈列与商店氛围决策、价格决策、服务与促销决策等方面。企业可通过上述方面,考察和选择终端渠道模式与合作伙伴。

批发是将商品销售给那些为了转售、进一步加工或其他商业用途的机构或个人的活动，其面对的是中间性消费者，如生产商、中间商、各类事业单位等。批发商以批发业务为其主业，具有某些生产商或零售商无法取代的功能。批发商主要有两种类型，即商人批发商和代理批发商。面对新的经济形势与发展，现代批发商的营销方式也在发生明显的变化。他们纷纷在战略聚焦、改变经营理念、加强技术装配、开拓国际市场等方面下功夫。

电子商务正以空前的威力冲击市场。它带来顾客购买方式的根本变化，也催生了新的营销策略，促成了各类网站和移动商务营销迅速发展。

零售　零售商　百货商店　超级市场　连锁商店　批发　批发商　代理批发商　移动商务营销

即测即练题

1. 什么是零售，零售商有哪些类型？
2. 零售组织的主要类型及其经营特点。
3. 零售商营销决策的主要类型有哪些？
4. 什么是批发，批发商有哪些职能？
5. 批发商的主要类型及其营销特征。
6. 试论电子商务渠道的发展前景。

30 岁苏宁全新起航，升级成为"零售服务商"

苏宁，这家成立于 1990 年的公司，迎来了 30 周岁生日。

苏宁的故事带着深刻的中国印记，也是一部中国零售业的进化论。当年，张近东用 10 万元自有资金，在南京开了第一家名为苏宁的空调专营店。30 年白驹过隙，空调专营店裂变成领先的零售巨头，拥有苏宁易购 App 矩阵及 37 家综合购物广场，2 000 家家电 3C 直营店，7 000 家零售云门店，以及 200 余家家乐福和 100 家母婴专业店的体量。

在刚刚过去的"双十一"购物狂欢，苏宁线上线下全业态参与。线上订单量增长 75%，线下苏宁易购百亿补贴首次深入达成社区、县镇、商圈等场景全面覆盖。苏宁家乐福到家服务订单量同比增长420%，一小时达及时履约率99%，最快配送时间仅用时9分钟。

苏宁30年的变与未变

30年的发展，可以划分为三个阶段：空调专营阶段，综合零售阶段，以及互联网零售阶段。三个阶段以10年为时间单位，以服务至上为宗旨，造就了今日苏宁全品类经营、全渠道运营的业务布局。

第一个十年，竞争对手在彩电、冰箱、洗衣机等"红海"电器中打得不可开交时，张近东剑走偏锋，专攻空调销售，还为顾客提供配送与安装服务。第二年又建立上百人的服务队，从事专业送货、安装、维修和保养全系列服务，开创了中国空调自营服务的先河。南京人那时候都知道，"买空调，上苏宁"。"服务是苏宁唯一的产品"这一理念坚持至今，也让苏宁30年立于不败之地。

2010年，苏宁再次开启一场转型"大冒险"。传统实体零售商遭到互联网冲击和颠覆，张近东需要决定，未来是线上还是线下。答案是：两手抓。

这一年苏宁变得很快。7月上线网上商城，8月更名苏宁易购，一年后苏宁易购正式上线……当线上流量逐渐见顶，获客门槛、成本逐渐升高，阿里巴巴等互联网巨头一夕之间也开始讨论"新零售"，布局线上线下融合。2019年，苏宁相继收购万达百货和家乐福中国，进一步完善智慧零售的布局，实现全品类、全渠道、多业态的发展。

下一个10年，零售服务商

在2020年"8·18"三十周年庆云发布会上，苏宁宣布将未来十年定义为"场景零售服务十年"，由"零售商"升级为"零售服务商"。

苏宁易购宣布，新设子公司"云网万店"，专注开放赋能，并完成A轮60亿元融资，持续落地"零售服务商"战略。承诺进一步夯实并输出供应链、物流、场景、金融和技术五项服务能力，开放赋能产业生态中的中小微经济体，进一步满足广大用户需求。

服务商，这个概念看似模糊，实际好懂。

在过去30年里，"服务是苏宁唯一产品"的理念坚持到现在。在每次转型中，让消费者"易购"的理念也贯穿始终。未来10年，苏宁的服务对象将不仅是消费者，还是苏宁生态中每一环节，是上下游供应链、零售云加盟商甚至中小微企业。"苏宁定位是不变的，就是用户的服务，核心的能力就是全场景、产品的专业化、物流的高效，这是我们要坚持的东西。未来苏宁商业模式的独特性在哪里？就是把核心能力组合成简易化的解决方案，为我们的不同的合作伙伴去服务，去形成链接，商户的链接、供应商和中小零售商的链接，甚至个人零售商的链接。"苏宁高层相关人士表示。

苏宁能做的是赋能，为大大小小的零售商户提供产品、物流、后端IT支持。

苏宁零售服务的五项赋能

在供应链服务方面，苏宁基于B2S2B2C模式，将全面进入云供应链时代。把深度定制单品比例提升至25%；采用开放平台模式，撮合上下游的匹配及履约的全链路管理，帮助各品牌方有机会实现整体"一盘货"。对平台商户而言，可以享受到苏宁全渠道资源、全场景用户和行业领先的开放平台政策。

在物流服务方面，目前苏宁已覆盖全国95%的地区，并通过"百川2025"计划，在

2025年完成2 000万平方米仓储基础设施布局,未来三年将减免仓储存量费,并追加提供各项配送政策扶持。

在场景服务方面,将打通线上线下数字化,帮助零售商升级场景能力,协同品牌方更有效率地触达用户。过去三年,苏宁已经通过县镇零售云,帮助6 000余家中小商户实现了全面云化经营,大幅提升了经营效益。

在金融服务方面,苏宁金融成立以来,在供应链、消费金融等累计投放超5 500亿元。苏宁坚持普惠金融的服务理念,未来三年,将向合作伙伴新增借贷投放3 000亿元,为广大中小微商户提供500亿元补贴融资成本,免息让利100亿元助力品质消费。

在技术赋能方面,苏宁将围绕"零售云"和"星河云",在"店铺基础、营促销、广告、交易履约、数据"五个方向,推出ISV(独立软件开发商)三年免佣政策,培育100个航母级ISV,构建"10万商户+10万门店"的智慧零售赋能生态。

资料来源:王启帆. 苏宁30年,全新起航升级成为"零售服务商"[EB/OL]. 澎湃新闻(https://www.thepaper.cn/newsDetail_forward_10402771),2020-12-15.

案例讨论题

1. 依据市场营销学原理,分析、理解"服务是苏宁唯一的产品"这一理念。
2. 升级成为"零售服务商",苏宁可以怎样通过零售服务的五项赋能,建立新的竞争优势?

第十五章 定价策略

本章提要

价格是市场营销组合中最重要的因素之一。进入 21 世纪，特别是受 2020 年新冠肺炎疫情影响，在市场竞争中，创造顾客价值、实现顾客满意成为营销的核心理念，成本导向的竞争转向顾客价值导向的竞争。价格作为产品内在价值的货币表现形式，直接关系产品能否为消费者所接受、市场占有率高低以及需求量的变化和利润的多少，是整个营销管理的核心。特别是以 BAT 和京东为代表的"电商革命"之后，价格战层出不穷。因此，通过本章学习应掌握定价的基本知识，了解定价策略在市场营销组合中的地位和作用，熟悉市场营销中定价的理论依据、制约定价的各种因素，合理确定定价目标，灵活运用基本的定价策略和方法。

引例

别克君威用实力说话打响价格战

促销时间：2020/12/20—2020/12/25

近日，北京上汽通用别克店针对旗下君威系车型，给出了最高 8.5 万元的现金优惠，同时购车用户还可获赠价值 2 万元的用品，油卡，交强险，保养礼包一份。库存方面，店内现车充足，吕经理186××××××××。本活动为限时特价促销，时间有限名额有限，先到先得！分期购车，惊喜多多，优惠多多，可享受2~3年免息，首付低，下款快，（需提供手续：身份证、驾驶证、半年银行流水）如信誉好最快可达 2 小时下款考虑到外地车友到店购车路程远，凡来本店购车成功的车友，均报销两人单程路费 2 000 元以内含飞机票，火车票，大巴车。欢迎您的来电 186××××××××，我们将竭诚为您服务。（最终价格已到店洽谈为准）

君 威 报 价

车 型	指导价/万元	现价/万元	现金优惠/万元	现车情况
2020 款 GS 28T 精英型	21.88	13.38 询底价	↓8.5	现车充足
2020 款 GS 28T 尊贵型	24.98	16.48 询底价	↓8.5	现车充足
2020 款 552T 精英型	18.28	9.78 询底价	↓8.5	现车充足
2020 款 552T 豪华型	19.68	11.18 询底价	↓8.5	现车充足
2020 款 652T 豪华型	21.68	13.18 询底价	↓8.5	现车充足
2020 款 652T 精英型	20.68	12.18 询底价	↓8.5	现车充足

（来源：经销商供稿以上表格是网易汽车 https://auto.163.com/20/1220/09/FU9H1ONH000898KD.html，2020-12-20）

第十五章 定价策略

定价策略在互联网时代的营销活动中，地位十分重要。定价策略在营销过程中，与其他各因素存在相互依存、相互制约的联系。因此选择定价策略既要考虑其他营销组合因素的影响，也要考虑价格对其他因素的制约。

第一节 研究定价策略的意义

一、定价策略的重要性

定价策略研究是市场营销理论的基础部分，即4P'S之一。然而在营销观念发展的不同阶段，对定价策略的重要性以及定价策略在市场营销组合中地位的认识，是有一个发展变化过程的。在人类社会进入商品经济早期，生产力发展水平和消费水平较低，生产者向市场提供的商品主要是原料、食品和生活必需品。这些商品在质量、性能和外观等方面，具有较多相似性，差异较小，加之当时的消费者购买力有限，主要投向在生活必需品上，价格变动对消费者购买行为影响较大，所以市场竞争主要倾向于价格竞争。鉴于当时的技术水平，价格具有同质的可比性，相较于商品性能、式样等特征更具可识别性和比较性，因此价格作为经济利益的调节者，必然成为买卖双方都可接受的理性行为指标。第二次世界大战以后，市场规模扩大，新科技革命推动了生产力的高速发展，产品可以较多的从性能、式样、品牌等方面进行个性化生产，同时随着经济的发展，消费水平的逐步提高，选购品和奢侈品需求增长迅速，这些商品的价格可比性降低。因此20世纪50年代至70年代初期，市场竞争较多地重视非价格因素。但在这一时期，价格仍然是市场营销活动中最重要的营销函数之一。进入20世纪70年代，随市场营销理论研究的深入和竞争的实践，特别是价格的心理作用和行为理论为人们所认识以后，定价策略在市场营销中又重新居于核心位置，并再次被企业高度重视。互联网时代的今天，由于信息透明化，供应链和价值链的广泛应用，价格和成本成为市场营销研究最重要的内容之一。

定价策略之所以在互联网时代的市场营销及经济活动中居于十分重要的地位，主要在于：

（一）价格直接影响企业盈利目标实现

在市场经济条件下，企业作为独立的商品生产者和经营者，具有独立的经济利益。企业的直接目的是追求利润的最大化，而利润又与企业的销售收入密切相关，销售收入多寡又受价格高低和变化的影响。价格在企业经营活动中作为一个可控变量，决定着企业的盈或亏。

（二）价格是市场竞争的重要手段

首先，价格是购买行为能否发生最直接、也最具影响力的因素之一。购买作为一种经济行为，其执行者必须首先考虑价格的高低，行为发生后对自己是否有利，利大还是利小。

其次，价格是同行业内最常用、最易仿效的竞争手段。在现代市场经济条件下，任何企业都不可能长期保持对某一产品的市场独占。新产品进入市场之初，决策者必须作出正确的价格决策，是实行"厚利精销"的高价策略、迅速收回投资成本，还是薄利多销的廉价策略，以获取规模经济效益。高价厚利的定价策略必然引来众多竞争者，市场竞争激烈，迫使价格下降；薄利多销的定价策略可能将新的竞争者拒之门外，从而获得较高的市场占有率和规模经济效益。因此，以廉取胜是重要竞争策略之一。

（三）市场营销环境急剧变化迫使企业必须重视定价策略

（1）科技发展日益加快，产品生命周期越来越短。企业没有充分的机会来修正定价策略的错误，定价不当会导致产品在竞争中失败。

（2）经济全球化发展，国际竞争压力增大，企业在定价中必须更多考虑国际同类产品的相关因素。特别是在21世纪，以美元为代表的国际价值体系变动，金价油价等的大幅上涨，引发了粮食、矿产品等基础产品价格上涨，对市场形成巨大冲击。

扩展阅读 15-1
2020年，车市价格战已打响，好货还便宜

（3）在经济发展和通货膨胀过程中，消费者需求迅速变化。要求企业及时调整定价策略，以适应变化了的消费者需求。

（4）能源短缺，新型原材料不断问世和劳动力收入水平上升，生产成本增加。企业制定适宜价格的难度增大。

二、定价策略在营销组合中的地位

价格是营销因素组合中最关键、最活跃的因素，它随市场的变化上下波动，协调着买卖双方的利益关系。在市场经济条件下，正确把握价格变动的幅度、时间和区域，就能在瞬息万变的竞争形势中，居于十分有利的地位。价格的灵活性还表现在，通过价格变动和在市场营销活动中采用不同定价策略，有助于弥补市场营销其他因素的缺陷。

（一）产品策略与定价策略的关系

由于产品性能、生命周期、品牌与商标、包装、新旧等特殊性，需要制定不同的产品策略。而不同的产品策略，必然需要相应的定价策略予以支持。

1. 产品性能与定价的内在联系

商品根据其使用价值上的特性分为非耐用品（快消品）、耐用品和劳务，经营者必须根据其不同特性，采用不同定价策略而进入市场。非耐用品消费周期短，经常重复购买，开拓市场可能需要低价策略支持；耐用品和劳务进入市场之初，可能需要高价策略支持。根据商品消费者的购买特性分为便利品、选购品和特殊品等，其需求的价格弹性不同，也要求采用不同的定价策略。

2. 新老产品及产品生命周期与定价的内在联系

新产品经营规模小，成本高，定价是一个十分关键的因素。定价过高难以进入市场，定价过低不能弥补成本。在产品生命周期的不同阶段，需要不同的定价策略，如成熟期产品需要稳定的价格支持，进入衰退期产品就不得不以低价来寻求最大边际收益。

3. 定价与产品质量的内在联系

产品质量不同，投入人力和物力也不同，生产成本的差异必然反映到市场上来。不

同质量的产品有着不同的价格,优质高价,低档廉价,时髦商品高价,大路货廉价,等等。价格的灵活性和可调整性,可以弥补产品质量的市场不可控性和多变性。

4. 定价与其他产品策略的关系

在产品组合中,其中一种产品价格策略变动,必然影响同一产品组合中的其他产品。不同的商标和品牌,需要不同的价格策略支持。如名牌需要高价策略支持,非名牌需要低价策略支持。包装策略的变化,也要求不同的定价策略配合,精致的包装增加了成本,价格相对要提高,反之则降低。

(二)定价与渠道策略的关系

在市场营销中由于采用不同的渠道策略,必然形成长、短、宽、窄不同的分销渠道,以及分销环节的多少。不同的渠道策略,要求相应的定价策略支持。长渠道策略要求较低的出厂价格,让利于各类中间商、代理商和批发商,刺激他们积极为产品开拓更广阔的市场;短渠道策略则由于生产者自己承担开拓市场的任务,必然产生相应的费用,于是要求价格相应提高。不同的渠道环节,又要求具有各自不同特点的定价策略。生产者在制定出厂价时,较多地以生产成本和预期投资回报率为依据;批发商和零售商则主要以消费者愿意接受的价格为出发点,确定产品进价和销售价。如果某一产品直接和间接渠道并存,生产者应以让中间商都能取得合理利润为原则,采用差异性的定价策略。差价大,中间商积极性就高,分销渠道就会增长;差价较小,就只能采用直接分销渠道,减少不必要的中间商环节。所以,定价策略与分销渠道策略的选择相互制约。

(三)定价与促销策略的关系

开展广告、人员推销、公共关系及营业推广等活动,都需要相应的费用。不同的商品在不同的市场条件下,促销费用高低不一。如选购品,必须花较高促销费用才可能顺利进入市场,成本上升,价格必然要定得高一些;生活必需品促销费用低,价格相应就定得低一些。因此,促销策略的选择既要适应市场拓展的需要,也要考虑能否有相应定价策略支持,以及消费者对价格的心理和经济承受能力。定价和促销策略也是相互制约、相互支持的依存关系。

扩展阅读 15-2
2020 的"双 11"家电营销到底有没有价格战?

第二节 制约定价的基本因素

一、成本因素

成本是价格的最低限度。一般说来,价格必须能够补偿产品生产及市场营销所有支出,并补偿经营者为其承担的风险支出。因此,成本高低是影响定价策略的一个重要因素。研究成本因素应注意区别以下概念:

(1)固定成本。是企业在一定规模内,生产经营某一商品支出的固定费用,是不随产量变动而发生变动的成本。如固定资产折旧、房地租、办公费用、管理人员的工资等,不论产量多少都必须支出。

（2）变动成本。是企业在同一范围内，支付变动因素的费用，是随产量增减而发生变化的成本。如原材料、生产工人工资、销售佣金及直接营销费用等。

（3）总成本，即固定成本与变动成本之和。当产量为零，总成本等于固定成本。

（4）平均固定成本，即固定成本除以产量的商。固定成本不随产量变动而变动，但平均固定成本必然随产量增加而减少。

（5）平均变动成本，即总变动成本除以产量的商。当生产发展到一定规模，工人熟练程度提高，批量采购原材料价格优惠，平均变动成本呈递减趋势；如果超过某一极限，则平均变动成本又可能上升。

（6）平均成本，即总成本除以产量的商。因为固定成本和变动成本随生产效率的提高、规模经济效益的逐步形成而下降，单位产品平均成本呈递减趋势。

（7）边际成本，每增加或减少 1 单位产品引起总成本变动的数值。在一定产量上，最后增加那个产品所花费的成本，从而引起总成本的增量，这个增量即边际成本。企业可根据边际成本等于边际收益的原则，以寻求最大利润的均衡产量；同时按边际成本制定产品价格，使全社会的资源得到合理利用。

（8）长期成本。企业能够调整全部生产要素时，生产一定数量产品所消耗的成本。所谓长期，是指足以使企业能够根据它所要达到的产量来调整一切生产要素的时间量。在长时期内，一切生产要素都可以变动。所以长期成本中没有固定成本和可变成本之分，只有总成本、边际成本与平均成本之别。

（9）机会成本。指企业为从事某项经营活动而放弃另一项经营活动的机会，或利用一定资源获得某种收入时所放弃的另一种收入。另一项经营活动所应取得的收益或另一种收入，即为正在从事的经营活动的机会成本。机会成本的分析要求企业正确选择经营项目，其依据是实际收益必须大于机会成本，从而使有限的资源得到最佳配置。

二、竞争因素

市场价格是在竞争中形成的。不同的竞争状况对营销者制定价格，会产生不同的影响。

（一）完全竞争对制定价格的影响

完全竞争是指没有任何垄断因素的市场状况，价格在多次市场交换中自然形成，买卖双方都是价格的接受者。完全竞争市场能保证消费者以较低的价格获得较多的商品；同时，企业追求利润最大化的努力，能使资源得到最佳配置。因为任何产品都存在一定的差异，现代市场经济也不可能离开国家宏观政策干预，完全竞争在多数情况下只是一种理论现象。如出现完全竞争市场，企业可采取随行就市定价策略。

（二）完全垄断对制定价格的影响

在完全垄断市场，企业没有竞争对手，主要通过调节市场供给量来控制市场价格。完全垄断只有在特定条件下才能形成，如拥有资源垄断或拥有专卖权的企业，就可能处于垄断地位。完全垄断市场使企业缺乏降低成本的外在压力，导致较高的销售价格、较低的产量和垄断超额利润,结果会生产效率低下,社会资源配置不佳。在此情况下,非垄断性企业定价必须十分谨慎,以防垄断者的价格报复。

(三) 不完全竞争对制定价格的影响

不完全竞争是现代市场经济中普遍存在的典型竞争状况,它介乎于完全竞争与完全垄断之间。现代市场经济的发展,离不开国家干预宏观经济学的不断完善使得这种干预日趋理性化,并向国际化发展。在这种状态下,多数经营者都能积极主动影响市场价格;同时,又必须在国家干预的范围内,作为价格的接受者。企业制定价格,应认真分析各种竞争力量和垄断力量的强弱,制定适宜自身发展的价格和价格策略。

(四) 互联网的普及化

在互联网时代,成本、价格等信息更为透明化,制定价格就失去秘密。特别是在快消品领域,价格竞争日趋激烈。

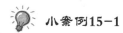
小案例15-1

一张图总结国产手机现状:友商"群殴"小米,死磕价格战[①]

随着行业内部竞争加剧、市场趋于饱和,集体崛起后的国产手机,使三星、苹果等海外品牌在中国市场,被瓜分掉大部分市场份额;一线主流品牌"华米 OV",彼此间也是各不相让。OPPO、vivo、华为和荣耀"围殴"小米,小米显得毫无招架之力。一加在旁跃跃欲试,曾经和小米在线上市场势均力敌的魅族却被友商遗忘一边。

"感动人心、价格厚道"的小米,秉承一贯的高性价比亲民策略,短短几年时间内爆发式增长,跻身成为媲美华为、OV 的一线品牌。但善于价格战取胜的小米,也渐渐成为众矢之的,友商集体效仿小米引以为傲的高配低价战略,纷纷向其施压。兄弟品牌 OPPO 和 vivo,陆续推出各自子品牌 realme 和 iQOO,不仅把小米的性价比完美复制,在营销、渠道和供应链方面更是全面碾压小米。华为+荣耀的双品牌策略也和小米频繁交火。

靠烧钱打营销牌的 OV,2019 年一反常态,大张旗鼓进军线上渠道。在供应链和渠道、营销方面占尽优势后,两大子品牌 realme 和 iQOO 痛下血本,在堆料和性价比方面展现出满满的诚意。市场份额保持连年激增的华为,更是把产品和渠道拓展到海外市场。越来越贵的华为手机,销量反而远超低价的小米。上有华为、OV,下有一加、魅族,友商死磕性价比,使价格战全面爆发。

各大竞争品牌集体涌入,犹如大军压境。一旦价格战全面爆发,靠性价比起家的小米能否扛得住呢?

三、法律和政策因素

市场经济的发展,价值规律、供求规律和竞争的自发作用,会产生某些无法自我完

[①] 摘编自:黑白 IT 控[EB/OL]数码达人(ttps://www.163.com/dy/article/EFEE7),2019-05-18.

善的弊端。我国是社会主义市场经济，政府制定了一系列政策和法规，对市场价格进行管理，并采取各种改革措施，建立社会主义市场经济所需要的价格管理体制。这些政策、法规和改革措施有监督性的，有保护性的，也有限制性的。它们在社会主义市场经济活动中，制约着市场价格的形成，也是各类企业制定商品价格的重要依据，企业在制定价格策略时不能违背。

四、货币数量因素

市场价格受到市场货币流通量的影响。价格是商品价值的货币表现形式，单位货币的价值量，制约着商品的价格。货币作为价值尺度，其单位价值量与货币（纸币）流通量成反比例，即货币流量越大，单位货币价值量就愈小，反之则反。因此，货币流通量与商品价格成正比例关系，即商品供给量不变时，货币流通量增加，商品价格随之上涨，反之则反。在其他条件不变的情况下，一国物价水平为其货币流通量所决定。

货币流通量计算公式为：

$$M = \frac{PT}{V} \text{ 或 } MV = PT \text{ 或 } P = \frac{MV}{T}$$

式中，M = 货币流通量，V = 货币流通速度，P = 平均商品价格，T = 商品供应总量。如果市场上货币流通量超过市场交易的需要，会导致物价上涨。当物价水平长时间、大幅度上升，就形成通货膨胀。通货膨胀按其形成原因，可分为需求推动型通货膨胀（demand-push inflation）、成本推动型通货膨胀（cost-push inflation）和结构推动型通货膨胀（structural push inflation）。企业在定价时，应认真分析市场货币流通状况以及物价水平和物价变动的成因，根据不同物价水平和变动趋势，制定正确的价格和价格策略。

五、心理因素

消费者心理因随机性较大，是营销者制定价格时最不易考察的一个因素，但又是企业定价必须考虑的重要因素之一。消费者一般根据某种商品能为自己提供效用的大小判定其价格，对商品一般都有客观的估价，即在消费者心中该商品值多少钱，这种估价被称为期望价格。期望值一般不是一个固定的具体金额，而是一个价格范围。如果企业定价高于消费者的心理期望值，就很难被消费者接受；反之，低于期望值又会使消费者对品质产生误解，甚至拒绝购买。消费者心理"便宜无好货，好货不便宜"的价值判断，与追求价廉物美的最大利益相矛盾，既想购买又便宜又好的商品，又怕吃亏上当。企业定价时应充分把握这一购买心理的矛盾，制定适宜的定价策略。当商品品质难以直观判断时，消费者常以价格高低评判其品质。在炫耀性消费心理驱使下，某些消费者为获得优质产品而不介意价格高低，企业应充分利用这一心理制定某些产品的价格。

随着社会主义市场经济的发展，收入结构多层次化，购买心理也日趋复杂。如低收入阶层的求实、求廉心理，中等收入阶层的求美、求安全心理，高收入阶层的求新、求名心理，暴富人群的炫耀性消费心理，等等，心理因素对定价的影响将越来越大。研究消费心理，正确制定价格，有利于产品进入市场和增加利润。

第三节　定价目标与定价方法

一、定价目标

由于受到资源的约束，企业规模和所用管理方法的差异，企业可能从不同的角度选择定价目标。不同行业的企业有不同的定价目标，同一行业不同企业可能也有不同的定价目标，同一企业在不同时期、不同市场条件下也可能有不同的定价目标。企业应根据自身性质和特点，权衡各种定价目标的利弊，加以取舍。

（一）以利润为定价目标

利润是企业从事经营活动的主要目标，也是企业生存和发展的源泉。在市场营销中，不少企业直接以获取利润为制定价格的目标。

1. 以获取投资收益（return on investment, ROI）为定价目标

所谓投资收益定价目标，是指企业以获取一定的投资收益为定价基点，按总成本加合理利润作为商品价格的一种定价目标。投资收益率的高低，取决于投资回收年限。计算公式为：

$$投资收益率 = \frac{I/Y}{I} \times 100\%$$

式中，I 为总投资，Y 为投资回收年限。

投资收益率一般必须高于同期银行利息率。以投资收益为定价目标，还必须考虑商品质量与功能、产品生命周期、消费者的需求价格弹性以及市场竞争状况等。适度的投资收益率，使企业能获得长期稳定的收益。一般采用投资收益定价目标的企业，应具备较大实力。如美国杜邦（Du Pont）和埃克森（Exxon）等大公司，就采用这一定价目标。

2. 以获取最大利润为定价目标

获取最大利润，是企业从事经营活动的最大展望。但获取最大利润，不一定就是给单位产品制定最高价格，有时单位产品的低价也可通过扩大市场占有率，争取规模经济效益，使企业在一定时期内获得最大的利润。

企业追求最大利润时，一般必须遵循边际收益（marginal revenue）等于边际成本的原则。市场营销中以获取最大利润为定价目标，是指企业综合分析市场竞争、产品专利、消费需求量和各种费用开支等以后，以总收入减去总成本的差额最大化为定价基点，确定单位商品价格，争取最大利润。

3. 以获取合理利润为定价目标

它是指企业在激烈的竞争压力下，为了保全自己，减少风险，以及限于力量不足，只能在补偿正常情况下社会平均成本的基础上，加上适度利润作为商品价格，所以称为合理利润定价目标。按照这一目标，不仅价格适中，消费者愿意接受，还能避免不必要

的竞争，有利于获得长期利润，并且符合政府的价格指导方针。这是一种兼顾企业利益和社会利益的定价目标。

（二）以销售数量为定价目标

以销售数量为定价目标，是指企业以巩固和提高市场占有率，维持或扩大市场销售量为制定价格的目标。

提高市场占有率，维持一定的销售额，是企业得以生存的基础。以销售额为企业定价目标，主要风险是利润率具有不确定性。但是也有研究表明，市场占有率与利润率之间，存在很高的内在关联度。市场营销战略影响利润系统（PIMS）的分析指出：当市场占有率在10%以下时，投资收益率（ROI）大约为8%；市场占有率在10%~20%时，投资收益率在14%以上；市场占有率在20%~30%，投资收益率约为22%；市场占有率在30%~40%，投资收益率约为24%；市场占有率在40%以上时，投资收益率约为29%。因此，以销售额为定价目标具有获取长期较好利润的可能性。例如美国西尔斯（Sears）、印第安纳标准石油（Standard oil of Indiana）等大公司都采用销售额作为定价目标。

（三）以对付竞争者为定价目标

大多数企业对于竞争者的价格十分敏感，在分析企业的竞争能力和市场竞争位置后，以对付竞争者作为企业的定价目标。当企业具有较强的实力，在该行业居于价格领袖（Price Leader）的地位时，其定价目标主要是对付竞争者或阻止竞争对手，首先变动价格。具有一定竞争力量，居于市场挑战者时，定价目标是攻击竞争对手，侵蚀竞争者的市场占有率，价格定得相对低一些。市场竞争力较弱的中小企业，在竞争中为了防止对手报复，一般不首先变动价格，主要跟随市场领袖价格。

（四）以社会责任为定价目标

以社会责任为定价目标，是指企业由于认识到自己的行业或产品对消费者和社会承担着某种义务，放弃追求高额利润，遵行以消费者和社会的最大效益为企业的定价目标。

主要有三类企业采用这一定价目标：

1. 政府代理机构

这一类企业为社会提供有偿服务，不以盈利为其经营目标。它们提供的产品和劳务在定价时，一般都以社会责任为定价目标，追求社会效益的最大化。如美国联邦储备银行、出口信贷机构、养老院和就业培训机构等。我国这一类型企业以往比较多，定价有时低于其成本。

2. 公共事业型企业

这一类企业虽有盈利的要求，但由于政府的某些价格管制，必须以向社会提供最大化的社会效益为主要目标。如各国的公共交通系统、自来水供应企业、电力供应公司、水利设施等，都以社会责任为定价目标。

3. 以社会市场营销为经营观念的现代型企业

这类企业的市场营销战略，不仅要满足消费者的需要并由此获得企业利润，而且要符合消费者和社会的长远利益，以及有利社会发展和进步。它们在制定价格时多以社会责任为定价目标,但这种高素质的企业还不多。如美国麦得托尼克公司(Medtronies)发明了世界上第一台心脏起搏器,公司从人类的最大福利出发,本着救死扶伤的原则,坚持以社会责任为该产品的定价目标,将产品价格定得较低。

二、定价方法

(一)成本导向定价法

成本导向定价法是以产品的总成本为中心,分别从不同的角度制定对企业最有利的价格。成本导向定价法由于较为简便,是企业最基本、最普遍和最常见的定价方法。它包括以下几种:

1. 单位成本定价法

指以商品单位成本为基础加上预期利润,作为商品的销售价格。预期单位商品获取利润,可以由企业根据市场环境及自身的营销实力决定。

2. 变动成本定价法

指在商品固定成本不大,或商品的市场生命周期较长而且又能占领市场的前提下,以变动成本为基础,加上预期利润制定商品的价格。

其计算公式如下:

$$单位商品价格 = \frac{变动成本总额 + 预期利润总额}{商品总量}$$

3. 边际成本定价法

指企业在市场竞争十分激烈的情况下,撇开固定成本,只计算变动成本的定价方法。固定成本则由预期边际收益来补偿。边际收益是指企业每多出售一单位商品,而使总收益增加的数量。当边际成本等于边际收益时,企业获得利润最大。如果增加的边际收益大于边际成本,表明利润增长,应扩大生产。一旦边际成本大于边际收益,表明利润下降,企业应减少产量,直至边际成本等于边际收益。

其价格公式为:

$$价格 = 变动成本 + 边际收益$$

采用边际成本定价,一般是在卖主竞争激烈时,企业为了迅速开拓市场,采用的较灵活的方法。必须注意的是,售价必须高于变动成本,否则生产越多亏损越大。

4. 临界点(Break-Even Point)定价法

临界点定价法是指在预测商品销售量和已知固定成本、变动成本的前提下,通过求解商品盈亏临界点来制定商品价格的方法。

盈亏临界点计算公式如下:

$$Q = \frac{F}{P-V} \quad 或者 \quad P = \frac{F}{Q} + V$$

式中,Q = 盈亏临界点的销售量,F = 固定成本,P = 单位商品的价格,V = 单位商品的变动成本。

但是,企业生产经营的目的不仅仅是保本,而是要获得目标利润。因此,制定价格还必须加上目标利润。其公式为：

$$P = \frac{F}{Q} + V + E$$

式中，E = 目标利润。

（二）需求导向定价法

需求导向定价法是指企业制定商品价格，主要根据市场需求大小和消费者反应的不同，分别确定价格。其特点是灵活有效地运用价格差异，对平均成本相同的同一产品，价格随市场需求的变化而变化。

1. 理解价值定价法（perceived-value pricing）

所谓"理解价值"，是指消费者对某种商品价值的主观评判，它与产品实际价值常常发生背离。理解价值定价法是指企业以消费者对商品价值的理解度为定价依据，运用各种营销策略和手段，影响消费者对商品价值的认知，形成对企业有利的价值观念，再根据商品在消费者心目中的价值制定价格。

2. 需求差异定价法

指企业根据市场需求的时间差、数量差、地区差、消费水平及心理差异等，来制定商品价格。如在市场需求大的时期和消费水平高的地区高定价，反之，则低定价；对购买数量大的消费者低定价，反之则反。

3. 逆向定价法（backward pricing）

指企业依据消费者能接受的最终价格，计算自己从事经营的成本和利润，逆向推算商品的批发价和出厂价。这种定价方法不以实际成本为主要依据，以市场需求为定价出发点，力求价格为消费者接受。营销渠道中的批发商和零售商，较多地采用此定价方法。

（三）竞争导向定价法

竞争导向定价法是指通过研究竞争对手的商品价格、生产条件和服务状况等，以对手的价格为基础确定同类商品的价格。这种定价方法的特点，是价格与商品成本和市场需求不发生直接关系。商品成本或市场需求变动了，但竞争者价格未变，就维持原价；反之，虽然成本或需求都没有变动，但竞争者价格变动了，也应随着调整商品价格。

1. 随行就市定价法

以本行业主要竞争者的价格为企业定价的基础。由于商品的行业平均成本不易测算，该商品的需求价格弹性及供给弹性也很难准确预测，也为了避免在行业内挑起价格竞争，就采用这一定价方法。中小企业采用此法较为普遍。随行就市定价既充分利用行业的集体智慧和反映市场供求情况，又能保证适当的收益，还有利于协调同行业的关系。

2. 投标定价法（sealed bid pricing）

指买方引导卖方，通过竞争取得最低价格的定价方法。一般用于建筑工程、大型设备制造、政府的大宗采购等。买方密封递价（又称标的），公开招标，卖方则竞争投标。买方按物美价廉原则择优选取，到期公布"中标"名单。中标企业与买方签约成交。

投标递价主要以竞争者可能的递价为转移。递价低于竞争者，可增加中标机会；但不能低于边际成本，否则难以保证合理收益。

3. 拍卖定价法

指卖方预先展示出售的商品，在一定时间和地点按一定的规则，由买主公开叫价竞购的方法。一般卖方规定一个较低的起价，买主不断抬高价格，一直到没有竞争对手回应的最后一个价格，即最高价格时，卖主把现货售给出价最高的买主。在艺术品、古董、房地产的交易中常采用此定价方法。

小案例分析 15-1
2020 年新规下，这 3 类房子或将"贬值"

第四节　企业定价策略

一、新产品定价策略

新产品定价是市场营销策略中十分棘手的问题。产品上市之初，定价没有借鉴。定价高了，难以被消费者接受；定价低了，将影响企业的效益。新产品定价依据有专利保护和仿制的新产品，各有不同的定价策略。

（一）有专利保护的新产品的定价策略

有专利保护的新产品的定价，较普遍地采用撇脂定价策略、渗透定价策略或满意定价策略。

1. 撇脂定价（skimming pricing）

新产品上市之初，将新产品价格定得较高，短期内获取高额利润，尽快收回投资。这一定价法就像从牛奶中撇取其中所含的奶油一样，取其精华，所以称为"撇脂定价"策略。高收入阶层对价格敏感度低，新产品一般从高收入阶层导入市场。只要高价不会引起消费者反感和抵制，又可维持一段时间，便能获得较丰厚的利润。

采用撇脂定价的优点是：

（1）新产品的独特性和优越性，使其高价也能为部分消费者所接受。在"理解价值"的范围内，利用求新心理、炫耀性心理等，高价刺激需求，辅之以高质量，有利于树立名牌产品的形象。

（2）价格在上市初期定高一点，留有调整价格策略的余地，使企业在市场竞争中居主动地位。

（3）高价格高利润有利于企业筹集资金，扩大生产规模。

撇脂定价法的缺陷，一是定价太高对消费者不利，也不利于企业的长期发展；二是新产品的市场形象未树立之前，定价过高可能影响市场开拓；三是如果高价投放又销路旺盛，丰厚的利润会引来激烈的竞争，仿制品大量出现，可能很快导致价格惨跌。

2. 渗透定价（penetration pricing）

新产品上市之初将价格定得较低，以吸引大量消费者，利用价廉物美迅速占领市场，取得较高的市场占有率。薄利多销既能获得较大利润，又可防止潜在竞争者入市。采用这一定价方法的前提是新产品的需求价格弹性较大,并且存在着规模经济效益。

渗透定价法的缺点,是入市初期定价较低,投资回收期长;企业在市场竞争中,价格回旋的余地不大。

3. 满意定价

又称温和定价策略,或君子定价策略。在新产品上市之初,采用买卖双方都有利的温和策略。由于撇脂定价策略定价较高对顾客不利,容易引起消费者不满和抵制,又容易引起市场竞争,具有一定风险;渗透定价策略定价过低,虽然对消费者有利,但企业在新产品上市初期收入甚微,投资回收期长。满意定价策略居于两者之间,既可避免撇脂定价策略因价高而具有的市场风险,又可避免渗透定价策略因价低带来的困难,既有利于企业自身的利益又有利于消费者。

(二)仿制品定价策略

新产品中有一类是仿制品,也是企业合法模仿国内外市场上某种畅销产品而制造的新产品。仿制品的上市也面临着定价问题。在仿制品定价过程中,较多的企业采用降档定价策略,即优质中价、中档低价、低档廉价的定价策略。如一些中外合资企业生产的仿制品,较普遍采用此定价策略,产品定价与同类同型号进口商品始终保持一定的价差,产品在市场上也广受欢迎。

二、产品组合定价策略

当某种产品只是产品组合中的一个部分时,企业需制定一系列的价格,从而使整个产品组合取得整体的最大利润。

(一)产品线定价(pricing the product line)

当企业生产的系列产品存在需求和成本的内在关联性时,为了充分发挥这种内在关联性的积极效应,采用产品线定价策略。在定价时,首先确定某种产品的最低价格,它在产品线中充当领袖价格,吸引消费者购买产品线中的其他产品;其次,确定产品线中某种商品的最高价格,它在产品线中充当品牌质量和收回投资的角色;再则,产品线中其他产品也分别依据其在产品线中的角色不同而制定不同的价格。美国柯达(Kodak)公司当初生产了一种 110 型照相机,必须使用小型号的专用胶卷。根据产品线定价策略,它们把这种 110 型照相机的价格定得十分低,而胶卷价格则定得较高。如果购买了廉价的照相机,就必须购买公司生产的高价专用胶卷。

(二)单一价格定价(single-price pricing)

企业销售品种较多而成本悬殊不大的商品时,为了方便顾客挑选和内部管理的需要,企业所销售的全部产品实行单一的价格。美国有一种连锁经营的小杂货店,人们称它为 99 美分商店。商店内所销售的几千种商品,几乎一律定价 99 美分。国内的自助餐饭店也引进了这种定价策略,每位顾客进店用餐,都是一个价格。

三、折扣与让价策略

折扣（discount）和让价（allowance），都是以减少一部分价格来争取顾客的定价策略。

（一）现金折扣

对当时或按约定日期付款的顾客，给予一定比例的折扣，以鼓励提前偿还欠款，加速资金周转。

（二）数量折扣

按购买数量多少分别给予不同的折扣，购买数量愈多折扣愈大。以鼓励大量购买，或集中向本企业购买。数量折扣实质上是将大量购买时所节约的费用，一部分返回给购买者。

数量折扣分为累计折扣和非累计折扣：

（1）非累计数量折扣。规定一次购买某种产品达到一定数量，或购买多种产品达到一定的金额，给予折扣优惠。

（2）累计数量折扣。规定顾客在一定时间内，购买商品达到一定数量或金额时，按总量大小给予不同的折扣。可以鼓励顾客经常向本企业购买，成为可信赖的长期客户。

（三）功能折扣（functional discount）

又称交易折扣。根据各类中间商在市场营销中的作用和功能差异，分别给予不同的折扣。折扣的大小，主要依据中间商所承担的工作量和风险而定。如果中间商承担运输、促销、资金等功能，给予的折扣较大，反之亦反。如果企业主要依靠的是零售商开发市场、拓展销路，一般会给予零售商较大的折扣，批发商相对较小的折扣。

（四）季节性折扣

经营季节性商品的企业，对淡季采购的买主给予折扣优惠，鼓励中间商及用户提早购买，减轻企业的仓储压力，加速资金流转，调节淡旺季之间的销售不均衡。

（五）复合折扣（multiple discount）

企业在销售过程中，由于竞争加剧而采取的将多种折扣同时给予某种商品或某一时期销售的商品。如在销售淡季，可以同时使用功能折扣、现金折扣和数量折扣的组合，以较低的实际价格鼓励客户进货。每当碰到市场萧条的情况，不少企业采用复合折扣度过危机。

（六）让价策略

让价也是市场营销中常用的定价策略，实质上也是一种折扣形式。让价策略主要有：

（1）促销让价（promotional allowance）。当中间商为产品提供各种促销活动时，如刊登地方性广告、设置样品陈列窗等，生产者乐意给予津贴，或降低价格作为补偿，有人称为销售津贴。

（2）以旧换新让价（trade-in allowance）。进入成熟期的耐用品，部分企业采用以旧换新的让价策略，刺激消费需求，促进产品的更新换代，扩大新一代产品的销售。国内市场采用以旧换新让价策略的是部分家电产品，国外市场主要用于汽车的市场销售。

四、差别定价策略

差别定价（discrimination pricing）是指营销者根据不同的顾客群、不同的时间和地点对市场进行细分；在细分市场之间需求强度差异较大，商品不存在由低价市场流向高价市场的可能性时，对同一产品或劳务采用不同的销售价格。这种差价不反映生产和经营成本的变化。

差别定价主要有：

（1）对不同的顾客群规定不同的价格。例如同一商品对一般顾客按商品全价销售，对消费者俱乐部成员的长期顾客给予优惠价。

（2）不同式样、颜色规定不同价格。例如同一成本和质量的服装，因花色和式样差异销售价格不同。当年流行价格要高一些，消费者喜欢的式样定价较高。

（3）不同部位不同的定价。如猪、牛、羊等肉类销售，不同部位不同价格；剧场演出等，前排后排的票价不同。

（4）成本相同时间不同定价不同。主要是服务业采用的定价策略，为调节不同时间内的需求均衡，采用不同定价。如长途电话昼夜之间定价不同，电影票价在同一天内因不同时点而有别等。

五、心理定价策略

心理定价策略是指企业定价时，利用消费者心理因素或心理障碍，有意识地将产品价格定得高些或低些，以扩大市场销售。

（一）声望定价（prestige pricing）

是企业利用消费者仰慕名牌商品或名店声望所产生的某种心理来制定商品价格，故意把价格定成整数或高价。质量不易鉴别的商品适宜此法，因为消费者有崇尚名牌的心理，往往以价格判断质量，认为高价代表高质量。有的名牌商品和时装，降价或低价反而无人购买。此外，艺术品、礼品或某些"炫耀性"商品的定价也必须保持一定的高价，定价太低反而卖不出去。但也不能高得离谱，使这一消费群不能接受。

（二）尾数定价

又称奇数定价，即利用消费者对数字认识的某种心理制定尾数价格。中外零售商常用 9 作为价格尾数，宁可定 99 元不定 100 元，宁可定 0.99 元而不定 1 元。根据消费者心理尽可能在价格上不进位，从而产生价格较廉的感觉。近年来国内市场也常有采用 8 为尾数定价。由于 8 与广东话发财的"发"同音，定价时多用 888 元、168 元、88 元等。在定价心理上讨个发财吉利，希望共同富裕。尾数定价还能使消费者认为是经过认真核算制定的价格，因而对定价产生信任感。

（三）招徕定价

零售商利用部分顾客求廉的心理，特意将某几种商品价格定得较低以吸引顾客。某些商店随机推出降价商品，每天每时都有一两种商品降价，吸引顾客经常来采购廉价商品，同时也选购其他正常价格的商品。有的零售商利用节假日或换季时机，举行"换季大减价""节日大酬宾"等活动，把部分商品降价出售以吸引顾客。

六、地区定价策略

企业制定价格策略，还会针对不同地区采用不同的价格策略。特别是运费在变动成本中占较大比例时。主要的地区定价策略有：

（一）FOB 原产地定价（FOB Origin Pricing）

FOB 即 Free On Board，意为在某一运输工具上交货。FOB 又称离岸价，即卖主负责将产品送到某一运输工具上交货，并承担此前风险和费用；交货后的一切风险和运费由买方承担。此定价方法适用于所有地区，并且简便。但有失去远途顾客的危险，特别是易损品的远方客户。

（二）CIF 定价（cost insurance and freight pricing）

又称到岸价定价策略，由卖方承担商品出厂价、运费和运输保险费的定价策略。卖主承担交货前的运输风险和费用，易损商品多采用此法。这个定价策略对远途顾客有一定的吸引力。

（三）基点定价（basing-point pricing）

指卖方选定一些中心城市为定价基点，按基点到客户所在地的距离收取运费。采用这一定价策略，对中小客户具有很大的吸引力，能够迅速提高市场占有率，扩大销售。

（四）区域定价（zone pricing）

指卖方把销售市场划分为多个区域，不同的区域实行不同的价格，同区域内实行同一价格。一般较远的区域，定价低一些。

七、比较定价策略

在制定商品价格的过程中，营销者认识到高价未必就能获得高利润，低价未必就一定少获利。低价薄利多销，营销者主动以低价刺激需求，扩大销售量，增加总利润；高价厚利精销，高价虽限制了部分需求，但单位商品盈利率提高，也能实现最大化利润。

两种定价策略各有利弊。究竟采用低价还是高价，一般应考虑下列制约因素的影响（见表15-1）：

表15-1 比较定价表

制约因素	高价	低价
促销手段	很多	很少
产品特性	特殊品	便利品
生产方式	定制	标准化
市场规模	小	大

续表

制约因素	高价	低价
技术变迁性	创新速度快	相对稳定
生产要素	技术密集	劳动密集
市场占有率	小	大
市场开发程度	导入	成长
投资回收期	短	长
商品用途	多方向	单一化
需求价格弹性	小	大
售后服务	多	少
产品生命周期	短	长
生产周期	长	短
商品差异化	大	小
产品声誉	优良	一般
质量	优	一般
供给量	小	大

八、远期交易定价策略

远期交易定价策略是指企业为了有计划的组织生产和经营，预先由买主与卖主签订商品销售契约，并规定交货的具体时间、数量和商品的价格。如在交货期间发生价格变动，不管涨价或跌价，仍按契约价成交。买卖双方共同承担市场的风险和分享市场利益。

九、价格变动策略

营销者在定价之后，由于宏观环境变化和市场供求发生波动，必须主动调整价格，以适应激烈的市场竞争。

（一）降价策略

当市场营销环境发生变化，如生产过剩、库存积压严重、其他营销策略无效，或者在激烈的价格竞争中，市场占有率下降等，企业为了扩大销售或稳住市场占有率，只有降低销售价格。

在降价之前，卖方应向自己的代理商、经销商保证，降价后对他们原先进货的存货，按新价退补降价损失。使长期客户以及该商品分销渠道的各个环节的利益得到保证，也保住企业的市场。

（二）提价策略

由于资源约束而产生严重的供不应求，或发生通货膨胀，企业不得不提高价格弥补成本的上升。提价必然引起顾客和中间商不满，企业中应采用不同的提价策略来平抑提价引起的不满。主要有：

（1）限时提价；
（2）在供货合同中载明随时调价条款；
（3）对商品的附加服务收费，或取消附加服务；
（4）减少或取消折扣和津贴；
（5）改动产品的型号，或增加某种功能等。
还要注意配合其他市场营销手段，尽量消除提价的负面影响。

十、再销售价格保证策略

对知名度较高的产品、名牌优质的高档产品，生产者担心中间商和零售商削价竞销，损害企业形象或产品形象，供货时就明确规定中间商和零售商，必须按商品目录规定的价格浮动范围出售商品。这一定价策略既维护了企业形象和产品形象，又创造一种相对公平的竞争环境，保护了中小零售商的利益。

十一、电商定价策略

互联网时代，电商的定价策略不再依据传统的定价方法和定价策略，而是根据市场竞争的需要和市场营销的需要，因时制宜地推出特定时间段的电商价格。电商定价策略的特点是透明性、全球性和时效性较强。

本章小结

价格是市场营销组合中最重要的因素之一，直接关系到产品能否为消费者接受，市场占有率的高低，需求量的变化和利润的多少。定价策略在市场营销中地位十分重要，主要由于其直接影响企业盈利目标的实现，是竞争的重要手段。

定价策略在营销过程中，与其他各因素存在相互依存、相互制约的联系。选择定价策略既要考虑其他营销组合因素的影响，也要考虑价格对其他因素的制约。成本是价格的最低限度，成本高低又是影响定价策略的一个重要因素。市场价格是在市场竞争中形成的，不同竞争状况对营销者制定价格产生不同的影响。价值规律、供求规律和竞争的自发作用，市场货币流通量，政策、法规和各种改革措施等，均制约着市场价格的形成。消费者的心理因其随机性较大，是营销者制定价格时最不易考察的一个因素，又是企业定价必须考虑的重要因素之一。

由于受到资源的约束，以及企业规模和所用管理方法的差异，企业可能从不同角度选择定价目标。不同行业的企业有不同的定价目标，同一行业不同企业可能也有不同的定价目标，同一企业在不同时期、不同市场条件下也有不同的定价目标。企业应根据自身性质和特点，权衡各种定价目标的利弊而加以取舍。

定价方法主要有成本导向定价法，需求导向定价法和竞争导向定价法。定价策略大体上有新产品定价策略,产品组合定价策略,折扣与让价策略,差别定价策略,心理定价策略,地区定价策略,比较定价策略,远期交易定价策略,价格变动策略和再销售价格保证策略等。电商定价策略的特点,是透明性、全球性和时效性较强。

 重要名词

　　成本导向定价　　需求导向定价　　竞争导向定价　　产品线定价　　逆向定价　　折扣定价
声望定价　　差别定价　　撇脂定价　　渗透定价　　尾数定价　　招徕定价　　投标定价

即测即练题

 **复习思考题**

1. 定价策略在市场营销中为什么具有十分重要的意义?
2. 定价策略在中国市场经济中的应用有何特点?
3. 影响价格变动的主要原因有哪些?
4. 企业应如何选择定价目标?
5. 心理定价策略有无客观依据?

 案例

跨境电商"意外"火爆背后:出口增长四成,运费突破 5 倍

"2020 年疫情还是令出口受到了影响,中国去年 12 月份有 2 000 多万元订单,因为物流问题没法交付。中欧班列虽然可以送达,但是也面临困难,主要是物流服务人员不够,像卸货效率就不高。"好孩子集团董事局主席、创始人宋郑在接受记者采访时还透露,出口贸易占该公司整体销售额 40%左右,疫情整体推动了产品出口,并促进了企业数字化提升。

这只是一个小小缩影。1 月 14 日,海关总署发布 2020 年全年外贸进出口情况,数据显示我国货物贸易进出口总额 32.16 万亿元,同比增长 1.9%,逆势上扬。全年跨境电商进出口 1.69 万亿元,增长 31.1%;出口总值 1.12 万亿元,同比增长 40.1%;通过海关跨境电子商务管理平台验放进出口清单 24.5 亿票,同比增长 63.3%。阿里巴巴国际站、敦煌网等电商平台,数据也持续向好。敦煌网创始人兼董事长王树彤认为,海关数据的发布证实了市场空间的巨大和行业的高潜,相信会吸引更多关注和资本、技术投入,对行业发展而言是好事。目前在欧美主要国家,物流已经恢复到以往同期水平,甚至更好。"预计一季度物流、运力成本会回落,这三个月是行业淡季。但更多的判断就很难,因为海

外疫情严峻没有办法明确判断。"

2020年年底，受新冠肺炎疫情影响，包括沃尔玛、塔吉特、百思买在内的美国多家零售商宣布感恩节不开门，瑞典、德国大部分城市也取消了圣诞集市等。全球消费者正在主动或被动地将消费行为转移到线上，"宅经济"需求全面爆发，跨境电商平台成为消费者采购的重要渠道。海关数据显示，2020年出口笔记本电脑等"宅经济"产品2.51万亿元，增长8.5%。

业内数据也印证了这一趋势。阿里巴巴国际站数据显示，该平台2020年交易额激增101%，商家订单同比增长翻番。销量前五名的行业分别为机械、家居园艺、消费电子、美妆个护、包装印刷；消费电子全年热度持续不减，11月销售额同比增长145%；空气净化器更成为出口黑马，4—11月累计交易额同比增长近十倍。跨境电商B2B出口平台敦煌网数据也显示，2020年"黑五""网一"期间交易额创平台成立16年来新高，超过35%的商品类目交易额同比翻番，超过50%的商品类目达年度最高；大量新买家涌入，环比增长68.7%；平均客单价同比去年提升25.1%；在法语、西班牙语市场也达成了建站最高单日交易额。尤其是传统购物季期间，该平台家居用品交易额同比增长111%，其中家居整理和清洁用品上涨423%，节日聚会用品上涨166%，宠物用品上涨85%，厨房用品上涨73%。

对于中国商家来说，2020年实属不易。上半年外贸进出口整体低迷，中国进出口总额增速到第三季度才由负转正，而跨境电商进出口疫情之下逆势增长。2020年前三季度，海关跨境电商管理平台进出口1 873.9亿元，超2019年和2018年，同比大幅增长52.8%。"经过上半年的疫情，像海外的国家即便遇到困难，也传递了一些经验。包括物流属于基础民生，基本上还是会优先保障基础民生业务发展。2020年下半年虽然有疫情反扑，但整个的妥投率明显比上半年好很多。这说明，海外国家在应对疫情上也有了很大的提升和保障。"王树彤分析。

海运物流费用上涨5倍。海关总署新闻发言人、统计分析司司长李魁文表示，作为新兴贸易业态，跨境电商在疫情期间进出口贸易额出现不降反升的迹象，成为稳外贸的一个重要力量。值得注意的是，2020年跨境电商成为企业开展国际贸易的首选和外贸创新发展排头兵，1 800多个海外仓成为海外营销重要节点和外贸新型基础设施。独立站、DTC成为行业热词，聚焦了最多市场、资本的最多关注，也走出了安克、SHEIN等明星企业。主流电商平台逐渐向生态型平台转型，行业产业链生态化成为趋势，尤其是在物流、资金链等环节。

受疫情影响，跨境物流在空运的运力，以及海外的派送上压力都有明显增加。一定程度上也导致跨境电商平台在海外本土的配送时效上变慢。据了解，海运抵达美国西港口约23天，美国东部港口40天左右，到欧洲30~37天，相比往年延误7天左右；铁路抵达欧洲站到站需要28~35天，相比往年延误10天左右；专线（空运）下半年去往欧美基本上在15~20天妥投；通过邮政发往海外，大多20~35天妥投，相比往年延误5~10天。

在海运的运能上，海运货柜出现极度短缺的情况。不仅如此，铁运货柜也出现短缺。其中，海运去到欧洲、美国，铁运去到欧洲，集装箱出现"摇号"情况，资源紧缺。因此整个物流成本有较大上涨。近期海运集装箱运费突破历史极值，达往年5倍以上，铁路运输费用也上涨 2.5 倍左右。一名跨境电商行业人士介绍，大批量产品一般会走海运或铁路运输。铁路运输只有到欧洲，通过德国和比利时分发；海运其实是去到欧美主要国家。小型商品或卖家认为有爆品潜力的，比如小家电，会通过铁路、海运备货至海外仓，以缩短投递时效。在买家没有指定物流方式的情况下，卖家也会根据自身运营店铺水平和单量，选择快递之外的其他物流渠道，比如专线等。目前，B2C 市场占据较大体量的通道仍然是邮政直邮。"速度最快的空运肯定是费用最贵的，比较小比较轻的货物，或者说买家对时效性要求非常高的货物，哪怕多花点钱也愿意走空运。整个市场，还是以海运、铁运为主流。"

尽管行业仍然面临不确定性，但对于跨境电商从业者来说，这依然是一个充满了希望的春天。平台通过全球贸易大数据实现产业链全环节互联，为供需双方提供信息资讯、广告宣传及在线交易服务，还能结合产业链上下游需求提供物流、金融服务、电商运营等增值创新服务，迎来进一步升级和洗牌的机会。

资料来源：陶力，张宜颖. 跨境电商"意外"火爆背后：出口增长四成，运费突破 5 倍[N]. 21 世纪经济报道，2021-01-19.

案例讨论题

1. 2020 年的电商有什么特点？
2. 疫情中物流运费为什么还会涨？

第十六章 促销策略

本章提要

通过本章学习,明确促销组合中各种促销方式的含义和内容,掌握运用各种促销方式和技巧,从而有效运用促销组合策略。

 引例

结合"互联网+",东鹏控股玩转多元营销新模式

近期,证监会核准广东东鹏控股股份有限公司的首发申请。根据发行方案,东鹏控股拟向公众投资者发行1.43亿股人民币普通股,并在深圳证券交易所上市交易。

设直营展厅极致感官体验　畅想智能未来

东鹏控股的销售模式采用"经销+直销"的模式。经销模式下通过经销商进行销售,直销模式下面向工程客户、直营零售客户、家装渠道客户、OEM客户和网络客户进行销售。

其中,东鹏控股目前已在深圳、广州、佛山、上海等重点城市和部分省会城市开设了直营店/展厅。可在店内直接为客户提供产品及装饰空间的展示与体验,为客户提供产品销售与服务。通过直营店或展厅接待客户并提供咨询、设计服务,客户付订金或货款并确认订单,仓库根据订单给予配货并安排物流将货物送达客户。未来,公司计划在万达、万科等商业综合体里开设智能体验店。同时公司还通过展会、年会等途径展示并销售产品。

拥抱互联网　构筑家居新零售模式

东鹏控股网络销售的主要产品为瓷砖和洁具类,公司目前已在第三方电商平台如天猫、淘宝、京东、苏宁、唯品会等电商渠道设立网店,同时与土巴兔、安乐窝、优装美家等7家垂直家装平台保持深度合作。客户在第三方、垂直家装平台等网店下单并付款到平台后,公司通过第三方物流公司安排实物发货,客户验收收货并在平台确认后,公司与第三方平台进行后续结算。未来,公司会继续打通线上、线下服务渠道,整合品类优势,进一步打造建筑卫生陶瓷行业新零售的标杆。

资料来源:佚名.结合"互联网+"东鹏控股玩转多元营销新模式[EB/OL].中国经济新闻网(http://www.cet.com.cn/wzsy/cyzx/2680462.shtml),2020-10-17.

促销是市场营销组合的一个重要因素,有着丰富的内容和极为重要的作用,其实质是卖方与买方之间的信息沟通。整个促销过程,本质上就是营销传播及其过程。促销方式包括人员推销、公共关系、营业推广和广告等。由于它们各有不同特点,需要在实际促销活动中组合运用,并基于不同的促销组合形成不同的促销策略。

第一节　促销和促销组合

一、促销及其作用

促销或促进销售（promotion），是企业通过人员和非人员的方式，引发和刺激消费者需求，从而促进消费者购买的活动。

促销方式一般分为两大类：人员促销和非人员促销。非人员促销具体又包括广告、公共关系和营业推广三个方面。促销方式的选择运用，是促销策略中需要认真考虑的重要问题。促销策略的实施，事实上也是各种促销方式的组合编配和具体运作。

促销的实质是达成企业与消费者买卖双方的信息沟通。一方面，企业作为产品的供应者或卖方，需要把有关企业自身及所生产的产品的信息广泛传递给消费者。这种由卖方向买方传递的信息，是买方借以作出购买决策的基本前提。另一方面，作为买方的消费者，也需要把对产品、服务的认识和需求动向反馈到卖方，促使卖方根据消费需求进行生产。这种由买方向卖方的信息传递，是卖方借以作出营销决策的重要前提。可见，促销的实质是交易双方（卖方与买方）的信息沟通，这种沟通是一种由卖方到买方和由买方到卖方的不断循环的双向式沟通（见图16-1）。

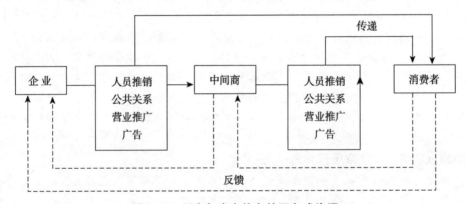

图16-1　买方与卖方信息的双向式沟通

促销的最终目的是引发和刺激消费者产生购买行为。促销的重要作用具体表现为：

（1）传递信息。企业通过促销手段及时向中间商和消费者提供信息，引起社会公众的广泛注意，吸引他们注意这些产品和服务的存在。

（2）唤起需求。通过介绍产品，展示某种生活方式，唤起消费者的购买欲望，创造出新的消费需求。

（3）突出特点。通过促销活动，可以显示产品的突出性能和特点，或者显示产品消费给顾客带来的利益，引发消费者对特定产品的偏好，强化购买意愿。

（4）促进销售。企业针对反馈的市场信息，加强促销的目的性，使更多的消费者对企业及品牌由熟悉到偏爱，形成惠顾动机，从而稳定产品销售。

二、促销组合

促销组合是指企业有计划、有目的地把人员推销、广告、公共关系、营业推广等促销方式进行适当配合和综合运用，形成一个完整的促销策略系统。

确定促销组合策略，主要应考虑以下因素：

（一）促销目标

促进销售的总目标是通过营销传播实现产品由生产领域向消费领域的转移。但在总目标的前提下，在特定时期对于特定产品，企业又有具体的促销目标。要根据具体的营销目标对不同的促销方式进行适当选择，组合使用。

（二）产品性质

不同性质的产品，消费者状况以及购买要求不同，因而采取的促销组合策略也有不同。一般来说，具有广泛的消费者、价值比较小、技术难度较低的消费品，主要采取广告的方式，而有较集中的消费者、价值较大、技术难度较高的工业品，主要采取人员推销的方式。公共关系、营业推广两种方式，在促销活动中对不同性质的产品的反应相对较均衡，应根据具体情况而定。（见图16-2）。

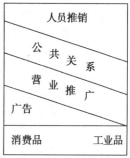

图 16-2 不同性质产品的促销方式选择

（三）产品生命周期

产品生命周期的不同阶段，企业促销的重点和目标不同，要相应制订不同的促销组合。（见表16-1）

表 16-1 产品生命周期各阶段的促销方式

产品市场生命周期	促销重点目标	促销主要方式
导入期	认识了解产品	各种广告
成长期	增进兴趣与偏爱	改变广告形式
成熟期		
衰退期	促成信任购买	营业推广为主、辅以广告减价等
市场生命周期各阶段	消除不满意感	改变广告内容，利用公共关系

（四）市场性质

市场地理范围、市场类型和潜在顾客的数量等因素，决定了不同的市场性质；不同的市场性质，又决定了不同的促销组合策略。一般来说，目标市场的空间大，属于消费品市场，潜在顾客数量较多，促销组合以广告为主；反之，目标市场的空间小，属于工业品市场，潜在顾客的数量有限，促销组合以推销为主。

（五）促销预算

促销预算因不同的竞争格局、企业和产品而有所不同。促销预算往往采取按营业额确定一个比例的方法，或者采取针对竞争者预算来确定预算额度的方法。不同的预算额度，从根本上决定了企业可选择的促销方式。

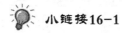小链接16-1

促销新方式①

菲利普·科特勒和凯文·莱恩·凯勒在《营销管理》（15版）中，将促销组合提炼为营销传播组合。其主要方式除广告、人员推销、营业推广和公共关系，还总结了营销现实并提出了四种新的传播模式：

（1）事件和体验。由公司赞助的项目，目的在于建立与品牌相关的互动。

（2）直复营销和数据库营销。利用信件、电话、传真、电子邮件或互联网直接与特定的顾客或潜在顾客沟通，或者引发其反馈或对话。

（3）在线和社交媒体营销。旨在吸引顾客或潜在顾客并直接或间接地提高知名度、改善形象或促进销售的在线活动和项目。

（4）移动营销。通过在线营销的形式利用顾客的智能手机、移动电话或平板电脑进行沟通。

他们指出，在新的营销传播环境中，尽管广告通常是营销传播活动的核心元素，但对于销售以及品牌和顾客资产的建设来说，并不是唯一的，甚至也不是最重要的。公司需要根据实际情况，将营销传播预算在这八种主要的传播模式上进行分配。

三、促销的基本步骤

有效地开展促销，需要遵循八个步骤：

（1）确定目标受众。清楚地界定目标受众是什么类型的消费者，新顾客还是老顾客，是否是本品牌的忠诚客户等。

（2）决定促销目标。具体的促销目标，包括传递某种产品的具体信息，扩大品牌知名度，影响顾客对品牌的态度，促进购买意向。

（3）设计传播信息。解决好三个问题，即说什么、如何说和由谁说。

（4）选择传播渠道。包括人员传播渠道和非人员传播渠道。

（5）编制促销预算。考虑实际情况及促销活动开展期所需一切开支费用，编制预算。

（6）确定促销组合。根据促销目标、产品性质、产品生命周期、市场性质、促销预算等，确定促销组合方式。

（7）评价促销效果。主管人员对促销方案的完成情况，进行测量与评价。

（8）协调促销过程。在对促销效果评价的基础上，协调各种促销方式，从而实现促销组合均衡。

---

① 参阅：菲利普·科特勒，凯文·莱恩·凯勒. 营销原理[M]. 15版. 何佳讯，于洪彦，牛永革，等，译. 上海：格致出版社、上海人民出版社，2016：526-527.

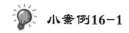 小案例16-1

超市最实用的六种促销方式①

错觉折扣：给顾客不一样的感觉

东西价格便宜了，肯定质量也差了，这是很多人面对各种打折时的常见心理。而要消除顾客心中的疑虑，让他们觉得实际上是赚到了，质量并没有下降。比如"您只要花120元就可以买到我们店里价值150元的商品"或者"您只要花99元，就可以在我们店里挑选任何一件原价的商品"。

一刻千金：让顾客蜂拥而至

"一刻千金"的促销方案就是让买家在规定的时间内自由抢购商品，并以超低价进行销售。比如在你的店铺，每天早上9点到9点零5分之间拍下的宝贝，可以以5元的价格成交。这个促销看似大亏本，但是实际上这一举动给你带来了急剧的人气提升和很多的潜在客户，等顾客吸引过来之后，接下来就是让顾客自愿掏腰包了。

超值1元：舍小取大的促销策略

超值1元，就是在活动期间，顾客可以花1元钱买到平时几十元甚至上百元的商品。从表面上看，这种1元钱的商品确实赚不到钱，但是通过这些商品，店铺吸引了很多的流量，而一个客户如果购买了一件1元商品，他是需要支付10多元的邮费的，那么他就很有可能选择店铺里的其他商品。而那些进店没有抢到1元商品的买家，购买了你店铺里的其他商品的可能性是非常大的。

临界价格：顾客的视觉错误

所谓临界价格，就是在视觉上和感性认识上让人有第一错觉的那个价格。比如，以100元为界线，那么临界价格可以设置为99.99元或者是99.9元，这种临界价格最重要的作用是给买家一个视觉错误，这个商品并没有上百元，也只不过是几十元而已。在网上，这个价格策略也是可以采用的。

阶梯价格：让顾客自动着急

所谓阶梯价格，就是商品的价格随着时间的推移出现阶梯式的变化。比如：新品上架第一天按5折销售，第二天6折，第三天7折，第四天8折，第五天9折，第六天原价销售。这样给顾客造成一种时间上的紧迫感，越早买越划算，减少买家的犹豫时间，促使他们冲动购物。当然阶梯的方式有很多，店家可以根据自己的实际情况来设定。宗旨就是既吸引客户又不会让店里亏本。

降价加打折：给顾客双重实惠

降价加打折实际上就是对一件商品既降价，又打折，双重实惠叠加。比如以100元商品为例，如果直接打6折，一件商品就会损失40元的利润。但是如果我们先把100元的商品降价10元，再打8折，那么一件商品损失的利润为28元。但是买家在感觉上还是后者比较爽。

扩展阅读 16-1

11.11 大促临近，独家节目抖音四大宠粉玩法

---

① 资料来源：佚名. 深度剖析超市最实用的6种促销方式! [EB/OL]. 搜狐网（https://www.sohu.com/a/392008398_650828），2020-04-29.

第二节 人员推销

一、人员推销的特点

人员推销（personal selling）是指通过推销人员深入制造商、中间商或消费者进行直接的宣传推介活动，使其采取购买行为的促销方式。

与非人员推销（non-personal selling）相比，人员推销的最大特点是具有直接性。人员推销的优点主要表现在以下方面：

（1）作业弹性大。推销人员在促销过程中可以直接展示商品，进行操作表演，帮助安装调试，并且根据顾客反映出来的欲望、需求、动机和行为，灵活采取必要的协调措施。

（2）针对性强。人员推销在作业之前往往要事先对顾客进行调查研究，选择潜在顾客，直接针对潜在顾客进行促销活动，具有较强的针对性，促销绩效也比较明显。

（3）及时促成购买。通过推销人员面对面的讲解、说服帮助下，可以促进顾客立即采取购买行为。

（4）巩固营业关系。推销人员在与顾客长期反复的交往过程中，往往培养出亲切友好的关系。

人员推销主要不足：当市场广阔而又分散时，推销成本较高；推销人员的管理比较困难；理想的推销人员也不容易获得。

二、推销队伍设计

推销人员是企业与消费者之间的纽带。一方面，推销人员代表着企业，是企业的代表，对推销人员一种流行的称谓是销售代表（sales representative）；另一方面，推销人员又与消费者紧密联系，反映着市场需求状况。

（一）推销人员的职责

（1）探寻。不仅了解和熟悉现有顾客的需求动向，而且尽力寻找新的目标市场，发现潜在顾客，从事市场开拓工作。

（2）沟通。与现实的和潜在顾客保持联系，及时把企业的产品介绍给顾客，同时注意了解他们的需求，沟通产销信息。

（3）销售。通过与消费者的直接接触，运用推销的艺术，分析解答顾客的疑虑，达成交易的目的。

（4）服务。除了直接的销售业务，推销人员尚需提供各类服务，诸如业务咨询、技术性协助、融资安排、准时交货。

（5）调研。推销人员可以利用直接接触市场和消费者的便利，进行市场调研和情报工作，并且将访问的情况作出报告，为开拓市场和有效推销提供依据。

（6）分配。在产品稀缺时，将稀缺产品分配给最急需的顾客并指导客户合理利用资源。

（二）推销队伍的结构

推销队伍的结构主要有以下几种设计：

1. 地区式结构

即按区域设置销售代表。几个销售代表或销售小组负责一个区域的商品销售。这种结构的优点是：推销人员的责任明确；促进推销人员与当地客户的联系；因推销人员固定在一个区域活动而减少费用开支。

2. 产品式结构

即按产品设置销售代表。随着产品技术日益复杂、产品种类的增加以及产品间关联度的下降，推销人员要掌握全部产品的知识日益困难，按产品专门化组成销售队伍就有利于推销人员熟悉产品性能，有效组织销售。

3. 市场式结构

即按顾客的特点设置销售代表。企业可针对不同行业设置销售代表，便于推销人员长期了解该行业的需求特点；企业也可针对客户规模设置销售代表，便于对大客户和小客户分别促销。市场式结构的好处在于每个推销人员对特定顾客的需求可进行深入了解；市场式结构缺点是，如果各类顾客较为分散，则推销人员的费用开支较大。

4. 复合式结构

即将地区、产品、市场几种结构混合起来设置销售代表。这一类结构可以按地区－产品、地区－顾客、产品－客户进行分工，也可以按地区－产品－客户进行分工。复合式结构适应于复杂多变的市场情况，增强了企业营销能力，但由于形式复杂，也给管理带来一定的难度。

 小链接16-2

确定推销队伍规模

推销队伍是最具生产力和最昂贵的资产之一。高质量的推销队伍可以创造巨大的财富；推销人员的增加又会增加企业成本。因此，需要将推销队伍的规模确定在适当的水平。

企业通常采用工作量法来确定推销队伍的规模。这个方法主要包括五个步骤：

（1）将顾客按年销售量分成大小类别；

（2）确定每类顾客所需的访问次数；

（3）各类顾客所需的访问次数即是整个地区的访问工作量，即每年的销量访问次数；

（4）确定一个推销代表每年可进行的平均访问次数；

（5）将总的年访问次数除以每个销售代表的平均访问次数即得所需的销售代表数。

（三）推销人员的报酬

销售代表的报酬一般采取三种方式：

（1）纯薪金制。推销人员获得固定的薪金，开展业务所需的费用由企业支付。这种方式的优点是给推销人员很高的安全感，易于管理；缺点是缺少有效的物质激励，难以激发推销人员的进取心。

（2）纯佣金制。推销人员的报酬完全与其销售额或利润挂钩。在纯佣金制中，推销人员的各项费用开支，已计入所获的报酬中，费用开支大小完全由推销人员自己负责。纯佣金制的优点是给推销人员巨大的激励，鼓励推销人员尽最大的努力工作；缺点是推销人员缺乏安全感，不愿意做推销工作以外其他工作。

（3）薪金佣金混合制。企业把推销人员的报酬分成两大部分：一部分是相对固定的薪金；另一部分是佣金。这种方式力求保留薪金制和佣金制的优点，又尽量避免各自的缺点。薪金与佣金的比例要根据企业的实际情况确定。

三、推销队伍的管理

（一）推销人员的招聘

推销人员的招聘方式一般包括以下四个方面：

（1）表格遴选。通常由应征人员先填写应征表格，包括年龄、性别、教育程度、健康状况、工作经历等基本项目，据以判别是否符合候选人的基本条件。

（2）卷面测验。设计有关推销知识、商品知识、市场知识的试卷，用以考核备选人员的知识水平。这是招聘推销人员的一种基本方式。

（3）个别交谈。个别交谈或面试是一项广泛运用的甄选方式。经过表格遴选出来基本符合条件的人员，企业销售主管和人事主管要对其进行面谈。这种方式可以比较满意地评定一个人的语言能力、仪表风度、推销态度、面临窘境的处置方法以及知识的深度、广度等。

（4）心理测验。心理测验的主要类型及内容有：能力测验。主要是测知一个人全心全力做一项工作成果如何，也称最佳工作表现测验，包括智力测验、特殊资质测验；性向测验。主要是测知可能的推销人员将如何做他每天的工作，也称典型工作表现测验，包括态度测验、个性测验、兴趣测验；成就测验。主要是测知一个人对某一项工作或某个问题所知的多寡。

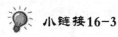

测试推销员能力的十大问题

（1）你对推销技术的掌握程度；

（2）你对推销商品的了解程度；

（3）你对相关商品的了解情况；

（4）你对公司的了解程度；

（5）你对顾客有没有恐惧感；

（6）你说话时是否刺伤了顾客的自尊心；

（7）对自己推销的商品，你是否是有相当的信心；

（8）你是否看不起别人；

（9）你是不是高估了自己的能力；

（10）推销不顺利时，是不是会迁怒别人。

（二）推销人员的培训

应根据推销人员的任务，推销人员的建议以及推销工作中出现的问题，确定培训项目。推销训练的内容一般包括：产品知识、企业知识、市场知识、推销技巧。具体要结合推销目标、推销职务所需的条件、推销人员的现有素质、企业的市场策略等因素来确定。

推销训练的方法可分集体训练和个别训练两种。集体训练的方法有：专题讲演与示范教学，按学习纲要进行考试与品评，分组研讨，职位演练等。个别训练的方法有：在职训练、个别谈话、函授课程、采用手册或其他书面资料、利用视听教辅器材等。

小案例16-2

店员疲于应付各式促销，怎样的培训才能鼓舞士气？[①]

什么样的培训才能让平日疲于应付各式促销的店员热情高涨地参与其中，并得到切实有效的帮助呢？广东心宝药业科技有限公司（以下简称"心宝药业"）一系列形式内容皆别出心裁的培训或许能给出一些参考。

理论+实战，培训也能披上实用主义的战袍

2016年，心宝药业联合《第一药店》推出"2016心肾同治，门店活力赛"，通过专场培训和主题销售竞赛的形式，从理论知识到实战运用等多个维度帮助店员全面提升专业技能，助力连锁药店全面提升门店活力。这种干货满满的培训，深受连锁企业和药店人的青睐。

另外，心宝药业会在培训后举行各种终端门店动销活动及主题销售竞赛，让店员能有的放矢地将培训成果运用到实际作战中，这正是心宝门店活力赛专场培训与其他培训最大的不同之处。

"心肾同治"保健康，关联营销方式讨喜

能让产品快速在终端市场树立品牌力，除过硬的产品质量和显著的疗效外，药店一线销售人员的产品知识及关联销售能力也不可或缺。因此，心宝药业会邀请企业相关专家对产品专业知识及核心卖点进行讲解，同时注重对品类关联销售能力的培训。

通过参与心宝药业的一系列培训，顺利掌握了非常实用的关联销售技巧，对心宝产品及关联品类的销售都大有裨益，当然最大的快乐是帮助病患解决了健康问题。

四、推销程序与方法

人员推销是一门科学，也是一门艺术。推销要遵循一定的程序和方法，但同时又要

[①] 资料来源：刘夏来. 店员疲于应付各式促销,怎样的培训才能鼓舞士气？[EB/OL]. 第一药店财智(https://www.jiemian.com/article/907089.html)，2016-10-25.

灵活运用，只有结合推销人员自身条件以及市场环境，融会贯通，巧妙运筹，才能取得良好的推销效果。整个推销过程包括了以下六个相互联系的步骤（见图16-3所示）：

图 16-3　推销程序

（一）加强信心

推销人员具有成功的信心，在推销活动中语言、资料就能运用自如，在推销产品的同时也把成功的信心和感觉传递给顾客。这种顽强精神和毋庸置疑的态度，往往使顾客对推销人员和产品产生信任，从而促进交易的进行。

加强信心的主要方法是：深入了解企业及产品的资料，认识并发挥自己的长处，总结成功的经验加强成就感，放松自己并热忱地开展推销。

（二）发展信任

顾客往往愿意与他们信任的推销人员做生意，推销人员推销的首先是自己。顾客先买你，然后才买你的产品。企业的产品同竞争对手的差异越少，推销人员推销自己的成分就越大。

发展信任的主要方法是：设身处地地为顾客当参谋，帮助顾客选择产品，突出产品的特点。

（三）分辨需求

要达成有效的推销，必须了解顾客的需求。推销人员需要探测顾客，分辨出消费者需求的真正指向。

分辨需求的主要方法是：通过对拟定问题的提问，筛选出顾客感兴趣的项目，深入讨论并明确顾客的指向以及推销重点。

（四）提出建议

提出建议是实现交易目标的前提。在提出建议阶段，推销人员作为顾客的参谋、顾问的角色表现得淋漓尽致。了解了消费需求后，要懂得提出针对性的建议。提出建议的过程是推销人员的目标与顾客的目标协调一致的过程，推销目标与需求目标的交叉点是达成交易的关节点。如果顾客对推销人员的建议没有疑问，距达成交易的目的就不远了。

提出建议的主要方法是：适时提出建议，充分展示购买带来的利益，有效运用交易辅助品。

（五）推动交易

推销的有效性是由顾客的行动来衡量的。所有的交易在最后时刻都面临三种结果：拒绝、拖延、成交。推销人员要力求避免前两种情况的出现，一鼓作气推动交易完成。

推动交易的主要方法是：选择适时成交，说服顾客现在采取行动，重申购买的效益。

（六）后续服务

后续服务是指在推动交易完成之后，尚需进行持久的追踪调研和持续访问。后续服务的方法主要是进行追踪访问。在大部分交易中，追踪访问比多次访问新顾客的投入少、效果好。追踪访问应从调查产品使用效果或保持良好的人际关系入手，做到未雨绸缪；如果一味急于扩大销售或询问顾客的决策，往往不受顾客的欢迎。

小案例分析 16-1

推销话术：这位推销员的失误之处在哪？应如何改进？

第三节 公共关系

一、公共关系的概念

公共关系（public relations）是指企业为改善与社会公众的联系状况，增进公众对组织的认识、理解与支持，树立良好的企业形象而进行的一系列活动。

（1）企业公共关系是指企业与其相关的社会公众的相互关系。这些社会公众主要包括：供应商、中间商、消费者、竞争者、信贷机构、保险机构、政府部门、新闻传媒等。企业作为相互联系的社会组织的一分子，每时每刻都与相关的社会公众发生着频繁广泛的经济联系和社会联系。所谓企业公关，就是指要同这些社会公众建立良好的关系。

（2）企业形象是企业公共关系的核心。企业公共关系的一切措施，都是围绕着建立良好的企业形象来进行的。企业形象一般是指社会公众对企业的综合评价，表明企业在社会公众心目中的印象和价值。在激烈的市场竞争中，一旦企业建立了良好的形象，就拥有良好的商业信誉，从而使企业在竞争中占据有利地位。

（3）企业公共关系的最终目的，是促进产品销售，提高市场竞争力。追求利润最大化是营利性企业的基本目标。公共关系的最终目的，无疑仍然是促进商品销售。正因为如此，公共关系才成为一种隐性的促销方式。

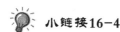

小链接16-4

网 络 公 关

网络公关（Public Relations on line，PR on line）又叫线上公关或 e 公关，它利用互联网的高科技表达手段营造企业形象，为现代公共关系提供了新的思维方式、策划思路和传播媒介。网络公关的兴起缘于因特网和电子商务的发展、网络传播方式较之传统传播方式的创新，以及公关业发展的需要。

网络公共关系是企业以互联网为手段，针对网络公众进行的。主体是企业，传播媒体主要是指互联网，客体是网络公众。网络公关的目的是维护和改善企业形象，提升品牌知名度，以获得更多商机。

网络公关的形式，包括网上新闻发布及发布会、BBS 论坛或社区公关、网上公关活动等。

网络媒体在公共关系传播中的影响力不断增强。如何有效利用网络媒体的传播力，塑造组织尤其是企业良好的形象，促进产品、服务的销售以及有效预防网络公关危机，成为组织必须面对的重要话题，也是网络公关兴起的重要原因之一。

二、公共关系的活动方式

公共关系的活动方式主要是指企业在公共关系活动中，将公关媒介与公关方法结合起来所形成的特定公共关系方式。按照公共关系活动所要达到的目的来看，公共关系活动方式可以分为以下几种：

（1）宣传性公关。运用各种媒介，组织编印宣传性的文字、图像材料，拍摄宣传影像带以及组织展览，向社会各界传播企业的有关信息，从而形成有利于企业发展的社会舆论导向。新闻媒介宣传是一种免费广告，具有客观性或真实感，消费者在心理上往往不设防，媒介的客观性所带来的影响往往高于单纯的商业广告。

（2）征询性公关。通过各种征询热线、问卷调查、民意测验等形式，吸引社会各界参与企业发展的讨论。征询型公关既可以了解社会各界对企业形象的认识程度，以利于进一步改善形象，又可以在征询的过程中达到与社会各界密切联系，沟通信息的目的。

（3）交际性公关。通过招待会、宴会、电话、信函、互联网等形式与社会各界保持联系，广交朋友，增进友谊，亲善人际关系，提高企业的知名度和美誉度。

（4）服务性公关。通过消费咨询、免费维修等形式，使社会有关人员获得服务性的实惠，增加社会各界对企业信誉的深刻体验，从而提升企业形象。

（5）赞助性公关。通过赞助和参与文体娱乐活动以及办学、救灾等活动，充分表达企业对社会的一份责任和一片爱心，展示企业良好的精神风貌，以企业对社会的关心换来社会对企业的关心。

三、公共关系的实施步骤

公共关系的主要职能是围绕企业形象进行信息搜集、传播沟通、咨询建议和协调引导。作为一个完整的工作过程，应包括四个相互衔接的步骤：

（1）公关调研。调查研究是做好公共关系工作的基础。公关调研的主要内容包括企业现状、公众意见以及社会环境三个方面。

（2）公关计划。企业公共关系的具体目标分为：传播信息、转变态度、唤起需求。企业应根据不同时期的公关目标，综合公众对企业认识、信赖的实际状况，制订具体的公关计划。

扩展阅读 16-2
后疫情时代公关行业的发展与展望

（3）公关实施。公关计划的实施是整合攻关计划与公关方式的具体操作过程，实施过程中要充分考虑企业发展阶段、公关目标及重点、公关预算、公关媒介等各种因素，实现有效的传播和交流，从而达到良好的公关效果。

（4）公关评价。公关工作的成效，可从定性与定量两方面评价。传播成效的取得,是一个潜移默化的过程,在一定时期内很难用统计数据衡量。有些公关活动的成效,可以进行数量统计,如理解程度、抱怨者数量、传媒宣传次数、赞助规模与次数等。

第四节 营 业 推 广

一、营业推广的特征和类型

（一）营业推广的特征

营业推广（sales promotion）是指为刺激需求而采取的能够迅速激励购买行为的促销方式。

营业推广主要是一种战术性的营销工具,而非战略性的营销工具。作为一种短期的促销方式,营业推广一般具有两个相互矛盾的特征：

（1）强烈呈现。营业推广的许多方法,往往是把产品的选择机遇强烈地呈现在消费者面前,造成"机不可失,失不再来"的状况。通过这种强烈的刺激,力求迅速消除顾客疑虑、观望的心理,打破顾客的购买惰性,促其迅速购买。

（2）产品贬低。由于营业推广的很多方法都呈现强烈的吸引氛围,有些做法难免显出企业急于出售产品的意图,如果使用不当,反而可能使消费者产生逆反心理,怀疑产品的品质。

营业推广这种刺激迅速购买的方式,暗含了一个基本的假设前提：消费者的购买欲望,是可以通过强烈刺激而释放或提前释放的。因此,企业在以其他方式促销的同时,短期内需要给予消费者一剂"兴奋剂"来消除其惰性,增加商品购买。当然,这种方式的副作用就是可能造成产品贬低,因而要适可而止,因地因商品适度展开。

（二）营业推广的类型

根据市场和产品等不同特点,营业推广主要有三种类型：

（1）针对消费者的推广。通过对消费者的强烈刺激,以求其迅速采取购买行为。

（2）针对中间商的推广。通过刺激中间商,促使中间商迅速采取购买行为。

（3）针对推销人员的推广。针对本企业推销人员展开的推广,目的是鼓励推销人员积极开展推销活动,导致更大的销售量。

二、营业推广的方法

营业推广的方法多种多样、数不胜数,但围绕着对消费者进行短期利益诱导这个基本点,可以对各种各样的方法进行分门别类的整理,形成几大系列,以利于有效利用并加以不断创新。

（一）免费赠送

免费赠送是使消费者免费获得企业赠送的物品或利益的推广方法。采用这一类方法,对消费者的刺激度和吸引力最大。

免费赠送主要包括：样品、附赠品、赠品印花。免费样品是将产品免费赠送给预期消费者试用和消费的促销方式。在开拓新市场和新产品导入过程中，免费样品的促销方式消除顾客接受时的种种障碍，激发消费者的购买欲望。附赠品是消费者在购买时获赠本产品或其他物品的促销方式。免费赠品可以采用加送整单位的本产品以及在原价基础上加大包装量的方式，也可以采用附赠本企业其他产品的方式。免费赠品对于强化顾客购买欲望以及新产品导入和市场开拓都有积极的作用。赠品印花是通过消费者收集赠券、标签、购买凭证等印花获赠有关物品的促销方式。采用赠品印花的方式可以促使消费者持续购买，培养顾客的忠诚度。

 小案例16-3

促销赠品成功的5大经典案例①

促销礼品赠品实际上是对消费者一种额外的馈赠和优惠，一般应遵循三条原则：保持与产品的关联性、设计程序简单化、不要夸大赠品的价值，即："看得见，拿得到，用得好"。

案例一："丁家宜"化妆品赠品

让女人更出色。凡购买"丁家宜"化妆品指定活动款，即可获赠放在产品包装内的独家保温杯一个。

点评：赠品放在产品包装里面不易流失，漂亮的赠品不易被消费者准确感知，需设计一块地方为透明包装以显出赠品。

案例二："福临门"食用油加护手霜，好油好手烧好菜，滋润为全家操劳一年的双手

活动期间购买福临门食用油1瓶，即可获赠东洋之花绵羊奶护手霜（40克）1支。

点评：产品陈列效果好，能够在众多竞争品类的货架上脱颖而出，注意，赠品容易被不良商店主或批发商拆除，同时护手霜尚未在家庭主妇心中建立使用意识。

案例三："蝶妆"岁末狂欢超值大赠送

蝶妆满200元，获赠韩国进口高级丝袜1份；满400元送蝶妆高级口红集锦1套；凭此广告还可到蝶妆专柜领取男性范蒙旅行装一套。

点评：此案例有一定的局限性，只适合专柜销售和本企业促销人员进行推广使用。

案例四：柯达千言万语，不如一张相片贺卡

在柯达冲印店，柯达数码影像系统可以将你的照片输入电脑，配上合适的边框图案，花40元，为你度身定制"相片贺卡"，再花10元，就可获35元精美艺术相框一个。

案例五：红桃K给最爱的人，送最用心的礼

在端午期间，买红桃K关怀装一提即可获赠500毫升特制绍兴黄酒一瓶，多买多送。

点评：此促销赠品可以一并送给使用者，实际上给"最爱的人"送的是两份礼品，但促销成本比较高。

---

① 礼婆婆（重庆）礼品有限责任公司. 促销赠品成功的5大经典案例[EB/OL]. 微博(https://weibo.com/ttarticle/p/show?id=2309404569410445640044), 2020-11-09.

（二）折扣优惠

折扣优惠是企业对消费者折扣让利的促销方法。通过折扣优惠，使消费者在购买过程中以较低的价格获得更多的产品和利益。

折扣优惠的方法主要包括：折价券、折扣、自助获赠、还款优惠、合作广告。折价券是向潜在顾客发送小面额有价证券，持券人凭券购买商品时享受优惠的促销方式。折扣是通过调低商品售给消费者的价格的促销方式。自助获赠是指顾客将购买某种商品的凭证附上少量货币换取赠品的促销方式。还款优惠是指顾客通过提供购买商品的凭证以获取购物的全款或部分款项的促销方式。合作广告是制造商为强化合作伙伴关系，与经销商合作开展广告宣传活动的促销方式。通常制造商提供给经销商的优惠是：提供详细的产品技术宣传资料、协助零售商进行店面设计、合作进行广告活动等。

（三）促销竞赛

促销竞赛是利用人们的竞争心理，通过组织相关的竞赛活动以达成促销目的的促销方式。

促销竞赛包括：消费者竞赛、经销商竞赛、销售人员竞赛。消费者竞赛是通过组织消费者参与多种形式的竞赛活动，强化产品的顾客扩散，以达到促销的目的。经销商竞赛一方面可以激发经销商的合作兴趣，加大进货和分销力度；另一方面可以密切制造商与经销商的关系，加强彼此的协作。销售人员的竞赛有利于提高销售人员个人或团体的销售量，同时也有利于销售人员之间的相互学习和共同提高。

 小案例16-4

直播带货、促销　白酒抢占春节档[①]

飞天茅台依旧"一瓶难求"，部分门店卖断货；直播成为新营销方式

与往年相比，2020年春节前，白酒销售一大显著变化是"直播带货"的兴起。五粮液、洋河、泸州老窖带头兴起了直播带货，洋河甚至找来薇娅，短短10秒内卖光3 000瓶梦之蓝M6+。

直播带货　薇娅10秒卖光3 000瓶梦之蓝M6+

2019年，李佳琦、薇娅等主播凭借强大的带货能力日渐为国人所知，而在2020年春节消费季，一些白酒品牌开始陆续尝试起"直播带酒"。

据洋河官方认证微信公号"洋河官方商城"消息，1月10日晚，洋河系列产品梦之蓝M6+亮相"淘宝一姐"薇娅直播间。在商品链接上架后不到10秒钟时间，3 000瓶梦之蓝M6+就被瞬间抢光。

1月9日，薇娅在"淘宝年货节"直播上带货茅台。当日晚间，500瓶飞天茅台在2 000多万网友注视下被瞬间售罄。不过，薇娅工作室、贵州茅台很快否认了与对方"合作"的传闻。薇娅方面称，这次直播是基于年货节酒水合作活动，酒仙网拿出了500瓶用作回馈薇娅粉丝。

[①] 资料来源：彭硕，李云琦. 直播带货、促销　白酒抢占春节档[N]. 新京报，2020-01-27.

相比茅台、洋河由薇娅带货，五粮液、泸州老窖更早就已开始"年货直播"。淘宝直播平台数据显示，2020年1月2日至1月17日，五粮液已连续在平台上直播了16天，泸州老窖则直播了9天。

（四）组合推广

通过一些综合性的手段，进行商品促销的方式。它主要包括：示范推介、财务激励、联合促销、连锁促销、会员制促销。示范推介是通过对产品的操作示范或组织产品推介活动等形式来进行促销；财务激励是通过消费信贷方式开展的促销活动；联合促销是两个以上的厂商共同开展的促销活动，如航空业与旅游业的联合促销活动；连锁促销是通过连锁方式进行的促销活动，比之单个企业的促销活动，显然具有整体促销的效益；会员制促销是通过会员制或俱乐部的方式，对会员在一定时期进行折扣促销，这有助于吸引顾客入会以享受较长时期的优惠。

小案例分析 16-2
疫情下促销常态化 家电厂商踯躅"十一"黄金周

第五节 广　　告

一、广告及其功能

广告（advertisement）具有悠久的历史，广告的定义随着时代的发展而变迁。在营销活动中，广告是指由特定的广告主，有偿使用一定的媒体，传播产品和服务信息给目标顾客的促销行为。

在市场营销活动中，广告的功能主要包括以下几方面：

（1）认识的功能。通过广告的介绍可帮助消费者认识新产品的质量、性能、用途、保养、使用方法和购买地点、手续以及各种售后服务情况。

（2）心理的功能。广告可使消费者对企业和产品具有良好印象，诱发消费者的感情，引起购买欲望，促进消费者采取购买行为。

（3）美学的功能。广告也是一种艺术，好的广告能给人以美的享受，能使店容店貌更加宜人，能美化市容环境。

（4）教育的功能。优秀的广告也能起到帮助消费者树立新的道德观、人生观和良好道德风尚的作用。

二、广告决策

（一）广告目标的确定

决定广告策略，首先要考虑的因素是广告欲达成的目标。依据对增加销售和利润的重要程度，广告目标可有以下四种：

（1）显现。目标在于透过广告把商标、企业名称传送给社会，要让大家知道企业和产品的存在。

（2）认识。企业在目标顾客已看到或听到其广告后，进一步要通过广告让顾客充分认识企业和产品，记住产品的性能、品质特点。

（3）态度。目标在于增进目标顾客对企业和产品的喜爱程度，希望通过广告改变人们的态度和思考方式，更倾向于本企业的品牌。

（4）销售。一切广告的最终目标都在于增加销售，但广告本身很可能并不会达成某一交易。以销售为目标的广告，重点是宣传现在就买的理由。

企业究竟选择什么样的广告目标，需要具体分析以下一些重要因素：①企业的市场发展总策略，广告目标必须与之相协调；②产品的市场生命周期，处于不同阶段的产品，广告目标也必然不同；③消费者特征及所处的行为程序阶段。消费者对不同的产品有不同的购买特点，在购买过程中也有不同阶段的行为特征，广告必然要针对具体的情况和要求选择相应的目标。

（二）广告预算的安排

广告预算从财务上决定了企业广告宣传的规模和类型。影响广告预算的因素主要有：产品新颖程度，产品差别的可能性，产品竞争能力，目标市场的大小，竞争对手的强弱等。

广告预算的主要方法有：

（1）倾力投掷法。在企业实力雄厚的情况下，广告预算采取广告费用能支付多少，就定多少的办法。这种方法的优点在于有利于大力宣传企业的产品，易于迅速扩大知名度。缺点是广告费用支出不一定符合市场开发的需要，可能出现浪费。

（2）销售百分比法。按销售额的一定百分比确定预算。其中因销售额的选择不同，如可选上年的销售额，本年计划的销售额，以及前几年平均的销售额等，可能有不同的销售百分比。这种方法的优点是：广告费与销售额挂钩，使企业的每一笔广告费支出都与企业盈亏息息相关。缺点是因果倒置，把销售额的变动作为广告费变动的原因而不是结果，由于不区分市场情况，常依过去的经验采用同一百分比，缺乏机动性。

（3）竞争对等法。以竞争对手的广告支出作为参照来确定企业的广告预算。其基本假定是竞争对手的支出行为在本行业中有一定代表性，同时本企业有能力赶上竞争对手的广告努力。这种方法的优点是有利于企业竞争，缺点是竞争对手的广告费用不易确定，并且在很多方面难于模仿。

（4）目标任务法。在确定广告预算时主要考虑企业广告所要达到的目标。首先尽可能地明确广告的目标；其次确定这些目标所要从事的工作；最后估计每项工作所需的成本，各项成本相加即广告预算。这种方法的优点是逻辑上合理，使企业的特定目标与广告努力联系起来。缺点是广告目标不易确定，预算也就不易控制。

小案例16-5

化妆品网络广告投放竞争激烈　玉兰油投放费用超千万

2017年2月，化妆护肤品品牌网络广告总投放费用达7 085万元。其中玉兰油投放费用达1 319万元，位居第一；巴黎欧莱雅投放费用达492万元，位居第二；雅诗兰黛投放费用达480万元，位居第三。

在2月份化妆护肤品品牌网络广告预估费用排行中，时尚网站、视频网站和门户网站是化妆护肤品广告主的首选投放媒体。其中时尚网站投放费用达2 265万元，占总投放费用的32%；视频网站投放费用达2 092万元，占总投放费用的29.5%；门户网站投放费用达1 678万元，占总投放费用的23.7%。

随着"80后""90后""00后"逐渐成为主流消费群，化妆品品牌不仅品牌追逐年轻化，广告投放策略也在越来越显"年轻"。各大化妆品品牌不约而同地把目光聚集到了这一群体，选择更能聚集年轻观众的媒体及节目拉近距离。而从网络话题热议度看，个性鲜明的综艺节目、IP剧更吸引年轻观众。超级IP具有无可比拟的内容营销优势，已经成为品牌传播必争资源。

（三）广告媒体选择

广告所发出的各种信息，必须通过一定的媒介载体才能传达到消费者。广告媒体是在广告主与广告接受者之间起媒介作用的物体。广告所运用的媒体，有报纸、期刊、广播、电视、网络、电影、幻灯片、户外张贴、广告牌、霓虹灯、样本、传单、书刊和包装纸等。其中传统四大媒体是报纸、期刊、广播、电视。

网络广告是通过网络传递到互联网用户的一种高科技广告运作方式，具有传播迅速、费用低廉的优势，发挥的效用越来越显得重要。

随着移动互联网时代的到来，移动广告逐渐成为网络广告的新宠。移动广告是指通过移动设备访问移动应用或移动网页时显示的广告，主要包括图片、文字、插播广告、信息流广告等。移动广告的形式分为Admob和Iad两种。Admob主要是在应用中嵌入banner（横幅），点击广告后会通过浏览器打开网页；而Iad不用打开浏览器，直接在应用中展示炫酷的广告。

由于不同的广告媒体有不同的特点，起不同的作用，各有其优缺点，在广告活动中应根据实际情况择善而行。

根据各种媒体客观上存在的优缺点，在选择时应着重考虑以下因素：

（1）产品的性质。工业品和消费品，高技术性能产品和一般性产品，应分别选用不同的媒体。

（2）消费者的媒体习性。不同的消费者对期刊、报纸、广播、电视等媒体有不同阅读、收视习惯和偏好。广告媒体的选择要适应消费者的这些习惯和偏好才能成功。

（3）媒体的流通性。市场的地理范围关系到媒体的选择。目标市场面向全国的产品，宜在全国性报刊和广播、电视上做广告；局部地区销售的产品，则可选用地方性的广告媒体。

（4）媒体的影响力。报刊杂志的发行量，广播电视的收视率，是媒体影响力的标志。媒体的影响深入到市场的每一个角落，但越出目标市场则浪费发行，需要一定频率才能加深消费者印象，消费者接触少就不易收效。

（5）媒体的成本。应考虑企业的经济负担能力，力求在一定预算条件下，达成一定的触及、频率、冲击与持续效果。

三、广告效果的测定

广告应讲求经济效果。要提高广告宣传的经济效果,首先应对广告效果进行测定和分析,找出广告活动中存在的问题,改进广告设计及制作,避免有形损失与无形损失,发现提高广告效果的准则。

测定广告效果,可以从广告引起的销售效果和广告自身的效果两个方面来进行。从销售效果测定,是把广告费用与销售额的增加作比较。计算公式为:

$$广告效果比率=\frac{销售增加率}{广告费增加率}\times 100\%$$

采用此法测算广告效果,只能作衡量广告效果的参数。因为商品销售的增减及增长的快慢,是由多种因素决定的,广告的影响只是诸因素之一。而在诸因素中要把广告因素单独抽出来,又是难以办到的。并且广告作用的发生,不一定有即时效应,常常附有延迟性的影响。所以,广告效果测定还应主要从广告本身的效果来测定。

广告本身效果是以广告的收视率、收听率、产品知名度等间接促进销售的因素为根据的。广告本身效果的测定,主要包括以下项目:

(1)注意度测定。对种种媒体广告的读者率、收听率、收视率的测定。

(2)记忆度测定。对广告重点内容的记忆,如企业名称、商品名称、商标、商品性能等,其中主要是知名度的测定。目的是了解消费者对广告印象的深刻程度。

(3)理解度测定。对广告所表达的内容和信息的理解程度的测定。测定理解度,对改进广告创作技术有重要参考价值。

(4)购买动机形成测定。目的是测定广告对顾客的购买动机形成究竟起多大作用。

广告自身效果测定的方法,可采取市场调查、实验以及专家评价等形式。

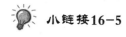
小链接16-5

新媒体广告形式[①]

新媒体广告是发布或植入在新媒体平台上,如网站、微博、论坛、移动互动平台、微电影、网络电视剧等,利用数字技术和网络技术,以多种形式呈现对品牌、产品进行传播推广的信息。新媒体广告以新媒体为载体,与报纸、期刊、广播、电视等传统媒体上的广告有着明显的区别。

基于新媒体定义范畴的新媒体广告形式,可以概括为四种:

(1)网络名片。指加载在新闻页面上的浮动广告,通过关键词匹配将广告展示和新闻服务结合,可以快速完成互联网和无线网等全网覆盖,是最新型的传播效果最好的新媒体广告形式之一。

---

① 资料来源:高媛媛. 新媒体广告形式和艺术价值[J]. 传媒,2015(16):67-69.

（2）移动交通数字广告。指搭载在公交、地铁等移动交通工具上，以数字信号传输不断推广产品或服务信息的新媒体广告形式，其投放者可以根据移动交通上的人数和线路等制定宣传策略。

（3）户外新媒体广告。由多种现代科技、材料综合构成的整体性的连续景观，具有较强的视觉效果和吸引力，因此演变成为新媒体广告中至关重要的形式之一。

小案例分析 16-3

品牌营销以致远，我乐家居 2020 户外广告大赏脱颖而出

（4）新媒体软文广告。指通过微信、微博等新媒体传播的软文广告，因其具有独特的传播途径、较强的互动性、较高的传播效果而成为新媒体广告的一种重要形式。

本章小结

促销是企业通过人员和非人员的方式，沟通企业与消费者之间信息，引发和刺激消费者需求，从而促进消费者购买的活动。其实质与核心就是营销传播。促销方式一般分为人员促销和非人员促销，非人员促销具体又包括广告、公共关系和营业推广等。

人员推销的最大特点是具有直接性。主要优点表现在：作业弹性大；针对性强；及时促成购买；巩固营业关系。缺点是：当市场广阔而又分散时，推销成本较高；推销人员的管理比较困难；理想的推销人员也不容易获得。

公共关系是指一个组织为改善与社会公众的联系状况，增进公众对组织的认识、理解与支持，树立良好的组织形象而进行的一系列活动。企业公共关系作为一种特殊的促销形式，是指企业与其相关的社会公众的相互关系，企业形象是企业公共关系的核心，最终目的是促进商品销售，提高市场竞争力。

营业推广是指为刺激需求而采取的能够迅速激励购买行为的促销方式。营业推广一般具有两个相互矛盾的特征：往往把销售的产品在消费者的选择机遇前强烈地呈现出来，使其迅速购买；很多方法都呈现强烈的吸引氛围，难免显出企业急于出售产品的意图，可能使消费者怀疑产品的品质，产生逆反心理。

广告是指由特定的广告主，有偿使用一定的媒体，传播产品和服务信息给目标顾客的促销行为。在市场营销活动中，广告的功能主要包括以下几个方面：认识的功能；心理的功能；美学的功能；教育的功能。广告决策包括：目标确定；预算安排；媒体选择。

复习思考题

1. 何谓促销，促销组合有哪些内容？
2. 制定促销组合策略应考虑哪些因素？
3. 促销有哪些主要作用？
4. 人员推销的任务、特点和步骤、方法。
5. 什么是公共关系，主要有哪些活动方式？

6. 什么是营业推广，其主要方法有哪些？
7. 广告有哪些功能，怎样进行广告决策和测定广告效果？

重要名词

促销　促销组合　人员推销　公共关系　营业推广　广告　广告媒体

案例

沃尔玛：今天卖什么，天气说了算

根据天气来促销产品的营销手法并不稀奇。一直以来，很多零售商都会根据气候安排商品采购和促销。例如，天热的时候把防晒霜放在货架前面，雨雪天把雨伞、棉衣之类摆在显眼位置，以促进销量。但沃尔玛在天气与消费者购买偏好之间，有更为深入的洞察。大家都知道下雨了要打伞，天冷了要穿棉衣，下雪了要买雪铲……但除了这些具有十分显著的气候、季节特征的产品，消费者许多购物习惯也与天气有着千丝万缕的联系。在沃尔玛有一个专门分析消费者行为的小组，该小组与天气预测公司 Weather Co.，合作两年来，利用沃尔玛的销售数据、消费者在 App 提交的订单、社交媒体上的讨论等各类数据，结合天气情况进行分析，在天气与特定的产品之间有了一些十分有趣的发现。

例如当气温低于 26.7℃、刮着微风且阳光明媚的时候，消费者采购蓝莓等浆果类产品的概率高达 80%。所以即将出现这样的天气时，沃尔玛就会将浆果类产品摆到显眼的位置，并重点推出数字广告，吸引消费者注意。据沃尔玛美国首席营销官 Stephen Quinn 表示，这个做法效果十分显著，浆果类产品的销量已经增加了三倍。

除此之外，在天气较热、刮着热风且不下雨的天气里，消费者对牛排的消耗量会增多；如果早晨温度在 26.7℃，阴天，风速每小时 40 公里，稍晚温度升至 32.2℃ 且云消散去，风速也降低了，这天消费者会更倾向于选择汉堡；在气温较高，刮着低风、天气晴朗的日子，消费者更喜欢买碎牛肉；气温高达 26.7℃，且风速每小时 8 公里的日子，消费者购买沙拉的概率高达 90%……目前，沃尔玛已在天气与消费者的产品选择偏好之间，找到了数千个关联，并将这些联系运用到店内的营销中。当特定的天气即将来临，沃尔玛把相应的产品摆放在消费者一眼就能看到的地方，发布一些数字广告，或者给消费者发条促销短信，就能带来销量的增长。Stephen Quinn 说，通过这种关联做相应的推广，一些产品的整体销量已经有了 18% 的提升。现在，沃尔玛已经与自己的供应商开始这种基于天气的合作。Stephen Quinn 举例说，沃尔玛就曾对佳得乐说，"天气不到 35℃，就不打你们的广告。"

这是沃尔玛在大数据应用上的一个切入点。据 Stephen Quinn 介绍，目前这个利用天

扩展阅读 16-3	
如何让促销位从差变好？	

气预报来决定卖什么的做法，已经可以在大范围内进行推广了。今后也许可以说，在沃尔玛，明天卖什么，天气说了算。

随着大数据分析渐趋成熟，沃尔玛不仅可以预知明天消费者会买什么，还可以通过对消费者的采购清单进行分析，替每一位消费者制定在店内的线路导航图，让他们能够更快速、高效地找到自己需要的产品。

资料来源：周瑞华. 沃尔玛：今天卖什么，天气说了算[J]. 成功营销，2015（01）：4.

案例讨论题

1. 沃尔玛的"天气营销"用了哪些促销方式和技巧？
2. 零售业如何拥抱"互联网+"大趋势，将产品推上更好的营销平台？

第十七章 国际市场营销

本章提要

国际市场营销是超越本国国境进行的营销活动。通过本章学习，要了解当代国际营销的一般知识，国际营销决策应具备的全球化观念和意识。特别是自 2018 年开始由美方挑起的中美贸易争端和互联网升级，对国际市场环境和国际市场营销产生了巨大的影响。2020 年突发的新冠疫情，对国际经济和国际市场格局产生了深刻的破坏，国际市场的供应链、价值链纷纷重组（例如 RCEP 东盟十国加中日韩新澳签署的区域全面经济伙伴关系协定以及中欧投资协定谈判完成等），对国际市场营销提出崭新的挑战。因而国际市场营销与国内市场营销一样，需要重新进行深入的调研、分析，市场细分和选择目标市场；在重新定位以后，以双循环为导向，制定对应国际市场新挑战的市场营销组合方案。国际市场营销既要适应国内环境，又要适应国际环境，具有更大、更多的差异性、复杂性和风险性。

 引例

与中国脱钩？美国经济界不答应！

据海关总署最新数据，2020 年 1—12 月中美两国贸易额为 5 867.21 亿美元，同比增长 8.3%。其中自美国进口为 1 349.08 亿美元，同比增长 9.8%，超出对美出口增速近 2%。看来中国不仅没有"占美国便宜"，而且自美国进口保持增长，特别是在全球贸易大幅萎缩的当下，稳定、抗压的中美贸易反而成为美国经济反弹的积极推动因素。

在双边投资领域，除了美国实体企业，美国资本也是从大踏步变成加速度涌入中国市场。以华尔街为代表的国际金融巨头，2020 年对中国股债两市掷下创纪录的 2 120 亿美元外资。汇丰前海证券近期一项调查显示，全球 900 多家机构投资者和大公司中，有近 2/3 计划 2021 年把在华投资平均增加 25%。中美经贸合作本质上是互利共赢的！无论是打压中国企业、限制中国投资还是阻碍中美贸易，这都是在自由市场经济和公平竞争问题上采取赤裸裸的双重标准。无论客观条件还是主观意愿，美国企业不会、不愿、不同意同中国脱钩！

资料来源：闫西文. 与中国脱钩？美国经济界不答应[N]. 中国日报，2021-01-17.

以互联网支持的经济全球化的 21 世纪，国际市场成为企业寻求规模经济和超额利润的角逐场所。进入 2020 年后，受新冠肺炎疫情的影响和美国对中国经济的变本加厉打压，使中国的国际经济环境产生巨大的变化和不确定性；但是在"一带一路"国家战略构架指引下，中国企业进入国际市场的速度仍然没有停下，迅速加入了 RCEP（与东盟 10 国和日韩澳新签订区域全面经济伙伴关系），2020 年终又与欧洲顺利完成中欧投资协定谈判，国际贸易保持大幅的正增长；基于互联网的跨境电商风生水起，成为国际市场营销的重要战场。市场营销不再囿于国家边界，商品、资本、人才以前所未见的速度、规模在全球流动。要求营销管理站在全球化的高度，以新的双循环理念寻求国际市场的营销机会，以获得全球市场营销的丰厚回报。

第一节 国际市场营销概述

一、国际市场营销的概念

国际市场营销（International Marketing）是指企业在两个或两个以上的国家，从事跨国界的生产经营活动，以全球性资源优化配置为手段，以目标市场的国际化发展为战略方针，在世界范围经营企业产品、技术、服务和信誉的跨国营销活动。在开放性的全球经济中，企业的营销活动从理论上讲不存在国界。在利润最大化和发展长远化的目标驱使下，哪儿有市场、有利可图，企业就会到哪儿去从事市场营销活动。简言之，国际市场营销是企业利用全球性资源，通过满足国际市场的需求以实现企业经营战略目标，进行的多国性市场营销。只要跨出国门，企业首先就面临着与本国文化传统、政治制度、法律体系、经济发展水平、经营习惯以及历史积淀下来的物质文化生活方式等差异的挑战。国际市场营销能否成功地为企业开拓广泛的国际市场，取决于多种因素的影响，如市场需求、产品、技术、营销战略和策略等。但是，国际市场营销的关键性因素是能否跨越异国的文化障碍，把企业文化融入所在国的文化中。国际市场营销本质上是跨文化的营销活动。

二、国际市场营销与国内市场营销的共同点与区别

一般来说，国际市场营销与国内市场营销只是处于两个不同的市场营销领域。"市场营销到处都一样"，因为"营销的基本原则是放诸四海而皆准的"。无论是国际市场营销还是国内市场营销，都要分析环境，选择目标市场；都要作出营销决策，完成商品和劳务的交换，实现货物从生产者到消费者的转移；营销过程也大致相同，目的都是为了取得利润或经济利益。但是，由于国际市场营销与国内市场营销相比有超越边界、异国性、多国性的特点，国际市场营销的复杂性、决策的风险性、手段的繁复性和策略的多样性都大大地增加了。特别是在贸易保护主义又有所抬头的今天，排除花样繁多的贸易障碍已成为各国政府和营销企业必不可少的工作。尤其是对中国来说，一旦超越国界，市场的性质和情况与国内相比就会发生本质的变化。了解这些，对于国际贸易的参与者是大有裨益的。

国际市场营销与国内市场营销的具体区别如下：

（1）国际市场营销的困难大于国内营销。主要表现在语言不通，法律、风俗习惯不同，贸易障碍多，市场调研不易，了解贸易伙伴的资信情况困难，交易技术困难多，交易接洽不便。

（2）国际市场营销比国内营销复杂。主要表现在货币与度量各国不同，商业习惯复杂，海关制度及其他贸易法规不同，国际汇兑、运输困难，保险及索赔技术不易把握。

（3）国际市场营销的风险大。在国际市场上可能产生的风险很多，比较显著的有信用风险、汇兑风险、运输风险、价格风险、政治风险、商业风险。

（4）国际市场营销的手段及参与者多于国内。在国际市场上，市场营销的手段除四大营销因素之外，还有政治力量、公共关系以及其他超经济手段等，可能需要"大市场营销"①。市场营销的参与者也与国内营销有明显不同，除常规参与者，还有立法人员、政治代理人、政党、有关团体以及一般公众也被卷入其中。国际市场营销的行动规则与关系的微妙，都是国内所无法相比的。

小案例分析 17-1
非洲是华为全球战略中最重要部分

三、国际市场营销的理论基础

从美国市场营销实践及理论的发展过程来看，国际市场营销理论是从"出口营销理论"蜕变而来。这一演变的基础，是企业由国内企业发展成了国际企业。

"出口营销理论"主要以皮莱特教授在 1966 年发表的《出口营销学》为标志。依据他的观点，出口营销是出口企业针对本国以外的各国条件，本国的商品化政策及营销方式进行有秩序、有组织的技术性交易过程。由于美国跨国公司的大发展，1964 年马西教授出版了《国际企业论》一书，对跨国公司的经营管理、组织以及对社会的影响和功能进行了系统的研究，在此基础上国际营销理论最终形成。

国际营销具有下述五个方面的基本特征：

（1）市场营销活动从以往的对外发展手段，变成了以企业的管理功能为主，并赋予其世界性营销管理的概念。

（2）国际营销的研究对象不仅是商品的输出，而且包括资本的输出和国际的经济技术合作。

（3）本国的商品输出和在其他国家生产的产品输出，都应包括在国际营销的研究范围内。

（4）将海上运输和海外进出口、配销商的各个功能系统化，改变仅将他们视为出口机构的看法。

（5）基于互联网的跨境电商交易。它是信息化和智能化时代新的企业营销模式，国际市场营销的基本理念依然具有总有的指导性，只是具有了时间上的有始无终和空间上的无边无际的互联网营销的特点。

---

① 关于"大市场营销"的具体内容，可见本书第三章"市场竞争与市场营销组合"之第五节.

四、开发国际市场的重要意义

（1）积极开拓国际市场是社会生产力发展到一定阶段的产物，有利于加快实现我国的现代化和迅速提高人民生活水平。由于各国经济、技术发展不平衡，特别是在生产和科学技术高度发展的今天，任何一个国家都不可能拥有发展本国经济所需要的一切资源，更不可能掌握世界上所有的先进技术。我国还是一个技术、经济比较落后的国家，为了加快实现现代化和迅速提高人民生活水平，更需要从国外大量引进适合我国国情的先进技术装备和现代化建设的急需物资，而这些款项都是要用外汇来支付和偿还的。积极开拓国际市场，努力扩大出口贸易，以换取更多的外汇。在过去的40多年里，对外贸易成为推动中国经济发展最重要的"发动机"之一，进入21世纪后，中国制造的巨大生产能力更需要广阔的国际市场来承接。

（2）积极开拓国际市场，可以充分利用我国现有的各种相对优势来加速经济建设。在国际贸易中，各个国家都可以利用自己的相对优势来提高经济效益。我国最大的优势是劳动力资源丰富，工资水平又比较低，这样就可以多生产一些在国际市场上具有竞争力的劳动密集型产品出口，以换取更多的外汇或物资，还可以多搞一些来料加工。伴随着新的工业革命的到来，我国也在迅速调整产业结构，增加以信息技术、生物技术和光学技术为主的高新技术产品和机电产品出口。

（3）积极开拓国际市场，可以促进企业不断提高产品质量、增加花色品种、改进工艺技术和提高企业经营管理水平。在国际市场上竞争的对手比较多、也比较强。要使自己的产品能够打入国际市场，并赢得更多顾客，就要以品牌为导向，不断在产品设计、产品质量、花色品种、包装装潢等方面下功夫。更需要不断提高劳动生产率，降低生产成本，以利于提高竞争能力。要做好这些工作，就要求企业有较高的经营管理水平。

第二节　国际市场营销环境分析

市场营销的基本概念、原理，在国际市场依然适用。但是，国内与国外、国家与国家、民族与民族之间毕竟有着差异。特别是2020年之后，因新冠疫情和中美贸易战的影响，国际经济环境和国际市场格局发生深刻的变化。因此，从事国际市场营销必须深入了解各种特殊的环境因素，特别是东道国政治经济政策的调整和变化。世界各国风俗习惯不同，消费偏好各异。有些西方或中国的公司从事国内营销相当出色，进入国际市场后仍旧沿用国内的一套办法，结果屡屡铸成大错。

一、当前国际市场营销环境的重大变化

在新冠疫情和中美贸易战等的冲击下，国际市场营销环境发生了一系列重大变化。营销人员必须认真研究特定国外市场，特别是那些重大的国际政治、经济格局变动，引发"黑天鹅"和"灰犀牛"事件，对企业产生负面的影响。

（1）国际贸易与国际投资迅速增长，世界经济日趋国际化。

（2）进入 21 世纪以后由于新技术革命，美国经济仍保持持续增长的势头，增强了美国的全球支配地位，随之而来的是美国对国际事务干预过多，造成军费开支增大和美元贬值。

（3）日本在国际市场上的经济力量日益壮大，已成为世界上最大的债权国。

（4）欧盟经济迅速增长，实力不断增强，特别是欧元的顺利流通，不仅形成了一个潜力巨大、竞争日益激烈的国际大市场；同时，还成为抗衡美国和日本经济的强大国际竞争力量。

（5）国际贸易与国际金融体系正在逐步形成，通货的兑换性得到改善。

（6）服务贸易成为国际贸易的主要内容，在国际贸易中所占比重呈日益增大的趋势。

（7）受新冠疫情的影响，部分国家开始调整自己的产业布局，重新构架自己的供应链；同时，为保护国内产业，抵制国际竞争，发达国家的贸易壁垒日益增多。

（8）世界各大潜在市场开始对外开放，如中国、独联体国家、阿拉伯国家等。

（9）自 2008 年华尔街金融危机以来，特别是受新冠疫情影响，经济发展停滞，以美国为首的部分国家滥发货币，世界货币以美元为霸主格局开始崩塌，欧元各国之间也矛盾重重，为争夺经济利益和开放市场的矛盾更加激烈。

（10）以欧元为基础的欧盟统一市场逐步形成。全球市场体系正在新的整合过程中。伴随中国加入 WTO 后的经济迅速发展，RCEP 的签署，东亚市场蕴藏着巨大的潜力将开始喷发。

（11）中国已经成为世界上外汇储备最多的国家，并形成人民币升值的态势。

二、国际市场营销中的不可控制的因素

企业的市场营销活动要向国外市场扩展并取得成功，必须掌握下述国际市场营销中的不可控制的因素。

（一）经济环境

研究外销市场，首先必须对国际经济状况有所了解。一个国家经济状况的好坏，会影响该国人民对产品和劳务的需求量。因此，应对各国经济制度、经济发展水平、经济特征（人口、收入）、自然资源、经济基础结构、外汇汇率等，进行认真研究。

1. 经济制度

目前世界上大体有两种经济制度，资本主义经济制度和社会主义经济制度。资本主义经济制度以私有制为基础，我国社会主义经济制度以公有制为主体、多种所有制经济共同发展。从事国际贸易，要了解清楚各国特别是伙伴及东道国的经济制度，以便顺利而有效地开展活动。

2. 经济发展水平

各国的国民经济情况按其发展水平，大致分为原始农业型、原料输出型、工业发展中型和工业发达型。这四类国家各自的出口项目与货物很不相同，对进口货物的需求也各不相同。所以，以什么样的商品，进入哪个国家的市场，就需要了解它们的国民经济

发展情况。例如工业发达国家一般均凭借其技术经济优势，着重于开发高技术产品（比如精密机械、数控、导航设备、电脑等）进入国际市场；工业发展中国家可依据其廉价劳动力优势，开发劳动密集型产品进入国际市场。一般说来，高技术产品进入工业发达国家与劳动密集型产品进入工业发展中国家均须谨慎。

3. 经济特征

（1）人口因素。一般地说，市场大小取决于人口多少。尽管人口不是构成市场的唯一因素，却是极为重要的因素，因为总需求量同人口数量成正比。分析人口因素，要有针对性的考虑以下指标：总人口、人口增长率、人口的区域分布、人口的年龄结构、人口的性别结构及家庭数目，等等。

（2）收入因素。收入是一个非常重要的经济概念，国家的收入如国内生产总值，标志着国家的经济实力和水平；个人的收入则构成了消费的基础。一些重要的收入概念有：人均总收入、家庭收入、可任意支配收入、绝对收入、相对收入、实际收入、名义收入和预期收入等等。从不同的角度所取得的收入指标，对于企业制定营销战略，评估需求与销售潜力都有重要意义。上述收入指标，其中消费者个人收入的变化是影响消费的直接因素。社会上的消费数量、质量、结构以及消费方式的变化，往往与消费者的收入变化有直接的关系。

4. 自然资源

自然资源的分布对市场营销的影响，也是不可忽视的问题。资源分布不均，对消费结构和对外贸易中的进出口商品结构都有重大影响。所以，企业利用当地资源优势去发展生产并占领相对应的市场是非常明智的。

5. 经济基础结构

即一国的设施、机构、资源供应、交通运输和通信设施、商店、银行、金融机构、经销商组织等作为国民经济基础的结构状况。其数量越多，业务量越大，业务水平越高，整个经济运行就越是顺利有效。它和国际营销活动有着极其密切的关系。若不了解一国的经济基础结构，可以说是无法顺利开展国际营销活动的。

6. 汇率

货币兑换率或者说一个国家对另一个国家货币的价格，是由政府根据供求关系和当时的经济状况决定的。一个国家货币兑另一个国家货币的比率定得很低，那么该国必须为进口支付更多的本国货币，这对于一些依赖进口原料和生产零件的国家会造成很大的困难。反过来，如果货币升值通常也会给出口带来困难，因为这使它的商品在进口国市场上价格上升，从而直接影响商品在国际市场上的竞争能力。

货币兑换率也是一种国际经济因素，企业必须掌握汇率波动特点，全面衡量货币对出口销售所产生的影响，努力做好出口销售工作。

（二）政治法律环境

世界各国的政治、法律环境，对于进口和商业投资的影响程度差异甚大。因此，国际市场营销人员研究是否进入某国市场，必须了解以下情况：

1. 政治的稳定性

政局的稳定与政策的连续性，是增强投资者信心与信任的重要因素。我们时常可以看到某一国的财产被另一国冻结或没收的情况；有时，还会遇上进口配额的限制或新的义务；有时甚至不能正常履行合同，使贸易双方蒙受损失，而且形成某种黑市，造成大量货币外流和投机机会。这一切都与政权变更、政局动荡及战争有直接的关系。所以，开展国际市场营销不仅要考虑国际间或贸易国目前的政治气候，还必须要考虑其将来的稳定性。

2. 对国际贸易和国际投资的态度

有些国家对国际贸易感兴趣，愿意提供鼓励经济往来的宽松环境；有些国家相反，对外贸易领域的事情处处小心谨慎，许多规定极为严格，没有任何伸缩性。这当中原因很多，有的可能为了发展经济，利用外资；有的可能出于政治敌视，保护民族工业或是意识形态的差异。目前，我国的政策与态度对发展国际经济联系和鼓励外商投资都是十分积极的，经济特区与经济开发区及许多地方都建立了行之有效的外事制度，以协助外商投资建厂。

3. 贸易壁垒

为了保持国家的贸易平衡，各国往往对其进出口货物采取各种直接或间接限制的措施，一般称为贸易壁垒或非关税壁垒。其中最常用的手段，是进口许可证制和进口配额制。

4. 专利与商标保护

专利是按法律规定，发明者在一定时间内对其革新、创造发明成果所拥有的权益。专利权是国家依法予以的一种排他性权利，旨在保持技术发明者的利益。商标是一种工业产权，在国际上和国内享有各有关国家的专门法律保护。

5. 价格控制

价格控制是指某些国家对进口商品实行最低限价的规定，目的是降低进口商品在本国市场的竞争能力和减少进口商品的利益，以限制商品进口。

6. 反垄断法和防止不公平竞争法

指以美国为代表的西方国家反对垄断及不公平竞争的一系列法律。它们本质上是一致的，禁止企业之间或强制他人签订限制竞争的垄断协议，反对大企业公开形成垄断同盟，反对一个企业在市场上占据控制地位，设置反垄断执行机构。例如，美国的《谢尔曼反托拉斯法》和《罗伯特－帕特曼法》。

7. 行政效率

当地政府是否建立了行之有效的外事制度来协助外商投资建厂，包括是否简化海关手续、提供市场咨询以及其他有助于发展的措施。

8. 关税政策

国家为保护本国贸易，通过各种关税来鼓励出口和限制进口，如减少或豁免本国产品的出口税，提高进口商品的关税，以减弱其竞争能力，保持本国产品的竞争能力。有时为了外交政策的需要，按国别实行税率，如特别税率、最惠国税率、差别税率等来影响进口。这类名目繁多的税率，称为"关税壁垒"。

9. 国有化政策

国有化政策是指各国对外国投资是否收归国有，什么情况下收归国有等。

（三）社会文化环境

由于社会文化环境的影响，各国消费者往往会有其独特的购买方式与消费偏好。这也是国际市场营销中棘手的问题之一。

1. 教育水平

社会教育水平与一个国家及其经济发展密切相关，并且决定着人们的文化程度。各国经济水平不同，教育发展也不一样，文化水平也就存在差异。文化水平对促销引导、接受新产品、新技术有很大影响。在教育水平低的国家，复杂程度高、技术性能强的产品往往没有市场；在文盲率高的国家和地区，文字广告难以成功，而现场示范和电视等媒体更有效。

2. 语言

各国、各民族一般都有自己的语言文字。市场营销人员对潜在顾客的语言不精通，不仅无法进行销售和消费引导，而且容易产生误解、带来困难。

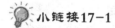小链接17-1

2020年中国成为全球最大外资流入国①

2021年1月24日联合国贸发会议发布《全球投资趋势监测》报告，指出流入英国、意大利、俄罗斯、德国、巴西和美国的外国直接投资急剧下降。联合国贸发会议投资和企业司司长詹晓宁接受采访时表示，2020年中国吸收外资逆势上涨，超过美国成为全球最大外资流入国。2020年流入美国的外资下降49%，降至1 340亿美元，英国、德国和日本的跨国企业在美投资降幅最大。受全球疫情和脱欧的双重影响，流入英国的外资从2019年的450亿美元降至负13亿美元。这些年来流入中国的外资一直稳定增长，疫情暴发后中国经济率先恢复增长，成为吸引外资的亮点，《区域全面经济伙伴关系协定》（RCEP）和中欧投资协定谈判完成也提振了投资者信心。2020年中国成功应对新冠疫情带来的严重冲击，在全球跨国直接投资大幅下降的背景下，全年吸收外资逆势增长。根据贸发会议估算，2020年中国实际使用外资同比增长4%，达到1 630亿美元，外资流入规模再创历史新高。中国吸收外资全球占比大幅提升，已经高达19%。

詹晓宁指出，中国经济率先恢复增长，一枝独秀，成为全球吸引外资的亮点。全球疫情期间对跨国企业在华产业链、供应链的高度依赖也维持了在华外资的稳定和拓展。部分行业的进一步开放也促进了新的投资增加。政府采取了有效的投资便利化措施，有助于稳定投资。

3. 宗教

一般来说，许多国家和民族都有自己的宗教和信仰，影响大的有伊斯兰教、佛教、

---

① 资料来源：杨海泉. 联合国贸发会议报告：中国成为全球最大外资流入国[EB/OL]. 中国青年网（http://finance.youth.cn/finance_gdxw/202101/t20210126_12681633.htm），2021-01-26.

基督教或天主教等。在日常生活中，教徒们严格遵守教规。如对吃、穿、用和婚丧嫁娶以及宗教活动、宗教节日等，在各自的经典中都有明确的规定。这些宗教在不同国家或民族中起着主宰生活的作用，几乎形成了难以动摇的生活习惯。

4. 民族

民族是人们在历史上形成的有共同语言、共同地域、共同经济生活与共同心理素质的稳定的共同体，消费习惯上也有着极多的共同点。

5. 风俗习惯

从民俗的角度来说，各少数民族都有各自的风俗习惯。回族对饮食有严格有要求，对肉类只食用牛、羊、鸭、鸡等。朝鲜族、藏族、维吾尔族、苗族等民族的服饰用品均有自己的鲜明特色。

6. 价值观

价值观是一种能明确或含蓄地影响个人和群体选择行为方法和行为目的的基本观念。价值观是一种信仰，它阐明什么是正确的、什么是错误的，或说明一种总的偏爱。不同的国家、不同的民族，在价值观上常常存在着较多差异。

第三节　国际目标市场选择

一、选择国际目标市场的必要性

进行国际市场营销，同样必须选择目标市场。在国际市场上，并非所有的机会都有同等的吸引力，也不是每个细分市场都值得企业进入和能够进入。无论国内市场营销还是国际市场营销，一个企业都是无法提供所有买主需要的商品与劳务。由于资源有限，也为了保持效率，企业的活动必须局限在一定的范围内。

制定国际市场营销战略，企业首先碰到的问题是何处是市场。必须在纷繁复杂的国际市场，发现何处适合销售自己的产品，购买者是哪些人，购买者的地域分布、爱好及其他购买行为的特征。就是说，企业进行国际营销决策之前要确定具体的服务对象，即选择国际目标市场。

（1）选择国际目标市场，意味着企业要重视未被满足的市场需求。寻求潜在的国际购买者，开辟新市场，确定发展方向。

（2）选择国际目标市场，可以采取扬长避短的方针，显示自己的优点，更好地满足购买者的需求。这也是赢得竞争的最有效的途径。

（3）选择国际目标市场，是为了把营销资源集中在对自己、产品更有利的市场，使营销更精准、有效。市场不是越多越好，应按主客观条件审慎地选择。世界上有200多个国家、地区，以多为荣，不是自觉地选择目标市场，商品任其自流，一个市场被打跑就转到另一个市场，到处不能扎根，那么贸易面广的有利条件就会转向不利的一面。要充分发挥可供选择的目标市场较多的有利条件，从不同的产品、不同的需求对象出发，选择适当的目标市场。

小链接17-2

2020年，面对疫情影响，中国迎难而上引资魅力不减[①]

在西安，三星高端存储芯片二期第二阶段项目稳步推进，预计上半年如期竣工投产；在天津，三星电机 MLCC（多层陶瓷电容器）工厂、三星电池有限公司动力电池等项目正加紧建设。全球疫情持续蔓延，但三星在中国的项目仍然有序进行。"这得益于中国政府的大力支持和保障，通过绿色快捷通道，2020年我们用24架飞机运送了超5 500名外籍工程师跨国复工，确保了三星在华新建、在建重大项目的建设。"中国三星总裁黄得圭说，"2020年，三星在华新增投资54亿美元，新增投资额的83%集中在中西部地区，98%为高新技术产业投资。"黄得圭认为，"外商投资法的落地实施以及中国政府对内外资企业的一视同仁，让三星备受鼓舞，坚定了我们在华发展的决心。"

二、国际市场的细分与选择

（一）国际市场的分类和细分

国际市场是一个庞大、多变的市场，其环境各具特点，当然也存在一些共同或相似的因素。为了便于辨别属于本企业的市场，进而拓展国际市场，必须对国际市场进行细分。也就是根据各国顾客不同需要和不同的购买行为，用一定的标准，将其划分为不同的消费者群。

国际市场可按多种不同标准进行分类（见图17-1）。

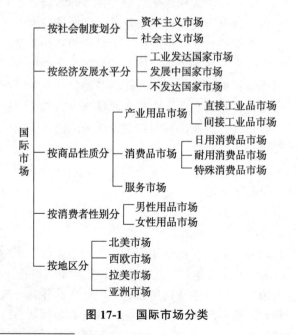

图17-1　国际市场分类

[①] 资料来源：罗珊珊. 2020 年，面对疫情影响，中国迎难而上引资魅力不减[N]. 人民日报，2021-01-25. http://news.youth.cn/gj/202101/t20210125_12680063.htm

与国内市场开展市场营销活动相似，细分国际市场也要考虑在市场分类的基础上，有选择地依据收入水平、家庭规模、气候条件、职业、文化程度、宗教、种族、社会阶层、爱好程度、个性、生活方式等因素作进一步区分，使其成为一个个具体的、有特性的市场。

（二）选择目标市场的标准

1. 市场规模

没有规模的市场，就不存在规模经济；没有市场规模，市场的发展便非常有限。考察市场规模，一是看人口；二是看收入水平；三是利用某些国家间市场分割的缺口，利用自己的价格优势，将制成品打入发达国家。

2. 风险程度

在国际贸易中，"风险"是一个突出的问题。自然灾害、意外事故、外来风险、战争、政局不稳定、两国关系不正常以及原料供求变化、货币贬值、通货冻结等，都会造成合同废除、货物丢失、交货不到、受歧视以及没收财产等事实。所以，风险性小的国家显然为国际市场营销提供了有利条件。当然，是在安全的目标市场国家发掘机会，或是在一些有很大风险但却可获得较高收益的国家发掘机会，要视具体情况而定。

（三）估价市场潜量与销售潜量

选定目标市场以后，要考虑如何进入市场。进入市场以前，要研究五个问题：

1. 估计目前市场潜量

必须对各候选市场目前的市场潜量，逐一分析、评估。营销调研所需资料可从两个来源获得：一是已出版或发表的第二手资料，二是公司进行调查的第一手资料。国际营销调研比国内营销调研困难。比较落后的国家和地区出版物往往很少，而且不齐全、不可靠；营销调研机构一般缺乏这方面的工作经验，或根本没有这样的机构；国外访问调查的合作率不高，但花费的时间与成本却很多。

尽管如此，一些经济发达国家的国际营销调研工作也有许多改进。如美国商务部及美国各银行（常在东道国设有分行）的定期刊物、联合国统计资料，都可作为第二手资料来用。此外，各东道国政府、同业公会、协会及公司等，也在逐渐习惯发布研究资料和接受访问，市场信息收集工作已不像以前那么困难。

一般来说，当收集的数据、资料不全，或可靠性较差，估计值应有一个幅度，而不应该为一个点。公司也可以使用保守的数字，以防止失误的发生。

2. 预测未来市场潜量

不仅要估计目前市场潜量，而且必须预测未来潜量。国外市场潜量的预测比国内市场预测困难，因为市场调查研究人员不一定熟悉外国的经济、政治、文化及企业环境的可能变化，而且对外国政权的稳定与否、货币政策及法律更改等变化都难以事先获悉。所以在用比较粗略的预测方法进行预测后，还须运用其他调整因素，加以综合判断。

3. 预测市场占有率

在国内市场，估计各竞争者的市场占有率已相当困难。在国外市场上估计市场占有率时，必须考虑的因素更多、更困难。企业所遇到的压力不仅来自东道国竞争者，同时也来自其他外来竞争者。营销调研人员不仅要估计当地消费者对产品及市场营销方法的感觉，还要探究他们对"外国"品牌的印象与态度。有时东道国购买者持公正不偏的态度，但其政府可能会设置种种障碍，如配额限制、进口关税、内地租税、规格限制以及直接管理等。

表 17-1 市场潜量的指标[①]

人口因素	人口规模 人口增长率 城市化程度 人口密度 人口的年龄结构及组成
地理特征	国土面积 地形特征 气候条件
经济因素	人均国民生产总值 国民生产总值的增长率 国民生产总值的投资比率
技术因素	技术水平 目前的生产技术 目前的消费技术 教育水平
社会文化因素	主要价值观 生活方式 种族群体 语言差异
国家的目的和计划	产业优先程序 基础设施投资计划

4. 预测成本及利润

以上预测都是关于未来年度的可能销售收入，还应预测各相应年度的成本，成本高低与进入战略密切相关。如果采取直接出口或技术授权方式，那么成本应在合同中写明。如果采取投资设厂产销方式，那么成本估计还要涉及折旧、利息、职工工资、税款、管理人才及技术人才的雇用等因素。在估计未来成本之后，可以通过未来收入减去未来成本的办法，获得未来不同年度的利润及现金流量。

5. 估计投资收益率与分析风险

企业还必须将某一产品在某国市场的预测利润流量与投资流量进行比较，估计投资

[①] 菲利普·科特勒，阿姆斯特朗. 市场营销原理[M]. 第 7 版. 赵平，等，译. 北京：清华大学出版社，1999：456.

收益率。估计的投资收益必须高于公司正常的投资收益率或贷款率，并能抵消在国外市场遭遇的各种风险。这样计算出的投资收益率叫作"风险附加收益率"，它必须能够规避商业风险、政治风险、货币风险及其他各种风险。

第四节　进入国际市场的方式

一、产品出口

产品出口是企业走向国外市场的第一种方式。现有产品的一部分运到国外销售，生产设施仍然在国内，不用增加多少投资，所以风险不大。销售到国外市场的产品，可以不加任何修改，也可以部分修改以增强适应性。不论是否修改，采取产品出口方式，对企业的产品结构、投资以及企业总体经营目标等所带来的变动都是最小的。

（一）间接出口

指企业利用独立中间商进行的产品出口。间接出口是企业开始走向国际市场最常用的方法，不需要大量投资，也不必发展自己的国外营销人员，所以承担的风险较小。有经验丰富的中间商负责营销，企业可避免犯大的错误。

间接出口包括国内出口商、国内出口代理商和合作组织三种形式。

（二）直接出口

指企业建立自己的国外分支机构，负责国外市场营销。如果企业的产品由外国买主前来洽谈，则常常采取直接出口方式，不再经过他人（即中间商），从而节约佣金或劳务费。如果企业的外销数额达到相当水平，或外销市场正在快速增长，就可以考虑直接出口方式，自己进行各种市场营销活动。在这种情况下，大量投资所冒风险也较大，但是可能赚得的利润也较高。

直接出口包括建立出口外销部门，建立海外市场营销分公司，派遣巡回推销员，建立海外经销商或代理商机构。

二、国外生产

（一）国外装配

由本国提供零部件、元器件和装置配用的工具、设备，外国企业进行装配。产品全部或部分返回本国销售，外国企业收取加工费。

（二）签订许可证协议

许可证贸易又叫技术授权，是一种简单的走向国外市场的方法。借助合作协议，发证人（即许可方）一般不必大量投资即可进入国外市场，风险甚小。同样，受证人或被许可方一般不必从头做起，即可使用发证人的制造程序、商标、专利、技术诀窍以及其他有价值的东西，迅速获得生产知识和信誉，在市场上销售产品。受证人（即被许可方）必须付给发证人特许酬金。特许酬金可以一次性支付，也可以以销售收入的一定百分比或利润的一定百分比的形式分次支付。

许可证协议根据不同的标准，可以得出不同的协议分类名称。目前普遍为人们接受的，是根据被许可方取得使用、制造、销售的权限来加以划分的方法。

（1）根据被许可方取得的权限大小，可划分为独立许可证协议、排他许可证协议和普遍许可证协议。

（2）根据协议的对象划分，有专利许可证协议、商标许可证协议、专用技术许可证协议。

（3）根据被许可方是否有对技术的再转让权，划分为可转让许可证协议和不可转让许可证协议。

（4）一些特殊的许可证协议，如交叉（交换）许可证协议、一揽子许可证协议。

（三）合资经营

即两个或两个以上的国家或地区的经济组织或个人，按一定资金比例联合投资，共同兴建企业的一种生产组织形式。

三、补偿贸易

国际补偿贸易基本原则是买方以贷款形式购进进口设备、技术和专利等，进行原有生产规模的改建和扩建，或者直接建设一个新厂，以便尽快提高劳动生产率，保证产品质量，加强产品在国际市场上的竞争实力。其贷款可不用现汇支付给卖方，而是有待项目竣工投产后，以该项目的产品或其他产品清偿贷款。

（一）产品返销

就是进口机器设备和专利技术的一方，在签订贷款合约时明确规定，在协议期内，用该设备和技术生产出来的产品偿付所贷之价款，或称之为产品回购。产品回购也是出口机械设备和专利技术一方所应承担的义务，但有一定的限制。它首先要求生产出来的直接产品，在性能和质量方面必须符合对方的需要，或是在国际市场上是可销的，否则就不易为对方所接受。这是当前国际补偿贸易的基本形式，进口方一般都愿意用直接产品偿付全部设备价款。

（二）互购

即出口机器设备和专利技术的一方，在签约贷款时，必须承诺在协议期内，向对方购买一定数量的产品。这些产品不一定是由上述进口的设备或技术生产出来的直接产品，而是可用其他产品进行偿付，或称之为产品互购。

（三）部分补偿

对引进的技术设备，部分用产品偿还，部分以货币偿还。偿还的产品可以是直接产品，也可以是间接产品，偿还的货币可以是现汇，也可以用贷款后期偿还等方法。

（四）第三国补偿贸易

就是在国际补偿贸易活动中，进出口双方不直接发生联系，由国际中间代理商从中周旋。增加一个环节，能够使谈判双方减少冲突或僵持的局面，更便于讨价还价，各抒己见。贷款的渠道和偿还的方式灵活多样，虽然要多付佣金，但是能够尽快地促使双方达成协议，还可以进一步扩大补偿的范围。

四、加工贸易

近年来由于经济国际化趋势日益明显，大大促进了对外贸易的发展。在各种方式的运用上，也越来越灵活多样。比如在以劳务为主的领域内，不论是进料加工、来料加工还是来样定制，都是行之有效的国际经济合作的重要方式。

（一）进料加工

是指一个国家或地区的厂商（承接方）接受国外厂商（委托方）提供的元器件、零部件和专用检测设备等，按照委托方的设计和工艺要求进行组装。检试合格的成品交由委托方自行销售，承接方只收取按约规定的工缴费，不负经营亏损的责任。

（二）来料加工与来件装配

由国外委托方提供的原料、材料和辅料，必要时也提供某些设备，按照委托方的品质、规格、款式等要求进行加工生产，成品按规定时间交给委托方销售。承接方对上述原料与设备有使用权，没有所有权，产品经营盈亏与承接方无关，只收取事先约定的工缴费。

（三）来样定制

是集上述两种方式之和，国外厂商实行生产全过程委托，包括产成品的包装和商标印制等。这类业务委托方要求较高，对产成品的检验也较严格，在其他条件不变的情况下，承接方必须在掌握加工和装配技术的基础上，才能顺利完成。

五、跨国公司与独资经营

（一）跨国公司

又称为多国公司，是一种跨越本国国界、在两个或更多的国家和地区从事生产与经营活动的企业。跨国公司一般是工业发达国家使用其过剩资本，对外国进行直接投资的一种生产或经营的组织形式。跨国公司在经济上和组织上，是一个统一的整体，通常由本国的总公司控制设在国外的分公司或子公司。跨国公司设在国外的分公司，要经所在国政府批准注册，并具有独立的法人地位。

（二）独资经营

独资经营是指完全由外商出资并独立经营的公司。企业直接投资于许多不同国家进行经营，必须有一定的灵活选择的可能性。如果不满意某个国家的条件，可以转移到另一个国家去。在进入这个国家后,如果还是不满意那里的条件,它又可以关闭企业,再转移到其他的地方去。外资独资经营企业对于所在国也有许多好处,即所在国可以不必出资,不承担经营风险;当地政府通过征收各种税收、土地使用费、基础设施管理等增加收入,还可增加劳动就业。

六、跨境电商

跨境电子商务是基于网络发展起来的。网络空间相对于物理空间来说是一个新空间,一个由网址和密码组成的虚拟但客观存在的世界。网络空间独特的价值标准和行为模式,深刻地影响着跨境电子商务,使其不同于传统的交易方式而呈现出自己的特点。

(一)全球性(global forum)

网络是一个没有边界的媒介体,具有全球性和非中心化的特征。依附于网络发生的跨境电子商务,也因此有了全球性和非中心化的特性。电子商务与传统交易方式相比,一个重要特点在于电子商务是一种无边界交易,丧失了传统交易所具有的地理因素。互联网用户不需要考虑跨越国界,就可以把产品尤其是高附加值产品和服务提交到市场。网络的全球性特征带来的积极影响,是信息的最大程度的共享;消极影响是用户必须面临因文化、政治和法律的不同而产生的风险。任何人只要具备一定的技术手段,任何时候、任何地方都可以让信息进入网络,相互联系进行交易。美国财政部在其财政报告中也指出,对基于全球化网络建立起来的电子商务活动进行课税是困难重重的,因为电子商务是基于虚拟电脑空间展开的,丧失了传统交易方式下的地理因素;电子商务中的制造商容易隐匿其住所,而消费者对制造商的住所是不关心的。比如,一家很小的爱尔兰在线公司,通过一个可供世界各地消费者点击观看的网页,就可以通过互联网销售其产品和服务,只要消费者接入了互联网,很难界定这一交易究竟是在哪个国家内发生的。

(二)无形性(intangible)

数字化产品和服务基于数字传输活动的特性,也必然具有无形性。传统交易以实物交易为主,而在电子商务中,无形产品却可以替代实物成为交易的对象。以书籍为例,传统的纸质书籍其排版、印刷、销售和购买,被看作是产品生产、销售;然而在电子商务交易中,消费者只要购买网上数据权,便可以使用书中知识和信息。如何界定该交易的性质、如何监督和如何征税等一系列的问题,却给税务和法律部门带来了新的课题。

(三)匿名性(anonymous)

由于跨境电子商务的非中心化和全球性特性,因此很难识别电子商务用户的身份和其所处的地理位置。在线交易的消费者往往不显示自己的真实身份和地理位置,重要的是这丝毫不影响交易的进行,网络的匿名性也允许消费者这样做。在虚拟社会里,隐匿身份的便利迅即导致自由与责任的不对称。人们在这里可以享受最大的自由,却只承担最小的责任,甚至干脆逃避责任。

(四)即时性(instantaneously)

对于网络而言,传输速度和地理距离无关。在传统交易模式中,信息交流方式如信函、电报、传真等,在信息的发送与接收之间,存在长短不同的时间差。电子商务中的信息交流,无论实际时空距离的远近,一方发送信息与另一方接收信息几乎是同时的,就如同生活中面对面的交谈。某些数字化产品如音像制品、软件等的交易,还可以即时清结,订货、付款、交货都可以瞬间完成。电子商务交易的即时性,提高了人们交往和交易的效率,免去了传统交易中的中介环节。但也隐藏了法律风险,在税收领域表现尤为突出。

(五)无纸化(paperless)

电子商务主要采取无纸化操作的方式,这是以电子商务形式进行交易的主要特征。在电子商务中,电子计算机通信记录取代了一系列的纸面交易文件,用户发送或接收电子信息。由于电子信息以比特的形式存在和传送,整个信息发送和接收过程实现了无纸化。无纸化带来的积极影响,是使信息传递摆脱了纸张的限制;但由于传统法律的许多规范是以规范"有纸交易"为出发点的,因此无纸化带来了一定程度上的法律和税收的挑战。

跨国电子商务具有不同于传统贸易方式的诸多特点。传统的法律制度是在传统的贸易方式下产生的,必然在电子商务贸易中漏洞百出。网络深刻地影响着人类社会,也给法律规范带来了前所未有的冲击与挑战。

扩展阅读 17-1
2020 年最后一天 我听到了世界格局裂变的声音!

第五节 国际市场营销策略

国际市场营销必须制定适应特定市场环境的产品策略、渠道策略、定价策略和促销策略的新组合。由于国际市场营销的复杂性,国与国之间市场营销的差异性和经营中必要的灵活性,就必须认识国际市场营销策略的特征。

一、国际营销产品策略

制定国际营销的产品策略,即考虑策略以什么样的产品形式进入国际市场。是在国际市场销售与国内市场完全相同的产品,还是部分改造现有产品以适应国际市场需要,或者制造一种全新的产品推向国际市场。

(一)产品和信息直接延伸策略

如果产品的效用和使用方式在国内外市场完全相同,可以直接将产品出口,在国际市场上采用相同的产品信息传递策略,建立相同的产品形象。例如可口可乐和百事可乐饮料、麦当劳快餐和李维斯牛仔裤(Levis)等产品,就采用这一国际市场营销产品策略,并获得巨大成功。这一策略的特点是可节约产品开发成本,树立产品的国际市场统一形象,产品的市场信誉较高。

(二)产品和信息改造策略

根据国际市场的区域性偏好或条件,改造产品和产品传递信息,以适应国际市场的区域的消费需求。例如埃克森石油公司生产不同的汽油,以适应世界各地不同的气候条件;雀巢公司生产不同口味的咖啡,以迎合各地消费者的偏好。

产品的信息改造,主要采用以下几种组合策略:

1. 产品直接延伸,信息传递改变

如果产品效用相同而用途发生差异,可产品保持不变,信息传递策略则需修改。例如自行车,在发达国家主要是作为运动器材或儿童用具,在发展中国家则是大多数人的交通工具,但其提供的效用则是相同的。因此,自行车在进入不同国家市场时,必须采用不同的产品信息传递方式。

2. 产品改造,信息传递直接延伸策略

当产品的效用和用途一致,而使用的条件不同,可将产品作适当修改,而信息传递则直接延伸进国际市场。例如,由于各国电力供应采用不同的电压,进入国际市场的家用电器必须采用不同的电源输入系统,有 110 伏或 220 伏等;而信息传递则可以直接延伸进国际市场,以相同的产品形象来影响消费者。

3. 产品和信息传递双调整策略

倘若产品的效用和使用条件都不同,应对产品和信息传递两者都进行调整。导致产品和信息传递改造的原因是多方面的,表 17-2 分析了产品设计的改造和改造的原因。

表 17-2 国际产品改造

产品改造的原因	产品设计改造
(1) 不同的气候条件	产品的适应性调整
(2) 不同的技术水平	产品简化
(3) 不同的收入水平	质量和价格改变
(4) 维修困难	增加售后服务,增强产品的可靠性
(5) 不同的标准	增加产品的规格和型号
(6) 其他产品的可用性	增加或减少产品组合
(7) 各类物质的可用性	改造产品结构和能源输入

(三) 全新产品策略

为了适应国外目标市场的需要和偏好,企业开发全新的产品占领市场。这是一种风险和回报都很高的国际营销策略。例如,有市场研究表明,至今仍有约 6 亿人在用手洗衣服,科各特-帕默公司 (Colgate-palmolive) 开发了一种廉价的、全塑型不用电的半自动洗衣机,打入发展中国家的市场。

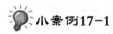

2021 "只有中国市场才靠得住"[①]

2020 年 12 月 18 日,星巴克在全球投资者交流会上表示,未来 10 年将把全球门店从

---

① 资料来源:张保文. 史诗级做多全球资本抱团重仓中国[EB/OL]. 新浪财经(http://finance.sina.com.cn/chanjing/2021-01-24/doc-ikftssap0364780.shtml),2021-01-24.

3.3万家扩张至5.5万家,中国是其发展的重中之重。

2020年,饱受疫情冲击的星巴克,全球业绩出现10年来最大亏损,却在中国市场实现了快速恢复和增长。自2020年9月起,星巴克中国的同店销售额已重回增长通道,第三季度营收环比上涨了46.9%。数据显示,仅第三季度,星巴克就在中国新开了259家门店。与此同时,其宣布将在北美地区关闭600家门店,以降低运营成本。11月16日,星巴克还总投资11亿元在江苏昆山动工兴建亚洲第一个大型烘焙工厂——星巴克中国咖啡创新产业园。

紧紧抓住中国市场的不只是星巴克,也是全球大公司的一致选择。疫情带来的全球经济震荡和不确定性下,中国市场成为全球经济"压舱石",也是诸多跨国企业2020年业绩增长的主要市场。

二、国际营销渠道策略

选择和建立分销渠道,是国际市场营销中极其重要也是十分困难的环节之一。一般来说,分销渠道是在其所处的特定环境所形成的。由于各国环境差异很大,各自的商品分销也相差甚远。在不同的国度,应针对其市场特点采用不同的渠道策略。

(一)窄渠道策略

又称独家销售特定商品或劳务的渠道策略,买卖双方的利益、权利和义务由协议明确加以规定。这一策略包括独家包销和独家代理两种形式:

(1)独家包销。是双方在互惠的前提下,把专卖权与专买权作为交易条件明文规定,产品所有权发生实质性转移即产品买断,包销商自负盈亏。

(2)独家代理。卖方把产品交给代理商代销,双方是委托与被委托的关系。代理商只收取佣金,不承担其他风险。

窄渠道策略有利于鼓励中间商积极开拓国际市场,依据市场需求订货和控制销售价格。但独家经营容易使中间商垄断市场。

(二)宽渠道策略

又称广泛性分销渠道策略。是出口商在国际市场上,在各个层次、环节中尽可能多地选择中间商,以推销其产品的分销渠道策略。这一策略的特点是中间商之间形成强有力的竞争,有利于该商品进入更广阔的国际市场。但是中间商一般都不愿承担广告费用,而且产品的最终市场价格不易控制,部分中间商之间削价竞销也会损害产品在国际市场的形象。

(三)长渠道策略

又称多环节渠道策略。指出口商在国际市场上,选用两个以上层次、环节的中间商推销产品的渠道策略。国际市场营销由于受国际政治、经济、社会文化和地理因素等的影响,其分销渠道一般都较国内市场渠道要长。这一策略的特点,是商品能进入更广阔的市场地理空间和不同层次的消费群,但也容易形成该商品较大的市场存量,并增加销售成本，导致最终售价上升。

（四）短渠道策略

指出口商在国际市场上，直接与零售商或该商品用户从事交易的渠道策略。这一策略包括两种形式：

（1）出口商越过中间环节，直接与大物资经销商、大百货公司、超级市场、大连锁商店等从事交易，降低交易成本，让利于零售商和消费者。

（2）出口商直接在世界各地建立自己的直销网络，让利消费者，以低价策略开拓国际市场。自营直销网络，常常受到企业人财物力资源、规模的限制，常常只有少数跨国大企业能够采用。

三、国际营销定价策略

在国际市场营销活动中，既有价格竞争也有非价格竞争。其复杂性和多变性，使得制定商品价格也十分困难。

（一）国际市场的商品价格构成

由于商品进入国际市场产生了分销渠道延长，关税、运输和保险等费用，汇率差价等一系列的问题，同一产品的国际市场价格与国内价格会有较大差异。一般来说，国际产品价格较国内产品价格增加了以下几项构成：

1. 关税

进出口关税及其附加是国际产品价格的重要构成。关税税率的高低、最惠国待遇、关税减免等，直接影响国际产品的价格。例如，国际市场上的关贸总协定与后来的世界贸易组织成员国与非成员国，分别享受不同的关税率，决定着其国际产品的价格高低。

2. 国际中间商成本

分销渠道的延长，必然导致增加中间商的成本。分销渠道的长短和营销方式因国别或地区而异，进入国际市场可采取多种多样的方式，也没有统一的国际中间商加成标准。这使得出口商难以，甚至无法控制其产品在国际市场上的最终售价。

3. 运输和保险费

出口需要把商品运至异国，增加运输成本诸如运费、保险费、装卸等费用。而且许多国家的进口关税是按到岸价计征。

4. 汇率变动

国际贸易合同中的计价货币是可以自由选择的。实行自由浮动汇率，也难以预测一种货币的未来实际价值。如果在长期合同中不考虑币种选择和汇率变化，企业可能会在不知不觉中遭受10%～20%的损失，或获得同等的意外收入。曾经发生过雀巢公司因汇率变动，在6年中损失100万美元；而惠普公司则因汇率变动，获得近50万美元额外收益。

（二）正确选择计价货币

国际市场营销活动使用多种计价货币。国际交易的每笔交易周期较长，外币汇率波动较大。正确选择计价货币，应注意以下问题：

（1）出口国与进口国是否签订可贸易支付协定，是否有规定使用某种计价货币。

（2）如果两国之间没有签订计价货币的协议，一般选用可兑换货币（converible currency）。可兑换货币指那些可在国际外汇市场自由进行交易的货币，如美元、日元、英镑等。

（3）出收"硬"、进取"软"的计价策略。指出口商品时宜争取用"硬货币"计价，进口商品时宜争取用"软货币"计价。硬货币指该国外汇收支顺差，外汇存底较大，币值呈上升趋势和对外信用好的货币；软货币指该国外汇收支逆差较大，国家外汇储备较少，在国际外汇市场是抛售对象、可能贬值的货币。

（4）如因条件限制只能以软货币计价，可根据该国货币币值疲软趋势加价。也可在交易合同中订立保值条款，规定该货币贬值时，按贬值率加价。

（三）国际转移定价

国际转移定价（international transfer pricing）是指跨国公司的母公司与各国子公司之间，或各国子公司之间转移产品和劳务采用的国际定价方法。国际贸易中有很大一部分，是跨国公司的内部交易。跨国公司为了加强各子公司的经济核算和效益评估，制定了这一内部交易价格——国际转移价格。

但是，许多跨国公司都把国际转移价格作为国际市场营销的重要定价策略。实际上都把国际转移价格定得偏离正常的国际市场价格，以实现其利润的最大化。常用方法如下：

（1）当产品需要从 A 国向 B 国转移，如果 B 国采用从价税，且关税较高，则采用较低的国际转移价格，以减少应纳的关税。

（2）高进低出的转移价格。当某国的所得税较高，转移产品到该国则把价格定高；将产品转出则把价格定得较低，降低跨国企业在该国的利润，在该国少纳所得税。

（3）当某国出现较高的通货膨胀率，如向该国子公司转移产品，也可采用高进低出的转移价格，避免资金在该国大量沉淀。

（4）在实行外汇管制的国家，跨国公司转移产品进去采用高定价，转移出来则采用低定价，降低在该国的利润。既避免利润汇出的麻烦，又少纳所得税。

跨国公司人为地操纵国际转移价格，虽然有利于其整体利益的最大化，却损害了某些国家的民族利益。

四、国际营销促销策略

（一）广告策略

1. 广告的标准化或个性化策略

国际广告活动究竟采取有差异的个性化广告，还是无差异的标准化广告，应根据产品或劳务的性质，国际市场的同质性、各国政府的限制和社会文化差异大小等来决定。绝对的标准化广告策略或绝对的个性化广告策略都是不正确的。

（1）标准化广告策略，是把同样的广告信息和宣传主题传递给各国市场。这种策略撇开各国市场的差异性，突出基本需求的一致性。其特点是可节约广告费用，有利于保持企业和产品的统一性。随着经济国际化的发展，越来越多的广告信息趋于标准化。

（2）个性化广告策略，是指同一产品在不同国家和地区传递不同的广告信息，突出各国市场的差异性。其依据是不同的国家和地区，在政治制度、法律、自然地理、经济发展状况等方面存在着巨大的差异，广告信息的传递应对这些差异做出调整。这一策略的特点是针对性强，广告促销效果较好。

2. 广告媒体选择策略

国际广告媒体种类繁多，如传统的印刷媒体、电视、广播、电影广告、直邮和户外广告等，以及层出不穷的各种新媒体，各有特点和不同效果。应根据产品性质和各国市场的特殊性，选择不同的广告媒体传递商品信息。

3. 国际广告控制策略

随着广告费用的增加，对国外分销商或子公司的广告活动进行评估和控制，在广告促销中日趋重要。国际广告的控制策略，主要采用三种方法：

（1）高度集中管理国际广告，控制营销成本；

（2）分散管理广告，由国外分销商或子公司按销售额的一定比例提取广告费，开展个性化广告促销；

（3）按广告职能的不同，分别采取分散或集中的国际广告管理。

（二）人员促销策略

国际市场营销中，人员推销最易受到目标市场国家社会、文化和语言等因素的制约。在缺乏广告媒体的外国市场，或工资水平较低的发展中国家，人员推销作用较大，特别是在工业品、大型设备等的销售中。

1. 销售人才来源策略

（1）选择目标市场国家能熟练使用两种特定外语的当地人，特别是那些具有销售经验的人才。既可利用他们在当地的社会资源，又能减弱国际企业在当地的外来形象。

（2）可选择母公司所在国移居目标市场的人才。他们懂得两国语言和文化，只需学习推销技术和公司政策，就可能成为优秀的销售人员。

（3）选择母公司所在国具有外语基础，并能够到国外工作和生活者。他们最好能具有销售技能，懂得目标市场国家社会文化、政治法律等。这类人才易与母公司沟通，忠诚度高，会在市场上加强公司的外来形象。

2. 销售人员培训策略

企业在招聘销售人员后，必须在母国和东道国组织培训。包括社会文化和语言培训，市场营销技能培训等。

3. 销售人员激励策略

激励是促销管理的重要环节。常用的激励方法有：

（1）固定薪金加奖励。推销人员实行固定酬金，完成任务较好则发给一定的奖金。

（2）佣金制。根据推销人员完成的销售额或利润额的大小，支付一定比例的报酬。

国际一般规定，完成基本任务可按 5%提取佣金。

（三）公共关系促销策略

在国际营销中，公共关系促销的地位越来越高。现代跨国企业为了进入目标市场国家，特别是一些封闭性的市场，应用各种公关策略，如加强与政府官员、当地名流、工会和社团人士等的交往和沟通。主要有以下方式：

（1）尊重和支持当地政府的目标。与当地政府保持良好关系，让当地政府认识到国际企业的经营活动有利于当地经济的发展。

（2）利用各种媒介，正面宣传企业的经营活动和社会活动，使当地人对国际企业产生认同与好感。

（3）听取和收集各种公众对企业的建议和意见，迅速消除误解和矛盾。

（4）与国际企业业务活动有关的各部门和关键人物保持良好的关系。

（5）积极参加东道国的相关社交活动，对当地教育事业、文化活动、慈善机构等定期捐助，并积极组织国际教育和文化交流。

（6）协调企业内部劳资关系。尊重当地雇员的社会文化偏好、习惯和宗教信仰等，调动员工的积极性。

（四）国际促销的形式

（1）争取政府的支持开拓国际市场。许多国家的政府，都帮助本国企业在国际市场上开展促销。各国驻外使领馆，可为本国企业提供一般性的当地市场信息。可积极参加政府组织的贸易代表团，参加并赞助有关国际研讨会，参与组建海外贸易中心或出口开发办事处等。积极争取政府制定有利于本国企业开拓国际市场的外交和外贸政策。

（2）积极参加与本企业有关的综合性和专业性国际博览会。国际博览会是一种很好的促销方式，它的主要作用是把产品介绍给国际市场，树立企业和产品的良好国际形象；利用各种机会，就地开展交易活动。

小案例分析 17-2
"不投资中国非常危险"

（3）积极参加或主办国际巡回展览，向目标市场国家消费者介绍企业的情况和产品信息。

本章小结

国际市场营销是企业在两个或两个以上的国家，从事的跨国界的市场营销活动。市场营销的基本概念、原理在国际市场依然适用，但国内国外、国家、民族之间的差异，使得国际市场营销成为一种跨文化的市场营销活动。

国际市场营销同样必须进行市场细分，选择目标市场。企业进入国际市场，有五种方式：即产品出口，利用独立中间商间接出口或建立国外分支机构直接负责国外市场；国外生产，如国外装配或签订许可证协议；合资经营；补偿贸易，即买方项目竣工投产以该项目的产品或其他产品清偿贷款，如产品返销、互购、部分补偿或第三国补偿贸易等；加工贸易，如进料加工、来料加工或来件装配、来样定制等；跨国公司与独资经营。

制定国际营销的产品策略，必须考虑以什么样的产品形式进入国际市场；选择和建立分销渠道，也是国际市场营销极其重要、困难的环节之一；同一产品的国际市场价格，与国内价格会有较大差异；国际市场营销的促销活动，应根据产品或劳务的性质、市场的同质性、各国政府的限制和社会文化差异的大小等，做出合适的决定。

2021年后的中国国际市场营销，必须深刻理解顶层设计全球化发展战略构架，以"一带一路"和"双循环"引领，既要"走出去"，又要"请进来"。真正融入全球经济的大市场，共建人类命运共同体。

 重要名词

国际市场营销　贸易壁垒　许可证贸易　补偿贸易　加工贸易　跨国公司　产品和信息直接延伸策略　产品和信息改造策略　国际转移定价

 **复习思考题**

1. 我们有潜力巨大的国内市场，为什么还要开发国际市场？
2. 国际市场营销环境分析包括哪些内容？
3. 企业开展国际市场营销的产品策略如何选择？
4. 企业进入国际市场，可怎样选择分销渠道？
5. 跨国公司为什么要操纵国际转移价格，转移价格应如何制定？
6. 如何理解国际广告的标准化与个性化？

 案例

中芯国际被美制裁，自主产业链如何破局

日前美国商务部工业和安全局（BIS）正式宣布，将中国半导体制造企业中芯国际列入"实体清单"。中芯国际在先进技术节点（10纳米或以下）生产半导体所需的设备和材料都将禁运，以防止这种关键的技术支持中国的军民融合工作。

如果这项制裁被严格执行，中芯国际会有麻烦。不过，有鉴于过去几年美国政府这类行为的惯例以及美国当前国内局势，短期对中芯国际不会造成"休克"性的影响。

在本次制裁之前，中芯国际已经被美国政府针对过多次了。2020年10月，中芯国际在港交所发布公告正式确认，美国已经对中芯国际进行了出口限制。中芯国际所采购的

设备和原材料，须事前申请出口许可证后，才能向中芯国际继续供货。11月，中芯国际联席 CEO 赵海军在业绩说明会上透露："部分美国产设备、零部件和原材料的交付期有延迟。我们正在积极与美国政府交流沟通，并按照相关法律法规，就部分美国设备、零配件、原物料与美国供应商合作，申请所需的出口许可证。"12月初，美国国防部又宣布将中芯国际等公司列入"军事最终用户"，并且禁止美国投资者购买其股票。直至数日前，美国商务部工业和安全局（BIS）宣布将中芯国际列入"实体清单"。

美国商务部工业和安全局的禁令如果被严格执行，杀伤力是非常巨大的，中芯国际可能会成为第二个晋华。虽然一些媒体报道称"美国并未对中芯国际赶尽杀绝，只是封堵了其发展 10 纳米及以下先进半导体制程所必须的美国设备和材料"，但实际上 7 nm 工艺线和 14 nm 工艺线的很多设备是通用的。以最受关注的光刻机为例，DUV 光刻机可以加工 14 nm 芯片，也能做 7 nm 芯片，刻蚀和薄膜设备也是类似。即便是已经买到的设备，也不意味着就可以高枕无忧，因为设备是需要保养维护的。如果外商拒绝提供技术服务和维护服务，这些昂贵的设备也会无用武之地，晋华在国外设备商撤走技术人员后"休克"就是明证。就原材料来说，国内 12 寸晶圆大量依赖进口，国产 12 寸晶圆仅仅解决了有无问题，不仅产能相当有限，成本上相对于信越、胜高等大厂而言也没有多少优势，很多耗材国产替代虽然在有条不紊地推进中，但目前而言依旧无法完全替换进口。

不过，短期来看中芯国际未必会遭遇雷霆打击。从过去几年可以看出，制裁都是逐级加码，而且往往留了很多口子。在逐步收紧缰绳的过程中，美国半导体设计、设备和原材料厂商有全球顶尖的法务团队，会通过各种方式规避禁令，寻找法律的漏洞钻空子赚取高额利润。

何况美国商务部工业和安全局是行政部门，对于技术显然不如设备厂商"资深"。半导体技术又过于专业，美国商务部工业和安全局没有脑力和精力对整个产业链进行排查并逐一甄别。很多场景下，完全是看设备商如何定义自己的商品。

最终来看，什么设备属于/不属于 10 nm 工艺以下所需设备，完全看设备商与美国商务部工业和安全局之间的博弈，甚至不排除设备商为了商业利益玩技术参数的文字游戏，并利用游说团队暗地里让行政部门开绿灯。特别是当下拜登接任总统的情况下，中芯国际会有一个缓冲期。

构建自主产业链势在必行。数年前笔者就呼吁国内企业齐心协力、另起炉灶构建红色产业链，特别是芯片设计、制造、封测、设备行业龙头企业，必须承担这个责任。而在商业利益驱使下，国内一些龙头企业非常热衷于"融入国际主流""与国际接轨"。比如芯片设计厂商高度依赖 ARM 授权，制造工艺方面高度依赖台积电；晶圆厂一方面希望芯片设计厂商使用国产工艺流片，另一方面在设备上高度依赖 ASML、应材等欧美大厂；设备厂商在高呼"国内设备厂商采购国产设备"的同时，却从欧美购买设备核心零部件。"融入国际主流"并非不能做，但不能只"融入国际主流"，放弃自主研发。自主与融入，两条腿走路，不可偏废。

更糟糕的是，个别厂商明明是在"洋人地基上造房子"，却要把自己标榜为自主。在互联网上甚至出现"购买 ARM 授权就是自主""台积电工艺是国产"等理由自欺欺人。个别厂商之所以如此宣称，归根结底还是基于商业利益。可以说，过去这些年，国内龙头企业"融入国际主流"的策略，导致我国半导体产业在设计、原材料、设备等诸多领域受制于人。在美国频频利用科技优势打压中国企业的情况下，发展内循环和构建自主产业链是大势所趋，也是唯一的破局之策。在指导思想上不过分追求局部技术的先进性，力争实现全产业链自主可控。

虽然智能手机芯片已经普遍进入 5 nm、7 nm 时代，但实际上，智能手机之外的绝大部分场景根本用不到这些尖端工艺。即便是智能手机，其实 28 nm 的 SoC 也能满足需求，现在市场上大量手机依然在采用 28 nm 工艺的 SoC，而且销量巨大。旗舰手机的 SoC 会普遍采用 5 nm、7 nm，主要还是因为智能手机已经高度同质化，为了制造营销噱头和卖点。

实际上，这种现象只在消费电子领域才有，完全是资本和媒体利用消费者和商家信息不对称搞出来的东西。同样是商用的汽车电子和各类工业芯片，都还在使用成熟工艺，因为在这些领域，买家也是懂行的，有能力甄别，而且会充分权衡成本和需求。由于很多芯片还在使用 130 nm 工艺、90 nm 工艺、65 nm 工艺、40 nm 工艺，国内企业完全可以从这些老旧制程入手，构建自主产业链。同时，党政国企和国内战略行业优先采购这些自主可控芯片，在使用中发现问题，解决问题，实现螺旋式提升。

这样，用 130 nm 工艺线赚到的钱，可以养 90 nm 工艺线，然后用 90 nm 工艺线赚到的钱养 65 nm 工艺线……随着制造工艺的提升，自主产业链的覆盖范围会越来越广，最终使产业链可以脱离政府补贴和扶持，在商业上形成正循环。虽然这种发展模式速度比较慢，但胜在根基稳定，不惧怕制裁。

本次中芯国际遭遇制裁，并非中芯国际不给力，而是整个半导体产业与西方有差距，在过去"融入国际主流"的发展路线上已经被西方绑架了。该事件给我们最大的教训是自主可控是体系可控，设计、制造、封装、测试、原材料、设备等方面必须齐头并进，不可偏废。我们一定要把开发半导体设备和关键材料及零部件放到重中之重的地位，大力投入，加紧开发，否则我们的集成电路产业将建造在沙滩上。

资料来源：铁流. 中芯国际被美列入"实体清单"自主产业链如何破局[EB/OL]. 观察者网（https://mil.news.sina.com.cn/zhengming/2020-12-30/doc-iiznezxs9696159.shtml），2020-12-30.

案例讨论题

1. 高新技术的自主创新与经济全球化是否矛盾。
2. 中国企业在国际营销中的核心技术自主创新有什么意义？

第十八章 市场营销的新领域与新概念

本章提要

最近几十年,市场营销学的研究与实践出现了许多新领域、新概念,如绿色营销、整合营销、关系营销、体验营销以及社会责任营销等。本章将介绍绿色营销、整合营销、关系营销、体验营销及社会责任营销等的内涵和特点,了解它们的实施与方法;介绍营销道德的概念,了解我国营销道德的现状及构建内容。

 引例

发力数字化经营,积极拥抱新零售、直播带货等新业态

"自从去年盒马鲜生上线北冰洋瓷罐酸奶后,一年多来我没少喝这儿时的味道,既可以去盒马门店选购,也可以在盒马 App 线上下单,最快 30 分钟送到家,这种消费体验真好。"家住北京朝阳区十里堡的张文华说。2019 年 5 月,盒马在北京 20 多家门店同步上市北冰洋瓷罐酸奶,把童年记忆里的老酸奶、老味道带回居民身边。

2017 年,北冰洋瓷罐酸奶上市。之后两年多里,出于食品安全考量,主要在传统门店和一些景区、公园等渠道销售。去年起北冰洋进驻盒马,努力接近年轻群体。同时盒马的大数据体系可反馈到供应端,帮助北冰洋不断优化商品。

2020 年 3 月,快速消费品行业朋友圈被一场云端盛会——"线上春糖交易会"刷屏。北京一轻食品集团携多款新品亮相,并进行首次直播。通过"云游"工厂,口述讲解,为大家揭秘了北冰洋汽水背后的故事。

6 月,北冰洋首次走进北京消费季直播间,售出汽水 24 万瓶,超过 1 000 万人次观看,店铺访客量位列水饮类目第一名。2020 年 7 月,北冰洋天猫旗舰店成交额同比增长超过 330%。北冰洋不断开展数字化经营,积极拥抱新零售、直播带货等新业态。

北京一轻食品集团总经理李奇说,当前移动互联网、大数据等新技术层出不穷,北冰洋的营销手段、管理手段也要与之匹配。随着直播电商兴起,北冰洋既借助第三方平台发展电商业务,自身也尝试打造基于百万级基层社区服务终端门店实现 B2C 营销线上交易的窗口。

2019 年,北冰洋将生产内容、生产单元朝着自动化方向调整,尝试"企业+互联网",创立了 F2B、F2C 数据化平台的理念,并获得了国家知识产权局颁发的证书。这意味着,未来广大消费者的需求将会更加及时地反馈到生产端,生产端迅速组织生产,把更对路的新产品送到消费者手中。

"老品牌的发展,并不是简单地把历史配方、历史包装重现,而是要根据现在的市场环境、消费习惯,与时俱进地进行创新,不断激发企业改革创新的内在潜力,为老品牌增添新动能。"李奇说。

资料来源:齐志明. 老品牌变身新"网红"[EB/OL]. 人民网·消费频道(http://xiaofei.people.com.cn/n1/2020/0930/c425315-31880434.html),2020-09-30.

20世纪50年代以来,市场营销学的新概念层出不穷,引发了广泛的讨论,也指导了市场营销实践的发展。近几年我国学界密切关注市场营销的新领域和新发展,中国高等院校市场学研究会从1994年起,就锲而不舍地组织专家学者研究跨世纪的市场营销,提出了有关市场营销的一些新动向、新问题。探讨市场营销新领域、新概念的文献、著作层出不穷。众多学者在历届中国高校市场学研究会年会上提交了论文,对我国市场营销理论的发展做出了贡献。显然,一章的篇幅难以对市场营销新领域、新概念作充分的说明,只能有选择地介绍几个方面。

第一节 绿色营销

一、绿色营销的内涵

关于绿色营销,广义的解释是指企业营销活动中体现的社会价值观、伦理道德观,充分考虑社会效益,既自觉维护自然生态平衡,更自觉抵制各种有害营销。因此,也称伦理营销。狭义的绿色营销主要指企业以环境保护为经营指导思想,以绿色文化为价值观念,以消费者的绿色消费为中心和出发点的营销观念、营销方式和营销策略。绿色营销观念要求企业在营销活动中,要顺应时代可持续发展战略的要求,注重地球生态环境保护,促进经济与生态环境协调发展,以实现企业利益、消费者利益、社会利益及生态环境利益的协调统一。因此,又称生态营销或环境营销。

绿色营销以促进可持续发展为目标。英国威尔斯大学的肯·毕泰(Ken Peattie)教授在《绿色营销——化危机为商机的经营趋势》一书中指出:"绿色营销是一种能辨识、预期及符合消费者与社会需求,并且可带来利润及永续经营的管理过程"。"首先,企业所服务的对象不仅是顾客,还包括整个社会;其次,市场营销过程的永续性一方面需仰赖环境不断地提供市场营销所需资源的能力,另一方面还要求能持续吸收营销所带来的产物。"[①]绿色营销观要求,企业在营销中不仅要考虑消费者利益和企业自身的利益,而且要考虑社会利益和环境利益,将四方面利益结合起来,全面履行企业的社会责任。

二、绿色营销的特点

绿色营销与传统营销相比,具有以下特征:

---

① 转引自:郭国庆. 市场营销学通论[M]. 第5版. 北京:中国人民大学出版社,2013. 374-375.

（一）绿色消费是开展绿色营销的前提

消费需求由低层次向高层次发展，是不可逆转的客观规律。绿色消费是较高层次的消费观念。人们的温饱等生理需要得到基本满足后，便会产生提高生活综合质量的要求，产生对清洁环境与绿色产品的需要。

（二）绿色观念是绿色营销的指导思想

绿色营销以满足需求为中心，为消费者提供能有效防止资源浪费、环境污染及损害健康的产品。绿色营销所追求的是人类的长远利益和可持续发展，重视协调企业经营与自然环境的关系，力求实现人类行为与自然环境的和谐发展。

（三）绿色体制是绿色营销的法制保障

绿色营销是着眼于社会层面的新观念，所要实现的是人类社会的协调持续发展。在竞争性市场上，必须有完善的政治与经济管理体制，制定并实施环境保护与绿色营销的方针、政策，制约各方面的短期行为，维护全社会的长远利益。

（四）绿色科技是绿色营销的物质保证

技术进步是产业变革和进化的决定因素，新兴产业的形成必然要求技术进步。但技术进步若背离绿色观念，其结果有可能加快环境污染的过程。只有以绿色科技促进绿色产品的发展，促进节约能源和资源可再生以及无公害绿色产品的开发，才是绿色营销的物质保证。

三、绿色营销的兴起

伴随现代工业的大规模发展，人类以空前的规模和速度毁坏自己赖以生存的环境，也给人类自己的生存和发展造成了严重的威胁。大自然的报复促使人类反省，绿色需求便逐步由潜在转化为现实，消费需求的满足转向物质、精神、生态等多种需求与价值并重。有支付能力的绿色需求，是绿色营销赖以形成的推动力，并决定了绿色市场规模的形成与发展。

1968年，在意大利成立的罗马俱乐部指出：人类社会的进步并不等于国内生产总值的上升。1972年6月，联合国首次召开了斯德哥尔摩人类环境会议，通过了全球性环保行动计划和《人类环境宣言》，向全世界发出呼吁：人类只有一个地球。

进入20世纪90年代，一些国家纷纷推出以环保为主题的"绿色计划"。日本在1991年推出"绿色星球计划"和"新地球21"计划；英国于1991年执行"大地环境研究计划"，着重研究温室效应；加拿大于1991年推出五年环保"绿色计划"，等等。在20世纪70年代，美国人对环保的狂热引来了地球日的诞生。如今美国人对环境的热爱范围愈来愈广，并已深深根植于生活的细微之处，许多城市已大力推行强制回收体系。1978年德国首先执行"蓝色天使"计划，1997年即产生400多种绿色产品，现已超过1万种。

20世纪80年代前，由于我国粮油食品农药残留量超标，出口产品因保护臭氧层的有关国际公约而受阻，因此，对实施绿色营销开始有紧迫感。中国的绿色工程始于绿色食品开发，1984年在广州出现了全国第一家无公害蔬菜生产基地。1992年11月，国务院批准成立"中国绿色食品发展中心"，制定了《绿色食品标志管理办法》，开始实施绿色食品标志制度。1993年5月，中国绿色食品发展中心加入"有机农业运动国际联盟"。除了绿色食品，我国绿色产品的研制与开发也扩展到了其他的领域。1990年研制成功高容量胶体电池；1994年研制成功绿色农药苦参烟碱乳剂，获得日内瓦博览会金奖。1994年，农业部提出发展绿色食品的三项基本原则，并正式决定采用由太阳、植物叶片、蓓蕾构成的绿色食品标志。1994年3月25日，国务院通过《中国21世纪议程——中国21世纪人口、环境与发展白皮书》，从中国的具体国情和环境与发展的总体出发，提出促进经济、社会、资源、环境以及人口、教育相互协调、可持续发展的总体战略和政策措施方案。1995年初，全国有28种绿色食品的生产和开发。随着各种绿色产品的开发，绿色商店在一些大城市相继建立。从绿色意识的觉醒、绿色需求的发展、绿色产业的形成、绿色体制的建立到绿色理论的创建，《中国21世纪议程》在行动中。

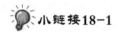 小链接18-1

绿色发展全面推进[1]

2016年9月，中国出台《中国落实2030年可持续发展议程国别方案》，秉持创新、协调、绿色、开放、共享发展理念，从战略对接、制度保障、社会动员、资源投入、风险防控、国际合作、监督评估等方面入手，大力推进经济建设、政治建设、文化建设、社会建设、生态文明建设，全面开展可持续发展议程落实工作，并在多个可持续发展目标上实现"早期收获"，绿色发展全面推进。

加强生态环境保护和节约能源资源，通过政府引导，加大全社会投入力度。深入实施大气、水、土壤污染治理"三大行动计划"，加强污染治理和源头预防。单位国内生产总值能耗和二氧化碳排放量分别下降5%和6.6%，超额完成全年目标，万元国内生产总值用水量下降5.6%。生态文明建设取得新进展。实施生态文明建设目标评价考核办法，实现全面停止天然林商业性采伐。初步形成湿地保护体系。

小案例分析 18-1
海天：绿色产品的"至善"营销

四、绿色营销的实施

绿色营销实施的步骤，一般包括树立绿色营销观念、收集绿色信息、分析绿色需求、制定绿色营销战略和绿色营销组合。企业制定绿色营销战略和营销组合可做如下考虑：

（一）制定绿色营销战略

在全球绿色浪潮兴起的时代，企业应基于环境和社会利益考虑，在搜集绿色信息、分析绿色需求的基础上，制定能够体现绿色营销内涵的战略计划，以便有利于长期发展。

---

[1] 资料来源：中华人民共和国外交部. 中国落实2030年可持续发展议程进展报告 2017. 8.

绿色营销战略应明确企业研制绿色产品的计划及必要的资源投入，具体说明环保的努力方向及措施。绿色营销战略应以满足绿色需求为出发点和归宿，既要满足现有与潜在绿色需求，又要促进绿色消费意识和绿色需求的发展。绿色营销战略要导入企业形象识别系统CIS，争取获得绿色标识，制定绿色企业形象战略。绿色营销将带来更高的边际收益，实现合理的"绿色盈利"，从长远看这是绿色营销战略实施的必然结果。

（二）制定绿色营销组合

绿色营销强调市场营销组合中的"绿色"因素：

（1）首先要重视绿色消费需求的调查与引导。产品开发和经营不仅要对社会发展或环境改善有所贡献，而且能有效地树立良好的企业形象，冲破人为设置的"绿色壁垒"，适应"环保回归"热潮。

（2）产品生命周期分析。主要考虑在产品生命周期各阶段，产品与包装对环境所造成的干预和影响。力求在生产、消费及废弃物回收过程中降低公害，最大限度地减少资源消耗和对环境的污染。

（3）正确有效的绿色渠道，是绿色营销的关键环节。不仅要慎选绿色信誉好的中间商，而且要选择和改善能避免污染、减少损耗和降低费用的储运条件。

（4）绿色价格应反映生态环境成本。包括产品消耗及环境改善支出，确立环境与生态有价的基本观点，贯彻"污染者付款"原则，促进生态化、低污低耗的绿色技术的开发和应用。

（5）绿色促销。要利用媒体和社会活动，传播绿色企业及产品的信息，为企业的绿色表现作宣传。通过赞助、捐赠等对有关环保的组织及活动，给予经济上的支持。广告要突出绿色产品的特点，突出环保靠全社会的力量，靠每个人的贡献。广告投入和广告频率要适度，防止因广告而造成资源浪费和声、光等感官污染。

（6）绿色管理是融环境保护观念于企业营销活动过程的管理方式。通过全员环保教育，提高环保意识，自觉地实施绿色营销，切实做好环保工作。

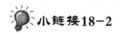
小链接18-2

漂绿营销的表现形式[①]

"漂绿营销"是指企业对未经证实具有绿色环保性能的产品与服务，发布误导消费者的环保声明的营销宣传行为，或者为树立其支持环保的虚假形象而进行的公关活动、捐赠行为等。目前，"漂绿营销"常见于商标注册与广告宣传活动中，而针对虚假绿色广告的投诉在各个国家和地区均呈上升趋势。

美国TerraChoice环境营销公司2009年发布的《漂绿七宗罪》的调查报告列举了"漂绿营销"行为。

第一，隐藏交易。即指企业隐匿其可能造成环境污染或者非"绿色"的因素，而仅基

---

① 资料来源：佚名. 漂绿营销[EB/OL]. MBA智库·百科(https://wiki.mbalib.com/wiki/%E6%BC%82%E7%BB%BF%E8%90%A5%E9%94%80).

于少数不合理的属性就将一个产品归为"绿色产品",再贴上"绿色商标"进行"绿色宣传"。

第二,举证不足。即指企业常无任何证据证明其产品的"绿色"性能或环保声明,而是在商品上自行贴上没有权威第三方认证的绿色标志,或者在广告宣传中没有相应的证明支持其环保宣传信息的真实性等。

第三,模糊陈述。即指企业在其商品或者服务上使用的"绿色"或者环保概念界定不明确或者过于宽泛,导致社会公众和消费者误解其真正含义,甚至忽略其本质属性。

第四,无关陈述。即指企业做出的绿色承诺或环保声明可能是真实的,但无助于消费者对真正绿色产品的追求。

第五,避重就轻。即指企业生产的某一类产品本身可能会对人体健康或者环境资源造成严重影响,但其所声称的部分绿色或环保性能会分散消费者对前述严重影响的关注,即使这些环保声明是真实的,也涉嫌"漂绿营销"。

第六,虚假陈述。即指企业谎称产品或者服务符合绿色或环保性能,或者以声称获得绿色商标授权或环保标志认证来欺骗消费者。

扩展阅读 18-1
国外绿色营销发展综述

第七,虚假标签。即指企业自行伪造与绿色认证标志类似的标签,自行制作虚假绿色标签,或冒充经第三方批准的环保认证标志,以迎合消费者的心理需求,达到误导或者欺骗消费者的目的。

第二节 整合营销

一、整合营销和整合营销传播

(一)整合营销的内涵

菲利普·科特勒认为:"当公司所有的部门都能为顾客利益服务时,其结果是整合营销(integrated marketing)。""整合营销包含两方面的含义:首先,各种营销职能(推销人员、广告、产品管理、营销调研等)必须彼此协调。……其次,营销必须使公司其他部门接受'思考顾客'的观念。"①他又说:"整合营销一般包括两大主题,分别是:①许多不同的营销活动都能够传播和交付价值;②在有效协调的情况下,实现各项营销活动的综合效果的最大化。"②整合营销强调以满足消费者需求为中心,以整合企业内外所有资源为手段,把一切企业活动、流程进行一体化重组,使企业在各个环节上达到高度协调和一致,从而实现企业目标的一体化营销。整合的内容既包括企业的营销过程、营销方式以及营销管理等方面,也包括企业内外商流、物流及信息流等。

市场营销组合的概念,强调将市场营销中各种要素组合起来的重要性;整合营销与之一脉相承,但更强调各种要素之间的关联性,要求它们成为统一的有机体。在此基础

---

① 菲利普·科特勒,等. 营销管理[M]. 亚洲版·第3版. 梅清豪,译. 北京:中国人民大学出版社,2005:29-30.
② 菲利普·科特勒,等. 营销管理[M]. 第14版·全球版. 王永贵,等. 译. 北京:中国人民大学出版社,2012:24.

上，整合营销以企业由内向外的战略为基础，以整合企业各种资源为手段，以消费者为重心，要求各种营销要素的作用力统一方向、形成合力，共同为企业的营销目标服务（见图18-1）。

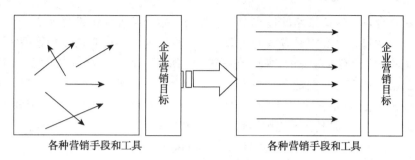

图 18-1　整合营销过程

（二）整合营销传播的含义

整合营销传播（integrated marketing communications，IMC）也称整合营销沟通。美国营销协会将整合营销传播定义为"一种用来确保产品、服务、组织的顾客或潜在顾客所接收的所有品牌接触都与此人相关，并且随着时间的推移保持一致的计划过程"。①被誉为"整合营销传播之父"的唐·E.舒尔茨教授认为，"IMC 不是以一种表情、一种声音，而是更多的要素构成的概念性。IMC 是以潜在顾客和现在顾客为对象，开发并实行说服性传播的多种形态的过程。"

整合营销传播在一体化营销的基础上，导入了传播概念。但 IMC 对营销影响很大，人们不得不认真考虑，怎样才能使企业与利益关系者之间的有效沟通成为可能。

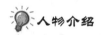 人物介绍

唐·E. 舒尔茨

唐·E.舒尔茨（Don E.Schultz）是美国西北大学麦迪尔新闻学院教授，整合营销传播理论的开创者，也是位于伊利诺伊州的 AGORA（爱格瓦）咨询公司的总裁，还是位于得克萨斯州达拉斯的 TAGETBASE 营销公司和 TARGETBASE 营销协会的高级合伙人。在 1997 年加入西北大学之前，唐·E. 舒尔茨是位于达拉斯的 TRACY-LOCKE 广告及公共关系公司的资深副总裁。他在欧洲、美国、南美和亚洲都曾就营销、营销传播、广告、销售促进、直接营销、策略创新等提供过咨询，发表过演讲，并举行过专题讨论会。

唐·E. 舒尔茨的著作《整合营销传播》，是该领域最具权威性的经典著作。书中提出的战略性整合营销传播理论，成为 20 世纪后半叶最主要的市场营销理论之一。为此，舒尔茨被权威的《销售和营销管理》（*Sales and Marketing Management*）期刊推举为"20 世纪全球 80 位对销售和营销最有影响力的人物之一"。

唐·E. 舒尔茨认为，20 世纪 90 年代是策略至上的传播时代，营销就是传播。在同质化的市场中，只有传播才能创造差异化的品牌竞争优势。

---

① 菲利普·科特勒，等. 营销管理[M]. 15 版. 何佳讯，等. 译. 上海：格致出版社、上海人民出版社，2016：543

二、整合营销传播计划过程

在制定整合营销传播策略的过程中,企业需要结合各种促销组合要素,平衡每一个要素的优势和劣势,以产生最有效的传播计划。可以说,整合营销传播管理实际上就是与目标受众之间进行有效沟通的过程,包括策划、执行、评估和控制等各种促销组合要素。

整合营销传播方案的制定者,必须决定促销组合中各要素的角色和功能。为每种要素制定正确的策略,确定它们如何进行整合,为实施进行策划,考虑如何评估所取得的成果,并进行必要的调整。营销传播只是整体营销计划和方案的一部分,必须能够融合于其中。

图18-2列出了一个整合营销传播计划过程的模式。

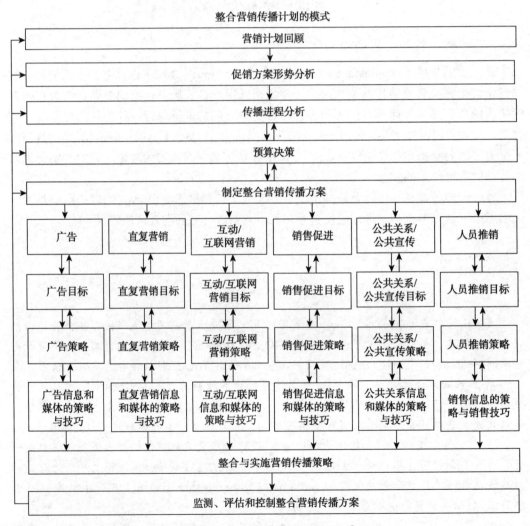

图18-2 整合营销传播计划模式①

---

① 乔治·E. 贝尔奇,迈克尔·A. 贝尔奇. 广告与促销:整合营销传播视角[M]. 第8版. 郑苏晖,等,译. 北京:中国人民大学出版社,2009:30.

三、整合营销传播执行

（一）整合营销传播的操作思路

（1）以整合为中心。着重以消费者为中心，并把企业所有资源综合利用，实现企业的一体化营销。

（2）强调协调统一，系统化管理。企业营销活动的协调性，不仅仅是企业内部各环节、各部门的协调一致，而且也强调企业与外部环境协调一致，整体配置所有资源，形成竞争优势，实现整合营销目标。

（二）影响整合营销传播执行的技能

1. 营销贯彻技能

为使营销传播计划的贯彻执行快捷有效，必须运用分配、监控、组织和配合等技能。分配技能是指营销各层面的负责人对资源进行合理分配，在营销活动中优化配置的能力；监控技能指在各职能、规划和政策层面上，建立系统的营销计划结果的反馈系统并形成控制机制；组织技能是指开发和利用可以依赖的有效的工作组织；配合技能指营销活动中，各部门及成员要善于借助其他部门以至企业外部力量，有效实施预期的战略。

2. 营销诊断技能

营销传播执行的结果偏离预期的目标，或是执行中遇到较大的阻力时，需确定问题的症结所在并寻求对策：

（1）问题评估技能。营销执行中的问题可能产生于营销决策，即营销政策的规定；可能产生于营销规划，即营销功能与资源的组合；也可能产生于行使营销功能方面，如广告代理、经销商。发现问题后，应评定问题所处层面及解决问题所涉及的范围。

（2）评价执行结果技能。将营销活动整体的目标，分解成各阶段和各部门的目标，并对各分目标完成结果和进度及时进行评价。这是对营销活动实施有效控制和调整的前提。

（三）整合营销传播执行过程

在整合营销传播执行中，还涉及资源、人员、组织与管理等方面。

（1）资源的最佳配置和再生。实现资源最佳配置，既要利用内部资源运用主体的竞争，力求实现资源使用的最佳效益；又要利用最高管理层和各职能部门，组织资源共享，避免资源浪费。

（2）人员的选择、激励。人是实现整合营销目标的最能动、最活跃的因素，要组成有较高的合作能力和综合素质的非正式团队，保证圆满完成目标；通过激励措施不断增强人员信心，调动积极性，促使创造性变革的产生。

（3）学习型组织。整合营销团队具有动态性特点，而组织又要求具有稳定性。要建立组织中人们的共同愿景，保持个人与团队和企业目标的高度一致，并强化团队学习，创造出比个人能力总和更高的团队，形成开放思维，实现自我超越。

（4）监督管理机制。高层管理力求使各种监管目标内在化，通过共同的愿景培养成员、团队的自觉服务精神，通过激励、塑造企业文化，通过团队人员、职能设置强化团队自我管理能力。团队自身也承担了原有监管应承担的大量工作，在最高层的终端控制下，自觉为实现企业目标努力协调工作。

四、4C 观念与 4R 理论

20 世纪 90 年代以来，人们从传统家庭价值观的压力下解放出来，有更多的生活形态可以选择。一方面，产品同质化日益增强；另一方面，是消费者的个性化、多样化的日益发展。于是日渐兴起的 4C 观念，要求企业、营销人员"暂时忘掉"传统的 4P 理论，更新和强化以消费者需求为中心的营销组合。

（1）Consumer（消费者），更主要是指消费者需要和欲望（the needs and wants of consumer）。企业要把重视顾客放在第一位，强调创造顾客比开发产品更重要，满足消费者的需要和欲望比产品功能更重要，力求提供顾客确实想购买的产品。

（2）Cost（成本），指消费者获得满足的成本（cost and value to satisfy consumer needs and wants）。不能只考虑企业提供适合消费者需要的产品、服务的成本，而是要考虑消费者为满足自己的需要和欲望所愿付出的代价。不仅指购物的货币支出，还有时间耗费、体力和精力耗费及风险承担等。新的定价模式应该是：消费者支持的价格－适当的利润＝成本的上限。企业要想在消费者支持的价格限度内增加利润，就必须努力降低成本。

（3）Convenience（便利），指购买的方便性（convenience to buy）。在销售过程中强调为顾客提供便利，让顾客既买到商品也买到便利。在各种邮购、电话订购和代购代送方式出现后，消费者能在家就能买到自己所需的物品。企业要深入了解不同消费者有哪些购买方式和偏好，把便利原则贯穿于营销活动的全过程。在售前及时向消费者提供充分的关于产品性能、质量、价格、使用方法和效果的准确信息；售货地点要提供自由挑选、方便停车、免费送货、咨询导购等服务；售后应重视信息反馈和追踪调查，并及时处理和答复顾客意见，对有问题的商品主动退换，对使用故障积极提供维修方便，大件商品甚至终身保修等。为方便顾客，很多企业已开设热线电话服务。

（4）Communication（沟通），指与用户的沟通（communication with consumer）。企业必须通过双向的信息交流，与目标市场和顾客建立联系，达成共识；不能只是单向传递和灌输信息，一味劝导购买。增进相互理解，实现真正的适销对路，才能培养顾客忠诚。

劳特朋教授等人 1990 年提出 4C 代替 4P，意图创立新的营销框架。后来又有人提出 4R 理论，以较 4C 更突出顾客的核心地位，强调市场营销的核心是从交易走向关系。4R 是指 Relevance（关联），即与顾客建立紧密关联，形成互助、互求、互需关系，减少顾客流失；Reaction（反应），提高企业对市场的反应速度，倾听顾客意愿并及时做出反应；Relationship（关系），建立和顾客的互动关系；Reward（回报），一切营销活动必须以为顾客和公司创造价值为目的。

营销学界不少人认为，4P、4C、4R 三者之间不是彼此取代，而是不断完善、发展的关系。4P 是营销的一个基础框架，4C 是很有创新精神的思路，4R 是在 4P、4C 基础上的发展。把三者结合起来指导实践，可能会有更好的效果，正如一位营销学者说的，"用 4C

来思考,用 4P 来行动,用 4R 来发展。"

第三节 关系营销

一、关系营销及其本质特征

约翰·伊根认为,对关系营销目标最好的描述是"在适当情况下,识别和建立、维持和增进同消费者和其他利益相关者的关系,同时在必要时终止这些关系,以利于实现相关各方的目标;这要通过相互交换及各种承诺的兑现来实施。"① 菲利普·科特勒认为,"关系营销(relationship marketing)致力于与主要顾客建立互相满意且长期的关系,以获得和维持企业业务。"②

关系营销以系统论为基本思想,将企业置身于社会经济大环境中来考察企业的市场营销活动,认为市场营销乃是一个企业与消费者、竞争者、供应者、分销商、政府机构和社会组织发生互动作用的过程。

关系营销将建立和发展与所有利益相关者之间的关系,作为企业营销的关键变量,把正确处理这些关系作为企业营销的核心。关系营销奉行的黄金法则是,在同等条件下,人们将和他们认识、喜欢并且信任的人做生意。③

关系营销具有以下的本质特征:

(1)信息沟通的双向性。社会学认为关系是信息和情感交流的有机渠道,良好的关系即是渠道畅通,恶化的关系即是渠道阻滞,中断的关系则是渠道堵塞。交流应该是双向的,既可以由企业开始,也可由营销对象开始。广泛的信息交流和信息共享,可以使企业赢得更多、更好的支持与合作。

(2)战略过程的协同性。在竞争性市场上,明智的营销者应注重与利益相关者建立长期的、彼此信任的互利的关系。可以是关系的一方,自愿或主动地按照对方要求调整自己的行为;也可以是关系的双方都调整自己的行为,以实现相互适应。各具优势的关系双方互相取长补短,联合行动,协同动作去实现对各方都有益的共同目标,可以说是协调关系的最高形态。

(3)营销活动的互利性。关系营销的基础,在于交易双方相互之间有利益上的互补。如果没有各自利益的实现和满足,双方就不会建立良好关系。关系建立在互利基础上,要求互相了解对方的利益要求,寻求双方利益的共同点,并努力使共同利益得到实现。真正的关系营销,需要达到双方互利互惠的境界。

(4)信息反馈的及时性。关系营销要求建立专门的部门,用以追踪各利益相关者的态度。关系营销应具备一个反馈的循环,连接关系双方,企业可由此了解环境的动

扩展阅读 18-2
联想的关系营销

---

① 约翰·伊根. 关系营销[M]. 林洪,等译. 北京:经济管理出版社,2005.30.
② 菲利普·科特勒,等. 营销管理[M]. 14 版·全球版. 王永贵,等,译. 北京:中国人民大学出版社,2012:23.
③ 鲍勃·伯格. 关系营销[M]. 许旭,译. 北京:中国长安出版社,2008:7.

态变化，根据合作方提供的信息，改进产品和技术。信息的及时反馈可使关系营销具有动态的应变性，有利于挖掘新的市场机会。

二、关系营销的流程系统

关系营销把一切内部和外部利益相关者都纳入研究范围，并用系统的方法考察企业所有活动及其相互关系。表现更积极的一方称为营销者；另一方称作目标公众（见图18-3）。

企业与利益相关者结成休戚与共的关系，企业发展要借助利益相关者的力量，后者也要通过企业来谋求自身的利益。

（1）企业内部关系。内部营销起源于把员工当作企业的市场。智慧的企业高层，心中应有"两个上帝"，一个是顾客，一个是员工。企业要进行有效的营销，首先要有具备营销观念的员工，能够正确理解和实施企业战略目标和营销组合策略，并能自觉地以顾客导向的方式工作。同时，企业要尽力满足员工的合理要求，提高员工满意度和忠诚度，为关系营销奠定良好基础。

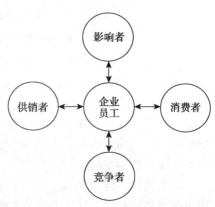

图18-3　企业营销基本关系

（2）企业与竞争者的关系。企业之间拥有的资源条件不尽相同，往往各有所长、各有所短。为有效地通过资源共享实现发展目标，企业要善于与竞争者和睦共处，并和有实力、有良好营销经验的竞争者进行联合。

（3）企业与顾客的关系。顾客是"上帝"，是"财神"，企业实现盈利目标必须依赖顾客。要通过搜集和积累市场信息，预测目标市场的购买潜力，采取适当方式与消费者沟通，变潜在顾客为现实顾客。同时要致力于建立数据库或通过其他方式，密切与消费者的关系。对老顾客，要更多地提供信息，定期举行联谊活动，加深情感信任，争取成为长期顾客。举办这些活动花费的成本，比不断寻求新顾客更为经济。

（4）企业与供销商的关系。因分工而产生的渠道成员之间的关系，是由协作而形成的共同利益关系。合作伙伴也存在着矛盾，但相互依赖性更为明显。企业必须广泛建立与供应商、经销商的密切合作的伙伴关系，以便获得来自供销两个方面的有力支持。

（5）企业与影响者的关系。各种金融机构、新闻媒体、公共事业团体及政府机构等，对企业的营销活动都会产生一定的影响，企业必须争取它们的理解与支持。例如社区关系是以地缘为纽带，连接和聚集的若干社会群体或组织之间的关系，构成了关系营销不可忽视的一环。企业需要社区提供完善的基础设施和有效率的工作场所，社区也希望企业为社区建设提供人财物力的支持。

三、关系营销的主要目标

关系营销更为关注的是维系现有的顾客，因为争取新顾客的成本大大高于保持老顾客，丧失老主顾无异于失去市场、失去利润来源。有的企业推行"零顾客叛离"（zero defection）计划，目标就是让顾客没有离去的可能。这就要求及时掌握顾客信息，随时与顾客保持联系并追踪顾客动态。因此，仅仅维持较高的顾客满意度和忠诚度还不够，必须分析顾客产生满意和忠诚的根本原因。由于对企业行为的感知和理解不同，顾客满意的原因也可能不同，必须找出顾客满意的真实的根本原因，才能针对性地采取措施维系顾客。满意的顾客会对产品、品牌乃至公司保持忠诚，忠诚的顾客会重复购买产品或服务，不为其他品牌所动摇。不仅重复买过的产品，而且购买企业的其他产品。同时，顾客的口头宣传，有助于树立企业良好形象。满意的顾客还会高度参与和介入企业的营销活动过程，为企业提供广泛的信息、意见和建议。

四、建立持久的顾客关系

精明的企业不仅要创造顾客，还要"拥有"顾客"一生"。为此，必须建立持久的顾客关系。

企业可在多个层次上建立顾客关系。一般地说，对数量庞大、边际利润低的顾客，更多会谋求层次较低的基本关系。如洗涤剂厂商通常不会逐个打电话给家庭用户，分别了解、征询意见，但会通过广告、促销或电子网站等建立关系。对数量很少且边际利润很高的顾客，如大用户、大型零售商等，则希望建立全面伙伴关系。在这两个极端之间，企业可根据不同情况建立其他层次的顾客关系：

（1）财务层次。指通过价格优惠等财务措施，树立顾客价值和满意度。如宾馆为常客提供免费或降价，商场提供惠顾折扣券，航空公司对常客实施优惠方案等。

（2）社交层次。通过加强社会交往提高与顾客的社会化联系，与常客保持特殊关系。如主动与顾客保持联系，不断了解顾客需要和提供服务；向常客赠送礼品和贺卡，表示友谊和感谢；组织常客社交聚会，增强信任感等。

（3）结构层次。指使用高新技术成果精心设计服务体系，使顾客得到更多的消费利益，以增强顾客关系。如批发商通过计算机数据交换系统，帮助零售商客户做好存货管理、订货、信贷等一系列工作；宾馆用其信息系统储存旅客客史档案，为其再次光临时提供个性化的定制服务等。

扩展阅读 18-3
与忠实客户建立持久关系必做的三件事

五、关系营销的具体实施

（一）组织设计

关系营销的管理必须设置相应机构。关系管理对内要协调处理部门之间、员工之间关系，对外要向公众发布消息、征求意见、搜集信息和处理纠纷等。管理机构要代表企业，有计划、有准备、分步骤地开展各种关系营销活动，并牵头使各职能和部门各司其职，协调配合。

关系管理机构是营销部门与其他部门之间、企业与外部环境之间联系、沟通和协调行动的专门机构。其作用是收集信息资料，充当企业耳目；综合评价各职能部门的决策，充当企业的决策参谋；协调内部关系，增强企业凝聚力；向公众输送信息，沟通企业与公众之间的理解和信任。

（二）资源配置

（1）人力资源调配。一方面实行部门间人员轮换，以多种方式促进企业内部关系建立；另一方面从内部提升经理，可加强企业观念并使其具有长远眼光。

（2）信息资源共享。在采用新技术和新知识的过程中，以多种方式分享信息资源。如利用网络协调企业内部各部门及外部拥有多种知识与技能的人才的关系；制定政策或提供帮助以削减信息超载，提高电子邮件和语言信箱系统的工作效率；建立"知识库"或"回复网络"，并入更庞大的信息系统；组成临时"虚拟小组"，以完成自己或客户的交流项目。

（三）文化整合

关系各方的环境差异会造成建立关系的困难，使工作关系难以沟通和维持。跨文化背景下人们要相互理解，必须克服不同文化规范带来的交流障碍。文化的整合，是关系双方能否真正协调运作的关键。如果合作伙伴的文化敏感性非常强，就能使合作双方共同有效地工作，并相互学习彼此的文化。

文化整合是企业营销中处理各种关系的高级形式。不同的企业有不同的企业文化。推行差别化战略的企业文化，可能是鼓励创新、发挥个性及承担风险；实施成本领先战略的企业文化，可能是节俭、纪律及注重细节。如果关系双方的文化相匹配，就能有力地巩固企业与各子市场系统的关系，并建立竞争优势。

第四节 体验营销

一、体验营销的概念

体验营销，是指企业以顾客需求为导向，向消费者提供一定的产品和服务，通过对事件、情景的安排设计，创造出值得消费者回忆的活动，让消费者产生内在反应或心理感受，激发并满足消费者的体验需求，从而达到企业目标的营销模式。

体验营销建立在对消费者个性心理特征认真研究、充分了解的基础上。其以激发顾客情感为手段，使整个营销理念更趋于完善，目的是为目标顾客提供超过平均价值的服务，让顾客在体验中产生美妙而深刻的印象或体验，获得最大程度的精神满足。

体验营销并非只是一种营销手段，确切地说也是一种营销心理，一种营销文化和一种营销理念。在消费需求日趋差异化、个性化、多样化的今天，顾客关注产品和服务的感知价值，比以往更重视在消费中获得"体验感觉"。我们经常看到这样的现象，消费者在购买很多产品的时候，如果有"体验"的场景和气氛，那么对消费者的购买决策就能产生很大影响。例如购买服装，如果服装店不能试穿的话，很多顾客就会马上离开；购买电脑如果不能试试性能，感觉一下质量，大多数消费者就会对其质量产生怀疑；购买手机，如果销售人员不愿意让顾客试验效果，顾客马上会扬长而去……因此对企业来说，提供充分的体验，就意味着获得更多消费者的机会。

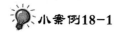小案例18-1

迪士尼体验营销组合策略①

1955年，世界上第一个迪士尼乐园在美国加州诞生。游客在进入加州迪士尼乐园时会读到这样一句宣示：从这里起，你将进入幻想和魔法的世界。这句宣誓伴随迪士尼乐园席卷世界，铸造了世界第一娱乐帝国。

那么他们是如何做到的呢？——体验营销。

迪士尼公园在体验营销上采取了混合策略，即为游客提供包括感官体验、情感体验、思考体验、行动体验、关联体验在内的五类体验。经过悉心的策划和设计，使各种体验彼此配合，加强了营销策略的整体效力。

感官体验

在迪士尼乐园，一处游乐设施往往要同时调动游客听觉、视觉乃至嗅觉、触觉等多项感官，以求身临其境的体验，而这些感官体验是消费者在现实生活中难以经历的。

以"太空过山车"为例，尽管其高度落差与旋转的复杂程度无法与国内一些大型过山车相比，但"太空过山车"将乘客置于宇宙深空的背景中，只见星光而不见轨道的走向，再辅以直接通过座位内置音箱中播放的动感旋律，在心理上放大了刺激的感受，成熟技术富于人性化的结合，使"太空过山车"成为加州迪士尼乐园中最受欢迎的游乐项目之一。

情感体验

"迪士尼最大的产品并不是动画或者消费品，而是能够触动消费者心灵的情感体验。"它给消费者创造的情感不仅来自于园区的硬件娱乐设备，还源于迪士尼员工们提供的充满亲情、细致入微的人性化服务。这也是迪士尼区别于其他主题公园的重要体验营销手段。

迪士尼追求更优质的体验并不仅仅局限于乐园，也体现在不同业务的细节中。迪士尼度假酒店的前台附近一般都设有适合儿童身高的电视及桌椅，全日不间断地播放卡通片，以期减少家长与儿童因在高峰期长时间排队而产生的烦躁感。迪士尼婴儿用品则广泛采用软化产品标签，避免挫伤婴儿皮肤。这些设计看似微不足道，却能给消费者的体验带来明显的改善。

思考体验

迪士尼并不仅仅让消费者"玩"，它也引导消费者"学"。

让女孩锻炼公主气质的"公主心灵学院"、和米老鼠一起学英语的"迪士尼英语"，对少年儿童群体有很大吸引力。而针对成年消费者，迪士尼的思考体验则主要体现在传播影视制作、地理环境、自然生物等方面的科普知识。

---

① 资料来源：佚名. 迪士尼体验营销组合策略[EB/OL]. 旅思马记（https://mp.weixin.qq.com/s/uSTAxM4MXpgzcfNkvXp62w），2020-09-27.

行动体验

并不是说消费者在迪士尼里玩了某个项目就可以被称为"行动体验"。迪士尼的方法是，让消费者更深入地、亲身参与进来。

每年有超过2 000场梦幻童话婚礼会在迪士尼举行，婚礼上有南瓜马车、戴假发的车夫、水晶鞋、跳着舞的米老鼠。值得一提的是，除了新婚夫妇，更有结婚多年的夫妇带着孩子来迪士尼"补办"婚礼。

关联体验

迪士尼充分运用了其家喻户晓的王牌卡通人物形象，消费者可以在迪士尼旗下的任何地方找到迪士尼公主和动物们的形象。这些卡通人物及故事背景在迪士尼的产业中穿插融合，将消费者自然而然地带入不同的产业之中。

消费者能够在迪士尼的酒店、游轮、英语教室与卡通人物零距离接触，与米老鼠一起玩游戏、住在公主的房间里、作为探险队长带领队员登山寻宝。对他们而言，这就是一个虚拟的梦想变成触手可及的现实的地方。

迪士尼公园运用体验营销，不仅真实再现了迪士尼卡通世界，更将消费者的体验与深层次的心理需求联系起来——让每位消费者体验与众不同的、充满童趣、欢乐、激情和梦想的奇幻之旅。

二、体验营销的特征

（一）顾客参与

在体验营销中，顾客是企业的"客人"，也是体验活动的"主人"。体验营销成功的关键，就是引导顾客主动参与体验活动，使其融入设定的情景中，透过顾客表面特征去挖掘、发现其心底真正的需求，甚至是一种朦胧的、自己都说不清的、等待别人来唤醒的需求。发现它，唤醒它，消费者自然就愿意和你互动。在企业与顾客的互动中，顾客的感知效果便是体验营销的效果。顾客参与程度的高低，直接影响体验效果。例如在采摘体验中，积极的参与者会获得比较丰富的体验。

（二）体验需求

体验式营销的感觉直观，形象生动，极易聚集人流、鼓舞人心，促使消费者即时做出购买决定，具有立竿见影的促销效果。但体验营销的基本思想仍是"顾客至上"，强调消费者理性感性兼具。企业不仅要从理性角度开展营销活动，而且要考虑顾客情感的需要，从物质上和精神上全面满足顾客。

因此，首先要了解在体验经济中需求已经出现的多方面变化。从消费结构来看，情感需要的比重相对物质需要的比重增加；从消费内容来看，个性化的产品和服务需求日益增多；从价值目标看，消费者日益关注产品使用产生的感受，并且更加关心环境保护等公益问题。在营销设计中，不仅要想到企业能创造什么，更要想到顾客想要什么，力求提供能更好地满足顾客体验诉求的产品和服务。

（三）个性特征

在体验营销中，由于个性的差异和精神追求的个性化，每个人对同一刺激产生的体验不尽相同。体验又是个人所有的独一无二的感受，无法复制。因此与传统营销活动中，强调提供标准化产品和服务，以满足消费者大众化的需求有所不同，企业应加强与顾客沟通，发掘其内心的渴望。从顾客体验的角度，在营销活动的设计中体现较强的个性特征，在大众化的基础上增加独特、另类和独具一格，满足他们追求个性、讲究独特品位的需求。

三、体验营销的原则

（一）适用适度

体验营销要求产品和服务具备一定的体验特性，帮助顾客获得购买和消费过程中的"体验感觉"。应该看到，中国经济和消费水平与西方发达国家尚有一定的差异，也有很多的消费者虽然逐步从温饱需要向感性需求发展，但不一定达到可以为愉悦的体验而付出更多金钱的程度。因此，实践体验营销要把实质的利益充分考虑进去，让消费者进行愉悦体验的同时获得实质的利益，活动才更容易获得成功。

（二）合理合法

体验营销能否被消费者接受，还与地域差异的关系密切。各个国家和地区由于风俗习惯和文化不同，价值观念和价值评判标准也不相同，评价的结果会存在差异。因此体验营销活动的安排，必须适应当地市场的风土人情，既富有新意又合乎常理。同样，各个国家和地区的法律体系，如消费者权益保护法、反不正当竞争法、广告法、商标法、劳动法、公司法、合同法等，既存在差别又极其复杂。体验营销实施过程中具体的操作环节和内容，应该在政策、法律法规允许的范围内。

四、体验营销的策略

美国学者伯德·施密特在其所写《体验式营销》一书中主张，体验营销是"站在消费者的感觉（sense）、情感（feel）、思考（think）、行动（act）、联想（relate）等五个方面，重新定义、设计营销的思考方式。"

（一）感官式营销策略

感官式营销策略的诉求目标，是创造知觉体验的感觉。它通过视觉、听觉、触觉、味觉与嗅觉等，以人们的直接感官建立感官体验。感官营销可以突出公司和产品的识别，引发消费者购买动机和增加产品的附加值等。如在超级市场中购物，经常闻到超市烘焙面包的香味，也是一种嗅觉感官营销的方式。

（二）情感式营销策略

情感式营销策略通过诱发触动消费者内心情感，为消费者创造情感体验。情感营销诉求情感的影响力、心灵的感召力。体验营销就是体现这一基本点，寻找消费活动中导致消费者情感变化的因素,掌握消费态度的形成规律,真正了解什么刺激可引起某种情绪,以及如何在营销活动中采取有效的心理方法,使消费者自然地受到感染,激发消费者积极的情感,并融入这种情景中来,促进营销活动的顺利进行。

情感对体验营销的所有阶段都至关重要。在产品研发、设计、制造、营销阶段都是如此,必须融入每一个营销计划。情感营销的一个经典就是哈根达斯,无论在世界任何地方,哈根达斯冰激凌的营销,总是如同营销浪漫情感一样。

(三)思考式营销策略

思考式营销策略通过启发智力,运用惊奇、计谋和诱惑,创造性地让消费者获得认知和解决问题的体验,引发消费者产生统一或各异的想法。思考式营销策略往往被广泛使用在高科技产品的宣传中。在其他许多产业,思考营销也已经被用在产品设计、促销和与顾客沟通上。

(四)行动式营销模式

人们生活形态的改变有时是自发的,有时是外界激发的。行动式营销策略就是一种通过名人、名角来激发消费者,增加他们的身体体验,指出做事的替代方法、替代的生活形态,以丰富他们的生活,使其生活形态予以改变,从而实现销售的营销策略。在这一方面耐克可谓经典,该公司出色的"Just do it"广告,经常描述体育运动中著名球员的充满激情的夸张表演,从而深化身体运动的体验。

(五)关联式营销策略

关联式营销策略包含感官、情感、思考与行动营销等层面。关联营销超越私人感情、人格、个性,加上"个人体验",与个人对理想自我、他人或是文化产生关联。让人和一个广泛的社会系统产生关联,从而建立某种品牌偏好,同时让使用该品牌的人进而形成一个群体。关联营销已在化妆品、日用品、私人交通工具等许多不同产业使用。

第五节　社会责任营销

企业作为"经济人",其利益具有独立性和排他性,发展的根本目标在于企业自身利益的最大化。企业作为"社会人",又要将其自身的行为、目标和利益等置于社会的约束中,在谋求自身利益的同时必须承担相应社会责任,以符合伦理道德的行为做出回报。

社会责任营销可从伦理道德行为和社会责任行为两个方面分析。

一、伦理道德行为

道德是社会意识形态之一,是一定社会调整人们之间及个人和社会之间关系的行为规范的总和。任何道德都具有历史性,是由一定社会的经济基础所决定的,并为一定社会经济基础服务。

（一）儒家伦理与营销道德

营销道德可以界定为调整企业与所有利益相关者之间关系的行为规范的总和，是客观经济规律及法制以外制约企业行为的另一要素。

关于道德合理性的评价，西方伦理学家提出了功利论与道义论，以及道义偏向的道德理论。在华人世界和受儒家文化影响较深的学者、企业家，则推崇儒家伦理。

儒家伦理能否与营销理论融合？一种观点认为，儒家伦理否定对利润的追求，与企业精神和市场经济原则格格不入；另一种观点认为，儒家伦理并非与现代市场经济相悖，儒家伦理和现代市场营销观念有相通之处。

儒家伦理有其明显的特征：一是内省性，重个人的自觉，重自我约束；二是共利性，重共同发展、互惠互利，即"己欲达而达人"。营销道德属于上层建筑，必然有历史继承性，现代营销道德必然继承和发展传统道德。

扩展阅读 18-4
西方伦理学界的道德理论

我国传统道德的根基是儒家伦理，渗透在社会生活的各个方面，也渗透在市场营销活动中。现代营销观念以消费者利益为中心，营销活动以满足消费者需要和维护社会利益为前提，在努力实现企业目标的同时，注意社会、公众的利益。

扩展阅读 18-5
儒家文化与营销道德

在现代企业活动中，继承和弘扬儒家"诚信为本""以义生利""和为贵""己所不欲，勿施于人"等优秀的伦理观念，必然有利于贯彻现代营销观念，从而促使市场营销向高层次、高品位的方向发展。

儒家伦理的核心是"仁义礼智信"。从现代市场营销的角度诠释，就会发现"仁义礼智信"不仅是伦理之道，而且是营销之道。汲取儒家伦理思想之精华，创立具有中国特色的营销道德理论，是企业树立良好形象，赢得竞争优势，谋求高速发展的关键举措。

上述理论为营销道德判断提供了基本的思考线索，但还不能成为解决营销道德冲突的万能钥匙。道德冲突在某种意义上，反映的是利益冲突；而营销领域利益冲突的解决，很大程度上取决于企业树立什么样的营销思想。

必须看到，我国有不少企业尚未重视营销道德建设。其中有些在营销活动中甚至步入了唯利是图的误区，出现了畸形的逐利现象。制假售假、商业欺诈、逃债骗贷等屡见不鲜，广大企业和公众深受其害。营销策略中扭曲的"权力营销""关系营销"等，助长了社会上不正之风，甚至触犯法律。

（二）建立现代营销道德

建立现代营销道德，可从包括确立现代营销观念、构建现代营销道德规范和建立健全法律法规等方面，形成外部机制与内部机制共同作用的道德机制，建设企业和所有社会成员的营销行为规范：

1. 端正企业行为目标，确立现代营销观念

企业是以营利为目的的经济细胞。但企业存在的价值，最根本的还是满足消费者的需要并造福于社会。企业是经济组织也是社会组织，在追求发展的同时也要承担一定的

社会责任。社会主义市场经济下的企业，理应确立义重于利的价值观和道德责任感，树立并重视消费者感知价值最大化、增进社会福利、企业与利益相关者可持续发展的社会市场营销观念。企业的营销目标必须服从于国家兴旺、人民幸福的大局，树立为国为民、服务社会的思想，把仁爱之德施之于大众，真诚、友好地对待顾客和竞争者，见利思义，坚持"双赢""多赢"原则。以现代营销观念作为企业营销活动的指导思想，就能建立和履行现代营销道德，不仅为了本企业而且要真正顾及利益相关者，努力实现"双赢""多赢"。

2. 确立诚信为本的战略观念，构建现代营销道德规范

诚实守信、讲求信用，是企业行为与生俱来的准则。商品交换是以等价交换为基本原则的劳动产品的交换，双方以信用作为守约条件，构成相互信任的经济关系。任何一方不守信用，都会使等价交换关系遭到破坏。信用是市场经济的"基石"，加快建设社会信用体系是完善社会主义市场经济体制的基础性工程，有利于发挥市场在资源配置中的决定性作用，规范市场秩序，降低交易成本，增强经济社会活动的可预期性和效率。抑制不诚信的行为，对鼓励创业就业、刺激消费、保障和改善民生和社会文明进步也极其重要，势在必行。市场营销的基本道德是诚实、守信、公开、公平，以不侵害他人或团体的基本利益为前提。企业的长期发展离不开诚信基础上的美誉度，诚信营销必能得到好的口碑，树立良好形象。企业形象和品牌价值，是企业最宝贵的无形资产，必将给企业带来长远的经济利益。

3. 建立和健全法律法规，保障和弘扬营销道德

市场经济是法制经济，完善的法律体系对规范营销者的行为具有重要意义。道德是法律的前提和基础，法律是道德的保证，两者相辅相成。没有法律法规加以规范和约束，营销道德难以形成和发展。任何违背营销道德的行为，都应受到道德的谴责，有些行为已经触犯法律，就应受到法律的制裁。要把法律放在神圣的位置，无论任何人、办任何事，都不能超越法律底限。建立现代营销道德要讲法治，要靠制度靠监督，有法必依，执法必严，违法必究。要必须进一步完善法律法规，不给非法经营者钻空子或打擦边球提供机会。违法成本偏低会鼓励一些企业的不道德行为，只有不讲诚信的企业要为其非法行为付出沉重代价，企业在营销中的不道德行为才能得以制止。要让现代营销道德的身体力行者有安全感，有平等竞争、正常发展的市场环境，让道德败坏、以身试法者付出应有的成本和代价。

4. 认真解决信息不对称问题

不道德营销行为能够得逞，消费者利益受损，往往是由于营销者掌握的信息多，而消费者了解的情况较少，对有关商品的知识甚为有限，在交易中处于不利的地位。要加强对消费者的宣传教育，增强其自我保护意识，积极地与违法和不道德的营销行为作斗争。应通过各种媒体为消费者提供更多的商品知识，培养更多的理性消费者。

5. 增强消费者自我保护意识

政府和企业应通过报纸杂志等宣传消费者的合法权益，动员消费者积极地和违法、不道德的营销行为做斗争。向消费者提供更多的商品知识，使其成为明智的购买者。

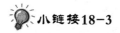

中消协发布"双 11"消费提示①

中消协通过对近几年在"双 11""6·18"等大促期间开展消费维权工作所了解的情况进行梳理,提请消费者注意以下几个问题:直播带货槽点多;优惠活动水分多;商品质量问题多;售后服务诟病多;订单合同违约多;促销广告骚扰多。中消协指出,为尽量规避上述问题,让消费者在"双 11"等大促期间享受更好的消费体验,提醒广大消费者注意以下几点:坚定理性消费心态,切记量需而入;尽量选择资质齐全、信誉较高的商家进行交易;提前做足"功课",不被各种"假优惠"陷阱误导;慎重预付定金,防范消费陷阱;认真行使"先验后签"权利,确认无误再签收;重视个人信息保护,不轻易向商家授权;注意留存购物证据,依法维护权益有保障。

此外,中消协也呼吁经营者要少一分"套路",多一分"真诚",大促期间要切实为消费者提供物美价廉的商品并提升服务水平,真正为消费者提供"看得见、摸得着"的实惠,在带动销量的同时,让消费更温暖。

二、社会责任行为

(一)企业社会责任思想的内涵与起源

企业社会责任(Corporate Social Responsibility)是一种企业伦理学。发达国家的企业界把社会责任归在企业天职之外,是完全自愿的伦理价值的追求。一些发展中国家的企业则认为,社会责任包含守法、诚信和慈善事业等。

美国学者卡诺认为,企业社会责任呈现金字塔形四个层次的内容,慈善责任是社会责任的最高境界(见图 18-4):

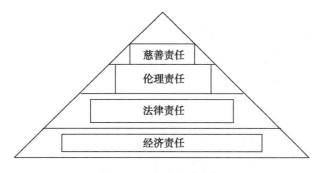

图 18-4 企业社会责任

(1)经济责任。指企业的营利职能,也是其他层次社会责任实现的基础。

(2)法律责任。指企业一切活动都必须遵守法律法规,依法经营。

---

① 资料来源:佚名.中消协发布"双11"消费提示:慎重预付定金警惕明降实涨[EB/OL].中国新闻网(http://www.chinanews.com/cj/2020/11-03/9329233.shtml),2020-11-05.

（3）伦理责任。指企业各项工作必须符合公平、公正的社会伦理道德。

（4）慈善责任。指企业作为社会系统的成员，必须为社会繁荣、进步和人类生活水平的提高，做出自己应有的贡献。

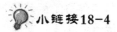

企业社会责任思想的起源与发展

企业社会责任思想最早起源于2 000多年前的古希腊时代。亚里士多德说过："在一个治理很好的社会中，……公司不能过着匠人或商人的生活，这样的生活毫无高尚可言，并且也有损于人格的完善。"这一时期，人们已经开始意识到企业应该承担一定的社会责任。直至18世纪后期，虽然现代意义的企业有了充分的发展，但实践中的企业社会责任仍然局限于业主个人的道德行为之内。

19世纪末，两次工业革命的成果促进了西方国家社会生产力和技术的飞跃。在企业数量和规模有了较大发展的同时，很多负面的社会问题如工伤、职业病、产品质量、环境污染等也随之产生，引发社会、公众对企业的谴责、不信任。工业化过程中，现代公司的出现和资本市场发展共同作用的结果，是催生了管理者资本主义。人们开始强调管理者作为受托人的责任，挑战自由经济及其所信奉的利润最大化原则。面对日益严重的企业负面影响，在传统伦理观和功利观的互相冲击下，企业社会责任问题的重要性日益上升。美国政府连接出台《反托拉斯法》《消费者保护法》，抑制企业不良行为，从客观上对企业履行社会责任提出了新的要求，西方社会开始了企业社会责任研究和实践。

20世纪70年代至90年代，在立法、公众推动及企业响应下，社会责任观念迅速传播。消费者的关注点由单一的关心产品质量，转向关心产品质量、环境、职业健康和劳动保障等多个方面。此后在公众、政府多方努力下，迫于日益增大的压力和企业发展需要，很多跨国公司纷纷制定对社会做出必要承诺的责任守则，企业社会责任运动进入条例化阶段。1997年，总部设在美国的社会责任国际组织（Social Accountability International，SAI）发起并联合欧美跨国公司和其他国际组织，制定了全球首个道德规范国际标准SA8000社会责任国际标准，其宗旨是确保各供应商所供应的产品，皆符合社会责任标准的要求。

（二）社会责任营销

社会责任营销可界定为在社会责任观念指导下，在企业对其社会责任认可的基础上，将主动承担社会责任作为营销战略层面的指导思想，在协调、平衡社会各相关利益群体需求、为客户提供最大价值的基础上，形成各方利益共享的营销模式。

实行社会责任营销的企业，在创造利润、对股东利益负责的同时，还要承担与其利益相关者的责任，包括遵守法律、商业道德、生产安全、职业健康、节约资源等。

企业实施社会责任营销行为，对社会和企业本身的发展都有重要的作用：

（1）实现与利益相关者的双赢和共同发展。社会责任营销意味着要以诚信的方式经营和公平竞争，可促进市场、行业有序发展，维护消费者权益。

（2）促进社会整体的发展。通过赞助教育、文化等公共事业，帮助弱势群体，提高国民教育、文化等领域的发展水平，实现社会各群体之间协调发展。

（3）保持企业内部和谐。通过适当的社会责任内部营销，切实保障员工在经济、文化、政治、法律等各方面的权益，使员工的价值确实得以体现。

（4）加快企业自身发展。开展社会责任营销，将为企业带来更多的市场价值：首先是提高企业竞争力，道德标准、社会责任标准正逐渐成为保持企业竞争优势的重要因素；第二，提升企业形象和声望，企业行为与公众期望一致，对其在社会上赢得良好口碑、树立良好形象有重大帮助；第三，融洽与公众的关系；第四，按照国际化的生产标准和监管要求提供产品或服务，有利于开拓国际市场。

（三）社会责任营销的原则

1. 道德义务

美国企业社会责任协会强调，道德诉求要求企业不仅要做好公民，还要"办好事"。其成员企业应以尊重伦理价值、尊重大众、重视社区利益和保护环境的方式，实现其商业价值。

2. 可持续性

20 世纪 80 年代，时任挪威总理格罗·哈莱姆·布伦特兰，曾对可持续作了一个十分精妙的定义："在不影响子孙后代满足其需要的前提下，适宜地满足当前的需要"。强调超越个人利益，以经济、社会和环境的业绩为三底线原则。

3. 营运许可

企业从事的业务，要征得政府、社区和其他利益相关者的同意。

（四）社会责任营销的战略框架与策略

社会责任营销应从企业战略层面上，将社会预期融入战略制订的核心架构中。包括确定利益相关者以及相应的社会责任；建立利益相关者社会责任的营销导向，从利益相关者的角度定义企业营销行为规范；选择企业应关注的社会问题作为社会责任营销主题；制定和实施计划，开展具体的社会责任事件营销活动；评估社会责任营销效果。

在社会责任营销实践中，一般有以下策略：

1. 诚信营销

诚信是传统道德中最重要的原则之一。崇尚契约精神，言出必行，是企业生产经营和管理中，处理各种关系的基本准则。

实施诚信营销包括：经营诚信产品；加强与各方，如供应商、经营商的诚信合作；创建诚信文化；营造诚信环境，包括明晰产权制度，完善诚信法律保障体系、企业信用评价体系、消费者诚信体系、舆论监督体系等。

2. 道德营销

道德营销是个人和组织在通过产品和价值交换实现自己的利益时，对道德、良知与正义的向往和坚持的一种社会活动过程。道德的核心理念是善，概括地说道德营销就是以善取利，自利必先利他。

3. 事业关联营销

即将企业与非营利机构、特别是与慈善组织结合，将产品销售与社会问题或公益事业结合，在为相关事业进行捐赠、资助其发展的同时，达到提高产品销售额、实现企业利润并提升企业形象的目的。

4. 环境营销

环境营销是企业承担环境社会责任的一种营销方式。只要在营销过程中考虑到环境责任，或以保护环境作为其出发点之一，或与传统营销相比更有利于环境改善的营销观念及活动，都可称之为环境营销。环境营销的内容比较广泛，具有代表性的是生态营销、绿色营销和可持续营销。

扩展阅读 18-6
契约精神：一个小孩的故事

本章小结

绿色营销有广义与狭义之分，广义重于伦理，狭义重于生态。绿色营销是随着国际社会对环保的日益关注，20世纪80年代末在工业发达国家首先兴起。其后我国绿色产品研制与开发也开始探索，并由食品扩展到其他领域。实施绿色营销的企业，强调"绿色"因素，必须制定绿色营销战略和绿色营销组合。

科特勒认为，"当公司所有的部门都能为顾客利益服务时，其结果是整合营销。"整合营销注重以企业、顾客和社会三方的共同利益为中心，具有整体性与动态性等特征。舒尔茨认为，整合营销传播即"IMC是以潜在顾客和现在顾客为对象，开发并实行说服性传播的多种形态的过程。"劳特朋等人1990年提出4C，后来又有人提出4R。学界不少人认为，4P、4C和4R不是彼此取代，而是完善、发展的关系。企业要"用4C来思考，用4P来行动，用4R来发展。"

关系营销以系统论为基本思想，认为营销是一个企业与消费者、竞争者、供应者、分销商、政府机构和社会组织互动作用的过程。关系营销将建立、发展与利益相关者的关系作为关键变量，把正确处理这些关系作为营销的核心，主要目标是维系现有顾客。具体实施包括组织设计、资源配置和文化整合。

体验营销以顾客需求为导向，提供一定的产品和服务，通过事件、情景的安排设计，创造出值得消费者回忆的活动，激发并满足消费者的体验需求，从而实现企业的目标。主要有感官式营销策略、情感式营销策略、思考式营销策略、行动式营销模式和关联式营销策略等做法。

社会责任营销可从伦理道德行为和社会责任行为两个方面分析。营销道德是调整企业与其利益相关者关系的行为规范的总和。解决营销领域的利益冲突，很大程度上取决于企业树立的营销思想。社会责任营销可界定为在社会责任观念指导下，在企业对其社会责任认可的基础上，将主动承担社会责任作为营销战略层面的指导思想，在协调、平衡社会各相关利益群体需求、为客户提供最大价值的基础上，形成各方利益共享的营销模式。

 **重要名词**

绿色营销　整合营销　4C　4R　关系营销　体验营销　社会责任营销

即测即练题

 **复习思考题**

1. 绿色市场的开发主要应从哪些方面着手？
2. 如何看待 4P、4C 与 4P 之间的关系，为什么？
3. 关系营销的主要着重点是什么？
4. 如何实施体验营销？
5. 反不正当竞争法与营销道德的联系和区别。
6. 社会责任营销的主要原则有哪些？

 案例

李佳琦直播带货逐本[①]

"所有女生，用卸妆油来卸全脸，不伤肤；用卸妆水来卸眼唇。我的皮肤就是以前长期用卸妆水加卸妆棉，反复物理摩擦，皮肤越来越薄。"淘宝直播一哥李佳琦曾在直播间卖卸妆油的时候，对卸妆油品类给出这样的定位。

在 2020 年 10 月 20 日天猫"双 11"预售直播中，李佳琦称逐本是"自己空瓶无数"、"超级好用的平价卸妆油"，当天逐本旗舰店实现了销量将近 14 万瓶。10 月 21 日，原李佳琦小助理付鹏在小红书直播时，逐本清欢卸妆油取得了 1.5 万单的销量，创下小红书直播间单个品类的高峰。

这印证了卸妆油类目在线上美妆品类中日益崛起的真相。根据公开数据，2019 年阿里系卸妆类目中销售额 Top3 品类的卸妆水、卸妆油和卸妆乳/膏年销售额总价值在 26.07 亿元，其中卸妆油年销售额达到了 8.3 亿元，年增速 139.8%。其中，创立于 2015 年，专注敏弱肌消费群体的国货芳疗卸妆油品牌逐本，在短短几年内，以黑马之势迅猛增长。逐本在获得李佳琦认可外，也逐步打开精众的中国敏弱肌群体市场。据悉，逐本一直在持续研发和储备以敏弱肌自愈力为核心理念的新产品线，明年将推出与美丽修行联合定制的第四代的分肤卸妆油产品线，以及护肤线，并在每一个产品研发阶段完成上千人的

---

① 资料来源：第一财经商业数据中心. 中国 1/3 女敏感肌群体，国货化妆品牌机会在何处？[EB/OL]. https://mp.weixin.qq.com/s/bsl5VXhU8ghPGK7whAqVqA

敏弱肌真人盲测。

案例讨论题

1. 直播带货兴起的条件是什么？
2. 运用新营销模式应当注意哪些问题？

教师服务

感谢您选用清华大学出版社的教材！为了更好地服务教学，我们为授课教师提供本书的教学辅助资源，以及本学科重点教材信息。请您扫码获取。

▶▶ 教辅获取

本书教辅资源，授课教师扫码获取

▶▶ 样书赠送

市场营销类重点教材，教师扫码获取样书

清华大学出版社

E-mail: tupfuwu@163.com
电话: 010-83470332 / 83470142
地址: 北京市海淀区双清路学研大厦 B 座 509

网址: http://www.tup.com.cn/
传真: 8610-83470107
邮编: 100084